이충길·이동현
S+감정평가이론 총론

이충길·이동현 편저

2차 | 기본서 제4판

8년 연속
★ 전체 수석 ★
합격자 배출

박문각 감정평가사

머리말

PREFACE | **GUIDE** | **CONTENTS**

그동안 S+감정평가이론에 관심을 가져주신 수험생 여러분께 깊은 감사를 드립니다. 그동안 카페 Q&A 및 메일을 통한 수험생들과의 소통을 통해 개정판의 필요성을 느꼈습니다.

2020년 감정평가사 시험을 준비하던 시기와 2021년 감정평가이론 강의를 하던 시기 모두 감정평가이론은 저에게 쉽지 않은 과목이었습니다. 수험생이던 시기에는 시험범위가 명확하지 않았고, 아는 내용을 답안지에 적었다고 생각했는데도 점수가 나오지 않았으며, 강의를 시작한 때에는 많은 수험생분들이 내용적으로는 이해가 되지만, 새로운 문제를 접했을 경우 답안 작성에 있어서 많은 어려움을 겪는다고 말씀해주셨기 때문입니다.

감정평가이론은 법규와는 달리 단순히 암기로 인해서 해결이 될 수 있는 과목이 아닙니다. 그럼에도 불구하고, 많은 수험생분들이 이론을 암기과목처럼 생각하셔서 많은 자료를 힘들게 외우고 계시거나, 단순히 글재주가 좋은 사람들이 점수를 받아갈 수 있는 과목으로 생각하셔서 이론을 힘들어 하는 경우를 많이 보았습니다.

감정평가이론은 전형적인 암기과목이 아닌 기본서의 내용을 어떻게 활용할지 고민을 해야 하는 과목에 해당합니다. 따라서, 최대한 답안지에 활용이 가능한 내용들이 실려 있는 기본서가 필요하다고 생각하였습니다.

이번 개정판의 수정사항은 다음과 같습니다.

❶ 감정평가이론의 체계 순서대로 서술하였습니다.
감정평가이론은 각 내용이 서로 연관되어 있으며, 일정한 흐름 및 순서를 가지고 있습니다. 본서에서는 이에 따라 감정평가이론 총론에서는 개론 및 유형별·목적별에 따른 내용을 수록하였고, 감정평가이론 각론을 분리하여 배치하였습니다.

❷ 최신 법령과 기출문제를 반영하였습니다.
최근, 감정평가에 관한 규칙에 있어서 일정 부분 내용의 개정이 있었고, 마지막 개정판 이후로도 감정평가이론과 관련한 여러 기출문제가 출제되었습니다. 이번 개정판에서는 이에 따라 개정된 '감정평가에 관한 규칙'의 내용 및 기출문제를 반영하였습니다.

❸ 현행 제도와 관련하여 내용을 수정 및 추가하였습니다.
현행 시행되지 않고 있거나, 논의가 없는 부동산 정책과 관련한 내용은 일부 축소하였습니다. 반면, DSR처럼 추가로 시행되는 내용과 같이 새로운 부동산제도 중 감정평가이론과 관련이 있는 내용들을 추가하였습니다.

시험을 준비하면서 가장 많이 들었던 말은 각 과목의 단권화였습니다. 해당 교재 역시 단기 합격을 위해 감정평가이론과 관련하여 답안지에 활용할 수 있는 내용들로 구성하였습니다. 본서가 수험생분들의 단기 합격에 도움이 되기를 바랍니다.

그동안 강의에 도움을 주신 서울법학원 관계자, 출간을 도와주신 (주)박문각출판 관계자 분들께 감사드립니다.

이충길·이동현 공편저

안내
GUIDE | PREFACE | CONTENTS

감정평가사란?

감정평가란 토지 등의 경제적 가치를 판정하여 그 결과를 가액으로 표시하는 것을 말한다. 감정평가사(Certified Appraiser)는 부동산·동산을 포함하여 토지, 건물 등의 유무형의 재산에 대한 경제적 가치를 판정하여 그 결과를 가액으로 표시하는 전문직업인으로 국토교통부에서 주관, 산업인력관리공단에서 시행하는 감정평가사시험에 합격한 사람으로 일정기간의 수습과정을 거친 후 공인되는 직업이다.

시험과목 및 시험시간

가. 시험과목(감정평가 및 감정평가사에 관한 법률 시행령 제9조)

시험구분	시험과목
제1차 시험	① 「민법」 중 총칙, 물권에 관한 규정 ② 경제학원론 ③ 부동산학원론 ④ 감정평가관계법규(「국토의 계획 및 이용에 관한 법률」, 「건축법」, 「공간정보의 구축 및 관리 등에 관한 법률」 중 지적에 관한 규정, 「국유재산법」, 「도시 및 주거환경정비법」, 「부동산등기법」, 「감정평가 및 감정평가사에 관한 법률」, 「부동산 가격공시에 관한 법률」 및 「동산·채권 등의 담보에 관한 법률」) ⑤ 회계학 ⑥ 영어(영어시험성적 제출로 대체)
제2차 시험	① 감정평가실무 ② 감정평가이론 ③ 감정평가 및 보상법규(「감정평가 및 감정평가사에 관한 법률」, 「공익사업을 위한 토지 등의 취득 및 보상에 관한 법률」, 「부동산 가격공시에 관한 법률」)

나. 과목별 시험시간

시험구분	교시	시험과목	입실완료	시험시간	시험방법
제1차 시험	1교시	① 민법(총칙, 물권) ② 경제학원론 ③ 부동산학원론	09:00	09:30~11:30(120분)	객관식 5지 택일형
	2교시	④ 감정평가관계법규 ⑤ 회계학	11:50	12:00~13:20(80분)	

	1교시	❶ 감정평가실무	09:00	09:30~11:10(100분)	
제2차 시험	중식시간 11:10 ~ 12:10(60분)				과목별 4문항 (주관식)
	2교시	❷ 감정평가이론	12:10	12:30~14:10(100분)	
	휴식시간 14:10 ~ 14:30(20분)				
	3교시	❸ 감정평가 및 보상법규	14:30	14:40~16:20(100분)	

※ 시험과 관련하여 법률·회계처리기준 등을 적용하여 정답을 구하여야 하는 문제는 시험시행일 현재 시행 중인 법률·회계처리기준 등을 적용하여 그 정답을 구하여야 함
※ 회계학 과목의 경우 한국채택국제회계기준(K-IFRS)만 적용하여 출제

다. 출제영역 : 큐넷 감정평가사 홈페이지(www.Q-net.or.kr/site/value) 자료실 게재

응시자격 및 결격사유

가. 응시자격 : 없음
  ※ 단, 최종 합격자 발표일 기준, 감정평가 및 감정평가사에 관한 법률 제12조의 결격사유에 해당하는 사람 또는 같은 법 제16조 제1항에 따른 처분을 받은 날부터 5년이 지나지 아니한 사람은 시험에 응시할 수 없음

나. 결격사유(감정평가 및 감정평가사에 관한 법률 제12조, 2023.8.10. 시행)
  다음 각 호의 어느 하나에 해당하는 사람
  1. 파산선고를 받은 사람으로서 복권되지 아니한 사람
  2. 금고 이상의 실형을 선고받고 그 집행이 종료(집행이 종료된 것으로 보는 경우를 포함한다)되거나 그 집행이 면제된 날부터 3년이 지나지 아니한 사람
  3. 금고 이상의 형의 집행유예를 받고 그 유예기간이 만료된 날부터 1년이 지나지 아니한 사람
  4. 금고 이상의 형의 선고유예를 받고 그 선고유예기간 중에 있는 사람
  5. 제13조에 따라 감정평가사 자격이 취소된 후 3년이 지나지 아니한 사람. 다만 제6호에 해당하는 사람은 제외한다.
  6. 제39조 제1항 제11호 및 제12호에 따라 자격이 취소된 후 5년이 지나지 아니한 사람

합격자 결정

가. 합격자 결정(감정평가 및 감정평가사에 관한 법률 시행령 제10조)
- 제1차 시험
  영어 과목을 제외한 나머지 시험과목에서 과목당 100점을 만점으로 하여 모든 과목 40점 이상이고, 전 과목 평균 60점 이상인 사람
- 제2차 시험
  - 과목당 100점을 만점으로 하여 모든 과목 40점 이상, 전 과목 평균 60점 이상을 득점한 사람
  - 최소합격인원에 미달하는 경우 최소합격인원의 범위에서 모든 과목 40점 이상을 득점한 사람 중에서 전 과목 평균점수가 높은 순으로 합격자를 결정
  ※ 동점자로 인하여 최소합격인원을 초과하는 경우에는 동점자 모두를 합격자로 결정. 이 경우 동점자의 점수는 소수점 이하 둘째 자리까지만 계산하며, 반올림은 하지 아니함

나. 제2차 시험 최소합격인원 결정(감정평가 및 감정평가사에 관한 법률 시행령 제10조)

공인어학성적

가. 제1차 시험 영어 과목은 영어시험성적으로 대체
- 기준점수(감정평가 및 감정평가사에 관한 법률 시행령 별표 2)

시험명	토플 PBT	토플 IBT	토익	텝스	지텔프	플렉스	토셀	아이엘츠
일반응시자	530	71	700	340	65 (level-2)	625	640 (Advanced)	4.5 (Overall Band Score)
청각장애인	352	–	350	204	43 (level-2)	375	145 (Advanced)	–

- 제1차 시험의 과목 중 영어 과목은 제1차 시험 응시원서 접수마감일부터 역산(逆算)하여 5년이 되는 해의 1월 1일 이후에 실시된 다른 시험기관의 시험(이하 "영어시험"이라 한다)에서 취득한 성적(제1차 시험의 시험일 전까지 발표되는 성적으로서 제11조에 따른 공고에서 정하는 방법에 따라 확인된 성적으로 한정한다)으로 시험을 대체한다.

※ 이하 생략(공고문 참조)

PART 01 감정평가 총론

Chapter 01 감정평가의 기초
- 01절 감정평가의 이론적 논의 ····· 10
- 02절 감정평가의 필요성 ····· 12
- 03절 감정평가의 기능 ····· 15
- 04절 감정평가의 사회성과 공공성 ····· 19
- 05절 감정평가사의 직업윤리 ····· 21
- 06절 감정평가의 분류 ····· 29
- 07절 감정평가의 업무영역 ····· 40

심화논점
- 01절 감정평가의 원칙 ····· 52
- 02절 소급평가와 기한부 평가 ····· 55
- 03절 조건부 감정평가 ····· 57
- 04절 현황기준 평가의 원칙 ····· 60
- 05절 개별평가와 일괄평가 ····· 62
- 06절 시장가치와 투자가치의 비교 ····· 67
- 07절 감정평가와 부동산컨설팅의 비교 ····· 71

Chapter 02 부동산학의 기초
- 01절 부동산의 특성과 파생현상 ····· 74
- 02절 기타 부동산의 특성 ····· 80
- 03절 부동산의 종별과 유형 ····· 87

심화논점
- 01절 토지의 부증성과 용도의 다양성의 관계 ····· 95

Chapter 03 부동산 가치론
- 01절 가치와 가격의 개념 ····· 97
- 02절 부동산가격의 이중성 ····· 102
- 03절 부동산가치의 특징과 기능 ····· 104
- 04절 부동산 가치다원론 ····· 107
- 05절 시장가치기준 원칙 ····· 119
- 06절 적정가격의 성격 및 시장가치와의 동일성 여부 ····· 125
- 07절 부동산 가치발생요인 ····· 130
- 08절 부동산 가치형성요인 ····· 135
- 09절 부동산 가격형성과정 ····· 141
- 10절 가치이론의 발달사 ····· 145

심화논점
- 01절 교환가치와 사용가치 ····· 152
- 02절 청산가치와 계속기업가치 ····· 155
- 03절 시상 시장가치 논의 ····· 157
- 04절 가치·가격·원가의 관계 ····· 160

Chapter 04 부동산 가격제원칙
- 01절 부동산 가격제원칙 ····· 163
- 02절 부동산 가격제원칙의 내용 ····· 166

Chapter 05 부동산시장론과 경기변동

- 01절 부동산시장 개관 ··· 177
- 02절 부동산시장과 완전경쟁시장의 비교 ············ 186
- 03절 부동산의 수요와 공급 ································ 188
- 04절 거미집 모형 ··· 194
- 05절 효율적 시장이론 ·· 197
- 06절 부동산시장 분석의 종류 ···························· 203
- 07절 부동산 경기변동 ·· 204
- 08절 용도별 경기변동 및 경기변동의 종류 ······· 215

Chapter 06 지역분석과 개별분석

- 01절 지역분석 ··· 217
- 02절 개별분석 ··· 226
- 03절 지역분석과 개별분석의 관계 및 3방식의 활용 ·· 231
- 04절 지역분석의 대상지역 ·································· 235
- 05절 부동산시장의 분석 ····································· 248

심화논점

- 01절 부동산 간접투자방식의 활성화 ··················· 262

Chapter 07 최유효이용

- 01절 최유효이용 ··· 276
- 02절 특수 상황에서의 최고최선의 이용분석 ····· 291

심화논점

- 01절 일치성 이용의 원리(=적합사용의 원칙) ······ 302

Chapter 08 3방식 총론

- 01절 감정평가의 3방식 ······································· 304
- 02절 3방식 병용에 대한 논의 ···························· 313
- 03절 시산가액(시산가격, 시산가치) 조정 ············ 320
- 04절 감정평가의 절차 ·· 330
- 05절 감정평가서(평가보고서) ······························· 348

심화논점

- 01절 직접법과 간접법의 장단점 ························· 352
- 02절 대상 부동산의 확정과 확인과의 관계 ······· 356
- 03절 「감정평가법」 제3조 제1항 단서의 의미 ···· 358

부록

감정평가에 관한 규칙 ·· 362

PART 01

감정평가 총론

Chapter 01 감정평가의 기초
Chapter 02 부동산학의 기초
Chapter 03 부동산 가격론
Chapter 04 부동산 가격제원칙
Chapter 05 부동산시장론, 경기변동
Chapter 06 지역분석과 개별분석
Chapter 07 최유효이용
Chapter 08 3방식 총론

Chapter 01 감정평가의 기초

01절 감정평가의 이론적 논의

```
Ⅰ. 서                          2. 이원설
Ⅱ. 견해의 대립                     (1) 의의
   1. 일원설                       (2) 논거
      (1) 의의                  3. 삼원설
      (2) 논거                     (1) 의의
                                 (2) 논거
                           Ⅲ. 결
```

Ⅰ 서

① 「감정평가 및 감정평가사에 관한 법률」 제2조 제2호에서는 감정평가라 함은 "토지 등의 경제적 가치를 판정하여 그 결과를 가액으로 표시하는 것"이라 정의하고 있다.

② 일반적으로 감정이란 사물의 진위(권리분석), 선악(물리적·기능적 하자), 적부(용도적 적합), 양부 등을 판정하는 것이고, 평가란 물건의 가격을 판정하는 것으로 화폐단위로 계량화하는 과정이나 행동을 말한다. 그러나 부동산 감정평가에 있어서 감정과 평가에 대하여 일원설, 이원설, 삼원설 등 다양한 견해가 있다.

③ 이러한 논의는 부동산활동의 다양화·전문화·개방화에 비추어 볼 때, 감정평가 업무영역 확대 및 감정평가 업무상 기능의 증대와 밀접하게 관련되어 있어 그 중요성이 있으며, 또한 감정평가의 본질을 이해하는 기초가 된다. 즉, 논의의 실익은 감정평가의 업무범위를 명확히 하고 감정평가활동을 효율적으로 수행하고자 함에 있다.

Ⅱ 견해의 대립

1. 일원설(감정과 평가는 일련의 과정이라는 견해)

(1) 의의

감정과 평가의 기능을 구분하지 않고 대상물건의 가치를 평가하기 위해서는 감정이 선행되어야 하므로 포괄적으로 개념을 이해하여 감정과 평가를 동일한 개념으로 파악하는 것이다.

(2) 논거

부동산에는 진위・선악, 적부・양부 등의 감정활동과 가격을 판정하는 평가활동이 동일한 일련의 과정이며, 감정평가법 제2조에서도 감정과 평가를 구분하지 않고 감정평가라 하여 하나의 개념으로 정의하고 있다.

2. 이원설(감정과 평가는 독립된 개념이라는 견해)

(1) 의의

감정과 평가는 별개의 개념이고, 부동산에도 감정활동과 평가활동이 독립적으로 존재한다는 것이다.

(2) 논거

감정은 사실의 진위 및 적부 등의 가치 판정을 말하고 평가는 그 결과를 화폐액으로 표시하는 작업이므로 구분이 필요하다고 본다.

3. 삼원설[1](evaluation 또는 감정컨설팅을 포함하는 견해)

(1) 의의

감정과 평가 이외에도 evaluation 또는 감정컨설팅(appraisal consulting)에 대한 별도의 정의를 내려 이를 포함하는 견해이다.

(2) 논거

① AI에서는 감정, 평가 이외에도 evaluation은 감정평가액의 표시가 필수적이지 않은 것으로서 토지이용계획이나 시장성 및 투자성 분석 등 컨설팅 개념을 포괄한 광범위한 평가개념으로 정의한다.
② USPAP에서는 감정컨설팅이라 하여 평가가액에 대한 평가사의 의견이 컨설팅 의뢰목적의 일부인 경우에 문제해결 방안, 권고안, 분석 등을 제시하는 행위나 과정으로 정의한다.

Ⅲ 결

① 현대 부동산활동의 핵심인 감정평가활동은 부동산의 가치추계뿐만 아니라 타당성, 권리분석, 경제기반 분석, 입지선정, 최유효이용분석 등을 포괄한다는 측면에서 삼원설 견해가 타당하다고 보며, 이는 감정평가 업무영역 확대 및 전문성에 보다 부합한다.
② 그러나 이러한 학설의 대립은 논의의 실익보다는 경제사회의 복잡고도화에 따라 감정평가업무의 수요가 날로 확장되어 가고 있는 추세를 업계가 적극 수용하고 대응할 필연성을 제기하고 있다고 볼 수 있다.

---

[1] 경응수, 감정평가론(제6판), 나무미디어, 2021

02절 감정평가의 필요성 ▶기출 31회

Ⅰ. 서
Ⅱ. 부동산·감정평가의 필요성
  1. 합리적 시장의 결여
  2. 부동산가격형성의 복잡성 및 변동성
3. 부동산의 사회성, 공공성
4. 가격형성의 기초 제공
5. 부동산거래의 특수성
Ⅲ. 결(사회적 필요성)

Ⅰ 서

감정평가는 왜 일반인들은 아무나 할 수 없고 일정한 자격을 가진 감정평가사들만 독점적으로 하는가에 대한 의문이 제기될 수 있다. 이와 관련하여 부동산[2]은 일반재화와 상이한 여러 가지 특성에 의해 부동산 시장에서의 수급 논리 이외에 복잡한 가격 형성과정을 통하여 가격이 형성되는바 일반인들은 적정가격의 파악이 어렵고 한편으로는 부동산의 사회성 및 공공성에 의해 합리적 시장에서 성립될 수 있는 적정가격의 지적이 요구되는바 감정평가사가 필요하다.

Ⅱ 부동산 감정평가의 필요성(시복사기특)

1. 합리적 시장의 결여

일반재화는 시장에서 수요와 공급이라는 상호작용에 의하여 가격이 결정된다. 그러나 부동산은 일반재화와는 다른 여러 가지 특성으로 인하여 보편적이고 합리적인 시장이 결여되어 가격형성 메커니즘이 제대로 작동하기 어려운 특성을 가지고 있다. 이에 전문가인 감정평가사에게 합리적인 시장을 바탕으로 한 적정가격의 판단을 하게 함으로써 시장기능을 보완할 수 있도록 제도화하고 있는 것이다.

2. 부동산가격형성의 복잡성 및 변동성

부동산은 고정성을 갖고 있기 때문에 환경적인 요인에 의하여 많은 영향을 받게 된다. 이에 따라 부동산가격은 자연적 요인, 사회적 요인, 경제적 요인, 행정적 요인 등 복잡하고 다양한 가치형성요인에 의해 가격이 형성된다. 또한 그러한 요인들이 시시각각 변해감에 따라 부동산가격 또한 항상 변동의 과정에 있게 된다. 따라서 일반인들은 파악하기 힘든 복잡하고 변화무쌍한 가격형성의 과정을 전문가인 감정평가사가 파악하게 되는 것이다.

---

[2] 감정평가의 주요 대상은 부동산이고 우리나라 감정평가제도의 시초가 토지평가사 제도인 점을 고려할 때 감정평가에 관한 이론은 대부분 부동산을 중심으로 발전해왔음을 이해할 필요가 있다.

3. 부동산의 사회성과 공공성

부동산은 그 자체로 국가 성립의 기반이고, 사회형성기초로 공익에 기여하는 바가 크고, 일반재화에 비해 경제적 비중이 매우 크다. 이는 일반국민에게 직·간접적으로 큰 영향을 미치는바, 사회성과 공공성이 특히 강조된다. 이에 따라 일반재화와 달리 전문성과 윤리성이 높게 요구되는 전문가에 의해 적정가격을 도출할 필요성이 제기된다.

4. 가격형성의 기초 제공

부동산은 모든 경제활동의 기반으로서 경제활동이 원활하게 이루어지기 위해서는 부동산에 대한 적정가격이 형성되어야 한다. 그런데 부동산은 자연적 특성을 비롯한 제반 특성으로 인해 본질적으로 시장에서의 수요와 공급의 논리에 의한 적정한 가격의 성립이 어렵다. 이에 따라 부동산에 대해서는 가격의 본질적인 기능인 시장참가자의 행동지표로서의 기능이 제대로 작동하지 않는 경우가 많다. 따라서 시장참가자의 행동지표로서의 기능이 제대로 발휘되어 새로운 수요와 공급에 의한 가격형성의 기초가 될 수 있도록 하기 위하여 전문가에 의한 적정가격의 평가업무가 필요하게 된다.

5. 부동산거래의 특수성

부동산은 개별성이라는 자연적 특성으로 인하여 거래당사자 간 사정의 개입이 쉽게 이루어지고 거래에 있어 특수한 관계가 형성되기 쉬우며 정보가 비공개되는 경우가 많기 때문에 부동산가격을 파악하기가 매우 어렵다. 이에 부동산가격을 정확하게 파악할 수 있도록 전문가의 도움이 필요하다.

> **감정평가론, 서경규 著**
> 감정평가의 필요성을 구체적으로 설명하면 다음과 같다.
>
> 첫째, 대상물건의 정확한 경제적 가치에 관한 정보가 필요하다. 시장가격은 시장의 불완전성이나 당사자의 사정 등에 의해 대상물건의 정확한 경제적 가치를 반영하기 어렵다. 예를 들어, 금융회사에서 부동산을 담보로 대출을 하는 경우 해당 부동산의 경제적 가치를 정확하게 알아야만 대출한도를 정할 수 있으므로 감정평가를 의뢰한다.
>
> 둘째, 시장가격이 있더라도 일정시점의 경제적 가치에 관한 정보를 얻기 위해서는 감정평가가 필요하다. 시장가격은 필요한 시점에 필요한 물건에 대해 항상 성립하지는 않는다. 예를 들어 부동산을 상속받은 경우 상속인은 상속개시일 당시 해당 부동산의 경제적 가치를 기준으로 상속세를 부담하므로 감정평가를 의뢰한다. 만약, 해당 부동산을 1년 전에 피상속인이 10억원에 매수했더라도 상속개시일 당시 과세표준을 10억원으로 정할 수는 없다. 물건의 경제적 가치는 가치형성요인에 따라 형성되며, 가치형성요인은 끊임없이 변화하는 경향이 있기 때문이다.

> 셋째, 경제주체들은 다양한 목적을 가지고 특정 조건하에서 경제적 가치정보를 활용하고자 한다. 이때 특정 조건하에서의 경제적 가치에 관한 정보를 얻기 위해서는 감정평가가 필요하다. 예를 들어, 어떤 지역에 택지개발지구가 지정된 후 개발기대감으로 시장가격이 상승하였다고 하자. 사업시행자가 택지개발지구의 토지를 매수할 때에는 관련 법령에 따라 당해 사업으로 인한 개발이익을 배제하여야 하므로 감정평가를 통해 이를 확정할 필요가 있다.

III 결(사회적 필요성)[3]

부동산은 규격화된 단위와 이용방법으로만 사용되지 않으며, 경제적인 상황과 사회적인 상황 및 행정적, 법률적 조건에 따라서 다양한 이용방법과 형태를 가지고 사용되고 있으므로 일정한 기준과 통일된 방법으로 부동산의 가격을 결정하는 것은 불가능하다. 따라서 부동산의 가격은 감정평가를 통하여 객관적이고 실체적인 가격에 접근하는 것이며 사회적인 합의를 도출하기 위한 감정평가제도가 필요한 것이다.

---

3) 나상수, 감정평가이론강의, 리북스, 2009

03 절 감정평가의 기능[4] ▶기출 1회, 7회, 20회, 24회

Ⅰ. 서
Ⅱ. 정책적 기능
  1. 부동산의 효율적 이용과 관리
  2. 적정한 가격형성 유도
  3. 손실보상의 적정화
  4. 과세의 합리화
Ⅲ. 경제적 기능
  1. 부동산 자원의 효율적 배분
  2. 부동산 의사결정의 판단기준 제시
  3. 거래질서의 확립과 유지
  4. 파라미터적 기능
Ⅳ. 사회적 기능
  1. 이해관계 조정
  2. 재산권 보호
  3. 국가경제 발전에 기여
Ⅴ. 결

Ⅰ 서

감정평가의 기능이란 감정평가가 어떠한 역할을 수행하는가에 관한 것이다. 이러한 감정평가의 기능은 다음과 같이 구분할 수 있다.
① 공적 부동산활동과 관련하여 효율적인 부동산정책의 수립과 집행을 가능하게 하는 정책적 기능
② 불완전한 부동산시자의 결함을 보완함으로써 부동산의 효율적 배분과 거래질서의 확립에 기여하는 일반경제적 기능
③ 첨예하게 대립하는 이해관계인 간의 갈등을 조정하고 국민의 재산권을 보호하는 데 기여하는 사회적 기능

Ⅱ 정책적 기능(효적손과)

정책적 기능은 주로 공적 부동산활동과 관련이 깊은데 감정평가는 부동산정책의 효율적인 수립과 집행에 기여하는 바가 크다.

1. 부동산의 효율적 이용과 관리

부동산은 희소한 자원으로서 현세대뿐만 아니라 후세대들에게도 소중한 자산이기 때문에 효율적으로 이용되고 관리되어야 한다. 부동산의 가치를 평가하는 과정에서 최유효이용을 파악하게 되는데 이에 따라 감정평가는 부동산의 효율적인 이용과 관리를 지원하게 된다. 또한, 감정

---

[4] 노용호, 아카데미 부동산 감정평가론, 부연사, 2021

평가의 결과는 공적 주체가 각종 공공사업을 진행하는 과정에서 지역분석을 하는데 참고가 되고 사업계획 및 사업성 판단 등에 활용됨으로써 부동산의 이용과 관리에 실질적인 도움을 주게 된다.

2. 적정한 가격형성 유도

부동산은 국가경제를 이루고 있는 근간으로서 각종 경제활동에 필수적인 요소이기 때문에 가격 측면에서도 적정하게 관리되어야 한다. 감정평가사에 의해 평가된 가격은 비정상적인 가격의 형성을 억제하고 적정한 가격의 형성을 유도하게 된다. 경우에 따라서는 당해 지역의 과도한 지가상승과 하락을 억제하는 기능도 수행하게 된다. 매년 1월 1일을 기준으로 하여 평가된 표준지공시지가는 이러한 기능을 수행하고 있는 대표적인 공적 가격지표라고 할 수 있다.

3. 손실보상의 적정화

국가나 지방자치단체 등 사업시행자가 공공사업을 수행하는 경우 사유재산권에 대한 침해에 대하여 보상을 하여야 하는데 이때 감정평가를 통해 적정가격을 평가하여 합리적인 보상액을 산정함으로써 보상업무가 적정하게 이루어지게 된다. 특히 시장성이 없는 부동산이나 가치측정이 용이하지 않은 부동산의 보상액 산정에 있어 그 유용성이 크다고 할 수 있다.

4. 과세의 합리화

국가나 지방자치단체는 국민의 재산권에 대하여 세금을 부과할 수 있는데, 이때 세금부과의 기초가 되는 것이 부동산가격이다. 감정평가는 공정하고 합리적인 과세활동이 이루어질 수 있도록 중요한 기능을 수행한다. 감정평가사는 개별공시지가의 기준이 되는 표준지공시지가를 조사·평가하고 개별공시지가의 적정성을 검증하는 업무를 담당함으로써 과세업무가 합리적으로 이루어지도록 하는 데 큰 기여를 하고 있다.

III 경제적 기능(배판거파)

일반경제적 기능은 주로 사적 부동산활동과 관련이 많은데 감정평가는 자원의 효율적 배분과 거래질서 확립에 기여함으로써 시장기능이 제대로 발휘될 수 있도록 하는 데 도움을 주게 된다.

1. 부동산 자원의 효율적 배분

부동산시장은 일반재화시장과는 달리 불완전한 특성을 지니고 있어 가격 파악이 쉽지 않아 부동산 자원의 효율적 배분이 이루어지기 힘들다. 이에 감정평가를 통해 합리적인 시장을 상정한 균형가격을 파악하여 적정한 가격을 제시함으로써 부동산 자원의 효율적인 배분이 이루어질 수 있도록 지원하는 기능을 수행하게 된다.

2. 부동산 의사결정의 판단기준 제시

감정평가의 결과는 새로운 개발사업의 타당성분석의 기준으로 유용하게 활용되고, 부동산의 거래나 투자 등 다양한 의사결정에 있어서 판단기준으로 활용됨으로써 다양한 경제주체의 의사결정을 지원하는 역할을 수행하게 된다.

3. 거래질서의 확립과 유지

감정평가활동은 부동산의 공정하고 객관적인 가격을 제시함으로써 매매, 임대, 담보, 경매 등 다양한 거래 활동을 합리적이고 능률적으로 수행하도록 하여 거래질서 확립과 유지에 기여한다.

4. 파라미터적 기능

감정평가사에 의해 평가된 가격은 부동산시장에서 하나의 가격지표로서의 기능을 수행하여 종국적으로는 수요와 공급이 서로 같아지도록 유도해 간다. 즉, 수요자와 공급자는 새로운 행동을 함에 있어 전문가에 의해 평가된 가격을 중요한 지표로서 인식하게 된다. 법원경매에서 입찰을 수행하는 경우 감정평가사에 의해 도출된 경매가격을 기준으로 입찰 여부와 입찰가격을 결정하는 것이 좋은 예가 될 수 있다.

Ⅳ 사회적 기능(조재국)

사회적 기능은 사회 구성원들 간의 관계에서 발생하는 다양한 갈등 및 대립과 관련이 깊은데 감정평가는 사회구성원들 간의 갈등과 대립을 해소하고 사회통합에 기여하는 바가 크다.

1. 이해관계 조정

부동산은 경제적 가치가 매우 클 뿐만 아니라 다층적인 이해관계가 존재하는 경우가 많아 이해관계인 간의 갈등과 대립이 발생할 가능성이 매우 크다. 감정평가사는 제3자의 객관적인 입장에서 공정하게 감정평가함으로써 원만한 합의와 조정을 이끌어 내는 데 기여한다.

2. 재산권 보호

감정평가는 경제적 가치가 존재하는 것이면 무엇이든 그 가치를 판정함으로써 해당 권리자들이 정당한 재산권을 향유할 수 있게 하고, 국가공권력에 의한 수요와 같은 상황에서는 적정가격을 평가함으로써 재산권을 보호하는 역할을 수행한다.

3. 국가경제 발전에 기여

사회가 평화롭게 존속하고 유지되기 위해서는 생활의 터전이 되는 국가경제의 뒷받침이 필요하다. 감정평가는 부동산을 비롯한 다양한 자산의 가치를 평가함으로써 경제활성화에 기여하고, 자본주의 시장경제 시스템이 원활하게 작동될 수 있도록 지원하여 국가경제의 성장과 발전에 기여하는 역할을 수행한다.

Ⅴ 결

감정평가사는 국가 행정 목적의 부동산 평가업무를 수행하며, 공익사업을 위한 보상평가, 부동산 과세기준이 되는 공시가격 평가, 금융기관 등의 필요에 의한 담보평가, 분쟁의 해결목적의 소송평가 및 경매와 공매평가를 한다.
이와 같이 감정평가사가 관여되는 업무는 항상 이해가 상충되는 이해관계인들이 존재하므로 감정평가사는 공평무사한 태도를 견지하여야 한다.

04절 감정평가의 사회성과 공공성

Ⅰ. 서
Ⅱ. 감정평가의 사회성, 공공성이 제기되는 근거
  1. 부동산의 사회성·공공성
    (1) 국토공간으로서의 사회성, 공공성
    (2) 용도적 측면에서 사회성, 공공성
    (3) 환경요소적 측면에서의 사회성, 공공성
    (4) 경제적 비중 측면에서 사회성, 공공성
  2. 감정평가의 필요성
  3. 감정평가의 기능
Ⅲ. 결

Ⅰ 서

감정평가제도는 국가가 개인에게 일정한 자격을 부여하여 국가 또는 개인의 사무를 처리하게 하는 국가자격제도의 하나로 그 기원을 살펴보면 국가의 행정목적 수행 또는 금융기관 등의 업무상 필요에 따라 도입되었다. 이러한 감정평가제도는 국민의 일상생활에 어떤 편의를 제공하기 위해 도입된 다른 자격제도와는 본질적으로 차이가 있다. 즉, 감정평가제도는 기본적으로 국가사무에서 유래한 제도로 본질적으로 사회성과 공공성을 지니고 있다.

Ⅱ 감정평가의 사회성, 공공성이 제기되는 근거(사필기)

1. 부동산의 사회성·공공성(국용환경)

부동산은 인간생활에 필수적인 기반이며, 개인의 행복과 사회의 성장과 발전의 근간을 이루는 중요한 자산이다. 사회성과 공공성은 모든 재화에 그 의미를 부여할 수 있지만, 부동산의 경우 소유자뿐만 아니라 일반인들에게도 직간접적으로 큰 영향을 미치게 되므로 그 어떤 재화보다 높은 사회성과 공공성이 존재한다. 이러한 높은 사회성과 공공성을 지닌 부동산을 주요 대상으로 하는 감정평가 또한 사회성과 공공성을 지닐 수 밖에 없다.

(1) 국토공간으로서의 사회성·공공성

부동산 특히, 토지는 국토를 구성하고 있는 기반으로서 국민 생활의 터전이며 국가 구성의 필수적 요소로서 영토를 의미하게 되는 바 높은 사회성과 공공성을 가지게 된다.

(2) 용도적 측면에서 사회성·공공성

토지는 물리적 측면에서 공급의 한계에 의한 희소성이 큰 자산이나, 인간생활 및 산업기반 등에 있어서는 용도의 다양성이 존재함으로써 희소성을 완화시킬 수 있다. 이처럼 토지는 더 많은 사람들이 잘 이용할 수 있도록 여러 가지 용도 중에서 최고의 효용을 창출할 수 있는 최유효이용의 필요성이 제기되고 국가나 사회가 공익을 위하여 최유효이용을 강제해야 하는 사회성과 공공성이 큰 자산임을 알 수 있다.

(3) 환경요소적 측면에서의 사회성·공공성

토지는 자연의 한 부분으로서 인간생활에 있어 지대한 영향을 미치는 환경의 의미를 가지고 있다. 특히 지리적 위치의 고정성으로 인하여 주변의 환경적 요인의 영향을 많이 받게 된다. 다른 한편으로는 주위의 다른 부동산과 지역에도 영향을 주게 되는 등 상호관계가 형성되는 바 환경요소적 측면에서도 사회성과 공공성이 크다는 것을 알 수 있다.

(4) 경제적 비중 측면에서 사회성·공공성

부동산은 국부의 대부분을 차지하고 있으며 각종 부동산활동에 있어서 고용원의 역할, 투자원의 역할 및 소비원의 역할 등을 수행함으로써 국가 경제의 근간을 이루고 있는 중요한 자산이다. 특히, 우리나라는 부동산을 중심으로 한 경제구조를 이루고 있어 그 사회성과 공공성이 더욱 강조된다.

2. 감정평가의 필요성

부동산은 일반재화와는 다른 여러 가지 특성으로 인하여 가치형성과정의 복잡성 및 변동성과 합리적인 시장의 결여 등으로 인하여 일반인에 의한 가치평가가 어렵다. 한편, 부동산은 중요한 자산으로서 일반인에게 거래의 지표로서의 기능을 수행할 수 있는 적정가격 지표가 필요하게 된다. 이러한 감정평가의 필요성은 곧 감정평가의 사회성과 공공성으로 직결된다.

3. 감정평가의 기능

감정평가는 토지 등의 경제적 가치를 판정함으로써 효율적인 부동산 정책의 수립과 집행을 가능하게 하는 정책적 기능과 불완전한 부동산시장의 결함을 보완함으로써 부동산의 효율적 배분과 거래질서의 확립에 기여하게 되는 일반경제적 기능 그리고 사회구성원들 간의 갈등과 대립을 해소하고 사회통합에 기여하는 사회적 기능을 수행하게 된다. 이러한 감정평가의 기능은 사회경제적 측면에서 매우 중요한 의미를 지니게 되는 바 감정평가의 사회성과 공공성을 부각시킨다.

III 결[5]

감정평가는 형평성을 유지함으로 해서 공공성이 확보된다. 이를 위해서 감정평가사에게는 균형적인 감각이 절실하게 요구되며 사회적인 공감대가 어떤 것인가를 직감적으로 인식할 수 있어야 한다. 이론과 논리, 법과 규칙들이 근간이 되는 균형적인 사고와 사회에서 요구되는 현실적인 흐름들이 적절히 조화되어야 공공성이 확보될 것이다. 즉, 형평성과 공정성은 정확한 감정평가를 가능하게 할 수 있는 기준이고, 공인될 수 있는 감정평가의 원칙이 되는 것이며, 이로 인하여 부동산의 감정평가는 공공성과 사회적인 공신력을 확보할 수 있을 것이다.

---

[5] 나상수, 감정평가이론강의, 리북스, 2009

05절 감정평가사의 직업윤리[6] ▶기출 7회, 16회, 32회

Ⅰ. 서
Ⅱ. 직업윤리가 강조되는 이유(이론적 근거)
  1. **부동산 특성으로 인한 감정평가의 필연성**
  2. 감정평가의 전문성
  3. 감정평가의 사회성 및 공공성
  4. 감정평가의 기능
Ⅲ. 법률적 근거
  1. 감정평가법상의 윤리규정(제25조)
  2. 감정평가에 관한 규칙상의 규정(제3조)
  3. 감정평가 실무기준상의 윤리규정(200)
  4. 외국의 윤리규정

Ⅳ. 감정평가 윤리 규정의 문제점 및 개선방안
  1. 감정평가 윤리 규정의 문제점
    (1) 윤리규정의 추상성
    (2) 감정평가업무의 윤리적 행위 여부의 판단 곤란
    (3) 비윤리적 행위의 판단가능 문제
    (4) 비윤리적 행위의 사전예방책 부재
  2. 감정평가 윤리 규정의 개선방안
    (1) 사회성·공송성 측면에서 공익의 추구와 확립
    (2) 질과 가치의 추구
    (3) 스스로 책임지는 방향으로의 전환
    (4) 윤리기준의 제정
Ⅴ. 결

Ⅰ 서

감정평가사의 직업윤리란, 감정평가사가 그 직무를 수행함에 있어 지켜야 할 관계법령에 의한 제 규정은 물론이고, 그 외에도 자율적으로 준수해야 할 전문 직업인으로서의 행위규범을 의미한다. 감정평가는 그 자체로 정책적, 경제적 기능을 지니고 있으며 평가의 주된 대상인 부동산이 가지고 있는 사회성, 공공성에 의해 필연적으로 높은 수준의 직업윤리가 강조된다. 또한 최근 부동산에 대한 사회적인 관심과 부동산이 국가경제에서 차지하는 경제적 비중이 점점 커짐에 따라 감정평가사에 대한 직업윤리가 더욱 강조되고 있다. 감정평가사의 직업윤리가 결여된 평가결과는 의뢰인뿐만 아니라 부동산 경제활동에도 심각한 부정적 영향을 미치게 된다. 따라서 선진 각국에서는 감정평가 전문자격제도를 시행하면서 감정평가사에게 엄격한 윤리적 의무와 책임을 부여하고 있는 것이다.[7]

---

6) (특강) 부동산감정평가업자의 역할과 직업윤리에 대하여 설명하시오(이창석, 태평양특강).
7) 경응수, 감정평가론 제6판, 나무미디어, 2021

Ⅲ 직업윤리가 강조되는 이유[8] (이론적 근거)(특전사기) ▶기출 5회

1. 부동산 특성으로 인한 감정평가의 필연성

부동산은 일반재화와는 다른 자연적 및 인문적 특성으로 인하여 부동산시장은 불완전하며 이에 따라 적정가격의 형성이 어렵게 된다. 또한, 공정하고 객관적인 가치를 산정할 수 있는 기준이 마련되어 있지 않기 때문에 합리적 시장을 대신할 수 있는 감정평가의 필요성이 제기된다. 이에 따라 그러한 권한을 지니게 되는 감정평가사에게는 직업윤리가 요구된다.

2. 감정평가의 전문성

감정평가사는 일반인들은 아무나 할 수 없는 직업인의 하나로서 고도의 지식과 경험 및 판단력 등이 필요한 전문가에 속한다. 이러한 전문가 집단에게는 일반인들에 비해 보다 더 엄격한 직업윤리가 요구된다.

3. 감정평가의 사회성 및 공공성

감정평가제도는 기본적으로 국가사무에서 유래한 제도로 본질적으로 사회성과 공공성을 지니고 있다. 또한 감정평가활동은 여러 가지 부동산 활동 중에서 가장 핵심적이고 중요한 위치를 차지하고 있는 분야로서 사회성과 공공성이 매우 큰 분야이다. 이처럼 사회성과 공공성이 큰 감정평가 업무활동에는 높은 직업윤리 수준이 요구된다.

> ▶ 『사회성과 공공성이 요구되는 이유』
> 감정평가는 부동산이나 주식·무형자산 등 국민경제상 매우 높은 비중을 차지하는 재화의 가치를 측정하는 작업이므로 자연히 높은 사회성과 공공성이 요구된다. 감정평가사에게 높은 수준의 전문가적 직업윤리와 공정무사한 자세가 요구되는 이유는 바로 이 때문이다.

4. 감정평가의 기능

감정평가제도는 기본적으로 국가사무에서 유래한 제도로 본질적으로 사회성과 공공성을 지니고 있다. 또한 감정평가활동은 여러 가지 부동산활동 중에서 가장 핵심적이고 중요한 위치를 차지하고 있는 분야로서 사회성과 공공성이 매우 큰 분야이다. 이처럼 사회성과 공공성이 큰 감정평가 업무활동에는 높은 직업윤리 수준이 요구된다.

---

[8] 이창석, 기본강의 감정평가, 리북스, 2013

> ● 부동산에 대한 감정평가가 필연적으로 요청되는 이유를 부동산의 특성과 관련하여 설명하라.[9]
> 전문가에 의한 부동산 감정평가가 필연적으로 요청되는 이유는 부동산은 시장의 불완전성으로 인하여 균형가격이 자연적으로 성립되지 않기 때문이다. 또한 토지에는 자연적 특성이 있어 완전경쟁이 어렵고 가격이 개별적으로 형성되는 데다 개별적인 사정이 개입되는 등 자유롭고 합리적인 가격형성을 저해하는 요인이 많다. 따라서 합리적인 시장이 있어 완전경쟁이 행하여지는 경우에 형성될 것으로 기대되는 적정한 시장가치를 사회경제적 필요에 따라 평정해 줄 전문가적 판단과 의견이 필요하게 된다. 이것은 부동산 평가제도가 필연적으로 요청되는 근거이며, 감정평가사의 직업윤리가 특히 강조되는 배경이다.

Ⅲ 법률적 근거 ▶기출 5회

1. 감정평가법상의 윤리규정(제25조)

「감정평가법」제25조 성실의무 등에서는 감정평가사의 의무와 관련해서 품위유지, 불공정한 평가금지, 겸업금지, 보수제한, 중복소속금지 등을 규정하고 있다. 또한, 전항의 의무를 강제하기 위한 여러 규정을 두고 있는데, 동법 제26조의 비밀엄수, 제27조의 명의대여 등의 금지, 제28조의 손해배상책임 등이 있다.

> **감정평가법 제25조(성실의무 등)**
> ① 감정평가법인등(감정평가법인 또는 감정평가사사무소의 소속 감정평가사를 포함한다. 이하 이 조에서 같다)은 제10조에 따른 업무를 하는 경우 품위를 유지하여야 하고, 신의와 성실로써 공정하게 하여야 하며, 고의 또는 중대한 과실로 업무를 잘못하여서는 아니 된다.
> ② 감정평가법인등은 자기 또는 친족 소유, 그 밖에 불공정하게 제10조에 따른 업무를 수행할 우려가 있다고 인정되는 토지 등에 대해서는 그 업무를 수행하여서는 아니 된다.
> ③ 감정평가법인등은 토지 등의 매매업을 직접 하여서는 아니 된다.
> ④ 감정평가법인등이나 그 사무직원은 제23조에 따른 수수료와 실비 외에는 어떠한 명목으로도 그 업무와 관련된 대가를 받아서는 아니 되며, 감정평가 수주의 대가로 금품 또는 재산상의 이익을 제공하거나 제공하기로 약속하여서는 아니 된다.
> ⑤ 감정평가사, 감정평가사가 아닌 사원 또는 이사 및 사무직원은 둘 이상의 감정평가법인(같은 법인의 주·분사무소를 포함한다) 또는 감정평가사사무소에 소속될 수 없으며, 소속된 감정평가법인 이외의 다른 감정평가법인의 주식을 소유할 수 없다.
> ⑥ 감정평가법인등이나 사무직원은 제28조의2에서 정하는 유도 또는 요구에 따라서는 아니된다.
>
> **감정평가법 제26조(비밀엄수)**
> 감정평가법인등(감정평가법인 또는 감정평가사사무소의 소속 감정평가사를 포함한다. 이하 이 조에서 같다)이나 그 사무직원 또는 감정평가법인등이었거나 그 사무직원이었던 사람은 업무상 알게 된 비밀을 누설하여서는 아니 된다. 다만, 다른 법령에 특별한 규정이 있는 경우에는 그러하지 아니하다.

---

9) 경응수, 감정평가론(제6판), 나무미디어, 2021

> **감정평가법 제27조(명의대여 등의 금지)**
> ① 감정평가사 또는 감정평가법인등은 다른 사람에게 자기의 성명 또는 상호를 사용하여 제10조에 따른 업무를 수행하게 하거나 자격증·등록증 또는 인가증을 양도·대여하거나 이를 부당하게 행사하여서는 아니 된다.
> ② 누구든지 제1항의 행위를 알선해서는 아니 된다.

2. 감정평가에 관한 규칙상의 규정(제3조)

「감정평가에 관한 규칙」 제3조는 감정평가법인등의 의무 규정으로, ① 자신의 능력으로 업무 수행이 불가능하거나 매우 곤란한 경우, ② 이해관계 등의 이유로 자기가 감정평가하는 것이 타당하지 아니하다고 인정되는 경우에는 감정평가를 하여서는 아니 된다.

3. 감정평가 실무기준상의 윤리규정(200)

> **◉ 200 감정평가업자의 윤리**
>
> **1 개요**
> 감정평가업자는 감정평가제도의 공공성과 사회성을 충분히 이해하고, 전문인으로서 부여된 책임과 역할을 인식하여 행동을 스스로 규율하여야 한다.
>
> **2 윤리규정의 준수**
> 감정평가업자는 감정평가관계법규 및 이 기준에서 정하는 윤리규정을 준수하여야 한다.
>
> **3 기본윤리**
> 3.1 품위유지
> 　감정평가업자는 감정평가 업무를 수행할 때 전문인으로서 사회에서 요구하는 신뢰에 부응하여 품위 있게 행동하여야 한다.
> 3.2 신의성실
> 　3.2.1 부당한 감정평가의 금지
> 　　감정평가업자는 신의를 좇아 성실히 업무를 수행하여야 하고, 고의나 중대한 과실로 부당한 감정평가를 해서는 아니 된다.
> 　3.2.2 자기계발
> 　　감정평가업자는 전문인으로서 사회적 요구에 부응하고 감정평가에 관한 전문지식과 윤리성을 함양하기 위해 지속적으로 노력하여야 한다.
> 　3.2.3 자격증 등의 부당한 사용의 금지
> 　　감정평가업자는 자격증·등록증이나 인가증을 타인에게 양도·대여하거나 이를 부당하게 행사해서는 아니 된다.
> 3.3 청렴
> 　① 감정평가업자는 법 제23조에 따른 수수료와 실비 외에는 어떠한 명목으로도 그 업무와 관련된 대가를 받아서는 아니 된다.

② 감정평가업자는 감정평가 의뢰의 대가로 금품·향응, 보수의 부당한 할인, 그 밖의 이익을 제공하거나 제공하기로 약속하여서는 아니 된다.
3.4 보수기준 준수
감정평가업자는 법 제23조 제2항에 따른 수수료의 요율 및 실비에 관한 기준을 준수하여야 한다.

4 업무윤리
4.1 의뢰인에 대한 설명 등
① 감정평가업자는 감정평가 의뢰를 수임하기 전에 감정평가 목적·감정평가조건·기준시점 및 대상물건 등에 대하여 의뢰인의 의견을 충분히 듣고 의뢰인에게 다음 각 호의 사항을 설명하여야 한다.
  1. 대상물건에 대한 감정평가 업무수행의 개요
  2. 감정평가 수수료와 실비, 그 밖에 의뢰인에게 부담이 될 내용
② 감정평가업자는 대상물건에 대한 조사 과정에서 의뢰인이 제시한 사항과 다른 내용이 발견된 경우에는 의뢰인에게 이를 설명하고 적절한 조치를 취하여야 한다.
③ 감정평가업자가 감정평가서를 발급할 때나 발급이 이루어진 후 의뢰인의 요청이 있는 경우에는 다음 각 호의 사항을 의뢰인에게 설명하여야 한다.
  1. 감정평가액의 산출 과정 및 산출 근거
  2. 감정평가 수수료와 실비, 그 밖에 발생한 비용의 산출 근거
  3. 감정평가 결과에 대한 이의제기 절차 및 방법
  4. 그 밖에 의뢰인이 감정평가 결과에 관해 질의하는 사항
4.2 불공정한 감정평가 회피
① 감정평가업자는 객관적으로 보아 불공정한 감정평가를 할 우려가 있다고 인정되는 대상물건에 대해서는 감정평가를 해서는 아니 된다.
② 불공정한 감정평가의 내용에는 다음 각 호의 사항이 포함된다.
  1. 대상물건이 담당 감정평가사 또는 친족의 소유이거나 그 밖에 불공정한 감정평가를 할 우려가 있는 경우
  2. 이해관계 등의 이유로 자기가 감정평가하는 것이 타당하지 아니하다고 인정되는 경우
4.3 비밀준수 등 타인의 권리 보호
감정평가업자는 감정평가 업무를 수행하면서 알게 된 비밀을 정당한 이유 없이 누설하여서는 아니 된다.

5. 자동가치산정모형 사용 윤리
5.1 정의
"자동가치산정모형"이란 실거래자료, 부동산 가격공시자료 등을 활용하여 토지등 부동산의 가치를 자동으로 추정하는 컴퓨터 프로그램을 말한다.
5.2 감정평가와의 관계
① 감정평가법인등은 감정평가의 효율성 제고를 목적으로 자동가치산정모형을 활용할 수 있으나 감정평가의 보조적 수단으로 활용하여야 한다.
② 자동가치산정모형에 의한 추정가치는 감정평가액으로 볼 수 없다.

> 5.3 활용 시 유의사항
> 감정평가법인등은 자동가치산정모형을 활용할 경우 다음 각 호의 사항을 이해하고 검토하여야 한다.
> 1. 자동가치산정모형의 알고리즘
> 2. 자동가치산정모형에 사용되는 데이터의 종류 및 범위, 적합성
> 3. 자동가치산정모형을 통해 산출된 결과물의 적정 여부

4. 외국의 윤리규정

해외 각국의 윤리규정 중 특히 미국 AI의 윤리규정과 USPAP, 일본의 부동산 감정평가에 관한 법률과 감정평가기준, 그리고 영국의 왕립평가사협회(RICS)의 윤리규정 등을 집약하여 보면, 감정평가업무를 수행하는 주체는 전문적 지식과 정확한 판단력, 풍부한 경험 및 비밀유지에 관한 노력, 공정한 정신과 책임감을 지니고 평가업무에 임할 것을 일관되게 강조하고 있다.

Ⅳ 감정평가 윤리 규정의 문제점 및 개선 방안

1. 감정평가 윤리 규정의 문제점

(1) 윤리규정의 추상성

현재 우리나라 윤리규정의 가장 큰 문제점은 각 조항별 윤리기준이 지나치게 추상적이라는 점이다. 이 때문에 평가실무에서는 최소한의 사항만을 규정하고 있는 법규정만을 준수하고 있으며, 전문직업인으로서 지켜야 할 직업적 순결성이나 지성 및 도덕성 등은 도외시될 우려가 있다.

(2) 감정평가업무의 윤리적 행위 여부의 판단 곤란

윤리규정이 추상적이고 선언적이기 때문에 감정평가사가 실제 평가업무를 수행함에 있어 어떤 것이 윤리적인지 혹은 비윤리적인지에 대한 판단이 매우 곤란하다는 것이다. 이는 윤리규정의 추상성에 의해 나타나는 자연스러운 현상이다.

(3) 비윤리적 행위의 판단가능 문제

현행 윤리규정은 최종적인 결과만 문제를 삼을 뿐 평가과정에서 나타나는 비윤리적 행위에 대해서는 세부적으로 규정하는 것이 현실적으로 어려워 제재나 처벌이 가해지기 힘들다. 따라서 사회적으로 문제가 발생하지 않는 이상 중요하게 부각되지 않는 경우가 많다.

(4) 비윤리적 행위의 사전예방책 부재

현행 윤리규정은 사후책임을 기본으로 하는 구조로 되어 있기 때문에 어떤 평가사가 비윤리적인 행위를 저지른다고 하더라도 이를 사전에 예방하거나 시정할 수 있는 시스템이 마련되어 있지 않다. 특히 실무적으로 평가사들은 독립적인 위치에서 판단하고 평가를 수행하기 때문에 상급자라고 하더라도 다른 평가사들의 평가행위 자체에 대해서 많은 간섭을 할 수 없는 것이 현실이다.

2. 감정평가 윤리 규정의 개선 방안

(1) 사회성·공공성 측면에서 공익의 추구와 확립

사회성과 공공성이 큰 부동산을 대상으로 가치를 측정하는 감정평가업무는 타인의 재산권에 직간접적인 영향을 미치기 때문에 어떤 부동산 활동보다 더 공익을 우선시해야 한다. 이처럼 공익을 추구하는 이념이 윤리규정에 확고하게 정립될 수 있도록 하는 방향으로 개선이 이루어져야 한다.

(2) 질과 가치의 추구

우리나라 감정평가사들은 감정평가업무를 수행함에 있어 능률적인 측면에 보다 많은 주안점을 두고 있는 것으로 보인다. 전문 자격사로서 감정평가업무의 질적 개선과 가치를 제고하는 데는 다소 소홀한 듯하다. 감정평가사들이 평가사로서 감정평가의 질과 가치를 추구할 수 있도록 자긍심과 사명감을 제시하는 방향으로 윤리규정이 개선되어야 한다.

(3) 스스로 책임지는 방향으로의 전환

전문가에 의한 활동은 비윤리적인지 여부에 대한 판단이 매우 어려울 뿐만 아니라 설사 그러한 판단이 내려지더라도 그것을 제재하고 책임을 묻는 데 상당한 시간이 소요되기 때문에 효과면에서 큰 의미를 두기 어려운 경우가 많다. 따라서 감정평가사들이 스스로 전문가로서의 높은 윤리의식과 책임감을 느낄 수 있도록 하는 방향으로 윤리규정이 개선되어야 한다.

(4) 윤리기준의 제정

지금까지의 윤리규정의 내용이 미흡했기 때문에 광범위하고 구체적인 기준을 마련해야 한다. 이를 위해 현실적으로는 법령에 근거규정을 두고 협회를 통하여 광범위하고 구체적인 기준을 정하도록 하는 방안이 제시될 수 있다. 선언적이고 추상적인 의미를 갖는 법령이나 윤리규정 이외에 범위를 확장하고 이를 구체화시킬 수 있는 실무윤리기준을 제정해야 한다. 그리고 그에 대한 해설서나 사례연구 등의 후속작업도 필요할 것이다.

V 결[10]

감정평가의 궁극적인 목적은 대상물건에 대한 정확한 감정평가에 있고, 정확한 감정평가는 평가자의 기본능력과 양식 그리고 수집된 각종 자료를 합리적으로 이용하는 데 달려 있으며, 또한 적절한 자료의 수집이 가능한가의 여부에 따라 크게 영향을 받는다. 이러한 일련의 과정 위에 감정평가는 그 사회성, 공공성이 강조되며, 그 정책적, 경제적 기능 또한 중요하다. 그러므로 감정평가사는 감정평가업무의 중요성을 충분히 인식하고 감정평가 관련 법령과 제 규정을 준수하여 주관적인 편견에 의한 업무취급을 배제하고, 객관적이며 가장 타당성 있는 감정평가를 하여야 한다.

감정평가업은 타인의 재산을 평가하는 서비스업의 하나이며, 그가 다루는 부동산은 사회성과 공공성이 있어, 그의 행위도 당연히 사회성과 공공성을 띨 수밖에 없다. 따라서 감정평가사는 업무에 관한 무거운 사회적 책임을 안고 있다.

감정평가사는 전문직업인의 입장에서 사회적 책임을 지는 자로서 의당 업자의 도리를 지켜야 하며, 이것을 감정평가업자의 윤리라 할 수 있다. 우리나라 실정을 볼 때 직업윤리의 중요성을 여러 면에서 강조하지 않을 수 없으며, 평가업의 발전 및 사회성장을 위해서도 직업활동을 윤리적으로 하도록 하는 과제는 중요하다. 특히 감정평가활동이 국제적 수준으로 확대되고 있어 이것도 의식해야 한다.

---

[10] 노용호, 아카데미 부동산 감정평가론, 부연사, 2021

06절 감정평가의 분류 ▶기출 15회, 19회, 26회, 31회

Ⅰ. 서(분류의 목적)
 1. 이론구성에 대한 지침제공
 2. 제도에 대한 지침
 3. 감정평가활동의 능률화
 4. 대상부동산의 확정
Ⅱ. 제도상 분류
 1. 평가주체에 따른 분류
  (1) 공적평가 / (2) 공인평가
 2. 평가의뢰 동기에 따른 분류(= 강제성 여부에 따른 분류)
  (1) 필수적 평가 / (2) 임의적 평가
 3. 법령의 규정에 따른 분류(= 법정평가와 일반평가)
  (1) 법정평가 / (2) 일반평가
 4. 감정평가 결과의 활용목적에 따른 분류
  (1) 공익평가 / (2) 사익평가
 5. 감정평가 목적에 따른 분류
 6. 감정평가 주체의 구성인원수에 따른 분류
  (1) 단독평가
  (2) 공동평가 : 합의제평가
Ⅲ. 업무상 분류
 1. 감정평가의 전제조건에 따른 분류
  (1) 기준시점에 따른 분류
   1) 소급평가
   2) 기한부평가
  (2) 감정평가 조건에 따른 분류
   1) 현황평가
   2) 조건부평가
 2. 감정평가 주체의 복수 여부에 따른 분류
  (1) 단수평가
  (2) 복수평가
 3. 전문성(감정평가수준)에 따른 분류
  (1) 1차 수준의 평가
  (2) 2차 수준의 평가
  (3) 3차 수준의 평가
 4. 평가사의 소속 여부에 따른 분류
  (1) 참모평가(Staff Valuation)
  (2) 수시적 평가(Occasional Valuation)
  (3) 일반평가
 5. 일본 『부동산 감정평가기준』에 따른 분류
  (1) 독립평가
  (2) 부분평가
  (3) 병합·분할평가
 6. 평가기법상의 구분에 따른 분류
  (1) 일괄평가(감정평가에 관한 규칙 제7조 제2항)
   1) 의의
   2) 적용 사례
  (2) 구분평가(감정평가에 관한 규칙 제7조 제3항)
   1) 의의
   2) 적용 사례
  (3) 부분평가(감정평가에 관한 규칙 제7조 제4항)
   1) 의의
   2) 적용 사례

I 서(분류의 목적)[11](이제능확)

감정평가사의 업무영역 가운데 가장 기본이 되고 핵심적인 위치에 있는 것은 가치평가업무이다. 일반적으로 감정평가라고 하면 가치평가업무를 말한다. 이하에서는 감정평가업무를 좁게 해석하여 가치평가업무만을 대상으로 한다. 감정평가업무는 바라보는 관점에 따라 다양하게 분류할 수 있다. 이처럼 감정평가업무를 다양하게 분류하는 목적을 살펴보면 다음과 같다.

1. 이론구성에 대한 지침제공

감정평가의 체계화에 기여함으로서 이론구성에 대한 지침을 제공한다.

2. 제도에 대한 지침

감정평가제도의 성장과 발전에 기여함으로써 제도발전에 대한 지침을 제공한다.

3. 감정평가활동의 능률화

감정평가활동의 목표를 명백히 함으로써 감정평가활동의 능률화에 기여하게 되고, 궁극적으로는 감정평가의 신뢰성을 향상시킬 수 있다.

4. 대상부동산의 확정

감정평가의 분류는 대상부동산을 확정하는 데도 유용하다. 감정평가에 있어 시작점이면서 가장 중요한 절차가 바로 기본적 사항의 확정인데, 그중에서도 특히 대상부동산의 확정이 중요하다. 대상부동산이 명확하게 정의되고 확정되지 않으면 향후 책임소재와 관련하여 민원과 법적 분쟁의 대상이 될 수 있기 때문이다. 감정평가의 분류가 명확하게 되어 있으면 이를 바탕으로 감정평가의 목적이나 조건 등에 따라 대상부동산의 확정이 용이하게 된다.

II 제도상 분류

1. 평가주체에 따른 분류

(1) 공적평가

공적평가란 공적기관에 의해 평가가 수행되는 제도로서 국가나 주정부가 평가청 등의 기관을 두고 과세평가사가 업무를 수행하는 형태를 띤다. 공적평가는 평가활동 그 자체가 공무수행이 되므로 필요한 경우에 행정부와 사법부 등 관계기관에 자료 등의 협조를 구할 수 있는 권리 등이 부여된다.

---

[11] 노용호, 아카데미 부동산 감정평가론, 부연사, 2021

(2) 공인평가

공인평가란 국가 또는 공공단체로부터 일정한 자격을 부여받은 개인이 평가를 수행하는 제도이다. 우리나라를 비롯하여 미국, 일본 등에서 이 제도를 채용하여 운영하고 있다. 공인평가제도는 공적 규제하에 개인이 각자의 명성과 신뢰하에 영리추구의 형태를 가지게 되는데 기업화 내지 전문화를 통해 능률성과 효율성을 극대화하려 한다.

2. 평가의뢰 동기에 따른 분류(강제성 여부에 따른 분류)[12]

(1) 필수적 평가

필수적 평가란 일정한 사유가 발생하게 되면 의무적으로 평가가 수행되어야 하는 평가제도로서 부동산가격공시업무나 보상평가업무 등이 대표적이다. 이러한 필수적 평가는 관련 법률규정에 따라 이루어지는 것이 일반적이다.

(2) 임의적 평가

임의적 평가는 강제성이 없어 이해관계인이 자유의사에 따라 임의로 평가의뢰 여부를 결정하고 수행되는 평가제도로서 사적 거래와 관련한 필요에 따라 의뢰하는 일반거래 목적의 평가가 대표적이다.

3. 법령의 규정에 따른 분류(법정평가와 일반평가)

(1) 법정평가

법정평가는 감정평가기준과 방법이 법령[13]에 규정되어 있어 그에 따라 수행되는 평가를 말한다. 법정평가의 대표적인 예로「부동산 가격공시법」에 따른 표준지공시지가 조사·평가 및「토지보상법」에 따른 보상평가를 들 수 있다.

(2) 일반평가

일반평가는 감정평가의 일반적인 원칙과 기준, 방법에 따라 수행되는 평가를 말한다. 우리나라는「감정평가법」에서 감정평가에 관한 일반적인 원칙과 기준 및 방법을 제시하고 있으므로「감정평가법」에 따른 감정평가가 일반평가에 해당한다. 다만 감정평가법에 모든 내용이 규정되어 있지 않으므로 일반평가를 하는 경우 감정평가이론이 보충적으로 적용될 수 있다.

---

12) 평가의뢰동기에 따른 분류(이창석, 기본강의 감정평가), 강제성 여부에 따른 분류(경응수, 감정평가론)
13) 법령은 그 성격에 따라 일반법과 특별법으로 구분할 수 있는데, 법정평가의 근거법령은 특별법을 의미한다.

4. 감정평가 결과의 활용목적에 따른 분류

(1) 공익평가

공익평가란 평가결과가 공익을 목적으로 활용되는 평가제도를 말한다. 부동산가격공시업무나 보상평가업무 등이 대표적이다.

(2) 사익평가

사익평가란 평가결과가 사익을 목적으로 활용되는 평가제도를 말한다. 담보평가업무나 일반거래목적의 평가 등이 이에 속한다. 공익평가와 사익평가의 구분실익은 공익우선의 원칙을 평가활동에 적용할 수 있는지 여부에 있다. 공익평가는 공익을 우선으로 하기 때문에 평가활동을 함에 있어 특별한 권한이 주어진다. 공시가격조사를 위한 관계 행정기관의 조사협조 요구권이나 타인 토지 출입권등이 그 좋은 예가 된다. 공익평가와 사익평가는 평가주체가 공적 기관인가 혹은 사적 기관인가와는 사실 관련이 없다.

5. 감정평가 목적에 따른 분류

의뢰인이 평가를 요구하는 목적은 다양하다. 이처럼 의뢰인이 평가사에게 평가해 주기를 바라는 내용이 무엇인가에 따른 구분이 바로 평가목적에 따른 분류이다. 우리나라 평가실무에서는 주로 부동산가격공시업무나 보상평가업무 혹은 담보/경매/소송평가업무 등이 큰 비중을 차지하고 있으며, 이외에도 국공유재산의 관리·매수·매각·교환을 위한 감정평가와 일반거래목적의 감정평가 등이 이루어지고 있다. 최근에는 도심재생사업이 활발하게 진행됨에 따라 이와 관련된 평가업무도 날로 증가하고 있다.

6. 감정평가 주체의 구성인원수에 따른 분류

(1) 단독평가

단독평가란 한 사람이 평가의 주체가 되어 수행되는 평가를 말한다. 단독평가는 다음과 같은 장단점이 있다.
① 단독평가는 신속하고 경제적인 장점이 있다.
② 반면 단독평가는 전문지식과 경험이 부족하게 되면 객관성을 유지하기 힘들다는 단점이 있다.

(2) 공동평가 : 합의제평가

공동평가란 다수인이 공동으로 평가의 주체가 되어 수행되는 평가를 말한다. 공동평가는 특히 규모가 크고 복잡하여 여러 분야의 전문지식과 경험을 요하는 부동산의 경우에 요구되며 다음과 같은 장단점이 있다.
① 공동평가는 다수인이 공동으로 수행한다는 점에서 객관성이 높은 장점이 있다.
② 반면 공동평가는 신속하지 못하고 경제적이지 못하다는 점에서 단점이 있다.

Ⅲ 업무상 분류

1. 감정평가의 전제조건에 따른 분류[14]

(1) 기준시점에 따른 분류

1) 소급평가

소급평가는 과거의 일정시점을 기준시점으로 하여 대상부동산을 평가하는 것을 말한다. 「감정평가에 관한 규칙」 제9조에는 기준시점이 미리 정해진 때에는 가격조사가 가능한 경우에 한하여 그 일자를 기준시점으로 정할 수 있다고 규정함으로써 소급평가를 인정하고 있다(예 토지수용 등에 수반한 보상평가와 무단점유 시 부당이득금반환청구소송 등 소송평가).

2) 기한부평가

기한부평가란 장래의 도달이 확실한 일정시점을 기준으로 한 평가로서 그 시점에서의 가격을 상정하여 평가하는 것을 말한다. 기한의 도래 자체는 확실한 미래의 일이라는 점에서 불확실한 상황에 놓여 있는 조건부 평가와는 구별된다. 그러나 일반적으로 기한부평가와 조건부평가는 함께 이루어지는 경우가 많다[15].

(2) 감정평가 조건에 따른 분류

1) 현황평가

기준시점에서의 대상물건의 이용상황(불법적이거나 일시적 이용은 제외) 및 공법상 제한을 받는 상태를 기준으로 하는 평가이다. 즉, 대상부동산이 있는 상태 그대로의 가치를 평가하는 것으로 감정평가를 함에 있어 기본적으로 적용되는 기준이다.

2) 조건부평가

조건부평가란 기준시점의 가치형성요인 등을 실제와 다르게 가정하거나 특수한 경우로 한정하는 조건을 붙여 감정평가하는 것을 말한다. 이는 불확실하지만 부동산가치에 영향을 줄 수 있는 새로운 상황의 발생을 상정하고 그 상황이 성취되는 경우를 전제로 증가나 감가요인을 참작하여 평가하는 것을 의미한다[16].

---

[14] 상정평가란 어떤 상황이나 조건을 가정적으로 설정하여 평가하는 것을 말하는 것으로 소급평가와 기한부 평가 및 조건부 평가 등으로 구분할 수 있다.
[15] 관리처분목적의 감정평가 중 종후자산 감정평가가 그 예이다.
[16] 이 경우 전제조건의 합리성과 적법성 및 실현가능성 등이 요구되므로 실제 적용에 있어서는 상당한 제약과 제한이 따르게 된다.

> 「기한부평가와 조건부평가의 구별」
>
> 기한부평가란 장래 도달이 확실한 일정시점을 기준으로 장래 일정 시점에서의 상황을 상정하여 평가하는 것을 말한다. 기한의 도래 자체는 확실한 미래의 일이라는 점에서 불확실한 상황에 놓여있는 조건부평가와는 구별된다. 예를 들면, 2030년 1월 1일에 용도지역이 제2종일반주거지역에서 일반상업지역으로 변경된다면 해당 부동산의 가치는 얼마가 될 것인가와 같은 경우이다. 이 경우 2030년 1월 1일은 기한부 평가에, 용도지역이 일반상업지역으로 변경된다는 점은 조건부 평가에 해당한다.

2. 감정평가 주체의 복수 여부에 따른 분류

(1) 단수평가

단수평가는 하나의 감정평가법인등이 평가의 주체가 되어 수행하는 평가를 말한다. 단수평가는 담보평가와 경매평가 등의 사적평가에서 원칙적으로 적용되고 있으며, 공적평가 중에서 임대료산정 등 관리업무에서 간헐적으로 이루어지고 상대적으로 공공성이 떨어지는 분야에서 시행되고 있다.

(2) 복수평가[17]

복수평가는 둘 이상의 감정평가법인등이 평가의 주체가 되어 수행하는 평가를 말한다. 복수평가는 둘 이상의 감정평가법인등이 각자 대등한 지위에서 평가가 이루어지기 때문에 단수평가와는 달리 독립된 2개 이상의 감정평가서와 평가결과가 성립하게 된다. 최종적인 가액은 각각의 평가결과를 산술평균하여 적용하는 것이 일반적이다.

> 「단수평가제와 복수평가제의 필요성」
>
> 복수평가와 관련하여 부동산가격공시업무를 중심으로 단수평가제로의 전환에 대한 요구가 제기된 적이 있다. 단수평가제를 주장하는 측의 견해와 복수평가제를 주장하는 측의 견해를 살펴보면 다음과 같다.
>
> **단수평가제를 주장하는 측의 견해**
> 1) 가격의 안정화 및 자료의 축적으로 인한 기반 마련
>   부동산가격의 안정화와 공시자료 및 실거래가격 등의 축적으로 제도의 효율적 운영을 위한 기반이 마련되어 있다.
>
> 2) 예산의 절감
>   복수평가제를 단수평가제로 변경함으로서 매년 투입되는 예산절감효과를 기대할 수 있다.

---

[17] 복수평가는 공정평가 중에서 부동산가격공시업무와 보상평가업무와 같이 사회·경제적으로 큰 영향을 미치고 첨예한 이해관계가 대립되는 분야에서 활용되고 있다. 경우에 따라서는 사적평가 영역에서도 이해관계자들의 요구에 따라 공정성을 담보하기 위한 수단으로 이용되기도 한다.

복수평가제를 주장하는 측의 견해

1) 부동산시장의 불완전성 및 제도적 기반의 미비

부동산시장은 부동산의 제반 특성으로 인하여 본질적인 측면에서 불완전성을 내포하고 있다. 이에 사회경제적 변화와 정책적 요인 등으로 인하여 부동산시장의 변동과 불안이 언제든지 제기될 수 있다. 또한, 공시자료 및 실거래가격 등의 축적이 양적인 측면에서는 많이 이루어졌지만, 자료의 신뢰성과 질적 수준에 있어서는 아직 미흡한 수준으로서 충분한 기반이 마련되었다고 보기에는 시기상조이다.

2) 복수평가의 대상이 되는 업무의 중요성

복수평가는 모든 감정평가업무에 대해 이루어지는 것이 아니라 공적평가 중 일부 분야에 한정하여 적용되고 있다. 부동산가격공시업무 중 표준지공시지가 조사·평가업무가 대표적이다. 표준지공시지가는 불완전한 토지시장에 지가정보를 제공하고 일반적인 토지거래의 지표가 되며, 국가·지방자치단체 등의 기관이 그 업무와 관련하여 지가를 산정하거나 감정평가법인등이 개별적으로 토지를 감정평가하는 경우에 그 기준이 된다. 또한, 표준지공시지가는 현실적으로 재산세 및 종합부동산세와 같은 각종 세금 부과와 국민연금 및 건강보험료와 같은 각종 부담금의 산정에 직간접적인 영향을 미치게 되어 일반국민들의 경제활동에 지대한 영향을 미치게 된다. 이렇게 중요한 분야에 제한적으로 적용되는 복수평가는 그 제도를 유지해야 한다. 우리나라에 비해 일찍 공시업무제도를 도입하고 운영하고 있는 일본의 경우에도 공시업무에 있어 복수평가의 원칙은 견고하게 유지되고 있다.

3) 객관성과 정확성 제고

감정평가는 근본적으로 평가사의 주관과 판단에 의한 활동이다. 이에 따라 평가의 객관성이 떨어진다는 지적을 받을 수 있다. 복수평가제는 협의과정을 통해 평가의 과정과 결과를 서로 비교할 수 있도록 함으로써 실수나 착오를 줄이고, 평가의 객관성과 정확성을 제고할 수 있는 유용한 수단이다.

4) 폐지에 따른 부작용 예방

복수평가제에서 단수평가제로 전환되는 경우 감정평가법인등의 실적악화가 발생하게 될 우려가 있다. 이는 감정평가법인등으로 하여금 가격경쟁을 유발하여 가격인플레현상과 같은 부작용을 발생시킬 가능성도 존재한다. 이는 예산절감과 같은 긍정적인 효과가 오히려 장기적이고 간접적인 측면에서의 사회적 비용을 발생시킴으로써 사회경제 전체적으로는 부정적인 결과를 가져올 수 있다.

3. 전문성(감정평가수준)에 따른 분류

(1) 1차 수준의 평가

가장 낮은 수준의 지식과 정보를 요하는 평가를 말한다. 부동산의 소유자나 투자자, 임차인 등이 부동산의 매매, 임대 및 기타 투자 등의 의사결정을 하기 위하여 스스로 행하는 평가이다.

(2) 2차 수준의 평가

감정평가사가 아닌 부동산 관련 업무에 종사하는 자(중개업자, 건축업자, 금융기관의 부동산업무 종사자, 부동산관련 공무원 등)들이 <u>자신의 업무와 관련하여 행하는 평가</u>이다.

(3) 3차 수준의 평가

감정평가에 대한 공인된 능력을 인정받은 <u>전문가인 감정평가사에 의한 평가</u>를 말한다. 감정평가는 엄격한 의미에서『감정평가법』에 따른 권한을 부여받아 행할 수 있다는 것을 생각한다면 3차 수준의 평가만이 진정한 의미의 감정평가라 할 수 있다.

4. 평가사의 소속 여부에 따른 분류

(1) 참모평가(Staff Valuation)

① 참모평가란 평가사가 <u>독립된 평가활동을 수행하며</u> 대중에게 서비스를 제공하는 것이 아니라 주로 그들의 고용주 또는 고용기관의 업무를 위하여 일상적으로 행하는 평가를 말한다.

② 한국토지주택공사, 은행 등 금융기관, 보험회사 등에 소속된 감정평가사들이 수행하는 자체평가업무가 대표적이다.

(2) 수시적 평가(Occasional Valuation)

① 수시평가는 평가를 수행함에 있어 <u>독립적인 위치</u>에 있으나 <u>평가업을 전업으로 하지 않는 평가사</u>가 일시적으로 참여하거나 또는 평가사는 아니나 특정 분야에 고도의 전문지식이 있어서 어떤 프로젝트의 전문가로 포함되어 수행되는 평가를 말한다.

② SOC와 같은 대규모사업과 관련하여 감정평가사, 대학교수, 건축사 등 관련 전문가집단이 함께 참여하는 경우가 대표적이다.

(3) 일반평가

참모평가와 수시평가 외의 대부분의 감정평가인 일반평가는 감정평가법인 또는 감정평가사무소에 소속된 감정평가사가 <u>독립된 평가활동을 수행하며</u> 이를 <u>본업으로 하여 일상적으로</u> 감정평가업무를 수행하게 된다.

5. 일본『부동산 감정평가기준』에 따른 분류

일본『부동산 감정평가기준』에서는 대상부동산의 확정에 있어 현황평가 이외에 독립평가와 부분평가 및 병합·분할평가로 구분하고 있다.

(1) 독립평가

독립평가는 부동산이 토지 및 건물 등으로 결합되어 구성되어 있는 경우에 건물 등이 없는 것으로 가정하고 그 구성부분인 토지만을 독립된 부동산으로 규정하여 평가하는 것을 말한다. 이는 토지 위에 건물이 있음에도 그것이 없는 것으로 전제하는 것 외에 제한물권 등이 설정되어 있으나 없는 것으로 보아 평가하는 것을 포함하고 있다. 이러한 독립평가는 토지에 대한 건물의 영향, 즉 건부증가 또는 건부감가를 고려하지 않는 것과 같이 일종의 조건부 평가이다.

(2) 부분평가

부분평가란 부동산이 토지 및 건물 등으로 결합되어 구성되어 있는 경우에 그 상태를 주어 진 것으로 하여 전체 부동산의 구성부분 중 토지와 건물 등과 같은 일부분만을 감정평가의 대상으로 하여 평가하는 것을 말한다.

부분평가는 복합부동산에 있어 토지와 건물이 결합되어 이용되는 것을 전제로 한 토지만의 평가로서 건부증가 또는 건부감가를 인식하게 된다는 점에서 독립평가와 차이를 보인다.

(3) 병합・분할평가

병합・분할평가는 부동산의 병합 또는 분할을 전제로 하여 병합 후 또는 분할 후의 부동산을 대상으로 하여 평가하는 것으로서 역시 조건부 평가의 한 유형이라 할 수 있다. 병합・분할평가에 있어서는 병합증가・감가 및 분할증가・가가의 여부와 그 크기를 파악하는 것이 중요한 과제가 된다.

6. 평가기법상의 구분에 따른 분류[18]

> **감정평가에 관한 규칙 제7조(개별물건기준 원칙 등)**
> ① 감정평가는 대상물건마다 개별로 하여야 한다.
> ② 둘 이상의 대상물건이 일체로 거래되거나 대상물건 상호 간에 용도상 불가분의 관계가 있는 경우에는 일괄하여 감정평가할 수 있다.
> ③ 하나의 대상물건이라도 가치를 달리하는 부분은 이를 구분하여 감정평가할 수 있다.
> ④ 일체로 이용되고 있는 대상물건의 일부분에 대하여 감정평가하여야 할 특수한 목적이나 합리적인 이유가 있는 경우에는 그 부분에 대하여 감정평가할 수 있다.

---

[18] (특강) 일괄감정평가, 구분감정평가, 부분감정평가(노용호, 건대특강)

감정평가를 하는 때에는 하나의 대상물건에 대하여 하나의 감정평가액을 산출함을 원칙으로 한다. 이를 개별감정평가의 원칙이라고 한다. 부동산이 토지와 건물로 이원화되어 있는 우리나라의 법률 및 행정체계에서 감정평가에 관한 규칙은 토지와 건물을 각각 독립된 개별물건으로 취급하고 개별감정평가를 원칙으로 삼고 있다. 그런데 개별감정평가의 예외로서 일괄 감정평가와 구분 및 부분 감정평가도 인정되고 있다.

(1) **일괄평가**(「감정평가에 관한 규칙」제7조 제2항)

　1) **의의**

　　평가는 대상물건마다 개별로 행하여야 한다. 다만, 둘 이상의 대상물건이 일체로 거래되거나 대상물건 상호 간에 용도상 불가분의 관계가 있는 경우에는 일괄하여 감정평가할 수 있다. 이러한 일괄감정평가를 하는 경우에도 의뢰인의 요구 등에 의하여 불가피하게 이를 개별 물건별로 다시 가액을 배분해야 하는 경우가 많다.

　2) **적용 사례**

　　① 2필지 이상의 토지가 일단지로 이용되고 있는 경우
　　② 구분소유건물에서 대지와 건물을 일괄하여 평가하는 경우
　　③ 입목과 임지가 동시 거래되는 경우
　　④ 공장의 수익가격을 평가하는 경우
　　⑤ 물건 상호 간에 용도상 불가분의 관계에 있는 주물과 종물의 경우

(2) **구분평가**(「감정평가에 관한 규칙」제7조 제3항)

　1) **의의**

　　하나의 대상물건이라도 가치를 달리하는 부분은 이를 구분하여 감정평가하는 것을 말한다.

　2) **적용 사례**

　　① 광평수토지의 전면(상업용지)과 후면(주거용지)이 가격차가 심하여 구분하여 평가하여야 하는 경우
　　② 용도지역이나 도시계획도로에 저촉되어 저촉부분과 접한 부분의 가격차가 발생하는 경우
　　③ 하나의 건물을 기존부분과 증축부분별로 감정평가하는 경우
　　④ 고층건물에 있어 층별로 그 효용을 달리하여
　　⑤ 빌딩의 임대료를 평가하는 경우에 각 층별로 구분하여 단위당 임대료를 산출하는 경우

(3) 부분평가(「감정평가에 관한 규칙」제7조 제4항)

1) 의의

일체로 이용되고 있는 대상물건의 일부분은 평가하지 아니함을 원칙으로 한다. 다만, 일체로 이용되고 있는 대상물건의 일부분에 대하여 감정평가하여야 할 특수한 목적이나 합리적인 이유가 있는 경우에는 그 부분에 대하여 감정평가할 수 있다.

2) 적용 사례

① 토지의 일부 편입 시 감가요인이 발생하나 전체 토지가격을 적용하여 편입부분의 가격을 평가하는 잔여지의 매수 또는 수용평가
② 토지 및 건물 각각의 일부분만을 대상으로 평가하는 경우
③ 구분소유부동산과 같이 토지 및 건물이 결합되어 일체로 이용되고 있는 경우에 그 상태를 주어진 것으로 하여 구분소유부동산의 구성부분 중 토지 또는 건물만을 감정평가하는 경우

> ● 「구분평가와 부분평가의 구별」[19]
>
> 부분감정평가는 대상물건의 일부를 평가하는 점에서 구분감정평가와 유사하나 구분감정평가는 물건의 일부분이 다른 부분과 가치 차이가 발생하는 경우 적용되는 데 반해 부분감정평가는 가치 차이가 발생하지 않고 의뢰목적이나 제시조건에 의하여 일부분의 평가가 이루어진다는 점에서 차이가 있다. 다시 말해 부분감정평가는 물건의 일부분을 평가대상으로 하지만 가치평가에 있어서는 물건의 전체를 기준으로 한다는 점에 유의해야 한다.

구분	개별감정평가	일괄감정평가	구분감정평가	부분감정평가
적용조건	독립된 물건	둘 이상의 물건이 일체로 거래되는 경우 물건 상호 간에 용도상 불가분의 관계가 있는 경우	하나의 물건(일괄 감정평가의 대상이 되는 물건 포함)이라도 가치를 달리하는 경우	일체로 이용되고 있는 물건(하나의 물건 포함)의 일부분만을 감정평가해야 하는 경우
물건의 개수	1개	2개 이상	1개 이상	1개 이상의 일부
감정평가 관점의 물건의 개수	1개	1개	2개 이상	1개
물건 상호 간 가치 영향	독립적	물건 상호 간 영향을 미쳐 증가/감가 가능	독립적	일체로 이용되는 물건 상호 간 영향을 미쳐 증가/감가 가능

---

[19] 서광채 著 「감정평가학원론」(제1장 감정평가의 개관), 부연사, 2023

07절 감정평가의 업무영역[20] ▶기출 25회, 32회

I 서

감정평가법인등은 고객의 의뢰에 의하여 일정한 보수를 받고 토지등의 경제적 가치를 판정하는 서비스를 제공하는 것을 주된 업무로 하고 있다. 물론, 토지 등의 경제적 가치를 판정하는 업무가 가장 기본적이고 핵심적인 업무이기는 하지만 사회경제적 변화에 따른 다양한 수요의 발생으로 인하여 감정평가사의 업무영역은 날로 다양해지고 방대해져가고 있다. 예를 들어, 고객에 대한 상담과 조언, 부동산과 관련한 의사결정에 대한 정보제공 등이 대표적이라 할 수 있다. 이러한 감정평가법인등의 업무영역은 크게 가치평가업무와 컨설팅업무 및 감정평가 검토업무로 나누어 볼 수 있다.

II 가치추계업무

1. 의의

가치추계업무(Valuation Appraisal)란 토지 등의 경제적 가치를 판정하여 그 결과를 가액으로 표시하는 것으로서 감정평가사의 가장 기본적인 업무영역이다. 사실 평가실무에 있어 컨설팅업무나 감정평가검토업무 등도 이루어지고는 있으나 그 빈도가 많지 않고 가치평가업무를 보완하고 지원하는 수준에 머무르는 경우가 대부분이라 할 수 있다.

가치평가업무는 평가하는 목적이 무엇인지에 따라 분류하는 것이 가장 일반적이다. 예를 들어, 금융기관에서 담보대출을 실행할 목적이라면 담보 목적의 가치평가를, 법원에서 경매절차 진행을 위해 최저입찰가격을 결정할 목적이라면 경매 목적의 가치평가를, 국가나 지방자치단체에서 공익사업을 위해 협의매수 또는 수용할 목적이라면 보상 목적의 가치평가를 하게 된다.

2. 시장가치(Market value) 추계의 기준성

가치평가업무는 의뢰인들의 다양한 목적에 따라 세분화된다고 하였다. 그런데 어떤 목적으로 가치평가를 하더라도 시장가치를 판정하는 것이 선행되어야 한다. 이는 업무영역에서 차지하는 비중이 다른 것에 비하여 크게 높다거나 법률적인 측면에서 이를 특별하게 규정하고 있기 때문이 아니라, 감정평가에 있어 시장가치가 기준으로 작용하기 때문이다. 감정평가의 본질은 불완전한 시장을 대체하고 보완하여 정상적인 시장기능이 작동될 수 있도록 하는 것이기 때문에 감정평가에서 기준이 되는 가치는 시장가치가 된다. 역사적으로 감정평가에서 사용되고 있는 수많은 이론과 기법들은 시장가치를 기준으로 전개되어 왔고 다른 종류의 가치는 이러한 시장가치에서 사용되는 이론과 기법이 그대로 원용되고 있다는 사실을 상기하기 바란다.

---

[20] 안정근 著 「부동산평가이론」(1장 부동산평가의 본질), 양현사, 2013

Ⅲ 평가컨설팅 업무(Appraisal Consulting)

1. 의의
2. 세부적인 활동분야
   (1) 경제기반분석(Economic base analysis)
      1) 의의
      2) 경제기반분석의 중요성
      3) 유용성
      4) 문제점(유의사항)
   (2) 비용편익분석(Cost benefit analysis)
      1) 의의
      2) 비용과 편익의 측정
   (3) 현금수지(흐름)분석(Cash flow analysis)
      1) 의의
      2) 유의사항
   (4) 타당성 분석(Feasibility analysis)
      1) 의의
      2) 타당성 분석의 내용
      3) 타당성 분석의 종류
      4) 경제적 타당성 분석의 중요성
      5) 타당성 분석 시 유의사항
   (5) 토지이용분석(Land use studies)
      1) 의의
      2) 분석방법
3. 컨설팅업무의 상호관계

1. 의의

컨설팅업무[21]란 부동산과 관련한 제반 문제를 해결하기 위하여 자료를 분석하고 합리적인 대안이나 결론을 제안하는 행위 또는 과정으로 정의된다. 사회와 경제적 환경이 나날이 새로워지고 복잡해짐에 따라 부동산과 관련한 문제도 다양해져가고 있으며 이를 해결하기 위한 여러 노력들이 계속되고 있다. 컨설팅업무는 그러한 노력의 일환으로서 감정평가의 업무영역으로 확실하게 자리매김하고 있다.

> ● 컨설팅 업무의 구분
>
> 컨설팅업무는 감정평가 컨설팅과 일반적인 컨설팅으로 구분할 수 있는데, 이것은 가치 의견이 업무의 결론을 이끌어내는 데 중요한 요소가 되는지 여부에 따른 것이다. 감정평가 컨설팅은 가치 의견이 업무의 결론을 도출하는 데 중요한 요소가 되는 경우 문제 해결을 위한 분석, 추천, 의견의 전개 과정을 의미하고, 일반적인 컨설팅은 가치의견이 분석의 요소가 아닌 경우에 사용되는 용어이다.

---

[21] 감정평가사의 업무영역을 규정하고 있는 『감정평가법』 제10조의 제6호 감정평가와 관련된 상담 및 자문과 제7호 토지등의 이용 및 개발 등에 대한 조언이나 정보 등의 제공이 컨설팅업무에 해당하는 것으로 볼 수 있다.

2. 세부적인 활동분야(비경타토현)

(1) 경제기반분석(Economic base analysis)

1) 의의

경제기반분석이란 지역의 경제기반이 현재의 고용, 인구, 부동산가치에 어떠한 영향을 미치고 있으며, 그리고 앞으로는 어떠할 것인지를 분석하는 것을 의미한다. 경제기반이란 지역주민의 생계를 유지시켜주는 경제활동이며, 그 지역의 수출활동으로서 다른 지역으로부터 자금을 끌어들이는 산업이다.

> **▶『고용과 기반산업』**
>
> 어떠한 부동산시장에 대한 분석 평가에 대하여도 수요와 공급 타당성의 분석이 그 핵심요소이다. 대상부동산에 대하여 현재와 미래의 예상되는 상황을 이해하는 것은 부동산 투자의사결정에 많은 도움이 될 것이다. 부동산 시장에서 수요를 예측하려면 수요를 유발하는 원인과 그 결과를 먼저 파악하여야 한다. 일반적으로 부동산 경제학자들은 '고용'을 부동산 수요의 측정기준으로 삼고 있는데, 고용은 사람들을 끌어들임으로써 주거용 및 산업용·업무용 등의 수요를 연쇄적으로 일으키는 촉매 역할을 하기 때문이다.
>
> 이러한 부동산 수요의 예측을 위하여 고용은 '기반고용'과 '비기반고용'으로 나누어 분석해 볼 수 있다. 이 중에서 기반고용이 지역경제를 이끌어 가고, 현재와 미래의 부동산 수요를 결정하는 핵심 요인이다. '기반고용'은 지역의 '경제기반'이라고도 표현되며, 어떤 지역의 경제기반은 다른 지역에 재화나 서비스를 수출하는 기반산업과 지역 내에 재화나 서비스를 공급하면서 기반부문을 지원하는 비기반산업으로 구성된다.

2) 경제기반분석의 중요성[22]

부동산의 가치에 영향을 미치는 요인에는 자연적 요인·사회적 요인·경제적 요인 및 행정적 요인 등 여러 가지가 있다. 그중에서 경제적 요인은 특히 큰 영향을 미치고 있다. 경제적 요인을 살펴볼 때 대상지역의 경제기반을 분석하고 그 추세를 확인하는 작업이 가장 먼저 선행되어야 한다.

어떠한 부동산시장을 분석 평가하더라도 수요와 공급 타당성의 분석이 핵심적인 요소이다. 해당 부동산에 대하여 현재와 예상되는 미래의 상황을 이해하는 것은 부동산 투자의사결정에 많은 도움이 될 것이다. 부동산시장에서 수요를 예측하려면 수요를 유발하는 원인과 그 결과를 먼저 파악하여야 한다. 일반적으로 부동산 경제학자들은 고용을 부동산 수요의 예측기준으로 삼고 있으므로 이를 파악하기 위한 경제기반분석이 필요하다.

---

[22] 주거단지와 쇼핑센터와 같은 대규모 개발사업을 수행하고 평가할 때는 경제기반분석을 필수적으로 수행해야 한다. 지역경제기반에 대한 전망에 따라 부동산가치가 상승하기도 하고 하락하기도 하며 결국 사업의 성패가 갈리기 때문이다.

3) 유용성

① 경제기반분석을 통해 인구·개인소득·고용 등에 관한 정보를 획득하면, 이외에도 다른 이용가능한 정보를 얻을 수 있어 부동산 평가의 유용한 자료가 된다.
② 인근지역 내 경제변수들의 변동을 파악하여 지역의 상대적 위치를 거시적·장기적 안목에서 고찰가능하다.
③ 특히 대규모개발사업에 대한 평가 시 중요한 의미를 지닌다.
④ 평가뿐만 아니라 도시계획, 지역계획 분야에서도 활용된다.

4) 문제점(유의사항)(단비구경)

① 산업활동을 기반활동과 비기반활동으로 구분하는 것이 용이하지 않다. 예를 들어, 우리나라 수도권의 경우 지역범위가 광범위하고 상호작용 효과도 높으므로 어떤 특정 도시를 대상으로 하여 이 방법을 적용하는 데에는 한계가 있다.
② 기반산업과 비기반산업의 분류는 분석대상이 되는 지역사회의 단위에 따라 달라지므로 지역의 범위를 어디까지 설정하느냐 하는 문제가 있다.
③ 지역사회의 성장은 기반산업에 의해서만 좌우되는 것이 아니라, 비기반산업에 의해서도 좌우된다.
④ 수출중심 기반산업의 제품수명주기가 불규칙하여 변동성이 극심한 경우 등에는 적용하기 어렵다는 문제점이 있다.

(2) 비용편익분석(Cost benefit analysis)

1) 의의

비용편익분석은 여러 경제적이고 정책적 투자대안 가운데 목표달성에 가장 효과적인 대안을 찾기 위해 각 투자대안에 대해서 투입되는 비용과 산출되는 편익을 비교하고 분석하는 것을 의미한다. 여기서 비용과 편익은 여러 가지 형태로 측정될 수 있지만 화폐적 척도에 의한 것이 가장 일반적이다.

2) 비용과 편익의 측정

투자자는 어떤 투자사업으로부터 기대되는 현금수입과 현금지출을 비교하여 투자여부를 결정하게 된다. 이때 현금수입과 현금지출이 장기간에 걸쳐 이루어질 때에는 적절한 할인율을 사용하여 현재가치로 환원해야 제대로 비교할 수 있다. 비교 결과 현금수입의 현재가치 합이 현금유출의 현재가치 합보다 클 경우 대상사업은 경제적 타당성이 있는 것으로 평가되고 그 반대일 경우에는 타당성이 없는 것으로 판정된다. 이러한 비용편익분석은 주로 부동산개발사업분야에서 많이 활용되지만 SOC와 같은 정부의 대규모 투자사업 등 다양한 분야에서 기본적으로 활용된다.

(3) 현금수지(흐름)분석(Cash flow analysis)

1) 의의

현금수지(흐름)분석이란 현금유입과 현금유출을 비교 및 분석하는 것으로 부동산 분야에서는 주로 세후현금흐름의 수익률 산정에 활용된다. 여기서 세후현금흐름은 두 가지 측면에서 측정될 수 있다. 매년의 순수익에서 대출금에 대한 원금과 이자 그리고 세금을 공제한 나머지 부분과 보유기간 말에 대상부동산을 처분함으로써 얻게 되는 양도차익이 그것이다.

2) 유의사항

동일한 사업이라고 하더라도 투자자에 따라 적용되는 대출조건이나 감가상각방법 및 한계세율 등이 달라지므로 세후현금흐름도 차이가 날 수 있음을 인식하고 있어야 한다. 또한 보유기간 말의 양도차익과 관련해서는 미래의 부동산가격과 양도세율 등을 예측해야 하는 어려운 문제가 발생한다. 투자자들은 대상부동산 자체의 수익률보다도 투자자 자신에게 최종적으로 돌아오는 세후현금흐름의 수익률에 관심이 있다는 것을 인식하고 평가사는 이를 적절하게 반영할 수 있는 기법과 제반지식의 습득에 노력을 기울여야 한다.

(4) 타당성 분석(Feasibility analysis)

1) 의의

계획하고 있는 개발사업이 투하자본에 대한 투자자의 요구수익률을 확보할 수 있는지 여부를 분석하는 것을 말한다. 요구수익률(Required rate of return)은 투자자가 다른 대안에 투자하더라도 얻을 수 있는 수익률로서, 투하자본에 대한 기회비용이다.

2) 타당성 분석의 내용

분석 결과 대상투자사업의 기대수익률이 투자자의 요구수익률을 충족시키면 타당성이 있다고 하고, 그렇지 못하면 타당성이 없다고 한다. 타당성이 없을 경우 평가사는 다른 대안적 투자사업을 제시할 수도 있다. 타당성 분석은 경험적 사실의 객관적인 시장자료로 지지될 수 있어야 하며, 평가사는 결코 주관적인 해석이나 판단을 토대로 타당성 분석을 해서는 안 된다.

3) 타당성 분석의 종류

① 타당성분석은 물리적, 법률적, 경제적 측면으로 구분할 수 있다.
② 물리적 타당성분석은 주어진 부동산의 자연적 성격이나 기술적 측면이 대상개발사업에 적절한지를 확인하고 분석하는 것이다.
③ 법률적 타당성분석은 대상 개발사업과 관련된 여러 가지 법적, 행정적, 제도적 환경을 분석하는 것을 말한다.

④ 경제적 타당성분석은 경제적인 관점에서 주어진 개발사업이 투자자의 요구수익률을 충족시킬 수 있는지를 분석하는 것이다.

4) 경제적 타당성 분석의 중요성

물리적, 법률적 타당성 분석은 결국 대상 개발사업이 투자자의 요구수익률을 충족시킬 수 있는지 즉, 경제적 타당성을 검토하기 위한 과정으로서의 성격을 지닌다. 물리적으로나 법률적으로 아무런 문제가 없더라도 경제성이 없는 사업은 진행될 수 없고, 반대로 물리적, 법률적이고 어려움이 있더라도 경제성이 충분한 경우에는 결국 그 사업은 성사되는 것이다. 이처럼 타당성분석의 핵심은 결국 경제적 타당성분석이라 할 수 있다.

5) 타당성 분석 시 유의사항

타당성 분석을 수행하는 경우에는 반드시 경험적 사실에 기반한 객관적인 시장자료로 뒷받침될 수 있어야 한다. 평가사의 주관적인 해석이나 판단을 토대로 해서는 안 된다는 사실에 유의해야 한다.

(5) 토지이용분석(Land use studies)

1) 의의

토지이용분석이란 토지에 대한 여러 가지 대안적 이용을 분석하여 어떤 용도가 대상토지의 최유효이용에 해당하는지를 판단하는 것을 의미한다. 토지는 기본적으로 재생산이 제한된 자원이지만 용도의 다양성이라는 특성이 있어 이를 어느 정도는 극복할 수 있다. 다양한 용도 중에서 합법적이고 합리적이며 최고최선의 방법으로 이용할 수 있는 방법이 최유효이용이 된다.

2) 분석방법

토지이용에 대한 분석은 토지를 대상으로 하여 물리적 · 법률적 및 경제적 측면에서 이용의 가능성과 그에 따른 수입과 비용을 비교 · 분석함으로써 이루어진다. 그중에서 수익률이 가장 높은 이용이 최유효이용이 된다.

3. 컨설팅업무의 상호관계

컨설팅업무에 속하는 여러 가지 분석방법은 상호 밀접한 관련성을 가지고 있다. 비용편익분석과 타당성분석 및 현금흐름분석은 용어상에서는 큰 차이가 있는 것으로 생각될 수 있으나 동일한 분석 논리를 가지고 있어 구분의 실익이 크지 않은 것이 사실이다. 비용편익분석 중에서 그 척도를 화폐로 한정하면 현금흐름분석이 되고, 이 현금흐름을 바탕으로 타당성을 분석하게 되면 이것이 바로 경제적 타당성 분석이 되는 것이다.

Ⅳ 감정평가검토(Appraisal Review) ▶기출 32회

1. 의의 및 구별개념
   (1) 의의
   (2) 구별개념
2. 감정평가검토의 종류
3. 감정평가검토의 목적(유용성 및 기능)
   (1) 정확성과 일관성 제고
   (2) 의사결정의 근거 제시
   (3) 다양한 수요자의 요구 충족
   (4) 위험의 평가관리
   (5) 감정평가의 질적 발전 도모
   (6) 감정평가의 신뢰성 제고
4. 감정평가검토의 절차
5. 감정평가검토 시 유의사항
   (1) 보고서 전체를 대상으로 업무수행
   (2) 공정하고 객관적인 업무수행
   (3) 기준시점 당시의 관점과 시장상황에 근거
   (4) 평가전제 존중 및 평가내용 임의변경 금지
   (5) 의뢰인 및 원감정평가사와의 충분한 의견 교환
   (6) 최종의견의 제시 시 중요도의 구분
6. 평가검토의 한계와 발전과제
7. 감정평가검토와 유사제도(감정평가 심사 및 타당성 조사)의 구분

1. 의의 및 구별개념

(1) 의의

감정평가검토 업무란 이미 발급된 감정평가서를 검토평가사가 형식적인 측면과 내용적인 측면에서 적정성을 검토하여 의견을 제시하는 업무로 정의할 수 있다. 이는 다른 감정평가사가 작성한 감정평가서를 비판적으로 검증하는 행위 또는 과정으로서 감정평가서가 법률규정이나 의뢰인의 요구사항에 부합되는지, 정확성과 논리적 합리성을 갖추고 있는지를 확인하는 절차이다. (『감정평가법』 제7조와 『감정평가법 시행령』 제7조의2 내지 제7조의4)[23]

(2) 구별개념

① 감정평가검토는 포괄적으로 현행법상 감정평가법 제10조 제9호의 제1호부터 제8호까지의 업무에 부수되는 업무에 포함되는 것으로 해석할 수 있다. 한편, 협회는 감정평가검토가 감정평가법 제10조 제6호 감정평가와 관련된 상담 및 자문에 포함되는 것으로도 해석하고 있다. 그러나 감정평가법 제7조와 시행령 제7조의2 내지 제7조의4는 감정평가서의 적정성 검토의 절차와 검토의뢰인 등을 명확히 규정하고 있으며, 감정평가법인 등의 보수에 관한 기준은 상담 및 자문에 대한 수수료와 별개로 적정성 검토에 대한 수수료를 두고 있으므로, 감정평가법 제10조의 제6호의 감정평가와 관련된 상담 및 자문과는 다른 성격을 지닌다고 보는 것이 타당하다.

---

[23] 우리나라에서는 지난 2022년부터 이를 감정평가서 적정성 검토라 하여 『감정평가법』 제7조 제3항 및 제4항 및 『감정평가법 시행령』 제7조의2 내지 제7조의4를 법적 근거로 하여 시행하고 있다.

② 감정평가검토는 평가된 토지등의 가치를 다시 조정하기 위해서 시행되는 조정평가 또는 재평가 등과는 전혀 다른 작업이다.

> ● 조정평가 혹은 재평가의 개념
>
> 조정평가 혹은 재평가는 감정평가서가 발급된 이후 감정평가법인등의 자발적인 판단 또는 법적인 절차에 따라 외부기관의 요청으로 토지등의 가치를 조정하는 감정평가를 말한다. 이 경우 당초 감정평가법인등의 재평가를 할 수도 있고, 다른 감정평가법인등이 재평가를 할 수도 있다. 평가실무의 대표적인 재평가 사례로는 공익사업을 위한 토지등의 취득 및 보상에 관한 법률 시행규칙 제17조와 공동주택 분양가격의 산정 등에 관한 규칙 제12조의 재평가를 들 수 있다.

2. 감정평가검토의 종류

감정평가검토의 유형은 현장검토와 탁상검토 그리고 총괄검토의 3가지로 나눌 수 있다.

현장검토는 실제 현장조사 확인과정을 거치지 않고 사무실 내에서 서류검토로서 완성되는 탁상검토와 달리 실제 현장 조사를 통하여 행하여지는 검토평가를 지칭한다. 이는 대상물건이 일정금액 이상의 고액이거나 감정평가서상에 중대한 실수나 의문사항이 있을 경우에 행하게 된다. 그러므로 탁상검토 사항 이외에 실제 조사자료나 직접 검증 내용이 현장검토 보고서에 추가된다.

총괄검토한 독립적인 입장의 감정평가사가 최소한 원감정평가사와 동등한 자격을 갖추고 자료를 수집하여 대상물건의 평가절차와 평가논리가 『감정평가 실무기준』을 따르고 있는지를 종합적으로 검토한다.

3. 감정평가검토의 목적(유용성 및 기능)(정의수위감신)

(1) 정확성과 일관성 제고

감정평가서는 부동산 본래의 특성인 개별성이 있기 때문에 표준화되거나 하나의 틀에 의하여 자동제조될 수 없다. 따라서 감정평가검토의 1차적인 목적은 감정평가서의 형식적 측면에서의 정확성과 내용적 측면에서의 논리적인 일관성을 제고하는 데 있다. 관련 법률이나 의뢰인이 요구하는 형식을 갖추고 있는지, 그리고 내용에 있어 평가기법들이 해당 과제에 적절하게 사용되었는지, 합리적이고 일관성 있게 전개되고 있는지를 확인함으로써 감정평가서의 완성도를 높이고자 하는 것이다.

(2) 의사결정의 근거 제시

의뢰인은 단순히 감정평가서에 기재된 최종 평가액뿐만 아니라 그러한 결과가 도출되기까지의 감정평가서 전체 내용을 검토함으로써 최종적인 의사결정을 하게 된다. 따라서 감정평가검토는 의뢰인이 보다 더 합리적이고 타당한 의사결정을 할 수 있는 경제지표와 비교요소들은 고려하고 있는지와 사용된 평가기법은 해당 과제에 적합한지와 같은 근거를 적합하게 감정평가서가 제시하고 있는지를 확인하는 역할을 수행한다.

(3) 다양한 수요자의 요구 충족

감정평가검토는 기본적으로 의뢰인의 욕구를 충족하기 위한 목적으로 수행되나, 경우에 따라서는 제3자의 개인 또는 기관의 요청에 따라 행해지기도 한다. 예컨대, 금융기관은 담보대출의 실행을 하기 전 위험 관리의 차원에서 감정평가검토를 요청하기도 하며, 소송과 관련하여 당사자 중 반대편의 요구 또는 법원으로부터 감정평가검토를 요청받기도 한다.

(4) 위험의 평가관리

검토평가사는 평가서에 제시되어 있는 시장상황 및 시장의 변화추이를 확인하고, 민감도분석 등을 통하여 의사결정에 수반되는 위험의 정도를 평가하기도 한다. 즉, 평가서에 제시되어 있는 내용을 바탕으로 검토평가 과정에서 위험의 평가 및 관리기능을 감당하게 된다.

(5) 감정평가의 질적 발전 도모

감정평가검토는 감정평가사들로 하여금 질적으로 우수하고 통일된 체계를 갖춘 감정평가서를 작성하도록 함으로써 평가사의 자질을 향상시키고 전문성을 제고함으로써 감정평가산업의 발전을 도모하는 데 기여할 수 있으므로 실무적으로나 제도적으로 필요한 업무라 할 수 있다.

(6) 감정평가의 신뢰성 제고

감정평가는 부동산을 비롯한 다양한 경제재의 가치를 평가함으로써 경제활성화와 시장경제의 발전을 지원하는 중차대한 사회경제적 역할을 수행하고 있다. 그런데 감정평가는 본질적으로 감정평가의 결과에 차이가 날 수 밖에 없는 내재적 특성을 지니고 있으며, 감정평가시장의 과다경쟁 등의 영향으로 부실평가 등에 대한 우려가 존재하는 것도 사실이다. 감정평가검토는 이러한 우려를 불식시키고 감정평가의 신뢰성을 제고하기 위한 목적을 지니고 있다.

4. 감정평가검토의 절차

감정평가법령에 따른 현행 감정평가검토는 의뢰인 등이 해당 감정평가서를 발급하지 아니한 감정평가법인 등에게 감정평가서 검토를 의뢰하면, 해당 감정평가법인등은 검토업무를 수행할 감정평가서를 지정하여, 발급된 감정평가서의 적정성을 검토결과서로 작성하여 발급하는 일련의 과정을 거치게 된다.

5. 감정평가검토 시 유의사항

(1) 보고서 전체를 대상으로 업무수행

감정평가검토는 감정평가서 전체를 대상으로 해야 한다. 전체가 아닌 일부분만 검토하는 경우에는 검토감정평가사는 잘못된 판단을 하게 될 가능성이 많다. 특정 부분만 고려할 때는 비합리적인 것으로 이해되는 것들이 전체적인 맥락에서는 타당성이 인정되는 경우들이 있기 때문이다. 만약 감정평가서의 일부분만을 분석하게 되면 다른 부분은 검토되지 않았다는 사실이 반드시 적시되어야 한다.

(2) 공정하고 객관적인 업무수행

감정평가검토는 의뢰인의 이익을 위해서 이루어져서도 안되고, 검토감정평가사 자신의 개인적 이익을 위해 이용되어서도 안된다. 또한, 평가대상물건에 대한 현재 또는 미래에 어떠한 이해관계를 가지고 있어서도 안된다. 감정평가검토는 감정평가의 또 다른 영역이라는 인식 아래 공정하고 객관적인 업무수행이 이루어져야 한다.

(3) 기준시점 당시의 관점과 시장상황에 근거

감정평가검토는 기준시점 당시의 시장상황과 관점에 근거하여 이루어져야 한다. 결코 과거나 미래의 상황과 관점으로 판단해서는 안된다. 특히, 기준시점 당시 발생이 확실시되었던 것이 아닌 이상 추후에 발생한 사실을 바탕으로 감정평가서를 판단해서는 안된다.

(4) 평가전제 존중 및 평가내용 임의변경 금지

① 평가보고서의 제한조건이나 특별한 가정 혹은 진술된 문제의 정의 등을 임의로 무시하거나 변경해서는 안되며, 만일 임의로 변경 시 동등한 책임이 있다. 즉, 감정평가서 검토는 감정평가가 아니므로 사전에 의뢰인에게 검토결과서와 감정평가서는 다름을 설명한다. 검토평가사는 원감정평가서를 변경하거나 창조할 수 없고 대상부동산에 대한 가치의견을 제시하지 않으며, 원감정평가서의 형식과 내용을 분석하여 법률규정과 감정평가기준 등에 저촉되는 것은 없는지를 확인하여 적용된 자료의 사실관계와 논리전개의 합리성 등과 같은 적정성 여부만 판단하여 제시한다.

② 만일 검토평가사가 자신의 판단에 근거하여 감정평가서의 분석이나 결론과 다른 의견을 제시하게 되면 이는 검토평가사로서가 아닌 새로운 감정평가사로서의 역할을 수행한 것으로 간주된다는 점에 유의해야 한다.

(5) 의뢰인 및 원감정평가사와의 충분한 의견교환

감정평가검토의 업무범위는 의뢰인과 충분한 의견교환을 통해 이루어져야 한다. 의뢰인이 무엇을 원하고 있는지를 명확하게 확인해야 의뢰목적에 맞는 감정평가검토의 결과물을 도출할 수 있다. 한편, 검토평가사는 원감정평가사를 감독하는 우월한 위치에 있는 것이 아닌 대등한 수준에서 업무를 수행한다는 인식을 가져야 한다.[24] 그리고 검토평가사는 원감

---

24) 미국에서는 USPAP의 기준에 의해서 검토평가사가 되기 위해서는 일반 평가사보다 더 높은 수준의 능력을 보유할 것을 규정하고 있다. 이들은 일반적으로 원평가사들에 비해 동등 이상의 지식과 경험을 보유하고 있어야 한다. 『감정평가법 시행령』에서도 5년 이상 감정평가 경력과 100건 이상의 평가실적을 가진 자로 규정하고 있다.

정평가서의 내용에 의문이 있는 경우에는 원감정평가사와 충분한 의견교환을 통해 감정평가검토 업무가 원활하게 이루어질 수 있도록 노력해야 한다.

> **● 검토평가사와 검토의뢰인과의 분쟁 방지 방안**
> ① 감정평가 의뢰인이 아닌 자가 사본을 제공하는 경우 검토평가사는 감정평가 의뢰인과 원감정평가사의 계약관계에서 사후 분쟁을 예방하고자 감정평가 의뢰인으로부터 '사본 감정평가서 활용 동의서'를 받을 필요가 있다. 대개 검토 의뢰인이 감정평가 의뢰인이 아닌 경우 사본 및 관련 자료의 제출이 어려우므로 사본 감정평가서 및 검토에 필요한 충분한 자료를 얻지 못하는 경우에는 수임을 거절하는 것이 바람직하다.
> ② 감정평가서 적정성 검토는 재평가가 아니어서 가격을 제시하지 않는다는 점
> ③ 검토의뢰인이 의뢰인 적격이 없음에도 불구하고 의뢰한 경우, 감정평가법인등은 검토결과서 발급 전에는 검토 수임을 취소할 수 있으며, 발급 후에는 검토결과서의 발급을 취소할 수 있다는 규정
> ④ 검토의뢰인이 고의 또는 과실로 의뢰서의 내용을 누락하거나 의뢰서에 기재한 사실과 다른 경우, 감정평가법인등은 검토결과서 발급 전에는 검토 수임을 취소할 수 있으며, 발급 후에는 검토결과서의 발급을 취소할 수 있다는 규정
> ⑤ 상기 사례와 관련하여 검토의뢰인이 취소된 검토결과서를 활용하여 감정평가법인등에게 손해가 발생한 경우, 손해배상책임을 물을 수 있다는 규정
> ⑥ 검토결과서 작성 중에 취소한 경우에는 그에 따른 수수료 및 실비를 청구할 수 있다는 규정
> ⑦ 개인정보처리방침 및 활용동의에 관한 규정

(6) 최종의견의 제시 시 중요도의 구분

최종의견의 제시에 있어서는 각 검토항목에 있어 중요한 오류와 중요하지 않은 오류의 구분이 필요하며, 검토대상 감정평가서의 전체적 측면에서 최종적 의견을 결정한다. 최종의견은 적정의견과 수용가능의견 및 부적정의견 등으로 제시할 수 있으며 단정적 표현보다는 검토평가사의 의견을 서술식으로 제시한다.

- 적정의견은 감정평가서 기재 내용과 업무수행 과정 등이 관련 법령 및 전문가적 판단을 준수하여 전체적으로 적정하게 작성되었다고 판단하는 경우
- 수용가능의견은 감정평가서 기재 내용과 업무수행 과정 등이 관련 법령 및 전문가적 판단에 일부 부합되지 않으나 중대하지 않고 전체적으로 적정하게 작성되었다고 판단하는 경우
- 부적정의견은 감정평가서 기재 내용과 업무수행 과정 등이 관련 법령 및 전문가적 판단에 있어서 중대한 오류가 있다고 판단하는 경우

6. 평가검토의 한계와 발전과제

2000년대 들어 우리나라 금융기관들은 전사적 위험관리 차원에서 '내부평가사'를 심사평가부서 내에 두고, 평가검토를 수행하기도 하고 직접 평가보고서를 작성하고 있다. 금융기관들의 이와 같은 평가검토는 부실평가 사례를 없애고 감정평가서의 질적수준 제고는 물론 부실채권 위험을 상당히 낮추는 계기가 되었다.

그러나 '검토평가사'의 독립성과 전문성 및 윤리성을 확보함으로써 외부의 부적절한 영향이나 압력에서 벗어나 위험평가 및 관리평가사로서의 기능을 감당할 수 있도록 제도적·법률적 보완대책을 세우는 일이 향후의 중요한 발전과제가 되고 있다.

7. 감정평가검토와 유사제도(감정평가 심사[25] 및 타당성 조사)의 구분

감정평가검토와 심사, 조사 모두 감정평가의 적정성을 검토하여 감정평가의 신뢰성을 제고하기 위한 목적으로 수행된다는 점에서 동일하다. 그러나 심사는 감정평가서의 품질관리를 위하여 감정평가사가 의뢰인에게 감정평가서를 발급하기 전에 해당 감정평가의 적정성에 대하여 실시하는 사전 검토 절차이며, 감정평가서가 발급되기 전에 수행된다는 점에서 감정평가검토와 다르다[26]. 한편, 타당성 조사는 기본적으로 감정평가서가 발급된 이후 이루어진다는 점에서는 감정평가검토와 동일하나 감정평가사가 아닌 한국부동산원이라는 기관에서 진행한다는 점에서 차별성이 존재한다.

분류	감정평가 심사	감정평가 검토
근거 규정	『감정평가법』제7조 제1항	『감정평가법』제7조 제3항
수행 시기	감정평가서 발급 전	감정평가서 발급 후
수행 주체	같은 법인 내 감정평가사	다른 법인 내 감정평가사
필수 절차 여부	필수적인 절차	임의적인 절차

---

25) 『감정평가법』제7조 제1항 및 『감정평가법 시행령』제7조에서는 감정평가법인의 경우 감정평가서의 발급요건으로 타 감정평가사의 내부심사절차를 규정하고 있다.
26) 감정평가 심사는 원감정평가에 대하여 다른 가치의견을 제공하거나 대안적 의견을 제시하는 것을 허용하고 있다. 상대적으로 감정평가 검토가 심사보다 더욱 엄격한 별도의 자격제도라 할 수 있다.

심화논점

01절 감정평가의 원칙

Ⅰ. 서
Ⅱ. 시장가치기준 원칙
   1. 원칙적인 시장가치
   2. 예외적인 시장가치 외의 가치
Ⅲ. 현황기준 원칙
   1. 원칙적인 현황기준
2. 예외적인 조건부 감정평가 및 일시적·불법적인 이용 배제
Ⅳ. 개별물건기준 원칙
   1. 원칙적인 개별물건 기준
   2. 예외적인 일괄·구분·부분 감정평가

Ⅰ 서

감정평가의 일반적인 기준 역할을 수행하고 있는 『감정평가에 관한 규칙』은 감정평가의 원칙으로 시장가치 기준 원칙과 현황기준 원칙 및 개별물건 기준 원칙을 규정하고 있다. 추가적으로 원칙에 해당하는 예외로 시장가치 외의 가치 기준과 조건부 감정평가 및 일괄·구분·부분 감정평가에 대해 설명한다.

Ⅱ 시장가치기준 원칙

1. 원칙적인 시장가치

시장가치기준 원칙은 대상물건에 대한 감정평가액은 시장가치를 기준으로 결정해야 한다는 원칙으로 『감정평가에 관한 규칙』 제5조에 근거하고 있다.

가치라고 하면 일반적으로 시장가치를 의미하며, 시장가치는 가장 기본적이고 객관화된 가치로서 다양한 가치 중에서 중심적인 위치를 차지하고 있다. 대부분의 감정평가는 시장가치의 도출을 목적으로 하는 경우가 일반적이다. 그리고 시장가치 외의 가치는 시장가치와 직간접적으로 관련되어 시장가치가 기준으로 작용하는 경우가 많기 때문에 시장가치를 우선적으로 파악할 필요가 있다. 또한, 불완전한 부동산시장을 보완하는 역할을 하는 감정평가의 기능을 고려할 때도 감정평가를 통해 원칙적으로 구해야 할 가치는 시장가치라는 것을 이해할 수 있다.

2. 예외적인 시장가치 외의 가치

『감정평가에 관한 규칙』은 시장가치기준 원칙의 예외로써 시장가치 외의 가치를 기준으로 감정평가할 수 있도록 규정하고 있다. 이는 대상물건의 성격, 다양한 감정평가 목적, 감정평가조

건의 특수성 등으로 인해 시장가치만으로는 감정평가업무를 적절하게 수행할 수 없으므로 시장가치 외의 가치를 기준으로 한 감정평가의 필요성이 인정된다.

III 현황기준 원칙

1. 원칙적인 현황기준

현황기준 원칙은 기준시점에서의 대상물건의 이용상황 및 공법상 제한 상태를 기준으로 감정평가하는 원칙을 말한다. 이는 『감정평가에 관한 규칙』 제6조 제1항에 근거한다. 가치는 시간의 흐름에 따라 변할 수 있기 때문에 감정평가를 할 때는 기준시점이 중요하며, 현황 또한 기준시점을 기준으로 판단하게 된다.

2. 예외적인 조건부 감정평가 및 일시적·불법적인 이용 배제

감정평가는 기본적으로 현황기준 원칙에 따라야 하지만, 불법적이거나 일시적인 이용(『감정평가에 관한 규칙』 제6조 제1항)에 해당하는 경우 그리고 감정평가조건을 부가하는 경우에는 (『감정평가에 관한 규칙』 제6조 제2항) 예외가 인정된다.

> ● 『시장가치 외의 가치 기준 감정평가와 조건부 감정평가의 구별』
>
> 시장가치 외의 가치 기준 감정평가와 조건부 감정평가는 별개의 개념으로 상호 독립적인바 일대일의 대응관계가 성립하지 않는다. 즉, 감정평가조건이 부가되더라도 시장가치가 될 수 있고, 감정평가조건의 부가 없이 시장가치 외의 가치가 도출될 수 있다는 점을 유의해야 한다. 예를 들어, 전원주택 허가가 난 농지를 대상으로 기준가치를 시장가치로 정하여 감정평가하는 경우에도 기준시점의 이용상황을 주택부지로 가정한 조건부 감정평가가 가능하다. 여기서 기준시점의 이용상황을 농지로 하는 경우와 주택 부지로 하는 경우 사이에는 감정평가액의 차이가 발생한다.

> **조건부 평가가치와 시장가치 외의 가치 : 감정평가론, 경응수 著**
>
> 『감정평가에 관한 규칙』에 의하면 대상물건의 특성이나 의뢰인의 요청 등으로 감정평가에 있어 특정한 전제나 조건이 수반되는 경우 그 성격 또는 전제·조건에 부응하는 시장가치 외의 가치로 감정평가할 수 있다. 이에 따라 실무에서는 흔히 대상 과제가 조건부 평가인지 아니면 시장가치 외의 가치 평가인지 혼동하게 된다. 그러나 조건부 평가가치와 시장가치 외의 가치는 엄연히 구별되는 개념임을 분명히 알아야 한다.
>
> 즉, 시장가치 외의 가치는 물론 시장가치 평가라 하더라도 어떠한 평가조건이나 상정조건을 붙이는가에 따라 무수히 많은 조건부 평가가 존재할 수 있는 것이다. 즉, 시장가치 평가라고 해서 조건부 평가가 될 수 없는 것이 아님에 유의해야 한다. 이와 같이 조건부 평가가치는 시장가치 외의 가치와는 엄연히 구별되는 개념으로서 시장가치냐 시장가치 외의 가치냐를 불문하고, 무수히 많은 조건부 평가가 존재할 수 있는 것이다.

Ⅳ 개별물건기준 원칙

1. 원칙적인 개별물건 기준

개별물건기준 원칙은 대상물건마다 개별로 감정평가하여야 한다는 원칙을 말한다. 이는 『감정평가에 관한 규칙』 제7조에 근거하며 이러한 원칙에 따라 감정평가하는 것을 개별감정평가라고 한다. 감정평가의 대상이 되는 물건은 개별적으로 독립성을 지니고 있기 때문에 감정평가는 개별 물건을 기준으로 감정평가하라는 취지이다.

2. 예외적인 일괄·구분·부분 감정평가

그러나 개별물건기준 원칙에 따를 경우 대상물건의 가치를 적절하게 반영하지 못하는 경우가 발생할 수 있다. 예를 들어, 토지와 건물의 결합으로 이루어진 복합부동산의 경우 또는 여러 필지의 토지가 일단지를 이루는 경우 개별 물건마다 감정평가하여 합산하게 되면 토지와 건물 간의 결합 또는 토지 간의 결합으로 인해 발생하는 증분가치를 제대로 반영할 수 없기 때문이다.[27]

또한, 현실적으로는 하나의 물건이라도 부분별로 가치의 차이가 발생할 수 있고, 하나의 물건 전체가 아닌 일부분만의 가치를 평가해야 하는 경우가 발생할 수 있다. 이러한 현실적인 필요성을 고려하여 『감정평가에 관한 규칙』은 개별물건기준 원칙의 예외로서 일괄감정평가와 구분감정평가 및 부분감정평가를 규정하고 있다.

---

27) 쇠퇴하는 지역의 경우 대규모의 건물은 가치 감소의 요인이 될 수 있고, 부적절한 토지 간의 과잉결합 또한 가치 감소의 요인이 될 수 있다. 이러한 경우 개별감정평가하게 되면 과다감정평가액이 도출될 소지가 있다.

02절 소급평가와 기한부 평가

- I. 서
- II. 소급평가
  1. 의의 및 적용대상
  2. 유의사항
- III. 기한부 평가
  1. 의의 및 적용대상
  2. 유의사항
- IV. 양자의 관계

I 서

감정평가는 평가의 주체, 평가업무의 기술상 차이점, 감정평가의 목적, 조건, 대상물건의 성격에 따라서 다양하게 분류가 가능하다. 감정평가를 다양하게 분류함에 따라 감정평가활동의 목표를 명백히 하고, 감정평가방법의 체계화를 이룰 수 있게 되었고, 궁극적으로는 평가의 신뢰성을 좀 더 향상시킬 수 있게 된다.

부동산 감정평가는 가격 다원론과 관련하여 다양한 평가방법이 명명될 수 있으며 의뢰 목적의 합리성, 합법성 등이 인정되면 다양한 조건설정이 가능하다. 조건부 평가란, 장래 발생이 불확실한 조건의 성취를 전제로 한 기준시점 현재의 평가를 말한다. 소급평가와 기한부 평가는 일종의 조건부 평가이다.

II 소급평가

1. 의의 및 적용대상

부동산의 감정평가는 가격 다원론과 관련하여 다양한 평가 방법이 있는데 과거의 일정 시점을 기준시점으로 하여 대상물건의 가격을 구하는 것을 소급평가라 한다. 「감정평가에 관한 규칙」 제9조에서는 기준시점이 미리 정하여진 때에는 가격 조사가 가능한 경우에 한하여 그 일자를 기준시점으로 할 수 있다 하여 소급 평가를 인정하고 있다. 토지 수용과 관련된 보상평가, 무단점유 등으로 인한 부당이득금반환청구소송 등 소송평가 등에서 적용되고 있다.

2. 유의사항

소급평가는 소급평가 시점 당시의 대상부동산 확인, 자료수집의 가능성, 각종 가격형성요인에 대한 지역·개별분석의 가능성 등에 의한 소급 당시의 적정평가 방식을 적용하여야 한다. 또한 현재 시점의 자료를 역진적 시점 수정한 평가는 잘못된 평가라 할 수 있다.

III 기한부 평가

1. 의의 및 적용대상

기한부 평가란 장래 확실히 도래하는 사안을 상정하여 그 일정시점을 기준시점으로 하여 행하는 평가를 의미한다. 이는 미래 도래할 일정한 상황과 관련이 있으므로 단순히 기준시점이 미래인 평가와는 엄밀한 의미에서 구별된다. 적용대상으로는 분양시점이 확실한 아파트 및 조성지의 평가 등이 있다.

2. 유의사항

기한부 평가는 장래 그 성취가 명백한 사안이 상정된 것이므로 조건부 평가처럼 원칙적으로 금지되지 아니한다. 또한 평가시점도 기한부적 기대가치가 반영되어 있기 때문에 이를 배제하지 아니하고 평가하는 것이다.

IV 양자의 관계

소급평가 및 기한부 평가 모두 광의의 현황평가의 예외라는 공통점이 있는 반면, 소급평가는 과거의 시점을 기준으로 평가하고, 기한부 평가는 미래의 시점을 기준으로 평가한다는 차이점이 있다.

03절 조건부 감정평가[28]

- Ⅰ. 개설
- Ⅱ. 조건부 평가의 필요성 및 기능
    1. 필요성
    2. 기능
- Ⅲ. 조건부 평가가 가능한 경우
    1. 감정평가관계법규에 감정평가조건의 부가에 관한 규정이 있는 경우
    2. 의뢰인이 감정평가조건의 부가를 요청하는 경우
    3. 사회통념상 당연히 감정평가조건이 부가되어야 하는 경우
- Ⅳ. 감정평가조건의 검토 및 표시
    1. 감정평가조건의 검토
    2. 감정평가조건의 표시
- Ⅴ. 조건부 평가 시 유의사항

Ⅰ 개설

조건부 감정평가란 기준시점의 가치형성요인 등을 실제와 다르게 가정하거나 특수한 경우로 한정하는 조건을 붙여 감정평가하는 것을 말한다. 감정평가는 현황대로 하는 것이 원칙이나 다양한 경제활동의 목적상 조건부 감정평가를 필요로 하는 경우가 있다.

조건의 발생이 미래의 사실이라는 점에서 기한부 평가와 유사하나, 조건부 감정평가에 있어서 조건의 성취 여부는 불확실한 것이나 기한부 감정평가에 있어서는 장래의 일정시기가 되면 기한의 도래는 확실하다는 점에서 차이가 있다. 부동산 감정평가는 가격 다원론과 관련하여 다양한 평가방법이 가능하며, 의뢰 목적의 합리성, 합법성 등이 인정되면 다양한 조건설정이 가능하다.

Ⅱ 조건부 평가의 필요성 및 기능

1. 필요성

부동산은 사회적, 경제적, 행정적 요인의 가변성으로 인하여 현황평가만으로 다양한 평가수요를 부응하지 못한다. 현실의 다양한 부동산활동 및 문제 등에 대처하고, 다양한 의뢰자의 요구 등 사회적 수요에 부응하기 위하여 필요하다.

2. 기능

조건설정을 통해 대상부동산의 내용과 가치형성요인을 명확히 하여 가격에 미치는 영향을 파악할 수 있으며, 다양한 의뢰자의 요구를 조건의 설정으로 다각도로 접근할 수 있어 유용한 정보를 의뢰인에게 제공할 수 있다.

---

28) (특강) 조건부 감정평가(노용호, 건대특강) / 감정평가 실무기준 해설서(Ⅰ), 2014, p82~87

Ⅲ 조건부 평가가 가능한 경우[29]

1. 감정평가관계법규에 감정평가조건의 부가에 관한 규정이 있는 경우

(1) 「토지보상법」이나 개별법 등의 규정에 따라 감정평가를 하여야 하는 경우가 이에 해당한다. 따라서 해당 법률에 의해 감정평가를 행하는 경우에는 그 법률에서 정하고 있는 방법으로 감정평가를 해야 한다.

(2) 예를 들면, 「토지보상법」 제70조에서 개발이익 배제 등을 목적으로 규정하고 있는 공시지가 선정의 방법에 따라 감정평가를 해야 하는 경우는 개발이익 배제를 조건으로 하는 감정평가인 것이다.

2. 의뢰인이 감정평가조건의 부가를 요청하는 경우

(1) 의뢰인이 감정평가조건을 제시하고, 제시된 조건의 실현을 가정하여 감정평가할 것을 요청한 경우가 이에 해당한다.

(2) 예를 들어 도시계획의 실시 여부, 택지조성 및 수면매립의 전제, 불법점유의 해제, 환경의 개량, 건물의 증·개축을 상정하는 것과 같은 불확실한 상황에 대한 의뢰인의 요구를 검토하고, 합당한 감정평가조건이라면 해당 감정평가조건을 고려한 가치로 감정평가해야 한다.

(3) 다만, 의뢰인의 감정평가조건 부가 요청은 원칙적으로 가능하지만, 감정평가업자는 의뢰인이 제시한 감정평가조건의 부가가 가능한 내용인지 검토해야 한다. 그 이유는 감정평가조건에 따라 감정평가액이 달라질 수 있으며, 의뢰인 등이 감정평가조건의 제시 없이 감정평가액만을 이용하여 제3자의 이익에 해를 끼칠 수도 있고, 감정평가조건 자체가 비합리적이거나 불법적일 수 있기 때문이다.

3. 사회통념상 당연히 감정평가조건이 부가되어야 하는 경우

(1) 감정평가의 목적이나 대상물건의 특성에 따라 당연히 감정평가조건이 부가되는 경우를 말한다. 감정평가액 도출을 위하여 불확실한 상황에 대한 판단이 필요한 경우 이에 대한 판단을 감정평가조건으로 부가하는 것이다. 이러한 상황판단은 감정평가목적에 따라 달라지기도 한다.

(2) 예를 들면, 감정평가목적과 관련하여 국·공유지 처분 평가의 경우에는 지목 및 이용상황이 구거 또는 도로부지인 토지를 인접 토지소유자 등에게 매각할 때, 현실적인 이용상황 등이 아닌 용도폐지를 전제로 하여 감정평가하는 경우가 이에 해당된다. 그리고 대상물건

---

[29] 감정평가 실무기준 해설서(Ⅰ), 2014, p108~109

의 특성과 관련하여서는 건축허가를 받아 건축이 진행되어 완공이 임박한 건축물이 소재한 토지의 경우 통상적인 건축주는 사용승인을 득하기 위한 공정을 진행하게 될 것이며, 이는 곧바로 사용승인을 득하여 지목이 대지로 변경될 것을 예정할 수 있으므로 대지를 전제로 한 토지의 감정평가가 가능할 것이다.

Ⅳ 감정평가조건의 검토 및 표시

1. 감정평가조건의 검토

감정평가조건의 합리성, 적법성 및 실현가능성을 검토하도록 규정하고 있다. 즉, 예외적으로 부가되는 감정평가조건의 경우에도 사회적 타당성이 요청되며, 이들을 검토한 결과 감정평가조건 자체가 타당하다고 인정되어도 현실적인 자료 수집 등이 곤란한 경우 받아들이기 어려운 조건으로 봐야 할 것이다.

> 감정평가조건은 합리성과 적법성을 갖추어야 한다. 이 경우 합리성은 사회적으로 용인되는지, 타당한지 등 사회적 타당성 측면에서 검토해야 한다. 공법, 사법을 불문하고 법률상 내용에 위배되지 않아야 한다. 또한 사회적·경제적·물리적 관점에서 실현가능성이 검토되어야 하며, 실제 현실성이 희박한 경우는 감정평가조건으로 부가하기 어려울 것이다.

2. 감정평가조건의 표시

감정평가액은 감정평가조건에 따라 변할 수 있기 때문에 도출된 감정평가액과 관련된 감정평가조건에 관한 사항을 감정평가서에 명확히 기재하여야 한다. 다만, 법률에 근거한 감정평가조건의 부가는 해당 근거 법령을 기재하는 것으로 대신하도록 하고 있다. 감정평가조건에 관한 사항은 감정평가조건의 내용은 물론 감정평가조건을 부가한 이유, 감정평가조건의 합리성 및 적법성, 실현가능성 및 해당 감정평가가 감정평가조건을 전제로 할 때에만 성립할 수 있다는 사실을 기재하도록 하고 있다. 이는 감정평가조건에 관한 제반사항을 감정평가서에 명시하여 의뢰인에게 알려줌으로써 의사결정에 도움을 주고자 하는 데 취지가 있다. 이것은 또한 감정평가에 관한 분쟁 시에 책임소재를 명확히 하기 위한 목적도 있다.

Ⅴ 조건부 평가 시 유의사항

조건설정원칙에 부합하지 않거나, 타당한 조건이라도 자료 수집과 평가방법 적용이 곤란하다면 평가의뢰를 수락해서는 안 된다. 조건부 평가의 경우는 그 조건의 합리성, 합법성, 객관성, 실현가능성 등의 설정원칙에 부합하는지를 신중히 검토하고, 반드시 평가결과와 함께 각 조건을 평가서에 명시함으로써, 평가주체의 책임범위 및 선의의 제3자의 피해를 방지할 수 있도록 하여야 할 것이다.

04절 현황기준 평가의 원칙

> **감정평가에 관한 규칙 제6조(현황기준 원칙)**
> ① 감정평가는 기준시점에서의 대상물건의 이용상황(불법적이거나 일시적인 이용은 제외한다) 및 공법상 제한을 받는 상태를 기준으로 한다.
> ② 감정평가법인등은 제1항에도 불구하고 다음 각 호의 어느 하나에 해당하는 경우에는 기준시점의 가치형성요인 등을 실제와 다르게 가정하거나 특수한 경우로 한정하는 조건(이하 "감정평가조건"이라 한다)을 붙여 감정평가할 수 있다.
>   1. 법령에 다른 규정이 있는 경우
>   2. 의뢰인이 요청하는 경우
>   3. 감정평가의 목적이나 대상물건의 특성에 비추어 사회통념상 필요하다고 인정되는 경우
> ③ 감정평가법인등은 제2항에 따라 감정평가조건을 붙일 때에는 감정평가조건의 합리성, 적법성 및 실현가능성을 검토해야 한다. 다만, 제2항 제1호의 경우에는 그렇지 않다.
> ④ 감정평가법인등은 감정평가조건의 합리성, 적법성이 결여되거나 사실상 실현 불가능하다고 판단할 때에는 의뢰를 거부하거나 수임을 철회할 수 있다.

I. 의의(기준시점에서 대상물건의 이용상황과 공법상 제한상태 기준 평가)
II. 현황기준 원칙의 예외에 해당하는 경우 감정평가방법
   1. 일시적인 이용과 불법적인 이용 제외
   2. 대상물건의 이용상황이 일시적인 이용인 경우
     (1) 최유효이용의 전제
     (2) 전환하기 위한 비용 고려
   3. 대상물건의 이용상황이 불법적인 이용인 경우
     (1) 합법적 이용의 전제
     (2) 전환하기 위한 비용 고려

I 의의(기준시점에서 대상물건의 이용상황과 공법상 제한상태 기준 평가)

감정평가는 기준시점 당시 대상물건의 이용상황과 공법상 제한상태를 기준으로 감정평가한다는 원칙을 규정하고 있다. 즉, 현황기준 원칙은 대상물건의 상태·구조·이용방법, 제한물권의 부착과 환경·점유 등의 현황대로 평가하는 것이다.

감정평가액은 시간의 흐름에 따라 달라질 수 있기 때문에 감정평가를 할 때에는 기준시점을 기재한다. 감정평가법인등은 의뢰인의 특별한 언급이 없을 경우 가격조사를 완료한 날짜로 감정평가한다.

현황의 변화는 감정평가액은 물론 감정평가방법의 적용에도 영향을 미칠 수 있다. 「실무기준」에서는 '현황'을 대상물건의 이용상황과 공법상 제한상태 등을 포괄하는 의미로 보고 있다.

Ⅲ 현황기준 원칙의 예외에 해당하는 경우 감정평가방법

1. 일시적인 이용과 불법적인 이용 제외

감정평가는 현황기준을 원칙으로 하나, 현황기준 원칙에 대한 예외 또한 규정하고 있다. 아울러 『감정평가에 관한 규칙』 제6조 제1항에서는 대상물건의 이용상황이 일시적이거나 불법적인 경우를 현황기준 원칙의 예외로 규정하고 있다.

2. 대상물건의 이용상황이 일시적인 이용인 경우

1) 최유효이용의 전제

대상물건이 일시적인 이용으로 최유효이용에 미달되는 경우에는 최유효이용을 기준으로 감정평가한다. 감정평가는 원칙적으로 최유효이용을 전제로 가치를 도출하는데, 일시적인 이용은 최유효이용에 해당하지 않기 때문에 이론적으로 고려대상이 될 수 없다. 여기서 일시적 이용이란 관련 법령에 따라 국가나 지방자치단체의 계획이나 명령 등으로 부동산을 본래의 용도로 이용하는 것이 일시적으로 금지되거나 제한되어 다른 용도로 이용하고 있거나 부동산의 주위 환경 등으로 보아 현재의 이용이 임시적인 것으로 인정되는 이용을 말한다.

2) 전환하기 위한 비용 고려

일시적인 이용에서 최유효이용으로 전환하기 위해 수반되는 비용을 고려해야 한다. 예를 들어, 잔존가치가 존재하지 않는 건물의 철거비용이나 나지에 쌓여있는 잡풀 또는 쓰레기 등의 처리비용이 그 예가 되며, 이러한 비용은 감정평가액에 부정적인 영향을 미치는 감가요인이다.

3. 대상물건의 이용상황이 불법적인 이용인 경우

1) 합법적 이용의 전제

대상물건이 불법적인 이용인 경우에는 합법적인 이용을 기준으로 감정평가한다. 불법적으로 대상물건을 이용하여 경제적 효용을 누리고 있는 상태대로 감정평가할 경우 합법적인 이용과의 형평에 어긋나며, 불법을 방조하는 결과를 야기할 수 있기 때문에 감정평가 제도의 취지에 부합하지 않는다. 또한, 감정평가는 원칙적으로 최유효이용을 전제로 하여 가치를 도출하는데, 불법적인 이용은 최유효이용의 요건에 부합하지 않기 때문에 이론적 관점에서도 고려해서는 안 된다.

2) 전환하기 위한 비용 고려

불법적인 이용에서 합법적인 최유효이용으로 전환하기 위해 수반되는 비용을 고려해야 한다. 합법적인 이용으로 전환하기 위해 수반되는 비용이란 불법적인 이용에 대한 원상회복 등 행정조치가 취해졌을 경우 발생하는 행정적인 비용이나 철거비용 등으로 감정평가액에 부정적인 영향을 미치는 감가요인이 된다.

05절 개별평가와 일괄평가

(1) 현행 평가제도의 현황 및 문제점

(2) 개별평가와 일괄평가의 필요성

(3) 개별평가와 일괄평가의 장단점

Ⅰ. 개설
Ⅱ. 현행 토지 및 건물 평가제도의 현황 및 문제점
  1. 토지 및 건물 평가제도의 현황
    (1) 토지의 평가
    (2) 건물의 평가
  2. 토지 및 건물 평가제도의 문제점
Ⅲ. 개별평가와 일괄평가의 필요성
  1. 개별평가
    (1) 의의
    (2) 개별평가의 필요성
      1) 제도적 측면에서의 개별평가
      2) 토지와 건물의 속성에 의한 개별평가
        ① 토지 속성에 의한 평가
        ② 건물 속성에 의한 평가
  2. 일괄평가
    (1) 의의
    (2) 일괄평가의 필요성
      1) 토지와 건물의 일체적 이용
      2) 토지와 건물의 일괄거래
Ⅳ. 개별평가와 일괄평가의 장단점
  1. 개별평가의 장단점
    (1) 장점
    (2) 단점
  2. 일괄평가의 장단점
    (1) 장점
    (2) 단점

Ⅰ 개설

우리나라의 경우 법제도상 토지와 건물을 개별부동산으로 인정하고 있어 일반적으로 토지와 건물을 각각 분리하여 평가하는 개별평가가 원칙이나, 일체로 이용되는 등 이를 분리하기 어려운 경우에는 일괄로 평가하고 있다. 그러나 시장에서의 거래관행은 개별평가의 대상이 되는 부동산의 경우라도 토지와 건물의 일체를 전제로 하여 거래되므로 우리의 평가방법으로 이를 분리하여 평가하고 합산하는 식의 기법을 적용할 경우, 시장가격과 평가가격이 괴리되는 문제점이 발생하게 된다.

Ⅱ 현행 토지 및 건물 평가제도의 현황 및 문제점

1. 토지 및 건물 평가제도의 현황

(1) 토지의 평가

토지의 평가는 거래사례비교법, 원가법, 수익환원법의 3방식에 의하여 이루어질 수 있다. 우리나라에서는 부동산공시법, 감정평가에 관한 규칙에서 평가대상 토지와 유사한 이용가치를 지닌 표준지의 공시지가를 기준으로 토지를 평가하도록 규정하고 있어, 토지의 평가는 공시지가를 기준으로 행해지고 있다.

(2) 건물의 평가

건물도 토지와 마찬가지로 거래사례비교법, 원가법, 수익환원법 등 3방식에 의해 평가된다. 다만 「감정평가에 관한 규칙」 제15조 등에서 건물의 평가는 원가법에 의한다는 규정에 따라 원가법으로 산정함이 일반적이다. 그러나 감가상각액 추계 시 주관성 개입 등의 문제가 있으며, 건물에 대한 대체원가가 지리적 요인 등에 의해 전혀 영향을 받지 않는다는 것을 전제하기 때문에 지역적인 요건에 따라 부동산의 가치에 차이가 발생하는 일반적인 특성을 반영하지 못하는 단점이 있다.

2. 토지 및 건물 평가제도의 문제점

대부분의 부동산은 거래관행상 일체로 거래되고 있음에도 불구하고, 우리나라는 토지와 건물을 별도로 등기, 평가, 과세하고 있다. 토지와 건물이 서로 상이한 특성을 가지고 있더라도, 일체로 거래되는 부동산을 토지와 건물로 나누어 각각의 가치를 분리해내기란 매우 어렵고, 건물만의 가치를 감정평가하는 것은 평가오류를 수반할 가능성이 높다.

Ⅲ 개별평가와 일괄평가의 필요성

1. 개별평가

(1) 의의

개별평가란 토지와 건물을 개별적으로 나누어 토지는 공시지가를 기준으로 평가하고, 건물은 원가법에 의해 평가한 뒤 양자의 합으로 부동산가치를 구하는 방법을 말한다.

(2) 개별평가의 필요성

1) 제도적 측면에서의 개별평가

우리나라 「민법」 제99조 제1항에서는 "토지 및 그 정착물은 부동산이다."라고 하여 토지와 건물을 개별부동산으로 간주하고 있다. 따라서 우리나라의 경우는 토지와 건물은 독립된 개별의 부동산이므로 별개의 권리의 객체가 되며 이에 대한 물권의 득실변경은 원칙적으로 각각에 대해 등기하여야 효력이 발생한다. 이와 같이 제도적으로 토지와 건물은 분리되어 존재하는 부동산이기 때문에 특별한 경우가 아닌 이상 개별적으로 평가하는 것이 원칙이다.

2) 토지와 건물의 속성에 의한 개별평가

① 토지 속성에 의한 평가

토지는 특별한 사정이 없는 한 그 존재가 영원하며, 위치적으로 고정되어 있어 입지적 이점 또는 불이익을 갖는다. 또한 토지는 특별한 자본이 필요 없으며 토지 그 자체에서 효용을 발생시킬 수 있으므로 최유효이용을 전제로 하여 평가해야 하며, 부지개량비용이 아닌 이상 원가법을 사용할 수 없고 대부분은 거래사례비교법 내지 수익환원법, 우리나라의 경우는 공시지가기준법을 사용하듯이, 토지는 건물과 속성이 달라 토지와 건물의 평가방법도 다른 것이고 그에 따라 각각을 개별적으로 평가하여 합산해야 한다는 것이다.

② 건물 속성에 의한 평가

건물은 토지와 달리 인위적인 자본이 투자되어 형성되는 것으로 그 존재가 유한하며 감가되는 성격을 갖고 있고, 초기 비용의 파악을 통해 비용접근법을 용이하게 적용할 수 있으나 임대료를 기초로 하여 평가하는 소득접근법은 그 자료의 부정확성으로 적용하기 어렵다.

2. 일괄평가

(1) 의의

일체로 거래되는 관행이나 용도상 불가분의 관계에 있는 경우 등에 있어 이를 일괄하여 행하는 평가를 말하며 개별평가의 예외로서 적용한다. 적용 예로는 토지와 건물이 일체로 거래되는 경우, 입목과 임지가 동시에 평가 의뢰된 경우가 해당된다.

(2) 일괄평가의 필요성

1) 토지와 건물의 일체적 이용

부동산에서 발생하는 효용은 토지와 건물의 일체적인 이용에서 발생하는 것이지 이를 개별적으로 이용하여 발생하는 효용이 아니다. 따라서 건물과 토지에서 발생하는 효용을 구분한다는 것은 이론적으로 가능하지만 실제로는 거의 불가능하다.

2) 토지와 건물의 일괄거래

우리나라 민법상 부동산은 토지의 구성은 건물로 되어있지만 그 부동산을 이용함으로 발생하는 효용은 토지와 건물의 일체적 이용에서 발생한다. 즉 부동산은 토지와 건물이 결합하여 하나의 재화로서 시장에서 거래되고 그에 따라 적정한 가격이 형성된다. 특히 구분소유건물은 대부분 토지와 건물을 일체로 하여 하나의 소유권 대상으로 거래되기 때문에 토지와 건물을 분리하여 평가할 경우 적정가격을 파악하기 어렵다. 이처럼 토지와 건물이 일체로 거래되는 경우 가치를 추계하는 평가방식도 토지와 건물을 일체로 평가하는 방식을 사용해야 시장가치를 정확하게 파악할 수 있다.

Ⅳ 개별평가와 일괄평가의 장단점

1. 개별평가의 장단점

(1) **장점**(제법풍효세)

① 토지와 건물을 분리하고 있는 법률적·제도적 측면과 부합한다.
② 대상부동산의 효용을 개별적으로 반영할 수 있다.
③ 현행 과세체계상 토지에 대한 세금과 건물에 대한 세금을 분리하여 과세하기 때문에 과세하기가 용이하다.
④ 평가선례가 풍부하여 평가하기가 용이하다.

(2) **단점**

① 공동주택 등 토지와 건물이 일괄로 거래되는 부동산의 거래관행과 부합하지 않는다.
② 공동주택과 같이 토지와 건물이 일체로 거래되는 부동산의 평가가격이 시장가격과 괴리될 수 있다.
③ 부동산의 속성인 위치 이점이 대부분 토지에 귀속되기 때문에 토지가 상대적으로 과대평가되는 반면, 건물은 상대적으로 과소평가될 수 있다.

2. 일괄평가의 장단점

(1) **장점**(자수관건적효)

① 부동산에서 창출되는 효용을 잘 반영할 수 있다.
② 개별평가보다 대상부동산의 적정가치를 적절하게 반영할 수 있다.
③ 현실적인 거래관행에 부합한다.
④ 건물의 가치를 비교적 잘 반영한다.
⑤ 세계적인 추세인 수익방식을 적용하기 쉽다.
⑥ 거래사례 및 현실자료를 사용하기가 용이하다.

(2) 단점
① 물건의 효용을 개별적으로 반영하기 어렵다.
② 토지에 귀속되는 위치 이점을 반영하기 어렵다.
③ 평가선례가 풍부하지 못하다.

▼ 개별평가와 일괄평가의 특성과 장단점

구분	개별평가	일괄평가
정의	토지와 건물을 분리하여 평가하는 것	토지와 건물을 일체로 평가하는 것
법률 (감정평가에 관한 규칙)	토지의 평가(제14조), 건물의 평가(제15조)가 각각 따로 규정되어 있다.	일괄평가(제7조), 토지와 건물의 일괄감정평가(제16조)가 각각 따로 규정되어 있다.
현실	현실적인 측면에서, 그리고 제도적인 측면에서, 우리나라에서는 대부분 개별평가를 하고 있다.	평가방식의 세계적인 추세는 수익방식이고, 수익방식을 적용하기 위해서는 일괄평가가 보다 낫다.
평가방식	물건의 효용을 개별적으로 반영할 수 있다.	부동산 이용에서 창출되는 효용을 잘 반영할 수 있다. 개별평가보다 물건의 적정가치를 반영하기에 적절하다.
현실반영도 (거래관행)	거래관행에 부합하지 않고, 토지와 건물을 분리하여 평가하므로 현실을 제대로 반영하기가 어렵다.	현실적으로 토지와 건물은 일괄로 거래되고 있으므로 현실적인 거래관행을 잘 반영할 수 있다.
과세	우리나라의 현행 과세체계상 토지분과 건물분을 분리하여 과세하고 있어 과세하기가 용이하다.	평가액을 토지분과 건물분으로 배분하여 분리과세하기가 쉽지 않다.
위치 이점	위치 이점이 대개 토지로 귀속되어, 토지가 상대적으로 과대평가되는 경향이 있다.	과세목적상 토지분과 건물분을 분리하고자 할 때, 일괄평가는 개별평가에 비해 건물가치를 보다 적절히 반영할 수 있다.
평가자료	평가선례가 풍부하여 현실에 적용하기가 용이하다.	평가선례가 많지 않지만, 거래사례 및 현실의 자료를 그대로 사용할 수 있다.

06절 시장가치와 투자가치의 비교 [30]

```
Ⅰ. 서                                    2. 양자의 같은 점
Ⅱ. 시장가치와 투자가치의 개념                    (1) 가치의 다원성
   1. 시장가치의 개념                          (2) 기준가치
   2. 투자가치의 개념                          (3) 일치가능성
Ⅲ. 양자의 다른 점과 같은 점                     (4) 수익방식의 중시
   1. 양자의 다른 점                     Ⅳ. 양자의 관계(투자의 타당성 판단 측면)
      (1) 가치의 성격                       1. 시장가치와 투자가치의 비교
      (2) 금융조건 및 세금조건                 2. 기대수익률과 요구수익률의 비교
      (3) 최유효이용의 전제                   3. 수입과 지출의 비교
      (4) 산정방법                      Ⅴ. 결어
      (5) 가치의 활용
```

Ⅰ 서

주어진 시점에서 대상부동산에 적용되는 가치의 종류는 무수히 많은데, 이는 동일한 부동산이라도 보는 관점이 다르기 때문이다. 감정평가란 부동산의 가치를 추계하는 것으로, 대부분은 시장가치의 추계로부터 시작된다. 오늘날에는 평가사의 업무가 가치추계분야에만 머무르지 않고, 다양한 부동산 결정분야를 지원하는데, 부동산투자를 위한 의사결정 과정에서 대상부동산의 투자가치를 평가하기도 한다. 투자가치는 투자자의 주관적 가치인 점에서 시장가치와 여러 면에서 차이를 보인다.

Ⅱ 시장가치와 투자가치의 개념

1. 시장가치의 개념

시장가치(Market Value)란 감정평가의 대상이 되는 토지 등이 통상적인 시장에서 충분한 기간 거래를 위하여 공개된 후 그 대상물건의 내용에 정통한 당사자 사이에 신중하고 자발적인 거래가 있을 경우 성립될 가능성이 가장 높다고 인정되는 대상물건의 가액(價額)을 말한다. 이러한 시장가치는 시장참여자들의 집단적인 가치판단에 의한 행태를 분석한 객관적 가치이며, 교환가치이자 존재가치이다.

---

[30] (특강) (경응수) / 투자가치와 시장가치를 비교 설명하라(서동기).

2. 투자가치의 개념

투자가치(Investment Value)는 특정 투자자가 대상부동산을 특정한 용도로 사용할 것을 전제로 하는 경우에 그에 따른 장래 기대되는 이익을 현재가치로 환원한 값으로 표시된다. 투자가치란 대상부동산에 대해 특정투자자가 부여하는 주관적 가치이며, 사용가치이다.

III 양자의 다른 점과 같은 점

1. 양자의 다른 점

(1) 가치의 성격

시장가치가 대상부동산에 대해 시장이 부여하는 객관적 가치인 반면, 투자가치는 특정투자자가 부여하는 주관적 가치이다.

(2) 금융조건 및 세금조건

① 시장가치는 특수한 금융조건이나 소유자의 세금신분에 따라서 부동산의 가치가 바뀌어서는 안 되기 때문에 특정한 금융조건이 결부되지 않은 전형적인 저당대부와 세율을 고려하여 평가된다. ② 반면, 투자가치는 특정 투자자가 대상부동산에 대하여 계획하는 저당대부나 투자자의 세금신분, 요구수익률 등을 고려하여 추계된다.

(3) 최유효이용의 전제

시장가치는 최유효이용을 전제로 파악되어야 하며, 투자가치는 특정투자자가 요구하는 용도를 전제로 파악되어야 한다.

(4) 산정방법

1) 시장가치는 가격3면성에 기초하여 세 가지 접근법을 모두 적용하여 구한 각각의 시산가치를 적절히 조정하여 최종적인 가치결론을 도출한다. 이때에는 사용된 자료의 신뢰성, 각 접근법의 전제된 가정과 대상부동산의 성격, 평가조건 등에 따른 평가논리의 적합성 등이 고려된다.

2) 투자가치는 특정용도에 이용될 때에 장래 기대되는 효익을 현재가치로 환원한 값이다. 따라서 투자가치는 주로 미래 현금흐름을 현재가치로 할인하는 소득접근법에 의해 추계된다. 부동산평가에서는 일반적으로 저당지분환원법과 할인현금흐름분석법에 의해 투자가치를 추계한다.

(5) 가치의 활용

1) 시장가치는 최고최선의 이용을 전제로 파악되는 가치로서 일반거래활동을 포함한 모든 부동산활동의 기준이 된다. 또한 시장가치는 여타의 가치를 추계하는 기준을 제공한다. 보험가치, 과세가치, 저당가치, 투자가치 등의 추계는 시장가치에 기초한다.
2) 투자가치는 주로 투자안의 경제성 분석에 이용된다. 투자가치를 이용한 투자의사결정은 비용편익분석이나 시장가치와의 비교를 통해 이루어질 수 있다. 비용편익분석은 투자가치와 투자비용을 비교하여 투자결정을 판단하는 방법이며, 투자가치는 시장가치와 비교하여 투자판단에 이용될 수 있다.

2. 양자의 같은 점

(1) 가치의 다원성

시장가치와 투자가치는 하나의 부동산에 대해 보는 관점 또는 용도에 따라 성립할 수 있는 다양한 가치 개념 중의 하나이다.

(2) 기준가치

시장가치는 일반거래활동을 포함한 모든 부동산활동의 기준이 되며, 여타의 가치를 추계하는 기준을 제공한다. 투자가치는 투자자에게 투자의사결정을 위한 기초자료로서 그 기준가치의 역할을 한다.

(3) 일치가능성

시장가치와 투자가치는 특정투자자의 자료와 가정들이 시장에서의 전형적인 투자자들의 것과 같을 경우 일치할 수 있다.

(4) 수익방식의 중시

시장가치는 비교방식, 원가방식, 수익방식에 의한 시산가액의 조정을 통하여 산정되며, 투자가치는 주로 미래현금흐름을 현재가치로 할인하는 수익방식에 의해 추계된다. 그러나 양자는 현실적 필요성 및 부동산환경 변화로 점차 대상부동산에서 기대되는 수익을 중심으로 가치를 결정하는 수익방식의 중요성이 부각되고 있다.

Ⅳ 양자의 관계(투자의 타당성 판단 측면)

1. 시장가치와 투자가치의 비교

시장가치와 투자가치를 비교하여 투자가치가 큰 경우 투자의 타당성이 있다.

2. 기대수익률과 요구수익률의 비교

객관적인 기대수익률과 주관적인 요구수익률을 비교하여, 기대수익률이 큰 경우 투자의 타당성이 있다. 즉, 투자를 통한 객관적인 내부수익률이 요구수익률보다 클 때 투자의 타당성이 있다.

3. 수입과 지출의 비교

투자결정은 투자를 통한 현금수입의 현재가치와 현금지출의 현재가치를 비교하여, 수입이 지출보다 큰 경우 투자타당성이 있다. 즉, NPV가 (+)인 경우 투자타당성이 있다.

Ⅴ 결어

① 감정평가에서 구하는 가격은 대상부동산의 시장가치이다. 반면에 투자가치는 특별한 조건이 수반된 일종의 조건부평가(투자자가 상정하는 특정한 이용방법을 전제로 한 사용가치)에 의한 시장가치 외의 가치의 의미를 갖는다.

② 시장가치는 일정한 조건이 충족되는 상황에서 대상부동산이 가지는 가치이다. 이때 일정한 조건이란 시장의 합리성과 전형적인 투자자들을 전제로 한 가정이다. 따라서 대상부동산에 대한 이용경쟁의 결과 장기적으로는 시장가치와 투자가치가 일치하려는 경향이 있다.

07절 감정평가와 부동산컨설팅의 비교

I. 서
II. 감정평가와 부동산컨설팅과의 비교
  1. 유사점
    (1) 접근방식 및 방법론상의 유사점
    (2) 실무적 공통점 및 부동산활동속성상의 유사점
  2. 차이점
    (1) 개념상 차이
    (2) 분석범위
    (3) 구하는 가격의 성격
    (4) 분석기법
    (5) 세무적 관점
    (6) 조건의 검토
III. 결(컨설팅과 감정평가의 관계)

I 서

컨설팅이란 의뢰한 부동산에 대한 정보, 분석, 추천, 자문 등의 서비스를 받고 전문적으로 용역을 제공하는 행위로 의뢰자의 다양한 요구에 부응하는 전문가의 활동이다. 따라서 부동산컨설팅 서비스를 제공하는 컨설턴트의 역할을 제대로 수행하기 위하여는 높은 수준의 전문지식과 풍부한 업무경험, 그리고 종합적인 분석능력이 요구된다. 아울러 부동산투자활동에는 높은 위험이 수반되므로 일반 부동산 전문가 활동보다 높은 윤리의식을 지녀야 한다. 「감정평가에 관한 규칙」 제27조에서는 조언·정보 등의 제공 규정을 두고 있는바, 감정평가 업무영역으로서 컨설팅의 중요성이 높아지고 있다. 감정평가사의 업무영역을 가치 추계에만 국한할 것이 아니라, 비용편익분석, 경제기반분석, 타당성 분석, 토지이용분석, 현금수지 분석 등으로 확대할 필요가 있다. 토지의 유효활용방식 또한 컨설팅 업무영역 중 하나로서 감정평가사는 다양한 개발방식에 대한 검토가 요구된다.

II 감정평가와 부동산컨설팅과의 비교

1. 유사점

(1) 접근방식 및 방법론상의 유사점

본래의 활동목적은 다르지만 접근하는 방향과 방법이 유사하다. 대상물건을 확정하고 지역·개별분석을 거쳐 제 자료를 수집하고 가격제원칙을 활용하여 분석하며, 평가방법을 적용해 그 가격을 구한다. 컨설팅도 목적에 따라 일부 차이는 있지만, 접근방법 및 과정은 대체로 유사하다.

(2) 실무적 공통점 및 부동산활동속성상의 유사점

양자 모두 권리분석이 요구되며 현장조사가 요구되는 임장활동이다. 또한 사적 주체면에서 사익성, 공적 주체면에서 공익성, 사회 전체면에서 윤리성이 요구된다. 전문성, 과학성, 기술성, 공간활동성 등에서 유사하다.

2. 차이점

(1) 개념상 차이

감정평가는 토지 등의 경제적 가치를 판정하여 그 결과를 가액으로 표시하는 것을 말한다. 부동산컨설팅은 컨설턴트가 부동산 의사결정자에게 부동산에 관련된 제반 문제에 대한 조언과 지도 및 자문을 제공하는 것을 말한다.

(2) 분석범위

감정평가는 주로 대상부동산과 관계하여 분석하는 미시적 분석이며, 컨설팅은 미시적일 수도 거시적일 수도 있다. 물론 감정평가상 분석도 시장상황 등과 일반적 요인 등을 고려해야 한다는 점에서 거시적인 면이 있으나 컨설팅은 보다 거시적이라 할 수 있다.

(3) 구하는 가격의 성격

감정평가상 구하는 가격은 통상적인 시장에서 충분한 기간 동안 거래를 위하여 공개된 후 그 대상물건의 내용에 정통한 당사자 사이에 신중하고 자발적인 거래가 있을 경우 성립될 가능성이 가장 높다고 인정되는 시장가치를 원칙으로 하며 주어진 시점의 객관적 가격이나, 컨설팅에서 구하는 가격은 투자가치이며 의뢰자의 주관적 가격으로서 확률개념 또는 범위의 개념으로 표현된다.

(4) 분석기법

감정평가는 지역분석을 거쳐, 주로 3방식을 중심으로 분석하고 객관적인 최유효이용을 분석하나, 컨설팅은 지역분석과 함께 입지분석을 기초로, NPV, IRR, DCF, 민감도 분석 등의 분석방법으로 의뢰자의 주관적 능력기준에 근거하여 분석한다.

(5) 세무적 관점

감정평가에는 세금의 고려가 없으나(DCF 제외), 컨설팅은 대상부동산의 매각 시 세금공제 후 손에 쥐게 되는 금액에 중점이 놓이는 등 세금이 중요한 판단기준이 된다.

(6) 조건의 검토

업무의 유일한 목적이 가치를 산정하는 것이나 특정한 조건이 부가된 상태인 경우 해당 조건의 합리성, 적법성 및 실현가능성이 인정되는 경우에는 감정평가서로 작성해야 한다. 그러나 조건의 합리성, 적법성이 결여되고 사실상 실현이 불가능하다고 판단되는 경우에는 감정평가를 진행할 수 없으므로 이때는 컨설팅 보고서의 작성이 가능하다.

III 결(컨설팅과 감정평가의 관계)

컨설팅의 주요 업무를 살펴보면 부동산의 유효활용, 부동산의 매입과 투자, 절세대책, 부동산의 매각, 기획, 권리의 조정, 중개 등을 들 수 있다. 이러한 업무에서 볼 수 있는 바와 같이 컨설팅의 기본토양은 감정평가가 제공하고 있는 것을 알 수 있다. 즉, 컨설팅이 부동산활동의 종합체라 할 때 감정평가는 그러한 기본토양이 되는 것이다.

구분	감정평가	컨설팅
정의	토지 등의 경제적 가치를 판정하여 그 결과를 가액으로 표시하는 것	컨설턴트가 부동산의 의사결정자에게 부동산에 관련된 제반 문제에 대한 조언과 지도 및 자문을 제공하는 것
분석범위	미시적	미시적 또는 거시적
구하는 가격	① 시장가치 ② 객관적 가격 ③ 주어진 시점의 가격(기준시점)	① 투자가치, 투자가격 ② 주관적 가격 ③ 확률개념 또는 범위의 개념
분석기법	① 3방식 ② 지역분석 ③ 객관적 최유효이용분석	① NPV, IRR, DCF, 회수기간법, 수익성지수법, 민감도 분석법 등 ② 최유효이용분석
세무적 관점	세금 고려 없음(DCF 제외)	세금 고려 있음
조건의 검토	합리성과 적법성 및 실현가능성 충족	합리성과 적법성 및 실현가능성 충족을 못하더라도 가능

Chapter 02 부동산학의 기초

01절 부동산의 특성과 파생현상[1] ▶기출 1회, 9회

Ⅰ. 서
Ⅱ. 부동산의 특성 및 파생현상
  1. 부동산의 특성
  2. 자연적 특성
    (1) 고정성
    (2) 부증성
    (3) 영속성
    (4) 개별성
  3. 인문적 특성
    (1) 용도의 다양성
    (2) 병합·분할의 가능성
    (3) 사회적·경제적·행정적 위치의 가변성
Ⅲ. 결

Ⅰ 서

감정평가는 토지 등의 경제적 가치를 판정하여 그 결과를 가액으로 표시하는 것을 말하는데, 이러한 감정평가를 이해하기 위해서는 먼저 감정평가의 대상이 되는 '토지 등'에 대한 이해가 선행되어야 한다. 여기서 '토지등'이란 토지로 대표되는 부동산 외에 동산 등을 의미하며, 심지어는 살아있는 생물체까지도 경제적 가치가 존재하는 한 그 대상이 될 수 있다. 그러나 감정평가사의 가장 중요하고 일반적인 업무는 부동산의 가치를 평가하는 것이므로 그 범위를 부동산으로 한정하여 살펴본다.

Ⅱ 부동산의 특성 및 파생현상

1. 부동산의 특성

부동산의 특성에는 자연적 특성과 인문적 특성이 있는데, 자연적 특성은 부동산 고유의 특성으로서 고정적·경직적이고, 인문적 특성은 부동산과 인간과의 관계에서 형성되는 특징으로 자연적 특성을 완화시켜 주는 역할을 하며 가변적·신축적이다.

---

[1] (특강) 부동산의 특성과 파생적 특징(노용호, 건대특강)

2. 자연적 특성

(1) 고정성(부동성, 비이동성)

1) 의의

토지의 위치는 인간의 힘으로 이동시킬 수 없다는 성격을 말한다. 이는 토지의 가장 큰 특징이며, 모든 부동산활동은 고정성을 전제로 전개된다. 이와 같이 부동산의 위치가 고정됨으로써 부동산의 주변에서 일어나는 환경조건들이 부동산의 가치에 항상 영향을 주게 되는데, 이를 외부효과라 한다.

2) 파생현상(동지 추정 부경위)

① 부동산과 동산의 구별기준이 되고, 부동산권리의 공시방법이 동산과 다르게 되는 이론적 근거가 된다.
② 부동산활동 및 현상을 국지화하여, 지역분석의 필요성이 요구된다. 지역마다 거래관행, 임대료, 기대이율 등이 다른 것은 이러한 특성 때문이다.
③ 부동산시장을 추상적 시장으로 만들어 균형가격의 성립을 방해하며, 정보에 의한 거래가 요구된다.
④ 부동산활동을 임장활동, 정보활동으로 만든다.
⑤ 부동산은 지역적으로 세분화되어 부분시장으로 존재하고, 부동산가격을 위치가격으로 만들게 된다.
⑥ 부동산을 인근지역의 환경에 적합하게 이용하여야 하며, 그렇지 못할 경우 경제적 감가의 근거가 된다.

(2) 부증성(= 비생산성, 불확장성, 면적의 유한성, 수량고정성)

1) 의의

토지는 생산비나 노동량을 투입하여도 물리적인 그 절대량을 임의로 증가시킬 수 없다는 특성이다. 택지조성이나 수면매립을 통해 토지의 양을 다소 증가시킬 수 있으나, 이는 토지의 물리적 증가라기보다는 토지이용의 전환 내지 유용성의 증가라는 측면에서 파악해야 한다.

2) 파생현상(부문 공수 최원)

① 토지부족문제의 근원이 되어 지가상승의 원인이 된다. 또한 감정평가제도와 공시지가제도가 마련되는 근거가 된다.
② 공급이 제한되어 토지의 물리적 공급곡선이 수직이 되므로, 수요·공급에 의한 균형가격이 형성되지 않게 한다. 따라서 감정평가의 필요성이 제기된다.

③ 토지의 공급제한으로 인해 공급자경쟁보다 수요자경쟁을 야기하며, 항상 부동산활동에 있어 최유효이용의 원칙에 근거가 된다.
④ 토지의 생산비 법칙이 적용되지 않게 하여, 원칙적으로 원가법에 의한 평가가 어렵다.

(3) 영속성(= 내구성, 불변성, 비소모성, 불괴성)

1) 의의

물리적 측면에서 보아 사용이나 시간의 경과 등에 의해서 소모와 마멸이 되지 않는다는 특성이다. 경제적 유용성의 측면에서는 변화할 수 있으므로 양면성을 가지고 있다.

2) 파생현상(영감투수장)

① 토지에 감가상각의 적용을 배제시켜, 토지에 원가법을 적용할 수 없는 근거가 된다.
② 토지의 가치보존력을 우수하게 하고, 소유이익과 이용이익을 분리가능하게 하며, 투기 및 투자심리를 유발한다.
③ 토지의 수익 등의 유용성을 영속적으로 만들고, 수익환원법으로 평가할 수 있는 근거가 된다.
④ 부동산활동을 장기적으로 고려하게 한다. 부동산활동은 다른 일반활동에 비해 상대적으로 많은 시간이 요구된다.
⑤ 투하자본회수에 어려움이 있지만 투자대상으로서의 안전성이 높다.
⑥ 영속성으로 인한 부동산 문제의 비가역성으로 인하여 최유효이용이 필연적으로 요구된다.

(4) 개별성(비대체성, 비동질성, 이질성)

1) 의의

개별성이란 물리적으로 완전히 동일한 토지는 없다는 것이다. 이는 고정성에서 연유된 특징으로, 물리적으로는 비대체적이나 이용 측면에서는 대체가 가능하다.

2) 파생현상(개표일이)

① 개개의 부동산을 구별하고 그 가격이나 수익 등을 개별화, 구체화시키므로 개별분석의 필요성을 제기한다.
② 부동산활동이나 현상을 개별화시키며, 표본추출 및 부동산의 비교를 어렵게 한다.
③ 토지의 가격이나 수익이 개별로 형성되어 일물일가의 법칙이 적용되지 않는다.
④ 부동산학에 있어서 원리나 이론의 도출을 어렵게 한다.

3. 인문적 특성

(1) 용도의 다양성

1) 의의

토지는 여러 가지 용도에 제공될 수 있다는 특성이다. 1차·2차·3차산업 용지, 공공용지, 주거용지, 상업용지 등으로 쓰이며, 같은 용도에 쓰이는 경우라도 그 규모와 이용방법이 항상 동일하지는 않다. 용도의 다양성은 부동산의 자연적 특성인 부증성, 개별성을 완화한다.

2) 파생현상(용우최적다)

① 토지이용의 우선순위에 대한 중요성이 요구된다.
② 적정성을 판정하는 기준을 최유효이용의 원칙에 둠으로써 부동산의 오용을 방지할 수 있다.
③ 적지론의 근거가 된다.
④ 가격다원설의 논리적 근거를 제공한다.
⑤ 부동산 용도전환을 통해 토지의 경제적 공급을 가능케 한다.

3) 용도 간의 경합·전환·병존 가능성

토지는 주택지, 상업지, 공업지, 농지, 목장 및 임야 등 여러 가지의 용도로 이용할 수가 있다. 이와 같이 토지는 일반재화와 달리 그 이용성이 다양하기 때문에 동일한 토지 위에 수 개의 용도가 경합하는 경우가 많을 뿐만 아니라, 다른 용도로서의 전환도 가능하므로 최대수익을 창출할 수 있는 용도로 최유효이용을 모색하게 된다.

예로서 도시근교에 위치한 농지나 임야를 택지로 용도변경함으로써 가치를 높일 수 있다. 또한 주상복합 건물의 경우 1층은 상점으로, 2층 이상은 주거용 등 복합적으로 이용하여 용도의 병합도 가능한 것이다.

4) 자연적 특성과의 관계

① 토지의 부증성으로 절대적인 공급이 제한되어 있으나 용도의 다양성으로 인해 상대적인 공급이 가능해진다. 즉 부증성에 의한 절대적 희소성이 상대적 희소성으로 변하게 되는 것이다.
② 개별성으로 인해 토지는 비대체성을 띠게 되나 용도의 다양성으로 용도적 측면에서는 대체가 가능하게 된다.

(2) 병합·분할의 가능성

1) 의의
토지는 이용목적에 따라 그 면적을 인위적으로 분할·병합하여 사용할 수 있다는 특성이 있으며, 토지의 효과적인 분할, 병합과 최유효이용은 불가분의 관계에 있다. 물리적 분할은 토지크기의 분할, 권리 측면에서의 분할은 소유권과 소유권 이외의 권리로의 분할을, 기간의 분할은 전 기간의 대가인 가격과 용익기간의 대가인 임대료로의 분할을 뜻한다.

2) 파생현상(병규 한용기)
① 용도의 다양성을 지원하는 기능을 갖게 한다.
② 고정성과 함께 작용하여 한정가격이 존재하게 한다.
③ 균형의 원칙, 적합의 원칙, 기여의 원칙 등 지원을 가능케 한다.
④ 규모의 경제 개념의 적용이 가능하고, 합병증감가 또는 분할증감가를 발생케 한다.

(3) 사회적·경제적·행정적 위치의 가변성

1) 의의
부동산의 인문적 환경으로서 사회적·경제적·행정적 위치가 시간이 흐름에 따라 변한다는 특성이다. 즉 인문적인 측면에서 토지는 결코 부동·불변이 아니라는 것으로 이러한 가변성이 부동산가격에 큰 영향을 미치는 것이다.

2) 내용

① **사회적 위치의 가변성**
주거환경의 악화, 슬럼화, 공장의 전입, 공공시설의 이전 등으로 인한 사회적 환경의 악화 또는 개선 등 지역요인이 변화하는 것과 인구상태 등으로 인하여 부동산의 수요가 변화하는 것 등을 의미한다.

② **경제적 위치의 가변성**
도로, 철도, 전철, 항만, 역 등의 신설·이전·축소·확장 등으로 인한 시가지의 변화·발전·쇠퇴 등을 들 수 있고, 경제성장, 소득증대, 경기순환 등으로 인한 부동산의 수요 및 유용성의 변화 등을 들 수 있다.

③ **행정적 위치의 가변성**(행정의 지배성, 피행정성, 수행정성)
부동산에 대한 정부의 정책과 행정 등의 변동으로 부동산활동이나 가격이 직접, 간접으로 영향을 받음으로써 부동산의 위치가 변화하는 것을 말한다. 행정적 요인으로는 토지제도, 토지이용활동의 규제상태, 토지세제상태, 토지 및 건축물의 구조, 방화 등에 관한 규제상태 등이 있다.

3) 파생현상(사장예시)
① 장기적 배려가 요구되며, 예측과 변동 원칙의 성립근거가 된다.
② 감정평가 시 기준시점의 확정과 시점수정의 필연성이 제기된다.

III 결

부동산은 그 특성으로 말미암아 일반재화와 달리 시장·가격·평가방식 등에서의 미치는 작용이 특이하므로, 평가사는 가격을 산출함에 있어 상기의 특징을 숙지하여 적절한 평가방식을 적용하여야 보다 정치한 가격이 산출될 것이다. 또한 감정평가의 결과는 그 사회성, 공공성이 큰바, 보다 전문적인 부동산지식과 가격형성원리의 이해와 습득 및 평가 시의 윤리에 힘써야 할 것이다.

02절 기타 부동산의 특성

Ⅰ. 부동산의 경제적 특성
  1. 의의
  2. 희소성
    (1) 의의
    (2) 희소성 문제의 해결 및 개선책
  3. 개량물(Improvements)의 토지효용가변성
    (1) 의의
    (2) Improvements의 유형 및 토지와의 관계
    (3) 토지가격과 Improvements on land
    (4) 평가 시 유의사항
  4. 투자의 고정성
  5. 위치의 선호성
  6. 고가성
  7. 내구성
Ⅱ. 건물의 특성
  1. 개요
  2. 비영속성
  3. 생산가능성
  4. 비개별성
  5. 이동가능성
  6. 토지에의 종속성
Ⅲ. 부동산의 인접성 및 지역성
  1. 인접성의 의의
  2. 부동산의 지역성
    (1) 지역성의 의의
    (2) 지역특성
    (3) 지역의 변화
    (4) 지역분석과의 관계
      1) 지역분석의 의의 및 필요성
      2) 지역성과의 관계
Ⅳ. 접근성에 따라 이루어지는 부동산의 가치변화
  1. 접근성의 의의
  2. 접근성에 따라 이루어지는 부동산의 가치변화

Ⅰ 부동산의 경제적 특성(소림투위고내)

1. 의의

부동산도 일반재화와 마찬가지로 경제재의 하나로 볼 수 있는 특수한 재화이므로 경제적 측면의 특성을 가진다. 부동산의 경제적 특성이란 ① 부동산의 자연적·인문적 특성 중 경제적 측면을 강조할 때 제기되는 특성으로 ② 새로운 토지자원의 가용화, 집약적 이용, 유효수요의 조정을 통해 경제적 특성을 다소 완화시킬 수 있다.

2. 희소성

(1) **의의**

토지의 희소성은 토지의 자연적 특성인 부증성 등으로 인한 토지공급의 비탄력성에 기인하며, 특히 토지이용의 관점에서 희소성의 문제는 토지에 대한 인간의 수요량과 그 이용능력의 상태에 따라 발생되고 변화한다.

(2) 희소성 문제의 해결 및 개선책

토지의 희소성 문제의 해결 및 개선책으로는 토지 가용자원의 신규개발(토지개발, 신도시 건설 등), 토지 가용자원의 집약적 이용, 도시 토지의 고도이용을 통한 유효수요의 흡수, 유효수요의 감소조정, 인구억제 및 분산시책 등을 들 수 있다.

3. 개량물(Improvements)의 토지효용가변성

(1) 의의

① Improvements란 토지에 정착 또는 부착하여 토지의 효용을 증가시키는 건축물, 구조물, 관개시설 등을 말한다. ② 토지는 지리적 위치의 고정성 및 인접성으로 인해 인근지역의 사회적·경제적·행정적 요인을 받음과 동시에 해당 토지를 둘러싸고 있는 Improvements의 제반 영향을 크게 받게 된다. ③ 공공시설의 정비 또는 설치로 토지의 효용성이 증가되는 반면 혐오시설 등의 설치로 인하여 감소하는 것이 그 예이다.

(2) Improvements의 유형 및 토지와의 관계

1) Improvements on land(토지상의 부가물)

토지와 별개의 부가물로서 다리, 구축물, 건물 등이 이에 속하며 이들은 토지와 별개로 평가의 대상이 된다.

2) Improvements to land(토지에의 부가물)

그 가치가 토지에 화체되어 독립한 평가의 대상이 되지 아니하는 부가물로서 도로, 배수로, 상하수도 등이 이에 속한다.

(3) 토지가격과 Improvements on land

토지효용을 변화시키는 개량물은 토지에 정착되거나 토지에 연결 또는 설치되어 토지의 효용과 가치를 변화시키는 것을 의미한다. 토지는 환경성과 자기완결성이 부족하므로 개량물과 결합 또는 개량물이 가미되어 그 효용이 발휘되고 변화한다.

(4) 평가 시 유의사항

개량물은 토지와 적절한 균형을 이룰 때 그 효용이 증대되며 그렇지 않은 경우에는 건부감가의 원인이 되기도 하므로 부지와 개량물 간의 균형 및 조화에 유의하여 경제적 특성을 이해하여야 한다.

4. 투자의 고정성

(1) 의의

투자의 고정성이란 부동산에 대한 투하자본의 회수나 수익의 발생이 장기에 걸쳐 이루어진다는 특성을 말한다. 그러나 최근 리츠 등 부동산의 유동화 및 증권화 수단의 발달에 따라 소규모 자본의 부동산 시장진입이 활성화되고 투자의 고정성이 다소 완화되는 경향도 있다.

(2) 특징

1) 투하자본회수의 장기성

토지의 자연적 특성인 영속성으로 인하여 물리적으로 영속한 토지를 최유효이용 상태로 경제적 위치를 가변시키는 데는 장기적 시간과 비용이 소요되고, 또한 투하자본회수기간이 장기적이다.

2) 토지이용규제 등에 대한 적응의 곤란성

토지는 그 투자의 고정성으로 인하여 행정적 요인 등에 의한 토지이용규제에 대하여 능동적이고 기동성이 있는 적응이 어렵다.

5. 위치의 선호성

(1) 의의

사람들이 일정한 토지의 위치나 장소가 경제적으로 유리하게 작용하기 때문에 특정 위치를 선호하는 현상을 말한다.

(2) 요인

용도를 중심으로 살펴보면 주거지의 쾌적성, 상업지의 수익성, 공업용지의 생산비 절약 등이 위치를 결정하는 요인이라 할 것이다.

(3) 위치선호의 가변성

인간이 필요로 하는 토지의 위치 또는 지역의 선호도는 시간의 경과에 따라 변화하는 가변성을 가지고 있다. 교통체계 및 수단의 발달로 인하여 시내 주택지보다는 교외 전원주택을 선호하는 인구가 증대되는 사례 등을 들 수 있다.

6. 고가성

(1) 일반적으로 고가품일수록 참여자의 시장진입과 탈퇴가 자유롭지 못하다. 부동산은 고가품이기 때문에, 수요자와 공급자가 상대적으로 제한된다.

(2) 부동산시장에 수요자로 참여할 의사가 있더라도, 고가의 부동산을 살 수 있는 유효수요를 갖추지 못한 경우에는 시장에 진입할 수 없다. 유효수요란 살 의사와 지불능력을 구비한 수요를 지칭한다.

7. 내구성

내구성이란, 부동산은 장기간에 걸쳐 효용을 제공한다는 특성이다. 이는 물리적 특성 중 영속성과 같은 개념이다. 다만 여기서는 특히 경제적 투자재로서 그 효익이 장기적으로 지속되는 특성을 강조한다. 따라서 생산자 입장에서 볼 때 부동산이란 투하자본 회수기간이 길다는 것을 의미하며, 소비자 입장에서는 내구재의 소비행위에 맞추어 장기금융이 필요함을 의미한다. 한편 감정평가에서 볼 때 부동산의 가치는 장래 기대되는 수익이나 효용을 현재가치로 환원한 값이 된다는 예측의 원칙이 그 근거가 되는 특성이다.

III 건물의 특성[2]

1. 개요(종이개영생)

건물은 토지와 달라서 인위적인 성격이 가미되기 때문에 생산이 가능하고, 내용연수를 가진 내구소비재로서 다음과 같은 특성을 가진다.

2. 비영속성

건물은 토지와는 달리 인위적인 축조물이기 때문에 재생산이 가능한 내구소비재이며 내용연수를 가진 비영속적인 특성을 가지고 있다. 건물은 개수나 보수 등으로 어느 정도 수명을 연장할 수 있다.

3. 생산가능성

일정한 설계에 따라 다량의 아파트나 연립주택 및 빌딩 등을 건축할 수 있고, 개축이나 증축 등으로 그 규모를 증가시킬 수 있기 때문에 건축에 의한 생산가능성이라는 특성을 지니고 있다.

---

[2] 이원준, 부동산학원론, 박영사, 2002 / 정영철 외, 감정평가론, 부연사, 2000

4. 비개별성(동질가능성)

건물은 인위적인 축조물이기 때문에 동일한 형이나 구조 및 규격의 건물을 생산할 수 있으므로 동질성의 특성을 가진다.

5. 이동가능성

아파트나 주택, 빌딩 등 건물은 원칙적으로 부동성에 해당된다고 볼 수 있으나 최근 이동가능한 콘세트(퀀셋)나 모빌하우스 등의 등장과 이축기술의 발달로 비이동성의 특성이 있다고 주장할 수 없게 되었다.

6. 토지에의 종속성(토지의 개별적 요인의 지배성)

건물은 토지 위에 정착하여 축조되는 것이기 때문에 그 정착된 토지를 개별적으로 지배하는 특성, 즉 토지의 개별적 요인의 지배성을 가지고 있다. 예컨대 토지 위에 어떤 건물이 들어서 있는가에 따라 토지의 효용이나 가치가 결정되기도 한다. 또한 건물은 토지 위에 정착하여 축조되는 것이기 때문에 그 정착된 토지의 지배를 받기도 한다. 지역지구제의 실시 등이 대표적인 예이다. 따라서 건물은 토지를 지배하기도 하고 토지의 지배를 받기도 하는 특성을 지닌다고 할 수 있다.

Ⅲ 부동산의 인접성 및 지역성

1. 인접성의 의의

토지는 지표의 일부로서 물리적으로 다른 토지와 인접하고 있다는 특성을 말한다. 이러한 인접성으로 인해 특정 토지의 이용과 개발은 인접토지에 영향을 미치게 되어 외부효과(외부경제 혹은 외부불경제)를 발생시킨다. 인접성을 연접성 혹은 연결성이라고도 한다.

2. 부동산의 지역성

(1) 지역성의 의의

부동산은 그 자연적·인문적 조건의 전부 또는 일부를 공유함으로써 다른 부동산과 함께 어떤 지역을 구성하고 또 이에 속하고 있다. 따라서 부동산은 그가 속한 지역의 구성분자로서 그 지역과 의존·보완관계 및 그 지역 내 타 부동산과 협동·대체·경쟁 등의 상호관계를 통하여 그 사회적·경제적·행정적 위치가 결정된다는 것이 부동산의 지역성이다.

(2) 지역특성

부동산은 이러한 지역성에 따라 해당 지역 내 부동산들은 상호 유사한 이용 패턴을 보일 뿐만 아니라 가격 수준도 일정한 범위 내에서 같이 움직이는 동조화 현상을 보이게 되면서 다른 지역과 구분되게 된다.

이러한 지역특성은 지역성이 가치형성요인 중 일반요인의 지역편향성과 시장지역의 여러 가지 자연적 조건이 결합함으로써 나타나게 된다.

(3) 지역의 변화

부동산이 속하는 지역의 사회적·경제적·행정적 위치는 항상 확대·축소·집중·확산·발전·쇠퇴 등의 변화의 과정에 있다. 이에 따라 부동산의 가격도 항상 변화의 과정에 놓이게 되며, 따라서 부동산의 지역성과 부동산가격은 중요한 연관성을 가진다.

(4) 지역분석과의 관계

1) 지역분석의 의의 및 필요성

지역분석이란 대상부동산의 가격형성에 전반적인 영향을 미치는 지역요인을 분석하여 해당 지역의 표준적 사용과 장래동향을 명확히 함으로써 최유효이용의 판정방향을 제시하는 것으로 지역의 평균적 가격수준을 판정하는 작업이다. 부동산의 지역성, 가치형성요인 중 일반적 요인의 지역지향성, 지역의 가변성, 최유효이용의 표준적 사용에 의한 피결정성 등에 의해 지역분석이 요청된다.

2) 지역성과의 관계

부동산의 지역성에 의해 해당 지역의 지역특성을 형성하고, 이 지역특성은 지역 내 부동산 가격수준에 영향을 미치고 이는 표준적 사용의 상태로 표출되는바, 부동산의 지역성은 지역분석의 중요성이 강조되는 근거가 된다. 즉 지역성은 지역특성을 유발하고 이에 지역적 차원의 표준적 사용과 가격수준이 형성되는바, 이를 분석하기 위한 지역분석 작업이 필요하게 된다.

Ⅳ 접근성에 따라 이루어지는 부동산의 가치변화

1. 접근성의 의의

대상부동산이 위치하는 장소에서 다른 장소에 도달하는 데 소요되는 시간, 경비, 노력 등으로 측정되는 상대적 비용이다.

2. 접근성에 따라 이루어지는 부동산의 가치변화

1) 접근대상에 따른 부동산의 가치변화

부동산의 가치는 무엇과 접근되어 있느냐에 따라서 그 높낮이가 결정된다. 즉, 접근대상에 따라 증가 혹은 감가요인으로 작용하기도 하며 증가, 감가요인이 동시에 작용하기도 한다. 예를 들어 주거용 부동산이 공원, 편의점 등과 접근성이 좋으면 가치가 상승하는 요인이 되지만 폐기물처리장 등과 접근성이 좋으면 가치가 하락한다.

2) 접근 정도 및 실거리에 따른 부동산의 가치변화

대상물이 인간생활을 위해 필요한 경우라 하더라도 그 접근성이 지나치면 오히려 불리한 경우가 많다. 또한 보통 거리가 가까우면 접근성도 좋으나 반드시 접근성의 판단이 거리와 비례함수관계에 있는 것은 아니다. 예를 들어 주차문제, 일방통행문제 등으로 거리가 가까워도 접근성이 나빠지는 경우가 있다.

3) 용도에 따른 부동산의 가치변화

부동산의 용도에 따라 접근성의 중요성과 평가기준이 달라진다. 흡인력이 강하거나 독점력이 강한 시설은 접근성이 크게 중시되지는 않으나, 소매상은 그 반대로 접근성이 중시된다.

03절 부동산의 종별과 유형[3] ▶기출 17회

Ⅰ. 서
Ⅱ. 부동산의 종별 및 유형
  1. 의의
  2. 부동산의 종별
    (1) 지역종별
    (2) 토지종별
    (3) 유의사항
  3. 부동산의 유형
    (1) 택지
    (2) 건물 및 그 부지
    (3) 유의사항
  4. 양자의 관계
    (1) 절차상 선후관계
    (2) 유형의 종별에의 피결정성
  5. 부동산의 종류와 경제적 가치
    (1) 내용
    (2) 유의사항

Ⅲ. 감정평가와의 관계
  1. 부동산 가격제원칙
  2. 지역 및 개별요인의 분석
    (1) 지역분석
      1) 지역분석의 의의
      2) 부동산의 종별과 지역분석
    (2) 개별분석
      1) 개별분석의 의의
      2) 부동산의 유형과 개별분석
  3. 감정평가 3방식과의 관계
    (1) 비교방식
    (2) 원가방식
    (3) 수익방식
  4. 시산가액의 조정
Ⅳ. 결

구분	대분류		소분류
종별	지역종별	택지지역	주택지역, 상업지역, 공업지역, 이행지역
		농지지역	전지지역, 답지지역, 과수원지역, 이행지지역
		임지지역	
		후보지지역(예정지지역)	택지후보지지역, 농지후보지지역
	토지종별	택지	주택지, 상업지, 공업지, 이행지
		농지	전지, 답지, 과수원지, 이행지
		임지	
		후보지(예정지)	택지후보지, 농지후보지
유형	택지		나지, 건부지, 구분지상권이 설정된 토지
	건물 및 그 부지		자용의 건물 및 그 부지, 임차권이 설정된 건물 및 그 부지, 구분소유건물 및 그 부지

---

3) 노용호, 아카데미 부동산 감정평가론, 부연사, 2021

I 서

부동산의 종별과 유형은 일본의 『부동산 감정평가기준』에서 규정하고 있는 부동산의 분류인데, 종별과 유형을 합하여 종류라고 하기도 한다. 이러한 분류기준을 알아야 하는 이유는 사실 우리나라의 법과 제도가 일본의 영향을 받아 규정된 내용들이 많기 때문인데, 감정평가분야도 예외가 아니기 때문이다. 한편, 부동산의 종별과 유형은 경제적 가치의 본질을 이해하는데 중요한 개념이라는 측면에서도 의미가 있다.

II 부동산의 종별 및 유형

1. 의의

① 부동산의 종별이란 부동산의 용도에 따라 구분되는 부동산의 분류를 말하며, 기본적으로 지역적 관점에서 용도적 지역의 종별을 판단하게 된다.

> ● 『용도적 지역』
> 용도적 지역이란 해당 용도로 이용하는 것이 자연적 및 인문적 제 조건하에서 합리적이라고 판단되는 지역을 말한다. 즉, 단순히 도시·군관리계획상 지정된 용도지역이나 공부상 지목 및 현실의 이용상황에 따라 결정되는 것이 아니라, 평가주체가 자연적·사회적·경제적·행정적 관점에서 합리적으로 판단해서 결정하는 지역을 말한다.
> 용도적 지역은 우리나라 평가실무에서 사용하고 있는 용도지대와 유사한 의미를 지니고 있다. 『표준지 선정 및 관리 지침』 제2조 제5호에 의하면 용도지대는 토지의 실제용도에 따른 구분으로서 『국토의 계획 및 이용에 관한 법률』상의 용도지역에도 불구하고 토지의 지역적 특성이 동일하거나 유사한 지역의 일단을 말하며, 상업지대·주택지대·공업지대·농경지대 등으로 구분한다.

② 유형이란 그 유형적 이용 및 권리관계의 태양에 따라 구분되는 부동산의 분류를 말한다.

2. 부동산의 종별

(1) 지역종별

① 지역의 종별은 지역의 용도에 따른 분류로서 택지지역, 농지지역, 임지지역 등으로 대분류할 수 있다.
② 택지지역이란 자연적, 사회적, 경제적 및 행정적 관점에서 주거활동, 상업활동, 공업생산활동 등으로 이용되는 건물, 구축물 등의 부지로 이용되는 것이 합리적이라 판단되는 지역을 말하며, 주거지역, 상업지역, 공업지역 등으로 구분된다. 또한 주거지역, 상업지역, 공업지역 등은 그 규모, 구성내용 및 기능 등에 따라 세분할 수 있다.

③ 자연적, 사회적, 경제적 및 행정적 관점에서 농지지역은 농업생산활동 중에서 경작용으로 이용되는 것이 합리적이라 판단되는 지역으로 전지지역, 답지지역 등으로 세분되며, 임지지역은 임업생산활동 중에서 죽목 또는 특용 임산물의 생육에 이용되는 것이 합리적이라 판단되는 지역이다.
④ 지역종별 대분류 상호 간 어떤 지역에서 다른 지역으로 전환되어 가는 지역을 후보지역(예정지지역)이라 하고, 소분류 상호 간 어떤 지역에서 다른 지역으로 전환되어가는 지역을 이행지지역이라 한다.

(2) 토지종별

① 지역종별에 의해 분류되는 토지의 구분으로서 반드시 그 토지의 현실이용방법과 일치하는 것은 아니다. 토지의 종별은 택지, 농지, 임지, 후보지, 이행지 등으로 대분류된다.
② 택지는 주거지, 상업지, 공업지로, 농지는 답지 및 전지로 세분될 수 있다. 후보지란 택지지역, 농지지역, 임지지역 등의 상호 간에, 어떤 종별의 지역에서 타 종별지역으로 전환하고 있는 지역 안에 있는 토지를 말하며, 택지후보지, 농지후보지 등으로 나뉜다. 이행지란 택지지역, 농지지역 안에서 세분된 어떤 종별의 지역이 다른 종별의 지역으로 이행하고 있는 지역 안에 있는 토지를 말한다.

> **● 일시적인 이용상황이란**
> 관련 법령에 따라 국가나 지방자치단체의 계획이나 명령 등으로 부동산을 본래의 용도로 이용하는 것이 일시적으로 금지되거나 제한되어 다른 용도로 이용하고 있거나 부동산의 주위 환경 등으로 보아 현재의 이용이 임시적인 것으로 인정되는 이용을 말한다.

(3) 유의사항

① 현실의 토지이용상황에 좌우되지 않는다. 예를 들어, 저층주택의 부지이나 인근지역의 표준적 사용이 소매점포인 경우에는 상업지역으로 판정한다. 즉, 이용당사자의 주관적 사용방법에 좌우되지 않는다.
② 공적장부상의 지목에 좌우되지 않는다. 예컨대 택지지역 내의 택지도 지목이 '전'으로 남아있는 경우가 있으므로 지목에 따라 단순히 농지라고 판단할 수는 없다.
③ 도시관리계획상 지정된 용도지역 등에 좌우되지 않는다. 용도지역이 주거지역인 토지도 소매점포 등이 위치한 길가의 토지는 상업지역이 되는 등 실체에 맞게 판단해야 한다.
④ 감정평가주체가 사회적·경제적·행정적 관점에서 합리적으로 판단하여 정한다. 예를 들어, 현실의 토지이용상황은 '전'인 지역이지만 시가화예정구역이며 각종 편리성이 양호한 지역은 택지예상지역으로 판정된다.

> ● 『해설 부동산 감정평가기준』
> 토지 종별은 그 토지에 속하는 용도적 지역의 종별에 기초하여 판정되며, 반드시 그 토지의 현실 이용방법과 일치하지 않는 점에 주의해야 한다. 예로, 현재 경작하고 있는 토지(이른바 현황 경지)라 하더라도 그 토지에 속하는 용도적 지역의 종별이 택지지역인 경우에는 감정평가 상 그 토지는 택지로 판정되어 택지로서 표준적 이용을 기초로 가격형성요인을 분석한다.

3. 부동산의 유형

(1) 택지[4]

① 택지의 유형은 그 유형적 이용 및 권리관계의 태양에 따라 나지, 건부지, 구분지상권이 설정된 토지 등으로 구분된다.
② 나지란 토지상에 정착물이 없고, 사용·수익을 제한하는 사권의 제한이 없는 토지를 말한다.
③ 건부지란 건물의 부지로 이용되고 있는 토지로서 건물과 토지의 소유자가 동일하고 소유자가 직접 사용하며 사용·수익을 제한하는 사권의 제한이 없는 토지를 말한다.
④ 구분지상권이 설정된 토지란 공작물을 소유하기 위하여 지하 또는 공중공간의 상하의 범위를 정하여 설정된 부지를 말한다.
⑤ 구분소유권이 설정된 토지란 당해 토지에 구분소유건물이 소재하고 있고 대지소유권이 설정되어 있어 소유권이 존속하고 있는 기간 동안 사용·수익이 제한되어 있는 토지를 말한다.

(2) 건물 및 그 부지

① 건물 및 그 부지의 유형은 그 유형적 이용 및 권리관계의 태양에 따라 자용의 건물 및 그 부지, 임차권이 설정된 건물 및 그 부지, 구분소유건물 및 그 부지 등으로 구분된다.
② 자용의 건물 및 그 부지란 건물소유자와 그 부지의 소유자가 동일인이며 그 소유자에 의한 사용, 수익을 제약하는 권리가 부착되어 있지 않은 경우의 건물 및 그 부지를 말한다.
③ 임차권이 설정된 건물 및 그 부지란 건물소유자와 그 부지의 소유자가 동일인이나 건물이 임대차에 제공되고 있어 소유자의 사용·수익에 제한을 받는 상태대로의 건물 및 그 부지를 말한다.
④ 지상권이 설정된 건물 및 그 부지한 건물소유자와 그 부지의 소유자가 상이하며, 건물소유자는 건물의 존속을 위하여 당해 토지에 지상권을 설정하고 있을 때의 건물 및 그 부지

---

[4] 택지는 토지만의 단독부동산으로, 건물 및 그 부지는 토지 및 건물로 이루어진 복합부동산으로 접근한다면 쉽게 이해할 수 있다.

⑤ 구분소유건물 및 그 부지란 '집합건물의 소유 및 관리에 관한 법률'에 의하여 전유부분, 공용부분, 대지사용권 등이 불가분일체가 되어 거래·관리되고 있는 건물 및 그 부지를 말한다.

(3) 유의사항

부동산이 토지 및 건물의 결합으로 구성되어 있는 경우에는 그 상태를 주어진 것으로 감정평가하는 것이 보통이다. 그러나 부지상에 해당 부지의 최유효이용에 합치하지 않는 건물이 있기 때문에, 부지의 최유효이용이 건물에 의해 제약되고 있는 경우에는 건물의 용도를 전환하거나 또는 건물의 구조 등을 개조하여 사용하는 것이 최유효이용의 관점에서 보아 타당하다고 인정되는 경우가 있음에 유의해야 한다. 또, 최유효이용 관점에서 보아 건물을 철거하는 것이 타당하다고 인정되는 경우도 있음에 주의해야 한다.

4. 양자의 관계

(1) 절차상 선후관계

부동산의 종별의 판단은 지역분석적 의미를 갖고, 유형의 판단은 개별분석적 의미를 갖는다고 볼 수 있다. 따라서 대상부동산의 평가에 있어서는 종별의 판단이 유형의 판단에 앞선다고 할 수 있다.

(2) 유형의 종별에의 피결정성

부동산은 지리적 위치의 고정성이라는 자연적 특성이 있고 이의 파생적 특성인 지역성이 있다. 이로 인하여 유형은 종별에의 피결정성의 관계가 일반적으로 존재하게 되는 것이다.

5. 부동산의 종류와 경제적 가치

(1) 내용

부동산의 종별과 유형은 부동산의 경제적 가치를 본질적으로 결정하게 된다. 왜냐하면 부동산의 경제적 가치의 본질은 장래 기대되는 편익의 현재가치인데 편익은 부동산을 이용함에 따른 효용(유용성)에서 발생하는 것으로 이러한 효용(유용성)은 근본적으로 부동산의 종별과 유형에 따라 결정되기 때문이다. 즉, 택지는 주거용 토지, 상업용 토지, 공업용 토지로서 각각 쾌적성, 수익성, 비용성에 따라 그 용도에 상응하는 가치가 형성되는 것이다.

(2) 유의사항

부동산의 종별에 따라서는 가치의 대체적 수준인 가격수준 혹은 범위만 결정될 뿐임에 유의해야 한다.

부동산의 구체적인 가치는 유형적 측면에 따라 결정된다. 개별부동산의 이용 형태는 무엇이고, 권리관계가 어떻게 이루어졌는지에 따라 효용(유용성)의 크기가 영향을 받고 이를 기반으로 부동산의 가치가 최종적으로 결정된다.

예를 들어, 자용의 건물 및 그 부지는 소유자가 직접 자신의 부동산을 이용하고 소유자의 사용·수익을 제한하는 권리가 부착되어 있지 않은 상태로서 토지의 다양한 용도 중에서 최유효이용으로 이용할 가능성이 높으므로 이를 전제로 한 완전소유권의 가치를 누릴 수 있다. 반면, 대가 및 그 부지의 경우에는 건물이 제3자에게 제공되어 이용되고 있는 상태로서 여러 가지 계약내용 및 조건에 따라 토지의 이용이 제약받게 되고 이에 따라 소유자의 입장에서 바라본 부동산의 가치는 이러한 제약하에 임대권의 가치를 갖게 되는 것이다.

III 감정평가와의 관계

1. 부동산 가격제원칙

부동산 종별은 용도적 측면에서의 판단이므로 부동산의 유용성을 최고로 발휘하기 위해서는 인근지역에 적합해야 한다는 적합의 원칙과 지역 내의 용도적 경쟁과 대체에 따르는 대체·경쟁의 원칙과 관련이 있다. 한편, 부동산의 유형은 부동산의 유용성이 최고로 발휘하기 위해서는 구성요소 간의 내부결합에 균형이 있어야 하는 균형의 원칙, 최유효이용의 원칙을 판단의 기준으로 한다. 또한, 변동과 예측의 원칙은 후보지 및 이행지의 판단에 유용하다.

2. 지역 및 개별요인의 분석

(1) 지역분석

1) 지역분석의 의의

지역분석이란 대상부동산의 가격형성에 전반적 영향을 미치는 지역요인을 분석하여 표준적 사용, 장래의 동향을 파악함으로 최유효이용의 판정방향을 제시하는 등 가격수준을 판정하는 감정평가 작업이다.

2) 부동산의 종별과 지역분석

부동산의 종별은 지역분석 절차에서 인근지역을 구분할 때 중요한 고려요소의 하나로 작용한다. 즉, 인근지역은 용도적·기능적 측면에서 동질성이 인정되는 지역으로서 종별의 구분에 따라 인근지역의 범위가 결정된다. 그리고 이러한 지역의 범위에 따라 그 용도적 지역에 상응하는 표준적인 이용과 가치의 대체적인 수준 및 범위도 파악할 수 있게 된다.

(2) 개별분석

1) 개별분석의 의의

개별분석이란 대상부동산의 구체적 가격형성에 영향을 미치는 개별적 요인을 분석하여 최유효이용판정과 구체적 가격을 파악하는 감정평가상 작업이다.

2) 부동산의 유형과 개별분석

부동산의 유형은 개별분석 절차에서 중요한 고려요소가 된다. 개별분석과정에서 개별부동산의 이용상태 및 권리관계를 분석하고 이러한 요소들이 구체적으로 효용에 어떠한 영향을 미치는지를 분석할 수 있다. 즉, 물리적인 측면에서 토지이용상태가 무엇인지 혹은 법률적인 측면에서 부동산의 활용에 제약을 가하는 요인은 어떤 것들이 있는지를 파악함으로써 최유효이용 여부를 판단할 수 있고 이에 따라 토지활용에 따른 효용의 크기가 영향을 받아 이를 기초로 구체적인 가치[5]가 형성되는 것이다.

3. 감정평가 3방식과의 관계

(1) 비교방식

종별에 근거하여 자료수집의 범위확정, 지역요인의 비교를 행하고, 유형에 근거하여 사정보정, 개별요인을 비교한다.

(2) 원가방식

간접법에 의한 재조달원가의 산정 시 종별에 의거 자료수집의 범위를 정하는 것이 보다 정확할 것이며, 유형에 의거 개별적 특성을 비교한다. 감가수정 시 물리적・기능적 감가는 유형적 측면이고, 경제적 감가는 종별적 측면이다.

(3) 수익방식

순수익 및 환원율의 산정 시 종별에 의거하여 자료수집의 범위를 확정하며 지역요인의 비교를 행하고, 유형에 의거하여 개별요인을 비교한다. 그리고 환원방법의 선택 시 유형별로 적정한 방법을 선택・적용하여야 한다.

4. 시산가액의 조정

① 종별에 의거 자료수집의 범위는 적정한가, ② 종별과 유형에 따른 가치형성요인의 분석은 적정한가, ③ 종별과 유형에 의거하여 적정한 평가방법을 선택하였는가 등을 고려한다.

---

[5] 그러나 구체적인 가치의 확정은 지역분석과 개별분석을 거친 후 감정평가기법의 적용에 따라 이루어진다는 점을 유의해야 한다.

IV 결

부동산의 종류는 종별과 유형의 복합개념으로 감정평가주체가 업무를 수행할 때, 이를 분명히 인식하고 지역분석, 개별분석, 가격제원칙, 평가절차에 관련시켜 분석함으로 감정평가의 정도를 높여 적정한 평가가격에 접근할 수 있을 것이다.

종별과 유형의 판단은 정밀한 전문지식, 풍부한 경험, 정확한 판단력이 유기적·종합적으로 요구되는바 이것의 적부는 전문가에 의해 평가될 때 합리적·객관적으로 논증될 수 있다.

◎ 심화논점

01절 토지의 부증성과 용도의 다양성의 관계

```
Ⅰ. 개설                          Ⅲ. 양자의 관계
Ⅱ. 부증성 및 용도의 다양성의 개념     1. 희소성 개념의 완화
   1. 부증성                       2. 부증성은 용도의 다양성의 배경
   2. 용도의 다양성                 3. 공급의 비탄력성의 완화
                                 4. 최유효이용의 근거
```

Ⅰ 개설

부동산은 일반재화와는 다른 여러 가지 특성을 지니고 있으며, 그중 중심을 이루는 것은 토지의 특성이다. 토지는 지리적 위치의 고정성, 부증성, 영속성, 개별성이라는 고정적・경직적인 자연적 특성과 용도의 다양성, 병합・분할의 가능성, 사회적・경제적・행정적 위치의 가변성이라는 가변적・신축적인 인문적 특성을 갖는다. 이때, 인문적 특성은 토지의 자연적 특성을 완화시키는 역할을 한다.

Ⅱ 부증성 및 용도의 다양성의 개념

1. 부증성

토지는 생산비나 노동량을 투입하여도 물리적인 그 절대량을 임의로 증가시킬 수 없다는 특성이 있다. 택지조성이나 수면매립을 통해 토지의 양을 다소 증가시킬 수 있으나, 이는 토지의 물리적 증가라기보다는 토지이용의 전환 내지 유용성의 증가라는 측면에서 파악해야 한다.

2. 용도의 다양성

토지는 여러 가지 용도에 제공될 수 있다는 특성이다. 1차・2차・3차 산업용지, 공공용지, 주거용지, 상업용지 등으로 쓰이며, 같은 용도에 쓰이는 경우라도 그 규모와 이용방법이 항상 동일하지는 않다. 용도의 다양성은 부동산의 자연적 특성인 부증성, 개별성을 완화한다.

Ⅲ 양자의 관계

1. 희소성 개념의 완화
부증성은 한정된 자원에 대한 절대적 희소성의 개념을 낳게 한다. 그러나 인문적 특성인 용도의 다양성으로 인해 절대적 희소성의 개념은 상대적 희소성 개념으로 완화된다.

2. 부증성은 용도의 다양성의 배경
하나의 토지에 대해 여러 가지 효용성이 있는 이용을 생각하게 되는 것은 토지가 부족하다는 부증성 때문이다.

3. 공급의 비탄력성의 완화
완전 수직인 공급곡선을 경제적 측면에서 탄력성을 가하게 하나, 이 경우도 역시 부동산 전체량의 증가가 아닌 어느 일정용도로서의 공급의 증감을 유발한다.

4. 최유효이용의 근거
부증성과 용도의 다양성은 모두 최유효이용의 근거가 된다. 즉 물리적 절대량이 한정되어 있으므로 최유효이용을 생각하게 되고, 이렇게 물리적으로 한정된 토지는 그 이용에 있어 용도가 다양하므로 그 다양한 용도 중 최유효이용이 될 수 있는 이용을 추구하여야 한다.

Chapter 03 부동산 가치론

01절 가치와 가격의 개념[1]

```
Ⅰ. 서                                    3. 이원설(구별하는 견해)
Ⅱ. 가치와 가격의 정의                        (1) 개념상의 차이
   1. 가치의 정의                            (2) 가치 = 가격 + 오차
      (1) Adam Smith의 정의                 (3) 과거의 값과 현재의 값
      (2) Irving Fisher의 정의              (4) 가치다원성
   2. 가격의 정의                            (5) 외재적인 개념과 내재적인 개념
Ⅲ. 감정평가상 가치와 가격의 구별 논의           (6) 객관적인 개념과 주관적인 개념
   1. 가치와 가격의 구별 논의 필요성         Ⅳ. 가격과 가치의 관계
   2. 일원설(동일시하는 견해)                  1. 가치와 가격의 변동방향
                                           2. 가치와 가격의 일치가능성
                                        Ⅴ. 결
```

Ⅰ 서

감정평가는 토지 등의 경제적 가치를 판정하는 것이 그 본질이므로 경제적 가치가 무엇인지에 대한 이해가 선행되어야 한다. 경제적 가치를 정확하게 이해하기 위해 먼저 가치와 가격에 대한 의미를 고찰하고 이를 바탕으로 감정평가활동에 있어서의 가치와 가격에 대한 개념과 논란이 되고 있는 부분에 대하여 살펴보고자 한다.

Ⅱ 가치와 가격의 정의[2]

1. 가치의 정의

(1) Adam Smith의 정의

가치란 어떤 재화나 용역이 다른 재화나 용역을 교환의 대상으로 지배하는 힘이다. 이는 가치란 재화가 가지고 있는 어떤 내재적 힘에 의해 결정되는 것이 아니라는 것을 의미한다. 즉, 가치란 재화와 재화 간의 단순한 교환비율이라는 것이다.

---

[1] (특강) 부동산 가치와 가격의 괴리현상을 설명하고, 감정평가상의 적용방법을 논의하시오(나상수).
[2] 안정근, 부동산평가이론(제2장 시장가치), 양현사, 2013

(2) Irving Fisher의 정의

가치란 장래 기대되는 편익을 현재가치로 환원한 값이라는 것으로 여기서 장래 기대되는 편익은 금전적인 것만이 아니라, 비금전적인 것도 포함된다는 사실에 유의해야 한다. 부동산은 내구재로서의 특성이 있기 때문에 피셔의 가치의 개념 정의가 보다 더 본질적인 측면에 부합한다. 이런 이유로 감정평가 분야에서는 장래 기대되는 편익을 현재 가치로 환원한 값이라는 피셔의 정의가 일반적으로 통용되고 있다. 여기서 피셔의 가치는 아담스미스의 가치와는 달리 시장성보다는 사람이 느끼는 주관적 판단에 중점을 둔 것으로 해석할 수 있다.

2. 가격의 정의

감정평가에서 사용되는 가격은 경제학에서 사용되고 있는 가격의 개념과 크게 다르지 않다. 즉, 가격은 교환거래에서 매수자와 매도자가 상호 합의한 거래금액을 의미한다. 여기서 가격은 교환을 전제로 하여 성립된 개념으로서 매수자와 매도자 사이에 거래가 종결되면 그 금액이 바로 가격이 된다는 것을 알 수 있다.

III 감정평가상 가치와 가격의 구별 논의

1. 가치와 가격의 구별 논의 필요성

경제학에서 가격이란 가치를 화폐액으로 표시한 것으로 관념상의 차이일 뿐, 특별한 상황이 아닌 한 가치는 가격과 거의 일치한다고 보고 있다. 경제학의 이 같은 개념은 비내구재에서는 쉽사리 적용될 수 있지만, 전형적인 내구재인 부동산학에서는 가격과 가치는 엄격히 구별될 필요가 있다.

2. 일원설(동일시하는 견해)

가치와 가격이 동일하다고 보는 견해는 경제학자들과 같이 가치와 가격은 관념상의 차이일 뿐 가치와 가격의 구별은 의미가 없는 것으로 본다. 이들은 가격은 가치의 화폐적 표현에 불과한 것으로 이해한다. 이는 시장의 자동조절기능에 의하여 장기적인 측면에서 가치와 가격은 결국 같아진다는 전형적인 시장주의적 시각이라 할 수 있다.

3. 이원설[3](구별하는 견해)(개과오다외주)

가치와 가격은 명백하게 구별되어야 한다는 견해도 있다. 이는 부동산과 같은 내구재는 현재 시장에서 형성되고 있는 가격이 장래 기대되는 편익의 가치를 정확하게 반영하고 있다고 보기 어려운 점이 많다는 점을 그 근거로 하고 있다. 이러한 견해의 주요 내용을 살펴보면 다음과 같다.

---

[3] 안정근, 부동산평가이론(제2장 시장가치), 양현사, 2013

(1) 개념상의 차이

가격이란 특정부동산에 대한 교환의 대가로서 시장에서 매수자와 매도자 간에 실제 지불된 금액이며, 가치란 장래 기대되는 편익을 현재가치로 환원한 값이다. 부동산은 내구재로 영속성이 있기 때문에 부동산의 경우에는 개념적으로 가격과 가치가 차이가 나고, 가치가 보다 타당한 개념이다.

(2) 가치 = 가격 + 오차

부동산 시장은 다른 일반재화시장과는 달리 여러 가지 불완전한 요소를 내포하고 있어, 시장가격이 부동산 가치를 정확히 반영한다고 보기 어렵다. 그리고 거래에 있어 시장참가자들의 비정상적인 측면이 개입될 여지가 많아 가격은 가치와 괴리될 가능성이 많다. 즉, 현실적으로 가격은 가치와 차이가 발생한다.

(3) 과거의 값과 현재의 값

가격은 시장에서 실제 지불된 금액으로 과거의 값이지만, 가치는 현재의 입장에서 장래 기대편익을 다양한 목적으로 평가한 현재의 값이다. 따라서 가격은 과거의 값이기 때문에 누구나 쉽게 알 수 있지만, 가치는 장래 편익을 예측하고 산정해야 하기 때문에 전문가가 아니면 판단하기 어렵다.

(4) 가치다원성

주어진 시점에서 대상부동산의 가격은 하나밖에 없지만, 가치는 무수히 많다. 즉, 가격은 시장에서 실제 지불된 과거의 값이기 때문에 특정시점에서 가격은 하나밖에 없지만, 가치는 현재의 값이기 때문에 보는 관점에 따라 무수히 많이 있을 수 있다.

(5) 외재적인 개념과 내재적인 개념

감정평가 분야에서는 가격은 가치를 화폐적으로 표현한 것이라는 개념을 추가하고 있다. 다시 말하면, 가격은 교환의 결과로 나타난 값이라 할 수 있으며, 이때 가격은 가치와는 달리 시장성에 따른 객관적인 것을 의미하게 된다.

(6) 객관적인 개념과 주관적인 개념

어떤 재화가 일정한 가격을 갖는 것은 그 재화가 그만큼의 편익을 소비자에게 주기 때문일 것이다. 이러한 편익에 대한 소비자들의 의견이 시장을 통해 집단적으로 표출되어 누구나 받아들일 수 있는 가격으로 나타나게 되고, 이는 재화의 가치를 화폐적으로 표현한 것으로 이해할 수 있다. 즉, 가격이란 주관적인 가치의 판단[4])에 대한 시장의 객관적인 표시라고 할 수 있을 것이다.

---

4) 가치는 대상에 대한 개인의 상대적 기호도를 표시하는 것도 된다.

Ⅳ 가격과 가치의 관계

1. 가치와 가격의 변동방향

① 모든 재화가 일정한 가격을 갖는 것은 그 재화가 그만큼의 유용성을 가지고 있기 때문으로, 재화의 가격이란 재화의 가치를 구체적으로 표현한 것이 된다. 즉, 가격의 기초에는 가치가 전제되고 있기 때문에 가격은 가치에 의하여 결정된다.

② 가격은 가치의 화폐적 표현이므로 화폐가치가 변동하면 가격도 변동하나 화폐가치에 역방향으로 변동한다.

③ 가격은 수요, 공급에 의해 결정되므로 수요, 공급 변동에 따라 변화한다. 즉, 수요와는 동일한 방향으로, 공급과는 역방향으로 변동한다. 수요가 공급을 초과하면 가격은 가치 이상이 되고, 수요가 공급에 미달될 때에는 가격은 가치 이하로 떨어지므로 가격은 가치로부터 괴리되는 현상을 나타낸다.

2. 가치와 가격의 일치가능성

① 정보의 비대칭성이나 거래상황의 개별적인 동기나 특수한 사정 혹은 시장의 급격한 변화 등으로 부동산시장이 불안정하고 불완전한 모습을 보일 때는 가치와 가격의 괴리현상이 두드러지게 나타날 것이다. 특히, 우리나라에서는 부동산시장의 불안정과 불완전함이 주기적으로 반복되는 경향이 있다는 것을 고려할 때 가치와 가격의 괴리현상이 일반적인 것이 아닌가 하는 생각이 든다.

② 그러나 정상적인 상황과 장기적인 측면에서는 가치와 가격이 경제학에서 보는 바와 같이 거의 일치한다고 볼 수 있을 것이다.

Ⅴ 결

전형적 내구재인 부동산을 연구대상으로 하는 부동산학에서는 가격과 가치는 구별된다. 양자의 관계는 장기적으로 일치하게 되지만, 부동산시장은 불완전한 요소가 많기 때문에 가치와 가격이 일치하기 어렵다. 이로 인해 일반인이 식별하기 어렵게 되어 감정평가가 요구되는바 감정평가사는 가격의 전문가가 아닌 가치의 전문가가 되어야 할 것이다. 또한 감정평가사는 시장을 따라다니며 가격을 추인할 것이 아니라, 시장이 따라오는 가치를 구해야 할 것이다. 국가가 인정한 전문자격자로서 감정평가사는 그의 경험과 지식에 근거해 가치를 창조해야 한다.

▼ 경제적 가치와 가격의 비교

구분	경제적 가치	가격
개념	사람의 욕구를 만족시키는 효용 또는 유용성	시장에서 경제적 가치의 대가로 수수되는 값
성격	- 재화나 서비스 자체의 유용성 - 주관적 혹은 객관적[5]	- 권리 양도의 대가 - 객관적
	가치다원론에 의거하여 다양	주로 매매가격과 임대가격
결정	의견이나 평가로 결정	수요자와 공급자의 합의로 결정
표현	하나의 값 이외에 범위로도 표현	구체적 값
시장관련성	시장을 전제하지 않음[6]	반드시 시장을 전제
	모든 재화나 서비스에서 발생	거래가 불가능하면 발생하지 않음
시장의 관계	가격 = 경제적 가치 + 오차	

> **가격, 가치, 가액의 개념**
>
> 1. 가격(價格, price)
>   가격은 교환거래에서 매수자와 매도자가 상호 합의한 거래금액을 말한다. 일단 거래가 종결되면 이 금액은 가격이 되고, 이 용어는 교환이란 절차를 함축적으로 내포하고 있다. 달리 표현하면 가격은 교환의 결과(fact)로 나타난다.
> 2. 가치(價値, value)
>   가치는 장래 기대되는 편익을 현재가치로 환원한 값이다. 따라서 가격은 과거의 값이 되지만, 가치는 가치에 대한 접근 방법에 따라 기대되는 편익이 달라질 수 있기 때문에 다양한 형태를 갖는다. 감정평가에서 price는 결과적인 의미(거래가격)로서 단독으로 사용되지만, value는 market value, fair value, investment value, insure value, special value, prospective market value 등 그 의미를 명확하게 해주는 용어와 함께 사용되는 것이 일반적이다. 즉, 하나의 물건에 대해서 다양한 형태의 가치로 표현될 수 있다.
> 3. 가액(價額, estimated amount)
>   가액이란 정상적인 거래에서 거래 자산에 화폐로 지불될 수 있는 금액을 표시한 것으로 사물이 지니고 있는 가치를 의미하거나 매매의 목적으로 주고받는 대가를 의미한다. 세법에서는 주로 과세표준의 의미로 사용되며, 세법에 따라서 공급가액(부가가치세)·과세가액(상속세 및 증여세)·가격 또는 요금(개별소비세 및 주세)·기재금액(인지세)·취득가액(취득세 및 등록세)·재산의 가액(재산세·도시계획세 및 소방공동시설세) 등으로 다양하게 표현되고 있다.
> 4. 감정평가는 주어진 거래조건하에 교환거래를 상정할 경우 그 결과로 나타날 수 있는 값(price)을 찾아내는 과정으로 설명할 수 있다. 결국 대상물건의 경제적 가치를 판단하는 행위인 감정평가는 대상물건의 총액을 추정하여 그 결과치를 가액으로 표시하는 과정이다.

---

[5] 주관적인 경우는 경제주체의 판정으로 결정되는 경우이고, 객관적인 경우는 전문가에 의한 판정으로 결정되는 경우를 말한다.
[6] 경제적 가치에 시장가치와 시장가치 외의 가치가 모두 포함된다는 점에서 반드시 시장을 전제하지 않는다. 만일, 시장가치를 전제로 한다면 이 경우는 통상적인 시장에 해당하는 시장에서의 거래를 전제해야 한다.

02 절 부동산가격의 이중성[이중성격]

---

1. 의의
2. 일반재화와의 차이
3. 감정평가와의 관계

---

1. 의의

모든 재화의 가격은 그 재화의 수요, 공급에 의하여 결정되고, 일단 가격이 결정되면 그 가격은 그 재화에 대한 수요, 공급에 영향을 미쳐 수급을 조절한다. 이를 가격의 이중성이라 하는바 이 논리를 부동산에 적용시키면 부동산가격의 이중성이 된다.

2. 일반재화와의 차이

1) 일반재화와의 차이

일반재화는 수요와 공급이 균형된 상태에서 결정한 가격이 다시금 수요와 공급의 거래지표로 활용되지만, 부동산가격의 이중성은 부동산의 가격이 직접 수요와 공급에 영향을 주는 것이 아니라 가치형성요인에 영향을 준다. 이러한 상호작용은 부동산가격의 발생요인에 의해 변화되어 다시금 부동산시장에 영향을 준다.

2) 시장에서 재화의 매매 과정

① 시장에서 어떤 재화가 매매되는 과정은 매도자가 자신이 느끼는 경제적 가치를 기준으로 팔고 싶은 가격으로 내놓는다.
② 매수자는 자신이 느끼는 경제적 가치를 기준으로 사고 싶은 가격을 제시한다.
③ 당사자가 직접 조정하거나 또는 제3자가 알선하는 과정을 거친다.
④ 합의가 되면 거래가 성립되어 가격이 지불되고 소유권이 이전되며, 합의에 이르지 못하는 경우에는 매매가 성립되지 않는다.

3. 감정평가와의 관계

일반재화의 가격은 수요공급의 자동조절 기능에 의해 결정되나, 부동산가격은 자연적 특성, 인문적 특성으로 시장기구에 의한 자동적 조정이 이루어지지 못하므로 감정평가가 필요하게 되며, 감정평가 가격이 일반재화의 균형가격과 같은 역할을 하여 선택의 주요 지표가 되어 부동산 가치형성요인에 영향을 미친다.

▼ 부동산가격의 이중성과 피드백 현상

03절 부동산가치의 특징과 기능[7] ▶기출 15회, 21회

1. 의의
2. 부동산가치의 특징
   (1) 교환의 대가인 가격과 용익의 대가인 임대료로 표시
   (2) 소유권 기타 권리·이익의 가격
   (3) 장기적 배려하에서 형성
   (4) 단기적으로 수요요인에 의한 가격 결정
   (5) 개별적으로 가격 형성
3. 부동산가치의 기능
   (1) 가격의 파라미터적 기능(parametric function) 및 정보제공 기능
   (2) 가격의 자원배분 기능
   (3) 잠재가격(Shadow price)으로서의 기능
4. 결

1. 의의

부동산가치는 부동산의 소유에서 비롯되는 장래의 이익에 대한 현재가치이다. 부동산은 영속성의 특성을 가지고 있어 일반 경제재와 구별되기 때문에 부동산의 가격은 장래의 이익이 바탕이 되며, 부동산의 가격과 소유권은 불가분의 관계에 있고 부동산가격은 소유권에 바탕을 둔 소유권 가격이라고도 할 수 있다.

2. 부동산가치의 특징[8] (교소장수개)

(1) 교환의 대가인 가격과 용익의 대가인 임대료로 표시

① 일반 경제재는 비내구재로 통상 존속기간이 단기이므로 임대차의 대상이 되지 못하나, 부동산은 영속성이 있기 때문에 임대차의 대상이 된다. 또한, 병합·분할의 가능성 및 고가성으로 인해 시간적·금액적 차원에서의 분할을 통해 임대차의 대상이 될 수 있다.

② 따라서 부동산은 교환의 대가인 가격과 용익의 대가인 임대료로 표시되며, 가격과 임대료는 원본과 과실의 상관관계에 있다.

(2) 소유권 기타 권리·이익의 가격

① 일반 경제재는 그 재화 자체가 순환하는데, 부동산은 지리적 위치의 고정성 때문에 부동산 그 자체가 순환하지 못하고 부동산을 추상화시킨 권리가 순환된다. 따라서 부동산은 소유권 기타 권리·이익의 가격을 지닌다.

② 병합·분할의 가능성으로 인해 2개 이상의 권리·이익이 동일부동산에 존재하는 경우에는 각각의 권리·이익마다 그 가격이 형성된다. 한편, 같은 원리로 여러 개의 권리·이익을 병합한 가격이 형성될 수도 있다.

---

7) (특강) 부동산가격의 본질과 부동산가격의 특징(노용호, 건대특강)
8) 경응수, 감정평가론(제6판), 나무미디어, 2021

(3) 장기적 배려하에서 형성

① 일반 경제재는 그 존속기간이 단기적이므로 그 가격도 단기적 배려하에서 형성되나, 부동산은 영속성이 있기 때문에 부동산가격은 과거, 현재, 미래라고 하는 시계열적인 측면에서 장기적 배려하에서 형성된다.
② 부동산은 사회적·경제적·행정적 요인의 가변성으로 인해 부동산의 가치형성요인은 부단히 변화하므로 특정시점에서 이를 정확하게 분석해야 하며 부동산의 가치는 특정시점에서만 타당할 수 있다.

(4) 단기적으로 수요요인에 의한 가격 결정

일반 경제재는 공급을 증가시킬 수 있으므로 그 가격도 공급요인과 수요요인에 의하여 결정되나, 부동산은 부증성이 있기 때문에 공급에 한계와 제약이 많으므로 부동산가격은 주로 단기적으로 수요요인에 의하여 결정되는 수요자가격이다.

(5) 개별적으로 가격 형성

일반재화는 인위적인 생산물로서 동질적인 상품이 되나, 부동산의 경우에는 개별성의 특성에 따라 엄격한 의미에서 이 세상에 동질적인 복수의 부동산은 존재하지 않는다. 이에 따라 일반재화는 일물일가의 법칙이 적용되나 부동산의 경우에는 일물일가의 법칙이 적용되지 않고 각각의 부동산마다 개별적으로 가격이 형성된다.

3. 부동산가치의 기능[9](파정자재)

일반재화의 경우 시장에서의 수요와 공급에 의해 균형가격이 성립되고 이러한 가격은 생산과 소비활동의 지표로서의 기능을 수행하게 된다. 부동산시장 또한 부동산의 제반 특성으로 인하여 불완전하고 비효율적이긴 하지만 일반재화시장과 같은 기본적인 시장기능을 수행하게 된다. 다만, 불완전한 시장을 시정하고 지원함으로써 제대로 된 기능을 수행할 수 있도록 하기 위하여 정부의 개입이 필요하게 되며 감정평가제도는 그러한 개입수단의 하나라고 할 수 있다.

(1) 가격의 파라미터적 기능(parametric function) 및 정보제공 기능

일반재화와 마찬가지로 부동산가치는 다양한 부동산 활동주체에게 정보를 제공하는 기능을 수행하고, 수요자와 공급자의 행동을 결정하는 데 중요한 지표, 즉 매개변수가 되어 수요와 공급이 서로 같아지도록 유도해가는 기능을 수행하게 된다.

(2) 가격의 자원배분 기능

부동산가격은 부동산 자원 자체를 배분하게 만들고 건물의 건축과 유지 및 수선 등과 관련하여 다른 자원의 부동산에 대한 배분도 촉진시킬 수 있다. 예를 들면, 주거용 부동산이

---

[9] 노용호, 아카데미 부동산 감정평가론, 부연사, 2021

활황으로 가격이 상승하는 경우에는 공업용 부동산 등 타용도의 부동산이 주거용 부동산으로 용도변경되고, 그 과정에서 새로운 건축과 유지, 수선 등이 이루어짐에 따라 건축자재와 같은 다른 자원들도 주거용 부동산으로 재분배된다.

(3) 잠재가격(Shadow price)으로서의 기능

잠재가격이란 완전시장에서 재화의 기회비용을 올바르게 반영하는 가격을 말한다. 부동산 거래가격도 기회비용을 반영한 잠재가격으로서의 기능을 수행할 수 있으나, 일반적으로 부동산의 매수·매도가격은 현실적인 제약으로 인해 부동산의 기회비용을 제대로 반영하지 못해 잠재가격이 되기 어렵다. 반면, 전문가에 의하여 평가된 감정평가가액[10]은 잠재가격으로서의 기능을 수행할 수 있다.

4. 결

부동산가격은 부동산시장이 수행하는 계속적인 부지이용경쟁을 통한 최유효이용의 추구나 부동산의 효율적인 배분 등의 지표로서 인간의 삶에 있어 중요한 기능을 수행한다. 그러나 부동산의 특성으로 인해 부동산시장이 불완전하며 따라서 균형가격 성립이 곤란하여 감정평가의 필요성이 제기되고, 이에 평가사의 직업윤리가 요청된다.

---

10) 정부의 가격통제가 있거나 독점적 경제행위가 있는 경우 등에는 가격이 자유롭게 변동하지 못하게 된다. 이런 경우 시장가격을 신뢰할 수 없거나 활용할 수 없으므로 비용 편익분석(CBA)에 따라 주관적인 시장가치를 추정하는 잠재가격 설정절차를 따르게 된다.

04절 부동산 가치다원론 ▶기출 13회, 17회, 19회, 21회, 29회, 30회

Ⅰ. 가치다원론의 의의
Ⅱ. 가치다원론의 이론적 근거(필요성)
  1. 가치형성요인의 다양성
  2. 감정평가의 정확성과 안전성
  3. 의뢰자와 의뢰목적에 부응
  4. 감정평가의 기능 및 업무영역의 확대
Ⅲ. 가치다원론의 견해 검토
  1. 우리나라의 입장
  2. 외국의 입장
Ⅳ. 가치의 종류
  1. 가치의 특징을 설명하기 위한 기본적 가치
    (1) 주관적 가치와 객관적 가치
      1) 주관적 가치
      2) 객관적 가치
    (2) 당위가치와 존재가치
      1) 당위가치
      2) 존재가치
    (3) 교환가치와 사용가치
      1) 교환가치
      2) 사용가치
  2. 평가목적 분류에 따른 가치
    (1) 과세가치
    (2) 보상가치
    (3) 공익가치
    (4) 담보가치
    (5) 경매가치
    (6) 장부가치
    (7) 공정가치
    (8) 계속기업가치
      1) 의의
      2) 구성
    (9) 청산가치
    (10) 해체처분가치
    (11) 투자가치
      1) 의의
      2) 활용
  3. 일본 부동산감정평가기준의 시장가치 외의 가치의 종류 및 정의
    (1) 특수가격
    (2) 특정가격
    (3) 한정가격
Ⅴ. 결

■ Ⅰ 가치다원론의 의의

가치에 대한 개념은 그것이 어떤 상황에서 어떠한 용도로 사용되느냐, 그리고 어떤 관점으로 바라보느냐에 따라 달라지게 된다. 이처럼 사용되는 상황이나 용도 그리고 관점 등에 따라 가치의 개념이 다양하다고 보는 것을 가치의 다원적 개념 또는 가치다원론이라고 한다.

■ Ⅱ 가치다원론의 이론적 근거(필요성)(다정안 목기)

1. 가치형성요인의 다양성

부동산은 가치형성요인이 복잡하고 다양하여 한 가지 가치만이 형성되는 것이 아니다. 정상적인 시장가격이 형성되다가도 개발에 따른 기대감이 과도하게 반영될 경우에는 투기가격이 형

Chapter 03 부동산 가치론 **107**

성되기도 하고, 개별적인 상황에 따라서는 한정가격이 성립되기도 한다. 이에 부동산가치는 정형화된 하나의 가치만으로는 설명하기 어려운 부분이 많다.

2. 감정평가의 정확성과 안전성

부동산가치에 대한 다원적 개념을 이해하고 적용함으로써 평가의 정확성을 기할 수 있고, 평가목적에 따라 가치의 개념을 정립하고 유형화함으로써 평가의 안전성을 제고시킬 수 있다. 한 가지 정형화된 가치로만 평가할 경우보다 다양한 개념 접근을 통해 개별적이고 구체적인 상황을 반영함으로써 보다 타당성이 높고, 정확한 평가가 가능하게 되며 이는 결국 평가의 안전성을 높이게 되는 것이다.

3. 의뢰자의 의뢰목적에 부응

평가의뢰인이 요구하는 의뢰목적에 부응하여 그에 맞는 적절한 정보를 제공함으로써 의뢰인의 욕구를 충족시키고 그러한 유용한 정보가 복잡 다양한 상황에서 제대로 된 의사결정에 기여함으로써 궁극적으로 사회발전에 이바지할 수 있게 된다. 한편, 의뢰목적에 부응하기 위한 다양한 이론과 기법의 적용을 통해 평가업계의 발전에도 기여할 수 있다. 평가의뢰인은 여러 가지 다양한 목적에 따른 결과의 산출을 요구하는데 평가사가 단지 하나의 정형화된 가치만을 제시하는 것은 의뢰인의 목적에 위배되는 결과를 초래함으로써 감정평가의 기능 자체를 무의미하게 할 수 있다.

4. 감정평가의 기능 및 업무영역의 확대

부동산가치를 일원화의 개념으로 접근하게 되면 감정평가의 기능은 단순하게 한 가지의 용도로 밖에 활용될 수 없다. 이는 감정평가의 기능과 업무영역을 과도하게 축소시키게 된다. 그러나 사회가 발전함에 따라 현실세계에서 발생하는 복잡하고 다양한 문제들 속에서 감정평가의 기능 및 업무영역의 확대가 요구되는 상황을 고려한다면 다원적 개념의 접근이 당연하다 할 것이다.

III 가치다원론의 견해 검토

1. 우리나라의 입장

「감정평가에 관한 규칙」 제5조에서는 시장가치 및 시장가치 외의 가치를 규정하고 있고, 「부동산공시법」 제8조에서는 일정한 경우 '가감조정'을 할 수 있다고 규정하고 있어 평가목적 등에 따른 가치다원론을 인정하고 있다고 볼 수 있다.

2. 외국의 입장

① 일본은 가격의 종류에 대해 정상가격, 특정가격, 특수가격, 한정가격을 인정하고 있다. 이 중에서 정상가격을 시장가치로 규정하고 있으며 특정가격과 특수가격, 그리고 한정가격을 비시장가치로 분류하고 있다.

② 미국의 경우는 기준가치인 시장가치(Market Value)를 전제로 청산가치, 보험가치, 과세가치, 사용가치 등의 개념을 정립하고 있다. 또한, 미국의 USPAP에서는 시장가치 이외의 가격으로 감정평가할 경우에는 비시장가치에 대한 정의와 그 정의의 출처를 명시하도록 규정하고 있다.

③ 한편, Ring 교수는 과세가치, 사용가치, 공정가치, 투기가치, 보험가치 등 32가지 다원적 가치 개념을 제시한 바 있고, Babcock 등은 3가지 가격개념, 즉 소유자가치, 시장가치, 투자가치 등을 제시하고 있다.

Ⅳ 가치의 종류[11]

1. 가치의 특징을 설명하기 위한 기본적 가치

(1) 주관적 가치와 객관적 가치

1) 주관적 가치

주관적 가치란 개인의 주관적 판단에 따라 평가되는 가치를 말하는 것으로 주관적이라는 말은 개인적, 심리적, 가변적이라는 개념이 포함되어 있다. 이러한 주관적 가치는 제반 자료를 통해 증빙되거나 파악할 수 없는 개개인의 이념이 내포되어 있는 개념이다.

2) 객관적 가치

객관적 가치는 개인의 주관적 의사와는 관계없이 결정되는 가치를 말하는 것으로 객관적이라는 말은 집단적, 과학적, 고정적이라는 개념과 일맥상통한다고 할 수 있다. 이러한 객관적 가치는 제반 자료를 통해 검증될 수 있고 공감할 수 있는 공통된 사항을 내포하고 있다는 특성을 가지고 있다.

(2) 당위가치와 존재가치

1) 당위가치

당위성을 내포한 이상적, 규범적 가치로서 시장균형이 성립할 때 나타나는 '있어야 할 상태의 가치'이다. 이는 어떤 현상은 원인이 있어야 발생한다는 당위적 사고에 기반한 것으로 부동산의 고유한 내재가치를 인정하는 개념이다. 당위가치는 자원을 합리적으

---

[11] 안정근, 부동산평가이론(제2장 시장가치), 양현사, 2013

로 배분하는 장점이 있지만, 주관이 개입할 우려가 있고, 가치를 구하기까지의 시간과 비용이 많이 소모된다. 또한 자료수집이 어렵다.

2) 존재가치[12]

현실의 시장상황을 반영하는 가치로서 객관적으로 확인이 가능한 '있는 그대로의 가치'를 말하며, 원인보다는 현상 그 자체를 중시하는 개념으로 이는 시장참여자들의 집단적인 가치판단의 결과를 중시한다. 존재가치는 시간과 비용이 절약되지만, 자원이 비합리적으로 배분될 가능성이 있다.

구분	존재가치	당위가치
접근방법	직접접근 방식	간접접근 방식
장점	시간과 비용이 절약된다.	① 인과법칙에 의한 당위적 현상 파악 ② 자원을 합리적으로 배분
단점	① 원인인 가치형성요인과 결과인 가격 사이에 시간상·내용상의 괴리 존재 가능 ② 자원의 비합리적 배분 가능성	① 주관개입 우려 ② 구하는 데 많은 시간과 비용 소모 ③ 자료수집의 어려움

(3) 교환가치와 사용가치[13]

1) 교환가치

시장에서 매매를 전제로 일반적인 이용방법을 기준으로 한 가치로서 객관적인 가치이다. 이는 시장에서 시장참여자들의 선택의 결과로 이용상태와 가치가 결정되는 것으로 존재가치라고 할 수 있다. 이러한 교환가치는 선택의 과정에서 결국 최유효이용을 전제로 한 가치로 귀결될 것이다.

2) 사용가치

경제재의 생산성에 근거하는 개념으로서, 대상부동산이 특정한 용도로 사용될 때에 가질 수 있는 가치를 지칭한다. 이것은 대상부동산이 해당 기업이나 소유자에 대해 기여하는 가치로서 주관적 가치이다.

---

12) 실거래가 자료가 대표적인 존재적인 성격의 자료이다. 이러한 실거래가 자료는 가치형성요인이 부동산시장의 비효율성으로 인해 즉각 가치에 반영되지 못하므로 시간적·내용적 괴리현상이 발생하게 된다. 따라서, 감정평가 활동에 의한 당위가치의 제시가 필요하게 됨은 당연하다.

13) 감정평가는 최유효이용을 전제로 한 대상부동산의 시장가치를 평가하는 것이 기본으로 시장가치는 시장에서의 교환가치를 의미한다. 그러나 특별한 경우에는 특정용도를 전제로 한 사용가치를 평가하기도 한다. 감정평가에서는 교환의 대가인 교환가치를 '가액'이라 하고, 용익의 대가인 '임대료'를 기준으로 한 것을 사용가치라고 하여 교환가치와 사용가치를 평가의 주된 대상으로 하고 있다.

2. 평가목적 분류에 따른 가치

(1) 과세가치

과세가치란 국가나 지방자치단체에서 취득세나 재산세 등의 각종 세금을 부과하는 데 사용되는 기준으로 활용되는 가치로 관련법규에 의해 구체적인 기준과 절차에 따라 산정된다. 우리나라의 경우 「부동산공시법」에 따른 표준지공시지가가 대표적이라고 할 수 있다.

(2) 보상가치

보상가치는 공공의 필요에 따른 적법한 행정상의 공권력 행사로 인하여 재산에 가하여진 특별한 희생에 대하여 공평부담의 견지에서 행정주체가 행하는 보상의 기준이 되는 가치로서 관련법규에 평가기준과 방법이 규정되어 있다. 이러한 보상가치는 해당 사업으로 인한 개발이익의 배제문제와 정당한 보상을 어떻게 실현할 것인가 하는 문제와 관련하여 첨예한 이해관계가 대립되는 측면이 내재되어 있다.

(3) 공익가치

공익가치란 어떤 부동산의 최유효이용이 사적 목적의 경제적 이용에 있는 것이 아니라 보존과 같은 공공목적의 비경제적 이용에 있을 때 대상부동산이 가지게 되는 가치를 말한다. 예를 들면, 역사적 유적지나 국립공원에 인접한 사유지 혹은 자연경관이 수려한 해변 등과 같은 부동산이 그 대상이 된다. 공익가치는 이러한 부동산이 공용으로 이용되고 있을 때의 대상부동산의 가치가 된다.

(4) 담보가치

은행 등 금융기관에서 해당 물건을 담보로 대출을 실행하기 위해 사용되는 가치이다. 담보평가 시 시장가치를 기준으로 하는 것이 원칙이지만 담보물건의 안정성 등으로 인해 특수한 조건 등이 수반되는 경우 시장가치 이외의 가치로 평가할 수도 있다.

> **▶ 담보가치**
>
> 금융기관에서 실제 대출을 실행함에 있어서는 각종 공제제도를 운용하고 있다는 점도 알고 있어야 한다. 즉, 주거용 부동산 및 상업용 부동산의 경우에는 「주택임대차보호법」 및 「상가건물임대차보호법」에 따라 소액보증금 등 일정한 금액이 법이 정한 요건을 충족하게 되는 경우 보호됨에 따라 해당 금액만큼을 공제하고 대출심사의 기준으로 삼게 된다. 따라서 금융기관의 입장에서는 담보가치라고 하면 이러한 각종 공제금액을 제외한 순수한 대출대상이 되는 금액을 지칭하기도 함에 유의해야 한다. 이러한 담보가치의 경우에 시장가치를 기준으로 하여 가치를 산정한 후 담보로서의 안전성과 환가성을 고려하여 80~90% 정도의 조정률을 기준으로 최종 담보가치를 산정하게 되는 경우도 있다.

구분	시장가치	담보가치
정의	통상적인 시장에서 성립될 가능성이 가장 높다고 인정되는 가액	시장가치에 시간경과에 따른 가격 변동 리스크가 반영된 가액
평가 중점	현 시점의 가치에 중점	미래 회수시점의 가치에 중점
성격	객관적인 가치	주관적인 가치
공개 기간	시장에서 수요와 공급의 균형에 의하여 성립되는 가액으로 적정한 마케팅 기간 고려	채권회수를 위하여 법적조치 시 처분될 수 있는 가액으로 단기의 마케팅 기간 고려

(5) 경매가치[14]

법원에서 경매절차를 진행하기 위한 최저입찰가격의 기준으로 사용되는 가치이다. 법원은 당사자에게 손해가 생기지 않도록 하기 위하여 경매부동산에 대하여 상당한 값이라고 인정하여 정한 최저경매가격 미만으로는 경락을 허가하지 않는다. 경매 목적의 감정평가를 할 때도 시장가치를 기준으로 하는 것이 원칙이지만 경매의 특성으로 인해 특수한 조건 등이 수반되는 경우 시장가치 이외의 가치로 평가할 수도 있다.

> ▶ 경매가치
> 경매평가의 경우에는 대상물건의 여러 가지 물리적, 법률적 제약과 제한이 가해지고 있더라도 이 제한 제약과 제한이 없는 상태를 상정하여 평가하는 경우가 많이 있음에 유의해야 한다. 다만, 경매절차에 의해 없어지지 않는 권리는 고려해야 하며 이에 따라 실제 경매가 진행되는 과정에서 낙찰가는 대상물건의 개별적인 상태에 따라 다양하게 결정되는 것을 볼 수 있다.

> **감정평가론, 서경규 著**
> 경매나 공매 사례는 다음과 같은 이유로 시장가치라 할 수 없다.
> - 판매자가 배제된 상태에서 제3자인 법원이나 한국자산관리공사가 주관한다.
> - 대상물건이 제한된 시간만 노출되고 특별한 마케팅 활동이 없다.
> - 판매자에 의한 신중하고 자발적인 거래가 아니다
> - 최빈거래가액이 아닌 최고가액으로 결정하므로 시장가치라 할 수 없다.

---

[14] 현재 부동산 및 동산의 경우에는 감정평가사를 원칙적으로 감정인으로 지정하여 최저입찰가격을 평가하도록 하고 있다.

(6) 장부가치

장부가치란 대상부동산의 최초 취득가격에서 법적으로 허용되는 방법에 의한 감가상각분을 제외한 나머지로서 현존하고 있는 장부상의 잔존가치를 말한다. 이러한 장부가치는 주로 회계목적이나 세무목적으로 사용되는 경우가 많다.

> ● 『회계용어공보 : 회계상 가치』
>
> 회계상 가치란 어떤 항목이 표시되는 금액을 뜻하는 것으로 이 금액은 그 항목의 표시에 관련된 회계원칙에 준거하여 표시되어야 한다. 따라서 회계상 가치의 의미는 재무상태표 가치가 되는 것으로 회계단위에 대한 원가액을 가리키는 것이다.
> 이렇게 볼 때 가치는 자산과 부채 및 자본의 계정금액을 표현하는 수단으로 회계에서 사용되었다는 것을 알 수 있다. 회계상 가치는 기본적으로 현행가치의 개념을 나타내는 것이 아니라 특정의 양적 표현방법을 표시하는 것으로서 원가에 의해 결정되는 것을 가리킨다. 이와 같이 가치란 본래 회계학적 개념이 아니었지만, 기업실체 구성요소에 대한 재무제표상 표시가 모두 이 가치에 입각하고 있으므로 회계의 기초 개념이 된다고 할 수 있다.

(7) 공정가치

한국채택국제회계기준에 따라 자산 및 부채의 가치를 추정하기 위한 기본적 가치기준으로 합리적인 판단력과 거래의사가 있는 독립된 당사자 사이의 거래에서 자산이 교환되거나 부채가 결제될 수 있는 금액을 말한다. 기업체의 지분취득을 위한 가치산정에서 사용되고, 재무보고목적평가에서도 활용된다.

> ● 공정가치
>
> 회계기준의 공정가치 개념은 평가분야의 시장가치와 유사한 개념이나 시장가치보다 광범위한 개념이라 할 수 있다. 예를 들어 특정 당사자 사이의 특수한 증분가치는 당사자 간에는 공정한 가격일 수는 있으나 일반시장에서 형성되는 가격과는 다를 수 있다. 시장가치는 이러한 결합가격의 요소는 고려하지 않는다. 일반적으로 특정 당사자 사이에서 공정한 의미를 갖는 가격은 다른 시장 참여자들에게도 공정한 의미를 갖는다. 그러나 경우에 따라 공정가치 평가 시 고려하는 사항들 중 일부는 시장가치 평가에서는 고려하지 않는다는 점에 유의해야 한다.

> ● 공정가치와 시장가치의 비교
> 1. 공정가치와 시장가치의 공통점
>   (1) 시장증거에 근거한 가치
>   공정가치는 시장증거에 근거하였는지 여부를 밝히도록 하고 있다. 시장가치도 시장분석을 통해 시장증거를 수집, 분석하여 가치가 도출된 것으로 양자 모두 시장증거에 기초한다는 점에서 공통점이 있다.

(2) 존재가치의 성격
존재가치란 현실의 시장상황을 반영하는 가치이고, 당위가치란 현상보다 원인을 중시하는 가격개념이다. 각 가격개념은 모두 시장증거에 기초하고 이상적·당위적 시장상황을 전제하거나 규범적 가치판단이 개입되지 않는 존재가치의 성격을 지닌다는 점에서 공통점이 있다.

(3) 가치3면성의 반영
양 가치개념은 모두 시장성, 비용성, 수익성을 종합·고려하여 결정되는 점이 동일하다. 따라서 구체적으로 감정평가 3방식이 적용되고, 도출된 시산가액을 적절히 조정하여 가치결론을 내린다는 점에서 공통점이 있다.

(4) 가치의 기능
부동산시장은 불완전시장이므로 시장가치와 공정가치는 균형가격의 역할을 대신하여 자원분배와 수급조정기능을 수행한다는 점에서 공통점이 있다.

2. 공정가치와 시장가치의 차이점
(1) 시장가치 외의 가치 여부
기업회계 관련 공정가치 평가가 항상 시장가치 외의 가치가 되는 것은 아니다. 그러나 공정가치에 시너지효과가 반영되거나 부도기업의 청산가치를 구하는 경우처럼 특정한 조건이 수반되는 경우에는 시장가치 외의 가치의 성격을 갖는 경우가 있다는 점에서 시장가치와 차이점이 있다.

(2) 시장의 전제 여부
기업자산의 특수성으로 인하여 공정가치가 반드시 시장을 전제로 형성되는 가치는 아닐 수 있다는 점에서 차이점이 있다.

(3) 적용분야
시장가치는 일반적으로 부동산의 평가 시에 적용되는 개념이나, 공정가치는 기업자산을 재무보고목적으로 평가할 때 적용되는 가치개념이라는 점에서 차이점이 있다.

(8) 계속기업가치

1) 의의

유·무형의 기업자산을 개별적으로가 아니라 총체적인 관점에서 계속기업이 가질 수 있는 가치를 말한다. 계속기업이란 이미 설립되어 영업을 하고 있는 회사이다. 그리고 미래수명이 무기한적인 회사로서 가까운 장래에는 결코 청산되지 않을 것이 거의 확실한 회사이다.

2) 구성

이때 계속기업가치는 2가지로 구성된다. 하나는 동산과 부동산과 같은 유형자산의 가치이며, 다른 하나는 상호, 명성, 집단노동력, 계약권, 특허권, 상표권과 같은 무형자산의 가치이다. 이 같은 무형자산은 기업이 존속할 경우에는 가치를 지니지만, 청산할 경우에는 대부분 아무런 가치를 지니지 못한다.

> ● 미국 감정평가협회 : 계속기업가치
> 계속기업가치보다는 계속기업의 시장가치가 보다 정확한 용어임에도 불구하고, 과거실적으로 증명된 재산경영의 시장가치를 설명하는 데 사용되어왔으나 계속기업가치 개념은 미래 기업 경영에도 적용될 수 있다. 최근의 계속기업에 대한 정의는 기업체가 미래 즉, 통상 무기한으로 잘 지속될 것으로 예상한다는 가정을 강조한다.

(9) 청산가치

청산가치는 부도발생 등으로 더 이상 사업을 영위할 수 없는 경우 청산을 전제로 하는 경우의 회수 가능한 가치를 말한다. 이는 계속기업가치와 비교분석하는데 주로 사용되며, 이때 청산이 자발적인지 혹은 비자발적인지에 따라 평가결과의 차이가 달라질 수 있다.

> ● 청산가지, 『감정평가학원론』, 서광채 著
> 청산가치란 청산을 목적으로 일정한 처분계획에 따라 대상물건이 시장에서 매각되었을 때 그 물건의 매매로부터 합리적으로 획득할 수 있을 것으로 인정되는 가치를 말한다. 기업활동에 사용되면 물건들이 각각 매각되는 경우로서 일반적으로 폐업 후에 이루어진다. 이러한 청산가치는 시장가치와 유사한 성격을 가지고 있으나 다음과 같은 차이점이 존재한다.
>
> − 처분시점이 현재가 아니라 일정한 시간이 경과된 미래라는 점
> − 출품기간이 평가시점부터 개시된다는 점
> − 가격이 평가시점 현재 현금이나 현금등가물의 형태로 지불되지 않는다는 점

(10) 해체처분가치

해체처분가치란 토지 이외의 평가대상물건을 해체한 후 구성요소로서 처분하는 경우 대상물건이 시장에서 충분한 기간 공개된 후 그 대상물건의 내용에 정통한 당사자가 신중하고 강요됨이 없이 독립된 거래관계에서 교환될 것으로 인정되는 기준시점 현재의 가치를 말한다. 토지 이외의 물건에 대해 특별한 수리나 개량을 하지 않고 계속적으로 사용하기보다는 오히려 그것의 구성요소를 처분하는 경우의 가치를 의미한다.

(11) 투자가치

1) 의의

투자가치란 특정한 투자자가 특정 투자목적에 대하여 부여하는 투자조건에 따라 투자대상 물건이 발휘하게 되는 가치를 말한다. 이러한 투자가치는 대상물건이 특정한 투자자에게 부여하는 가치로서 시장가치가 시장에서의 객관적 가치인데 반해 투자가치는 투자자가 대상물건에 대하여 갖게 되는 주관적 가치이다. 이러한 투자가치는 투자에 소요되는 비용과 창출되는 편익을 분석함으로써 추계된다.

2) 활용

투자자는 시장가치와 투자가치를 비교하여 투자결정을 하게 된다. 새로운 부동산개발사업을 구상하고 있는 투자자는 개발사업이 완성되었을 때 시장에서 팔릴 수 있는 시장가치보다 비용편익분석으로 측정되는 투자가치가 클 경우에는 투자를 하게 되고, 시장가치보다 투자가치가 작을 경우에는 투자를 유보하게 된다. 평가사는 이러한 투자자를 대신하여 대상부동산의 투자가치를 평가하게 되는 경우가 많다. 대부분의 투자가치는 투자를 위한 많은 가정조건들을 제시하기 때문에 투자가치 평가보고서는 컨설팅보고서 형태로 제공되기도 한다. 투자가치로 평가할 경우에는 투자에 따른 조건들을 감정평가서에 명확히 기술하여야 한다.

> **● 투자가치와 시장가치의 비교(관계)**
> 1. 가치의 성격
>   시장가치가 대상부동산에 대해 시장이 부여하는 객관적 가치라면, 투자가치는 투자자가 대상물건에 대하여 갖게 되는 주관적 가치에 해당한다.
> 2. 가치의 전제
>   시장가치는 최유효이용을 전제로 파악되어야 하지만, 투자가치는 특정 투자자가 요구하는 용도를 우선적인 전제로 파악되어야 한다.
> 3. 통상적인 시장참가자
>   시장가치와 다른 점은 통상적인 이용능력을 가진 사람이 아니라 전문적인 이용능력을 가진 사람을 가정한다는 점이 다르며 이 때문에 투자가치는 일반적으로 시장가치와 다른 가치를 보이는 경우가 많다.
> 4. 교환거래
>   투자가치는 영업목적이나 개별투자 목적으로 보유한 자산에 대해 특정 투자자 또는 그 소유자가 갖는 보유가치이므로, 투자가치는 시장에서 실현될 수 있는 매각차익과 같거나 높을 수 있고, 교환을 전제로 하지 않는다. 따라서 대개 투자성과로 평가되어야 한다.
> 5. 금융조건과 세금조건
>   시장가치는 특정한 금융조건이 결부되지 않은 전형적인 저당대부와 세율을 고려하지만, 투자가치는 특정 투자자의 세금신분, 요구수익률, 대상부동산의 저당대부 등을 고려한다.
> 6. 추계방법
>   시장가치는 전통적인 감정평가 3방식에 의해 추계되지만, 투자가치는 주로 직접환원법과 할인현금수지분석법을 적용하는 수익방식으로 추계된다.
> 7. 활용
>   시장가치는 일반거래활동 등을 포함한 모든 부동산활동의 기준이 되며, 과세가치, 보험가치, 저당가치 등의 추계를 위한 기초가 되지만, 투자가치는 일반적으로 투자안의 경제성 분석에 주로 이용된다.

3. 일본 부동산 감정평가기준의 시장가치 외의 가치의 종류 및 정의

(1) 특수가격

1) 의의

특수가격은 자산재평가 등의 목적에 따라 공공건물이나 교회 혹은 문화재 등과 같이 시장성이 없는 부동산의 경제적 가치를 산정할 때 사용되는 가격 개념이다. 이 같은 부동산을 특히 특수목적 부동산이라고도 한다. 특수목적 부동산은 물리적 구조, 설계, 외관, 특수자재 등의 특이성으로 인하여 그 효용이 특정한 용도로 제한되는 경우가 많다. 즉, 문화재지정 건조물·종교시설 및 공공 공익시설 용도 부동산 등 그 보존에 주안점을 두는 경우의 가치이다.

2) 유의사항

특수목적 부동산의 경우에는 현재의 용도와 이용상태를 전제로 평가하는 것이 일반적이다. 그러나 현재의 용도가 지속성이 없을 경우에는 유사성이 가장 큰 대안적 용도를 기준으로 평가하게 된다.

(2) 특정가격[15]

1) 의의

특정가격이란 시장성을 갖는 부동산에 대해 법령 등에 따른 사회적 요청을 배경으로 하는 평가목적하에서, 정상가격의 전제가 되는 제 조건을 만족하지 않는 경우의 부동산 경제가치를 적정하게 표시하는 가격을 말한다. 특정가격에서 의미하는 가격은 정상가격의 정의인 '합리적이라 판단되는 조건'의 일부가 결여되는 시장에서 성립하는 가격과 반드시 시장에서 성립하는 것은 아니나 대상부동산의 특정 경제가치를 표시하는 가격을 의미한다.

2) 예시

① '자산의 유동화에 관한 법률' 또는 '투자신탁 및 투자법인에 관한 법률'을 근거로 하는 평가목적하에서 투자자에게 제시하기 위한 투자채산가치를 표시하는 가격을 구하는 경우
② '민사재생법'에 근거한 평가목적하에서 조기매각을 전제로 한 가격을 구하는 경우
③ '회사갱생법' 또는 '민사재생법'에 근거한 평가목적하에서 사업의 계속을 전제로 하여 가격을 구하는 경우

---

[15] 법정 감정평가의 개념으로 이해할 수 있다.

(3) 한정가격

1) 의의

한정가격이란 시장성을 갖는 부동산이지만, 대상부동산과 취득할 타 부동산과 합병 또는 부동산의 일부를 취득할 때 분할 등으로 인하여 정상가격과 동일한 시장개념하에서 형성될 수 있는 시장가치와 괴리됨으로써 시장이 상대적으로 한정되는 경우 취득부분이 당해 시장에서 한정되는 데 근거하여 시장가치를 적정하게 표시하는 가격을 말한다. 다시 말해 한정가격은 어떤 부동산이 지니고 있는 일반적인 시장형태와는 다르게 시장이 한정됨으로써 형성되는 가격으로 볼 수 있다. 한정가격 또한 시장가치처럼 시장성을 갖는 부동산에 적용되는 개념이다. 그러나 그 시장 자체가 일부 시장참여자로 제한된다는 의미에서의 한정가격임에 유의해야 한다.

2) 예시

① 지상권자와 지상권설정자가 합병을 목적으로 매매하는 경우
② 특수한 형태나 규모의 인접 부동산을 합병할 목적으로 매매하는 경우
③ 경제적 합리성에 반하는 부동산의 분할을 전제로 매매하는 경우

3) 유의사항

한정된 시장참여자들 간의 관계에 따라 정상적인 시장가치에 비하여 가격이 비싸게 형성될 수도 있고 오히려 낮게 형성될 수도 있다. 즉, 합병증가/합병감가, 분할증가/분할감가가 나타날 수 있으므로 시장의 성격과 시장참여자들의 반응을 주의 깊게 살펴야 한다.

V 결

부동산에는 여러 가지 형태의 가격의 다원적 개념이 상존하고 있다. 평가사는 각자의 전문분야에 따라 여러 종류의 가치를 평가한다. 평가기준이 되는 가치의 종류가 달라지면, 평가된 금액뿐만이 아니라 그것에 적용되는 이론이나 기법 등도 달라진다. 현재 우리가 사용하는 여러 가지 평가이론과 기법 등은 시장가치의 추계를 기준하고 있다. 다른 종류의 가치추계에는 시장가치의 추계에서 사용되는 이론과 기법이 원용된다. 부동산 가격다원론에 따라 우리나라의 규정도 단순히 시장가치와 시장가치 외의 가치로 구분할 것이 아니라, 보다 세분화하여 규정함으로써 이에 대한 평가기법 및 이론의 연구가 필요할 것이다.

05절 시장가치기준 원칙 ▶기출 10회, 23회, 27회, 30회

『감정평가에 관한 규칙』 제5조(시장가치기준 원칙)
① 대상물건에 대한 감정평가액은 시장가치를 기준으로 결정한다.
② 감정평가법인등은 제1항에도 불구하고 다음 각 호의 어느 하나에 해당하는 경우에는 대상물건의 감정평가액을 시장가치 외의 가치를 기준으로 결정할 수 있다.
  1. 법령에 다른 규정이 있는 경우
  2. 감정평가 의뢰인(이하 "의뢰인"이라 한다)이 요청하는 경우
  3. 감정평가의 목적이나 대상물건의 특성에 비추어 사회통념상 필요하다고 인정되는 경우
③ 감정평가법인등은 제2항에 따라 시장가치 외의 가치를 기준으로 감정평가할 때에는 다음 각 호의 사항을 검토해야 한다. 다만, 제2항 제1호의 경우에는 그렇지 않다.
  1. 해당 시장가치 외의 가치의 성격과 특징
  2. 시장가치 외의 가치를 기준으로 하는 감정평가의 합리성 및 적법성
④ 감정평가법인등은 시장가치 외의 가치를 기준으로 하는 감정평가의 합리성 및 적법성이 결여(缺如)되었다고 판단할 때에는 의뢰를 거부하거나 수임(受任)을 철회할 수 있다.

Ⅰ. 서
Ⅱ. 시장가치
　1. 의의
　2. 시장가치의 개념요소
　　(1) 시장성이 있는 재화
　　(2) 통상적인 시장
　　(3) 충분한 기간 동안 거래를 위하여 공개된 후
　　(4) 대상물건의 내용에 정통한 당사자 사이
　　(5) 신중하고 자발적인 거래가 있을 경우
　　(6) 성립될 가능성이 가장 높다고 인정되는 가액

3. 검토
Ⅲ. 시장가치 외의 가치
　1. 의의 및 요건
　2. 시장가치 외의 가치로 결정 시 검토사항
　3. 시장가치 외의 가치의 예시
　　(1) 개념
　　(2) 검토사항
Ⅳ. 결

Ⅰ 서[16]

「감정평가에 관한 규칙」 제5조에서는 시장가치기준 원칙을 규정하여 감정평가액의 성격을 시장가치로 명확히 하였다. 이는 가격과 가치를 명확히 구분함으로써 감정평가의 본질에 부합하도록 하고 외국의 감정평가 관련 기준이나 회계·금융·세무·컨설팅 등 타분야에서도 'Market Value'라는 용어를 사용하고 있어 국제 표준에 맞게 시장가치로 변경한 것이다. 다만, 감정평가액을 결정할 때 시장가치를 원칙으로 하되 시장가치 외의 가치를 기준으로 할 수 있는 경우를 규정함으로써 다양한 감정평가 수요에 대응할 수 있도록 하고 있다.

---

16) 감정평가 실무기준 해설서(Ⅰ), 2014, p104, 105

시장가치는 평가이론에서 가장 중요한 개념 중의 하나라고 할 수 있다. 왜냐하면, 역사적으로 감정평가에서 사용되고 있는 수많은 이론과 기법들은 시장가치를 기준으로 하여 전개되어 왔기 때문이다. 다른 종류의 가치는 이러한 시장가치에서 사용되는 이론과 기법이 그대로 원용된다. 이에 따라, 대부분의 평가는 시장가치의 산정으로부터 시작된다. 즉, 여러 종류의 가치는 시장가치의 산정을 전제로 하거나 그것을 기준으로 하여 평가되는 경우가 많다.

▮▮ 시장가치

1. 의의(통충정신성)

시장가치란 감정평가의 대상이 되는 토지 등이 통상적인 시장에서 충분한 기간 동안 거래를 위하여 공개된 후, 그 대상물건의 내용에 정통한 당사자 사이에 신중하고 자발적인 거래가 있을 경우 성립될 가능성이 가장 높다고 인정되는 대상물건의 가액으로 정의되며, 교환가치이자 존재가치이며, 객관적 가치라 할 수 있다.

2. 시장가치의 개념요소

(2)와 (3)은 시장조건, (4)는 당사자조건 및 (5)와 (6)은 거래조건에 속한다.

(1) 시장성이 있는 재화

시장가치는 시장성이 있는 물건에 대한 가치로서 시장성이란 매매가능성 혹은 임대가능성 등을 말하며, 시장성이 있는 물건이란 일반 다수인 간에 이러한 거래의 대상이 되는 물건을 말한다. 따라서 시장성이 없는 공공·공익에 제공되는 부동산은 용도폐지가 되기 전에는 시장성이 없으므로 시장가치가 형성되지 못한다.

(2) 통상적인 시장

통상적인 부동산 거래시장은 일반재화가 거래되는 시장과는 특성이 다르나, '시장가치'의 제반 조건을 만족하는 상정된 시장이며, 현실에 존재하지 아니하는 시장이 아니고 통상적인 부동산 거래가 이루어질 수 있는 시장을 지칭한다. 또한, 현실적으로 불완전경쟁시장의 성격[17]을 가진다고 보아야 할 것이다. 또한 통상적인 시장은 다수인이 참여하고 시장참가자의 의사에 따라 시장의 참여 또는 진출입이 자유로운 공개된 시장[18]을 의미한다.

---

[17] 부동산시장의 속성은 시장참여자별로 정보비용의 차이가 발생하는 점이나 모든 시장의 정보가 가치에 바로 반영되는 효율적 시장으로 보기 어려운 점에 비추어 보면 현실적으로 불완전경쟁시장의 성격을 가진다.
[18] 거래시장에서의 다수 당사자의 참가가 허용될 때 이를 공개시장이라고 한다. 이와 대비되는 부동산시장이 폐쇄시장이다. 물론 여기서 말하는 시장은 부동산의 특성상 구체적인 시장을 의미하는 것이 아니고 권리의 매매가 이루어지는 추상적인 시장을 의미한다.

(3) 충분한 기간 동안 거래를 위하여 공개된 후

기준시점 이전 대상부동산을 시장에 출품하되, 충분하고 합리적인 기간 동안 매도자의 적정 마케팅 활동이 수반되어야 한다는 개념으로 정리할 수 있다. 만일, 출품기간이 너무 길거나 너무 짧게 되면 시장가치의 요건을 충족하지 못하게 된다. 여기서 충분한 기간이란 부동산시장을 구성하는 제반 요건 및 기준시점의 상황, 부동산 유형별로 다양한 기간을 의미하며, 거래에 참여하는 거래당사자가 대상물건에 대해 충분히 인지할 수 있는 정도의 시간 동안 공개되었다는 것을 말한다고 볼 수 있다.

(4) 대상물건의 내용에 정통한 당사자 사이

당사자는 객관적으로 보아 통상의 능력을 가진 사람을 전제로 한다. 따라서 천재에 의한 발군의 능력은 고려하지 않는다. 이러한 당사자는 통상의 구매력을 가진 사람을 전제로 하며, 여기서 구매력은 자기자금만이 아니라 타인자금을 이용하여 구매할 수 있는 능력을 말한다. 매수자나 매도자 쌍방이 대상물건 자체의 내용뿐만 아니라 대체·경쟁관계에 있는 물건의 내용과 시장의 사정에 충분히 정통[19]하고 자기의 이익을 위해 사려 깊게 거래활동을 한다고 보고 있다. 즉, 자신의 최선의 이익을 위해 합리적으로 행동하므로 수요자는 시장이 요구하는 가격 이상을 지불하지 않으며, 공급자는 시장에서 현성된 합리적인 가격 이하를 기대하지 않는다.

(5) 신중하고 자발적인 거래가 있을 경우

물건의 내용에 정통한 거래당사자가 '특별한 제약이나 거래동기를 갖지 않고 신중하고 자발적인 의사에 의해 거래가 이루어지는 형태'를 상정하고 있다. 이를 거래의 자연성이라고도 하며 거래의 자연성이란 거래당사자 간에 자유의사로 합의될 수 있는 거래여야 한다는 것으로 당사자의 특별한 동기나 사정 또는 당사자의 의사에 반하여 거래가 강요되는 상황 등이 발생하지 않는 자연스러운 거래를 말한다.
급매매나 친족·지인 간의 거래와 같이 특별한 동기나 특수한 사정이 개입되는 거래 혹은 경매나 공매와 같이 거래에 있어 강제성이 개입되는 거래 등은 거래의 자연성이 부정되는 대표적인 예라고 할 수 있다.

(6) 성립될 가능성이 가장 높다고 인정되는 가액

거래가능가격의 평균을 의미하는 것이 아니고, 거래가능가격 중에서 가장 일어날 수 있는 빈도수가 높은 거래가능가격을 의미한다. 이는 통계적인 개념이라고 볼 수 있으며, 최빈치의 개념이 가장 타당하다.

---

19) 토지이용계획의 변경에 대해 내용을 모르고 거래한 경우이거나 최유효이용이 아닌 상태에서의 유용성을 판단한 경우라면 시장가치의 조건을 충족하지 못한 것이다.

● 성립될 가능성이 가장 높다고 인정되는 가액

성립될 가능성이 가장 높은 가격이 무엇인지가 문제가 된다. 이와 관련하여 통계학에서 사용하는 중심경향을 통해 의미를 파악할 수 있다. 중심경향이란 확률분포에 있어서 사상들이 분포의 중앙에 모이게 되는 현상을 말하는데 중심경향을 나타내는 지표에는 산술평균, 중위치, 최빈치가 있다. 세 가지 중심경향치 중에서 감정평가 분야에서 성립될 가능성이 가장 많은 가격의 개념으로 일반적으로 사용되는 것은 최빈치이다.

1. 산술평균
산술평균은 모든 관측치의 값을 합한 후 그 값을 표본의 수로 나누어 계산한 값이다. 가장 일반적이고 계산하기 쉽다는 장점이 있지만, 극단적인 값이 있으면 측정치가 왜곡될 수 있는 단점이 있다.
2. 중위치
중위치는 데이터를 가장 낮은 수에서 가장 높은 수로 혹은 그 반대로 배열했을 때 그 중간에 위치한 값을 말한다. 데이터의 극단적인 값에 영향을 받지 않는 장점이 있지만 데이터의 순서정보만 활용되고 구체적인 값은 무시되기에 정보의 손실이 발생하는 단점이 있다.
3. 최빈치
최빈치는 모든 데이터에서 가장 빈번하게 발생하는 관측치를 말한다. 극단적인 값에 영향을 받지 않고 분포경향을 쉽게 파악하는 장점이 있지만, 자료를 어떻게 묶느냐에 따라 값의 변화가 커서 중심경향치 중에서 가장 안정성이 낮다는 단점이 있다.

● 일본의 『부동산 감정평가기준』의 정상가격

일본의 『부동산 감정평가기준』에서 규정하고 있는 정상가격이란 '시장성이 갖는 부동산이 현실의 사회·경제정세하에서 합리적이라 판단되는 조건을 만족하는 시장에서 형성될 수 있는 시장가치를 표시하는 적정한 가격'을 말한다.
여기서 현실의 사회·경제정세하에서 합리적이라 판단되는 조건을 만족하는 시장이란 아래와 같은 조건을 만족하는 시장을 말한다.

1. 시장참가자가 자유의사에 기초하여 시장에 참여하고 진입과 퇴출이 자유로울 것 또한 여기서 말하는 시장참가자는 자기의 이익을 최대화하기 위해 다음과 같은 조건을 만족함과 동시에 신중하고 현명하게 예측하고 행동하는 자일 것
   (1) 급매매 등을 초래하는 특별한 동기가 없을 것
   (2) 대상부동산 및 대상부동산이 속하는 시장에서 거래를 성립시키기 위해 필요한 통상의 지식과 정보를 갖고 있을 것
   (3) 거래를 성립시키기 위해 통상 필요한 노력이나 비용을 지출하고 있을 것
2. 거래형태가 시장참가자가 제약되거나 급매매 등을 유인하는 등의 특별한 것이 아닐 것
3. 대상부동산이 상당기간 시장에서 공개되어 있을 것

3. 검토

비록 세부적인 조건은 다소 다르더라도 AI나 IVS, 그리고 우리나라의 감정평가에 관한 규칙상 시장가치는 상당히 유사한 개념체계를 갖추고 있으며, 공통적으로 이해되고 적용될 수 있다. 그러나 앞으로 우리나라의 감정평가규칙에는 더 상세한 시장가치의 조건 규정이 필요할 것으로 본다. 왜냐하면 감정평가 가치의 자의적인 해석 및 적용 여지를 없애고 감정평가 결과에 대한 일반의 신뢰도를 높이기 위하여는 시장가치에 대한 명확하고도 상세한 규정이 필수불가결하기 때문이다.

III 시장가치 외의 가치[20]

『감정평가에 관한 규칙』은 감정평가의 기준가치를 시장가치와 시장가치 외의 가치로 이원화하고 원칙적으로 시장가치를 기준가치로 결정하도록 규정하고 있다. 그런데 경제사회의 발전에 따라 감정평가 업무가 다양해지고 전문화되어 감정평가사의 업무분야도 점점 세분화됨에 따라 시장가치 외의 가치 개념의 중요성이 부각되고 있다. 감정평가사가 다양한 시장가치 외의 가치 개념을 인식하고 적용하게 되면 의뢰인의 요구를 정확하게 담아낼 수 있어 감정평가의 정확성을 제고할 수 있기 때문이다. 또한 시장가치 외의 가치를 적용함으로써 감정평가업무의 다양성이 증가되고, 이는 새로운 업무영역의 확대 효과로 이어질 수 있기 때문이다.

1. 의의 및 요건(법의목특사)

(1) 시장가치 외의 가치의 의의

시장가치와는 달리 시장가치 외의 가치에 대한 개념이 규정되어 있지 않으나, 시장가치와 시장가치 외의 가치로 구분하여 규정하고 있는 형식을 볼 때, 시장가치 외의 가치는 시장가치의 요건을 충족하지 못하는 경우의 가치로 해석할 수 있을 것이다.

시장가치 외의 가치는 법령에 다른 규정이 있는 경우나 감정평가 의뢰인이 요청하는 경우 혹은 감정평가의 목적이나 대상물건의 특성에 비추어 사회통념상 필요하다고 인정되는 경우에 감정평가 시 기준가치로 할 수 있다.

2. 시장가치 외의 가치로 결정 시 검토사항

시장가치 외의 가치로 감정평가할 경우 해당 시장가치 외의 가치의 성격과 특징과 시장가치 외의 가치를 기준으로 하는 감정평가의 합리성 및 적법성을 검토해야 한다. 다만, 법령에 다른 규정이 있는 경우는 그러하지 아니하다. 감정평법인등은 시장가치 외의 가치를 기준으로 하는 감정평가의 합리성 및 적법성이 결여되었다고 판단할 때에는 의뢰를 거부하거나 수임을 철회할 수 있다.

---

[20] 감정평가 실무기준 해설서(I), 2014, p106, 107 / (특강) 특정가격의 요건과 특정가격을 구하는 경우(노용호)

3. 시장가치 외의 가치의 예시[21]

(1) 개념

시장가치 이외의 가치는 공정가치, 투자가치 등이 있다. 공정가치는 해당 자산이나 부채의 주된 시장에서 시장참여자 간의 정상적인 거래를 통해 자산을 판매하고 수취하거나 부채를 이전하고 지급할 가치를 의미한다. 투자가치는 투자 또는 영업목적으로 보유한 자산이 특정 투자자 또는 투자집단에게 갖는 가치로, 투자가치는 시장가치보다 높거나 낮을 수 있다.

(2) 검토사항

시장가치 외의 가치를 가치기준으로 삼은 경우에는 가치의 성격과 특징을 검토하여야 한다. 예를 들면, 공정가치는 시장에서 시장성과 교환거래를 전제로 하나, 특수 당사자 간의 한정된 시장에서 형성되는 가치라는 특징을 갖는다. 그리고 투자가치의 경우 시장성은 있으나 통상 교환거래를 전제하지 않는다는 특징이 있다. 이와 같이 시장가치 외의 가치를 기준으로 감정평가할 때에는 가치의 성격과 특징뿐만 아니라 사회적으로도 합리성이 충족되어야 하고, 아울러 감정평가관계법규에도 위배되지 않아야 한다.

IV 결

감정평가에서 구하여야 할 가격은 궁극적으로 시장가치로 귀착되는바, 이러한 시장가치를 구하기 위해서는 거래시장 및 대상물건, 거래당사자 등 일정한 조건을 요하게 된다. 따라서 감정평가사는 위의 조건충족 여부를 면밀히 조사하여 평가에 임하여야 한다. 감정평가에 관한 규칙에서는 시장가치의 예외로서 시장가치 외의 가치를 제한적으로 인정하고 있으나, 가격의 다원론을 인정하는 이론적, 실무적 관점에서 볼 때 미국이나 일본과 같이 시장가치 외의 가치 개념을 보다 세분화할 필요가 있다.

---

21) 『감정평가에 관한 규칙』은 시장가치 외의 가치에 대한 종류에 대해 규정하고 있지 않아 시장가치 외의 가치가 평가실무에서 활발하게 적용되지 못하고 있는 실정이다. 다만, 시장가치 외의 가치 중 재무보고평가와 관련된 공정가치는 활발하게 활용되고 있다. 『감정평가 실무기준』에 공정가치의 용어와 정의가 규정되어 있기 때문에 활용에 큰 문제가 없기 때문이다.

06절 적정가격의 성격 및 시장가치와의 동일성 여부[22] ▶기출 6회

```
Ⅰ. 서                          Ⅲ. 적정가격과 시장가치와의 관계
Ⅱ. 적정가격의 성격                    1. 시장가치의 의의
  1. 적정가격의 의의                   2. 동일한 개념이라는 견해
  2. Sein 가격이라는 견해              3. 다른 가격 개념이라는 견해
    (1) Sein 가격의 개념              4. 검토
    (2) Sein 가격의 주장 논거       Ⅳ. 결
  3. Sollen 가격이라는 견해
    (1) Sollen 가격의 개념
    (2) Sollen 가격의 주장 논거
  4. 검토
```

Ⅰ. 서

감정평가사가 구해야 하는 가격은 법에 정해놓은 적정가격이나 시장가치이다. 부동산 가격공시법에는 적정가격, 감정평가에 관한 규칙 및 감정평가 실무기준에는 시장가치라 규정하고 있다. 이로 인하여 여러 가지 제재를 받게 되는바, 평가사가 산정한 가격이 정당한가 여부는 가격이 갖는 의미에 합당한지 여부에 상관없이, 현실은 오로지 법의 내용과 절차, 그리고 기준 등에 따라 평가했는지 여부에만 관심이 있으며, 그것만이 정당성과 객관성을 확보할 수 있는 길이다. 또한 최근 국제화의 추세로 인하여 국제평가기준의 통일에 대한 요구 및 국제회계기준의 도입으로 외국의 평가방법 및 평가규정과 괴리될 수만은 없는 문제가 있다. 대다수의 선진국가가 Market Value의 개념을 평가의 기준가격으로 규정하고 있는 반면, 우리나라에서는 시장가치와 적정가격에 대한 개념 또한 명확히 정리하지 못하는 문제가 있다. 이하에서는 양자의 가격에 대한 진정한 의의를 정리함으로써, 혼동을 피하고 평가주체의 의견이 신뢰성을 가질 수 있도록 하고자 한다.

---

22) (특강) 정상가격과 적정가격(노용호, 건대특강)

II 적정가격의 성격

1. 적정가격의 의의

적정가격이란 "토지, 주택 및 비주거용 부동산에 대하여 통상적인 시장에서 정상적인 거래가 이루어지는 경우 성립될 가능성이 가장 높다고 인정되는 가격"(부동산공시법 제2조)을 말한다. 적정가격이 현실의 존재가격(Sein)이라는 견해와 당위가격(Sollen)이라는 견해가 대립한다.

2. Sein 가격이라는 견해

(1) Sein 가격의 개념

① 현실의 시장상황을 반영하는 가격으로서, 객관적으로 확인 가능한 가격을 말하며, 원인보다 현상을 중시하는 개념 ② 즉, 시장참여자의 집단적인 가치판단을 중시하는 개념이다.

(2) Sein 가격의 주장 논거

① 적정가격은 불확실한 인위적인 요소가 개입되는 것보다, 시장의 흐름에 따른 자연 발생적인 가격이 더 중요하다.
② 적정가격은 현실 부동산시장을 전제로 하여, 시장참여자들의 집단적 가치판단에 초점을 맞추어야 한다.
③ 적정가격은 불확실한 부동산시장하에서 최빈이용가능가격이라는 확률적 개념을 중시하는 추세에 부합한다.
④ 부동산시장에서 완전경쟁시장은 현실성이 없으며, 부동산의 고유한 내재가치는 현실성 없는 추상적·가상적인 것이다.

3. Sollen 가격이라는 견해

(1) Sollen 가격의 개념

① Sollen 가격이란 당위성을 내포한 이상적·규범적 가격으로서, 시장이 균형을 회복했을 때 성립할 것으로 생각하는 가격을 말한다.
② 이는 어떤 현상은 원인이 있어야 생긴다는 당위적 사고로서 부동산의 고유한 내재가치를 존중하는 개념이다.

(2) Sollen 가격의 주장 논거

① 부동산시장의 특성상 Sein 가격은 개별적 사정 등 불합리한 요소를 내포할 가능성이 많다.
② 부동산의 가격이 가격선도 기능이 있다면 당위성을 내포하여야 한다.
③ 부동산의 고유한 내재가치를 무시할 수 없다.

④ 부동산시장이 불안정한 상황에서는 Sein 가격보다 Sollen 가격이 더 낫다.
⑤ 적정가격은 지표성을 지닌 새로운 가치의 창조이다.

4. 검토

적정가격은 시장상황을 전제로 한 가격이라는 측면에서 sein 가격으로 보는 견해도 타당하다. 그러나 적정가격은 시장가치와 괴리될 개연성이 있는 법정가격이며, 시장에서 자유로운 거래 동기에 따라 시장의 경기상황이 그대로 반영된 가격이 아님에 유의해야 한다.

실제로 적정가격의 평가방법은 3방식 적용과 시산가액 조정을 거쳐 가격을 구하도록 법정하고 있을 뿐만 아니라 경제상황, 물가상승 등의 요인을 참작하여 해당 부동산이 "그래야 하는 당연한 가치(sollen)를 창조"하는 작업이라는 것을 시사한다. 우리나라에서의 적정가격은 sein 개념뿐만 아니라, sollen 가격의 개념도 내포하고 있다고 판단된다.

> ● 현실가격과 당위가격[23]
> 1. 현실가격과 당위가격
>   현실가격(sein wert)이란, "있는 그대로의 상태"의 가격이고, 당위가격(sollen wert)이란 "있어야 할 상태"의 가격을 의미하는데 감정평가의 기준으로 정하여야 할 가격은 둘 중 어느 것인가 하는 문제에 대해서는 여러 가지 논쟁이 있다. 현실가격을 구하는 것은 직접접근이라 하고, 당위가격을 구하는 것을 간접접근이라고 한다.
> 2. 현실가격(sein wert) 직접접근
>   현실가격에서 말하는 "있는 그대로의 상태"란 현실의 거래가격을 의미하는 것이다. 따라서 이와 같은 직접접근방법은 가격을 구하는 데 시간과 비용이 절약되는 방법이기는 하나 당위성이 반영되지 않는 경우가 많아 가격의 요인과 그 요인을 반영하는 현실 사이에 시간적인 괴리가 있을 수 있으며, 가격의 요인과 그 요인을 반영하는 현실 사이에 내용상의 괴리도 나타나는 것이 일반적이다. 또한 시장가격은 현실의 가격이 되어야 한다는 주장은 감정인이 감정평가를 행함에 있어 자기의 주장을 가미한다면 오히려 가격을 혼란에 빠지게 한다는 근거를 제시하고 있다.
> 3. 당위가격(sollen wert) 간접접근
>   "감정평가란 부동산가격에 대한 전문가의 판단이며 의견이다"라는 관점에서 볼 때 감정평가에서 구하여야 할 가격이란 "있어야 할 상태"를 의미한다고 할 것이다. 이와 같은 당위가격은 어떤 현상을 파악할 수 있는 장점이 있는 반면, 주관개입의 우려가 있고, 시간과 비용이 많이 들며, 자료수집이 어렵다는 단점이 있다.
> 4. 검토
>   부동산 실거래가 신고제가 도입되면서 다수의 시장거래사례가 체계적, 공개적으로 축적, 활용되고 있다. 이는 감정평가 사례자료가 풍부하게 활용됨으로써 감정평가의 객관성을 높이는 좋은 계기가 되고 있는 한편 감정평가 무용론이 제기되는 근거가 되기도 한다. 그러나 실거래가 자료는 어디까지나 '현실가격'으로서 가격요인이 시장의 효율성에 의하여 즉각 반영되지 못하므로 시간적, 내용적 괴리현상이 발생한다. 따라서 감정평가활동에 의한 '당위가격 접근'이 필요하게 됨은 당연하다.

---

23) 경응수, 감정평가론 제6판, 나무미디어, 2021

Ⅲ 적정가격과 시장가치와의 관계

1. 시장가치의 의의
"시장가치"란 감정평가의 대상이 되는 토지 등이 통상적인 시장에서 충분한 기간 동안 거래를 위하여 공개된 후, 그 대상물건의 내용에 정통한 당사자 사이에 신중하고 자발적인 거래가 있을 경우 성립될 가능성이 가장 높다고 인정되는 대상물건의 가액으로 정의된다.

2. 동일한 개념이라는 견해
① 양 가격의 정의에서 통상적 시장하에서의 가격 개념을 요소로 함으로써, 궁극적으로 시장가치와 적정가격은 동일한 개념이며, ② 적정가격으로 고시된 공시지가가 가격선도 기능 및 거래 지표의 기능을 한다면 시장가치 개념과 다를 이유가 없다.

3. 다른 가격 개념이라는 견해
① 적정가격 개념은 시장성을 강조한 개념으로 개정되었으나, 적정가격은 시장가치조건인 당사자의 정통성이 충족되지 못한다.
② 적정가격의 정상적인 거래가 의미하는 것이 시장가치의 조건을 충족한다고 보기 어려우며 이는 투기적인 거래나 비정상적인 거래를 배제한다는 의미로 이해하여야 할 것이다.
③ 적정가격은 법률목적상의 가격이고, 시장가치는 시장성을 중시하는 개념이다.
④ 적정가격은 부동산 관련법규에서 다양한 개념으로 설명되나, 시장가치는 순수한 가치를 반영하는 평가의 행위기준으로서 하나의 가격개념이다.
⑤ 시장가치는 현실적·객관적 가격이며, 적정가격은 가치지향적·정책적 가격이다.

4. 검토[24]
① 이 두 법령에서 규정하는 가격 개념은 동일한 가치전제, 즉 시장가치를 기초로 하고 있음은 명백하다. 두 법령의 용어 정의상의 차이는 그동안의 법적 관행상 행정목적에 따라 다르게 부르고 있을 뿐 그 어떤 조항에도 각기 다른 평가방법이나 가치전제를 규정하고 있지 않기 때문이다. ② 적정가격은 공시지가 적용 평가 시 부동산시장의 불완전성으로 인한 시장가치와의 괴리를 보정하기 위하여 규정한 당위가격이지만, 통상적 시장에서 거래될 가능성이 가장 높은 가격을 기초로 결정되는 시장가치라는 점에서는 동일하다고 본다. ③ 다만, 불필요한 혼란과 민원제기 사례를 고려할 때 시장가치로 통일하여 사용하도록 함으로써 이용자의 주관적 적용이나 일반 국민의 불신 여지를 제거하는 것이 바람직하다.

---

[24] 경응수, 감정평가론 제6판, 나무미디어, 2021

IV 결

부동산공시법에서 적정가격이 법률상 용어로 정립됨에 따라 시장가치와 적정가격의 개념상의 차이에 대하여 논의하는 경우가 많은데, 적정가격과 시장가치가 동일한 개념이라는 견해와 다르다는 견해가 있다. 또한 적정가격은 당위가격이고, 시장가치는 존재가격이라고도 한다. 시장가치나 적정가격을 반드시 sein과 sollen으로 양분할 것이 아니라 경우에 따라 양자의 개념을 동시에 내포할 수 있다고 이해해야 할 것이다. 특히 부동산공시가격의 경우 sein 가격을 원칙으로 하면서도, 동시에 정책가격인 sollen의 성격을 내포하기 때문에 시장가치와 괴리될 가능성을 완전히 배제할 수 없다. 그러므로 각종 민원의 대상이 되고 있는 공시지가 및 보상가격은 시장가치와는 현실적인 괴리가 발생할 수밖에 없음을 명백히 할 필요가 있다.

> 시장가치의 변경 전 개념인 정상가격과 (구)「공공용지의 취득 및 손실보상에 관한 특례법(공특법)」상의 적정가격의 동일성 여부에 대한 건설교통부의 유권해석에 따르면, 같은 의미로 볼 수 없다고 하고 있는 바, 이를 유추하면 현재의 「토지보상법」상의 적정가격 또한 시장가치 외의 가치로 볼 여지가 있는 것으로 판단된다.

07절 부동산 가치발생요인(효상유이) ▶기출 6회, 8회, 29회

Ⅰ. 서
Ⅱ. 효용(Utility)(편익)
  1. 의의
  2. 효용의 형태
    (1) 쾌적성
    (2) 수익성
    (3) 생산성
  3. 일반재화와의 비교
  4. 가격결정요인과의 관련성
Ⅲ. 상대적 희소성(Scarcity)
  1. 의의
  2. 상대적 희소성의 원인과 해소방안
    (1) 상대적 희소성의 원인
    (2) 상대적 희소성의 해소방안
  3. 일반재화와의 비교
  4. 가격결정요인과의 관련성
Ⅳ. 유효수요(Effective Purchasing Power)
  1. 의의
  2. 일반재화와의 비교
  3. 가격결정요인과의 관련성
Ⅴ. 이전성(Transferability)
  1. 의의
  2. 이전성에 대한 비판
Ⅵ. 가치발생요인 간의 상호관련성

Ⅰ 서

부동산의 가격은 시장에서의 수요와 공급에 의해 발생하는데 수요를 결정하는 효용과 유효수요, 공급을 결정하는 상대적 희소성 3자의 상호작용에 의하여 발생하며, 이 3요소를 부동산 가치발생요인[25]이라 한다. 이러한 가치발생요인은 부동산이 경제적 재화[26]이면서 부동산만의 특성을 가지는 재화이기 때문에 발생하게 된다. 이로 인하여 부동산가격은 일반재화의 가격결정과 달리 높은 수준의 가격분석과정이 요구되는바, 감정평가를 필요로 하게 된다.

Ⅱ 효용(Utility)(편익)

1. 의의

인간의 욕구를 만족시킬 수 있는 재화의 능력으로서 이는 부동산의 인문적 특성으로 인해 파생된 것으로 수요 측면에 영향을 미치는 가치발생요인이다. 재화나 서비스가 경제적 가치를 가지려면 사람의 욕구가 있어야 하고 이러한 욕구를 만족시키는 효용이 있어야 한다는 점에서 경제재의 개념과 연관된다.

---

[25] 가치의 본질은 장래 기대되는 편익의 현재가치이다. 편익 즉, 효용 외에 희소성과 유효수요가 추가되어 현재 가치발생요인으로 분류되고 있다.
[26] 경제재란 인간의 욕망에 비하여 상대적으로 그 존재량이 희소한 한편, 누군가 이를 소유하고 있기 때문에 이를 얻는 데 대가를 필요로 하는 재화를 의미한다. 반면, 돈이나 노력을 들이지 않고 얻을 수 있는 재화를 자유재라 한다.

2. 효용의 형태

(1) 쾌적성(amenities)

쾌적성은 주로 주거용 부동산에 해당되는 것으로서 어떤 주택을 소유하고 생활함으로써 느끼는 정신적 만족도를 의미한다. 그러나 쾌적성은 주거용 부동산에만 국한되어 사용되는 것은 아니다. 상업용 부동산의 경우에는 쾌적성이 수익창출이라는 형태로 나타나기도 한다.

(2) 수익성

수익성이란 주로 상업용 부동산에 해당되는 요소로서 수익을 창출하는 능력을 말하며, 최유효이용 여부를 판정하는 가장 핵심적인 요소가 된다. 이러한 수익성은 구체적으로 상업용 부동산의 경우에는 매상고에 따라 측정할 수 있다.

(3) 생산성

생산성이란 주로 공업용 부동산에 해당되는 요소로서 생산을 위해 투입된 생산요소와 생산된 생산량의 비율을 말한다. 생산성이 높다는 말은 적은 비용으로 많은 생산을 하게 되는 것을 말하고, 생산성이 낮다는 말은 많은 비용으로 적은 생산을 하게 되는 것을 말한다.

3. 일반재화와의 비교

① 부동산은 영속성이라는 특성이 있어 부동산의 효용은 영속적이며, 특히 투자자산으로 인식할 경우 취득해서 보유하는 행위에서 만족을 느끼는 보유적 효용을 지니고 있다. 반면, 일반재화는 소멸적 효용의 특징을 가지게 되며 취득해서 소비하는 것 그 자체로 만족을 느끼는 향유적 효용의 성격을 지니고 있다.

② 부동산은 용도의 다양성이라는 특성이 있어 다용도적 효용의 특징[27]을 가지게 되는 반면, 일반재화는 단일적 효용의 특징을 가지게 된다.

4. 가격결정요인과의 관련성

효용은 수요 측면에 영향을 미치는 가치발생요인이다.

---

[27] 사람의 욕구가 다양한 것처럼 가치의 종류로 다양한데 분야에 따라 경제적 가치나 도덕적 가치 혹은 사회적 가치 등으로 불린다. 이와 같이 가치는 정치·경제·사회·문화 등 다양한 분야에서 각각의 관점에 따라 정의하여 사람의 사고와 태도에 영향을 미친다.

Ⅲ 상대적 희소성(Scarcity)[28]

1. 의의

상대적 희소성이란 인간의 욕구에 비해 그 수나 양이 부족한 상태를 말하며, 상대적이라는 의미에 대해서는 부동산의 물리적 측면이 아닌 용도적 측면인 경제적 공급에 대한 상대적 희소성으로 보는 견해와 수요에 비해 공급이 상대적으로 한정되기 때문에 상대적 희소성이라는 견해가 있다. 부동산은 경제재로서 욕망에 비하여 상대적으로 그 존재량이 희소하다는 점이 상대적 희소성과 연관된다.

2. 상대적 희소성의 원인과 해소방안

(1) 상대적 희소성의 원인

토지의 경우 자연적 특성인 부증성으로 인해 물리적 측면에서의 절대총량은 한정되어 있고 고정성 및 개별성 등으로 인하여 토지공급은 비탄력적이다. 이에 반해 산업화, 도시화, 인구증가, 핵가족화, 소득수준의 향상 등으로 토지에 대한 수요는 일반적으로 증가하는 경향이 있기 때문에 희소성이 발생하고 심화하게 된다. 한편, 용도지역이나 용적률 규제와 같은 행정적 요인과 환경보전의 요구와 같은 사회적 요인에 의해서 공급이 줄어드는 효과가 발생하게 됨에 따라 희소성이 더 높아지기도 한다.

(2) 상대적 희소성의 해소방안

① 공급 측면에서는 가용토지의 신규개발이나 기존 토지의 집약적 및 입체적 이용(도시토지의 고도이용) 등을 통한 효율성 제고와 용도지역 및 용적률 규제의 완화와 같은 행정적 측면의 조종 등을 통해서 개선할 수 있다.
② 수요 측면에서는 유효수요의 조정과 인구억제 및 분산시책 등을 통해 해결할 수 있다.

3. 일반재화와의 비교

부동산은 공급 측면에서 볼 때, 지역적 및 용도적 측면에서의 상대적 희소성이 문제가 되는 반면, 일반재화는 이동이 가능하고 필요한 경우 물리적인 생산이 가능하므로 절대적인 양 측면에서의 절대적 희소성이 문제가 된다.

4. 가격결정요인과의 관련성

상대적 희소성은 공급 측면에 영향을 미치는 가치발생요인이다.

---

[28] (특강) 부동산 가격의 발생요인, 부동산의 상대적 희소성과 부동산가격과의 관련상, 감정평가상 취급(노용호, 건대 특강)

Ⅳ 유효수요(Effective Purchasing Power)

1. 의의

부동산의 유효수요는 부동산에 대한 실질적인 구매능력을 의미하는 것으로 살 의사(willing to buy)와 지불능력(ability to pay)을 갖춘 수요를 말하며, 여기서 지불능력을 구매력이라고도 한다. 이는 얻는 데 대가를 필요로 한다는 점에서 경제재의 개념과 연관된다.

2. 일반재화와의 비교

일반재화에 비해 부동산에 있어 유효수요가 특별하게 더 강조되는 이유는 부동산의 고가성에 기인한다. 부동산은 고가의 상품으로서 수요자가 충분한 지불능력을 가지고 있지 않으면 시장에서 수요가 이루어지지 않는다. 따라서 시장참여자의 수가 제한되고 부동산금융이 큰 역할을 수행하게 된다. 반면, 일반재화의 경우에는 대체로 그 금액의 규모가 적기 때문에 살 의사만 있으면 구매는 언제든지 가능하게 된다.

3. 가격결정요인과의 관련성

유효수요는 수요 측면에 영향을 미치는 가치발생요인이다.

Ⅴ 이전성(Transferability)

1. 의의

부동산의 이전성이란 부동산의 소유권을 비롯한 제반 권리가 수요자에게 자유롭게 이전될 수 있어야 한다는 것을 말한다. 앞의 효용과 상대적 희소성 및 유효수요를 경제적인 측면에서의 가치발생요인이라 하고, 이전성은 법률적인 측면에서의 가치발생요인으로 구분하기도 한다. 즉, 부동산이 가치를 가지기 위해서는 법률적인 측면에서 소유권 및 소유권을 구성하고 있는 모든 권리에 대한 통제의 이전이 가능해야 한다는 것이다.

2. 이전성에 대한 비판

이전성에 대하여 가치발생요인이 아니라는 비판이 제기되기도 한다. 즉, 무주부동산이나 공공용 부동산의 경우에는 소유권을 이전할 수 없음에도 불구하고 일정한 가치를 지니고 있다고 하면서 이전성은 단지 효용의 사적 혹은 공적 제한의 한 형태에 불과한 것이라고 본다.

Ⅵ 가치발생요인 간의 상호관련성

가치발생요인들은 상호밀접하게 관련되어 있다. 이러한 상호작용은 수요와 공급이라는 경제학의 기본원리에 기초하고 있는데 시장의 수요와 공급이 상호 영향을 미치고 있는 것처럼 가치발생요인들 또한 서로 영향을 주고받게 된다. 희소성을 예로 들면, 어떤 부동산은 희소하기 때문에 공급이 계속 늘어날 수 없고, 또한 희소하기 때문에 기꺼이 대가를 지불하려는 수요가 발생하는 것이다.

08절 부동산 가치형성요인(일지개) ▶기출 17회, 21회, 26회, 27회

Ⅰ. 가치형성요인
  1. 의의
  2. **가치형성요인의 특성**
    (1) 상호관련성
      1) 의의
      2) 유의사항
    (2) 유동성
      1) 의의
      2) 유의사항
Ⅱ. 일반요인
  1. **의의**
  2. **일반요인분석의 중요성**
  3. **일반요인의 지역지향성**
    (1) 일반요인의 지역지향성의 의의
    (2) 일반요인의 지역지향성의 발생원인으로서의 지역성

  4. **일반요인의 종류**
    (1) 자연적 요인
    (2) 사회적 요인
    (3) 경제적 요인
    (4) 행정적 요인
Ⅲ. 지역요인
  1. **의의**
  2. **지역요인의 중요성**
  3. **지역요인의 종류**
Ⅳ. 개별요인
  1. **의의**
  2. **개별요인의 중요성**
  3. **개별요인의 종류**
Ⅴ. 가치발생요인과 가치형성요인의 관계
Ⅵ. 결

Ⅰ 가치형성요인

1. 의의

부동산의 가격 효용, 상대적 희소성, 유효수요에 의해 발생하고 시장에서의 수요와 공급의 상호작용에 의해 결정되며 가치발생요인에 영향을 미치는 가치형성요인에 의해 변화하는 과정을 거치는데, 이처럼 "가치형성요인"이란 대상물건의 <u>경제적 가치에 영향을 미치는 일반요인, 지역요인 및 개별요인 등을 말한다.</u> 이러한 가치형성요인은 분석의 지리적(공간적) 범위에 따라 일반요인·지역요인 및 개별요인으로 구분할 수도 있고, 내용적 측면에 따라 자연적·사회적·경제적, 행정적 요인으로 구분할 수도 있다.

> ▶ 『자연적 요인의 중요성』
> 자연환경이나 인공환경과 같은 요인은 대상부동산의 입지(location)와 관련하여 가장 잘 이해될 수 있다. 즉, 입지는 환경요인이자 사회적 요인이다. 시간과 거리는 상대적 접근성을 측정할 수 있는 척도로서 수송비와 효용을 좌우하므로 부동산 가치를 결정짓는 가장 중요한 요소 중 하나가 된다.

2. 가치형성요인의 특성29)

(1) 상호관련성

1) 의의

가치형성요인의 각 요인들은 독립하여 개별적으로 작용하는 것이 아니라 각 요인들의 유기적인 관련하에 가격을 변화시킨다.

2) 유의사항

가치형성요인이 상호 관련되어 있거나 중복되는 경우가 있어 이중으로 작용하여 과대평가나 과소평가될 우려가 있다. 따라서 가치형성요인을 분류할 때에는 요인 간의 복합과 중첩 관계가 있는지를 검토하여야 한다.30)

(2) 유동성

1) 의의

가치형성요인은 고정적인 것이 아니라 사회의 변화나 경기상태의 변화 등에 의해 항상 변동하게 되는 특성을 가지고 있다. 이에 시계열적인 측면에서 동태적으로 파악하고 분석할 필요가 있다.

2) 유의사항

가치형성요인은 시간의 경과에 따라 변화하므로 항상 동태적으로 이를 파악하여야 하며, 장래의 동향에 특히 유의하여야 한다. 따라서 과거에서 기준시점까지의 변화를 받아들이고, 가까운 장래에 일어날 수 있는 변화를 생각하면서 가치형성요인을 파악할 필요가 있다.

III 일반요인

1. 의의

일반요인이란 대상물건이 속한 전체 사회에서 대상물건의 이용과 가격수준 형성에 전반적으로 영향을 미치는 일반적인 요인을 말하는데, 지역요인, 개별요인에 비해 광범위성, 추상성의 특징을 지니고 있다. 이러한 일반요인은 부동산이 입지하고 있는 전체 사회에 걸쳐 작용하는 요인으로 그 내용에 따라서 크게 자연적인 요인·사회적인 요인·경제적인 요인·행정적인 요인으로 구분할 수 있다.

---

29) (특강) 부동산 가격형성요인의 성질인 유동성의 특성과 관련성의 특성(노용호, 건대특강)
30) 이러한 복합과 중첩 관계가 있는지를 검토하는 것을 다중공선성의 문제를 조사한다고도 한다.

2. 일반요인분석의 중요성

① 감정평가에 있어 일반요인은 그저 추상적이고 형식적으로 취급되는 경향이 있다. 그러나 글로벌화 및 지구촌화라는 단어가 암시하는 것처럼 세계는 점차 하나로 통합되어 가고 있기 때문에 세계 속에서의 한국의 가치형성요인은 어떠한 것이 있으며, 다른 나라와의 관계에서 어떤 위치에 있는지를 먼저 파악하는 것은 매우 중요한 의미를 갖게 된다. 특히 우리나라가 소규모 개방경제하는 구조 속에서 국가 간 인적 및 물적 교류와 자금의 이동이 활발하게 진행되고 있는 현실을 생각한다면 그 중요성은 더욱 강조된다 할 것이다.

② 일반요인은 일반경제사회의 부동산의 이용 및 가격수준 형성에 전반적으로 영향을 주는 요인으로서 가치형성요인을 분석할 때 최우선적으로 고려해야 하며, 동시에 일반요인의 지역지향성에 기초하여 일반요인이 지역마다 다르게 작용하기 때문에 지역분석에서도 중요하게 고려되어야 한다. 또한 감정평가기법을 적용할 때는 거래사례의 수집 및 선택과 시산가액의 조정에 이르는 제반 절차에서도 단순히 현재 나타나는 현상만을 취급해서는 안 되고, 그 배경이 된 일반요인과의 관련성을 충분히 파악하고 분석하여 시산가액 조정의 타당성을 검토하는 데 유용하게 활용해야 한다.

3. 일반요인의 지역지향성

(1) 일반요인의 지역지향성의 의의

일반요인은 우리나라 전체에 공통적으로 영향을 주는 요인이기는 하나 전국적으로 동일한 영향을 미치는 것은 아니다. 즉, 용도적 지역에 따른 지역의 구분에 따라 동일지역에는 동질적인 영향을 주고 다른 지역에는 다른 영향을 미치게 되는데 이처럼 구분된 지역에 따라 지역마다 각각의 영향력의 정도가 상이하게 나타나게 되는 것을 지역지향성이라고 한다.

(2) 일반요인의 지역지향성의 발생원인으로서의 지역성

일반요인이 지역지향성을 갖게 되는 이유는 부동산의 지역성이라는 특성하에 지역마다 차별화된 지역특성을 나타내기 때문이다. 부동산은 지역성이라고 하는 특성이 있어 그 지역의 자연적 조건과 인문적 조건의 전부 또는 일부를 공유함으로써 다른 부동산과 함께 어떤 지역을 구성하고 그 지역의 규모, 구성내용, 기능에 따라 동질적인 지역특성을 갖게 되는 지역을 이루게 된다. 그러나 그러한 지역은 다른 지역들과는 차별화된 지역특성을 나타내게 된다. 즉, 일반요인은 지역성에 기반한 각각의 지역마다 그 지역특성에 따라 각기 다른 영향을 미치게 되는 것이다.

4. 일반요인의 종류

(1) 자연적 요인

자연적 요인은 부동산의 이용 및 가격수준 형성에 영향을 미치는 제반 자연적 특성과 환경으로서 토양 등과 일조, 강수, 바람, 기후 등 자연적 자질과 자연자원으로 구분할 수 있다. 한편, 자연적 요인은 환경적 측면을 보다 넓게 해석하여 교통체계, 철도, 공항, 가용수로와 같은 인공환경까지 포함하기도 한다.

(2) 사회적 요인

부동산가격에 영향을 미치는 일련의 사회적 환경 및 현상으로서 인구의 상태, 도시의 형성 및 공공시설의 정비상태, 교육 및 사회보장의 수준, 가족의 구성 및 가구분리의 상태, 부동산 관련거래 및 사용수익의 관행, 건축양식 등, 정보화의 수준, 생활양식 등이 있다.

(3) 경제적 요인

부동산가격에 영향을 미치는 일련의 경제적 상황으로서 저축, 투자, 소비수준 및 국제수지 등의 상태, 국가의 재정 및 금융의 상태, 물가와 임대료 및 고용의 상태, 세부담의 정도, 기술수준 및 산업구조, 교통체계의 상태, 국제화의 정도 등이 있다.

(4) 행정적 요인

부동산가격에 영향을 미치는 공법적 규제 및 기타의 행정적 조치를 말하며 토지제도, 토지이용계획 및 규제, 토지 및 건축물의 구조 등에 대한 각종 규제, 토지정책, 부동산 관련 세제, 부동산가격 등에 대한 통제 등이 있다.

III 지역요인[31]

1. 의의

지역요인이란 대상물건이 속한 지역의 가격수준 형성에 영향을 미치는 자연적·사회적·경제적·행정적 요인으로서, 일반요인의 상호결합에 의해 가치형성요인이 지역적 차원으로 축소된 형태를 말한다. 일반요인은 전국에 걸쳐 공통적으로 영향을 미치고 있으나 부동산의 지역성 및 차별화된 지역 특성에 따라 일반요인은 각 지역마다 각기 다른 정도의 영향을 미치게 된다.

---

[31] 노용호, 아카데미 부동산 감정평가론, 부연사, 2021

2. 지역요인의 중요성

부동산은 지역성이라는 특성하에 지역마다 차별화된 지역특성을 지니고 있어 구분되는 지역에 따라 동일지역에는 부동산의 이용상태 및 가격수준이 동질적으로 형성되지만, 다른 지역에는 일반요인의 영향력도 다르게 작용한다고 하였다(일반요인의 지역지향성). 이에 일반요인과 같은 광역적 개념보다 대상부동산이 속해 있는 지역의 가치형성요인이 대상부동산의 가치에 보다 직접적인 영향을 미치게 된다.

3. 지역요인의 종류

지역요인도 일반요인과 동일하게 자연적인 요인·사회적인 요인·경제적인 요인·행정적인 요인으로 구분할 수 있다. 다만 가치형성요인의 공간적 범위가 전국단위에서 지역단위로 축소된 것일 뿐이다.

Ⅳ 개별요인

1. 의의

개별요인이란 대상물건의 구체적 가치에 영향을 미치는 대상물건의 고유한 개별적 요인을 말한다. 크게 토지의 개별요인과 건물의 개별요인으로 구분되는데, 이에 속하는 제 요인은 토지용도 및 물건의 종류에 따라 각각 다양한 특성을 지닌다.

2. 개별요인의 중요성

개별요인은 부동산의 개별성이라는 특성으로 인하여 지역의 이용상태와 가격수준과는 달리 개별부동산 차원에서 이용상태와 구체적 가치가 형성되게 하는 요인이다.

3. 개별요인의 종류

개별요인 또한 일반요인 및 지역요인과 마찬가지로 자연적 요인·사회적 요인·경제적 요인·행정적 요인으로 구분할 수 있다. 그런데, 일반적으로 대상부동산이 속한 지역적 차원에서는 사회적·경제적·행정적 요인의 영향력이 대체로 비슷할 것이다. 반면, 자연적 요인 측면에서는 지세, 지형, 면적, 형상, 접근성 등 부동산의 개별성에 따라 차별화되는 부분이 많다. 따라서 개별요인은 일반적으로 자연적 요인 중심으로 파악하게 된다. 그렇다고 해서 나머지 부분들이 고려되지 않는다는 것이 아님에 유의하기 바란다.

V 가치발생요인과 가치형성요인의 관계

① 부동산가격 역시 수요·공급의 이론에 의해 가격이 형성된다. ② 따라서 수요요인인 효용과 유효수요의 변화는 수요곡선을 이동시켜 가격변화를 초래하고, ③ 공급요인인 상대적 희소성의 변화는 공급곡선을 이동시켜 가격변화를 초래한다. ④ 가치형성요인의 일반적 요인 중 사회적 요인인 인구의 증가는 효용과 수요의 증가를, 핵가족화 역시 수요의 증가를 유발하며, ⑤ 행정적 요인인 토지이용의 규제는 상대적 희소성을 더욱 유발시킨다. ⑥ 즉, 가치형성요인들은 가치발생요인에 영향을 가하여 수요·공급곡선을 이동시킴으로써 부동산가격의 변동을 초래한다.

VI 결

부동산 가치형성요인의 분석은 감정평가과정상 지역분석을 통하여 표준적 사용 및 가격수준을 판정하고 개별분석을 통해 최유효이용 및 구체적 가격을 판정하는 데 중요한 의의를 갖는다. 따라서 정확한 가치형성요인을 파악해야 하며, 또한 이러한 가치형성요인은 부단히 변동하는 바 변동 및 예측의 원칙에 의거하여 철저한 분석이 필요하다 하겠다.

09절 부동산 가치형성과정[32] ▶기출 2회, 22회

Ⅰ. 서
Ⅱ. 부동산가치의 발생요인과 형성요인
  1. 가격발생요인
    (1) 의의
    (2) 내용
  2. 가격형성요인
    (1) 의의
    (2) 내용
  3. 가격발생요인과 가격형성요인과의 작용관계

Ⅲ. 가치형성과정
  1. 의의
  2. 가격 수준의 형성
    (1) 부동산의 지역성
    (2) 지역요인
    (3) 가격 수준의 형성
  3. 구체적 가치의 형성
    (1) 부동산의 개별성
    (2) 개별요인
    (3) 구체적 가격의 형성
Ⅳ. 결

Ⅰ 서

부동산은 자연적, 인문적 특성으로 인해 그 가격형성과정이 복잡·다양하여 사회구조와 함께 계속적으로 변화해 가는 과정 중에 있으며, 이러한 부동산의 특성은 완전경쟁시장의 조건을 와해하여 합리적 균형가격의 형성을 저해한다.

이는 곧 감정평가의 필연성으로 귀착되며, 감정평가란 부동산 가격형성과정의 추적, 분석이라고도 볼 수 있으므로 부동산 가격형성과정을 충분히 이해하고 검토·분석할 필요가 있는바, 이하에서는 가격발생요인과 형성요인을 살펴보고 그 형성과정을 설명하기로 한다.

Ⅱ 부동산가치의 발생요인과 형성요인

1. 가격발생요인

(1) 의의

부동산가격은 수요와 공급에 의해 결정되는바, 수요 측 요인으로 효용, 유효수요 및 공급 측 요인으로 상대적 희소성의 상호결합에 의해 발생하는데 이를 부동산 가격발생요인이라 한다. 즉, 수요자가 부동산을 수요하기 위해서는 효용(유용성)이 있어야 하고, 구매력이 있어야 수요에 포함된다. 그리고 공급자는 부동산이 희소하기 때문에 공급을 하려 하며, 이에 이전성을 포함하는 견해가 있다.

---

32) (특강) 부동산 가격의 개별화 구체화(김태훈, 10점) / (특강) 개별부동산 가격이 구체화되는 과정에 대하여 체계적으로 기술하시오.(문영기, 40점) / (특강) 부동산 가격수준(김태훈, 5점)

(2) 내용
① 효용(유용성)이란 인간의 필요나 욕구를 만족시켜 줄 수 있는 재화의 능력을 말한다. 주거용 부동산은 편리성과 쾌적성으로, 상업용 부동산은 수익성으로, 공업용 부동산은 생산성과 비용 절감성으로 나타난다.
② 유효수요란 살 의사와 지불능력이 있는 수요를 말한다. 살 의사를 욕구, 지불능력을 구매력이라 한다.
③ 상대적 희소성이란 현재나 가까운 미래에 공급이 수요에 비해 상대적으로 충분하지 못한 상태를 의미한다.
④ 이전성이란 법적인 개념으로 부동산의 소유권을 구성하는 모든 권리에 대한 통제의 정도가 이전되는 것을 의미하는데 이에 대해 효용의 공사법적인 규제 측면에서 가치발생요인이 아니라는 주장이 제기된다.

2. 가격형성요인

(1) 의의

부동산 가격형성요인은 부동산 가격발생요인에 영향을 미치는 일반요인, 지역요인, 개별요인을 말한다. 가격형성요인은 그 요인을 이루는 여러 현상의 변동에 따라 끊임없이 변동하는 유동성의 특징과 가격형성요인이 서로 유기적으로 상호 관련되는 관련성의 특징이 있다.

(2) 내용
① 일반요인이란 일반경제사회에 있어서의 부동산의 위치, 활동, 가격수준 등에 영향을 주는 전반적 요인으로서 사회적·경제적·행정적 요인으로 구분된다.
② 지역요인이란 일반적 요인이 지역성으로 인해 지역적 차원으로 축소되고, 지역의 자연적 조건과 결합한 것을 말한다.
③ 개별요인이란 부동산의 개별적인 상태·조건 등 개별성이 부동산 가격형성에 영향을 미치는 요인을 말한다.

3. 가격발생요인과 가격형성요인과의 작용관계

부동산 가격형성요인은 가격발생요인인 효용, 상대적 희소성, 유효수요에 영향을 미쳐 수요공급에 작용하며, 형성요인과 발생요인의 상호작용 속에서 부동산가격은 창조·유지·수정·파괴가 되고, 이 과정에서 가격제원칙이 작용한다.

Ⅲ 가치형성과정

1. 의의

부동산 가치형성과정이란 부동산의 가치가 효용과 상대적 희소성 및 유효수요라는 요인에 의해 생성되고 자연적 요인·사회적 요인·경제적 요인·행정적 요인의 영향을 받아 형성되는 과정에서 부동산의 지역성에 따라 지역요인의 영향을 받아 그 지역의 대체적인 가격수준이 형성되고, 개별성에 따라 개별요인의 영향을 받아 구체적인 가격으로 개별화·구체화되어 가는 과정을 말한다.

2. 가격 수준의 형성

(1) 부동산의 지역성

부동산이 가격수준을 갖게 되는 이유는 부동산의 지역성이라는 특성 때문이다. 부동산의 지역성이란 부동산은 자연적, 인문적 특성을 공유하는 다른 부동산과 함께 지역을 구성하고, 그 지역 및 지역 내 다른 부동산과 의존, 보존, 협동, 대체, 경쟁의 관계를 통하여 사회적, 경제적, 행정적 위치가 결정되는 특성을 말한다.

(2) 지역요인

가치형성요인은 지역성이라는 기반 위에 지역적 차원에서 파악되어야 한다. 즉, 지역요인이란 광역적인 일반요인이 지역차원으로 축소되어 파악되는 가치형성요인으로 해당 지역 내 부동산의 이용상태 및 가격수준에 직접적인 영향을 주게 된다.

(3) 가격 수준의 형성

부동산의 지역성에 의한 일반요인의 지역지향성으로 인하여 일반요인이 지역적 차원으로 축소되어 파악되는 지역요인의 영향을 받아 해당 지역은 그 지역의 특성을 지니게 되고 그 결과 해당 지역의 표준적 이용과 가격수준이 형성되게 된다.

3. 구체적 가치의 형성

(1) 부동산의 개별성

부동산이 구체적 가치를 갖게 되는 이유는 부동산의 개별성이라는 특성 때문이다. 부동산의 개별성이란 동일한 복수의 부동산은 없다는 특성으로, 이는 부동산 가격형성요인을 개별화시키고, 부동산가격, 수익 등을 개별화시킨다.

(2) 개별요인

부동산은 개별성을 지니고 있기 때문에 가치형성요인은 개별부동산 차원에서 파악되어야 한다. 즉, 개별요인이란 부동산의 개별적 특성을 반영하는 가격을 개별화, 구체화시키는 요인으로, 해당 토지가 속하는 지역의 표준적 사용을 전제로 하는 토지의 가격수준과 비교하여 개별적 차이를 발생하게 하는 요인을 말한다.

(3) 구체적 가격의 형성

부동산은 당해 부동산이 속해 있는 지역의 표준적 이용과 가격수준의 영향 아래 개개 부동산의 개별요인에 따라 구체적인 이용상태가 결정되고 구체적인 가치가 형성된다. 이때 이용상태와 가치의 판단은 최유효이용을 기준으로 한 것과 비교하여 행해지게 된다.

Ⅳ 결

부동산의 가격형성과정은 일반재화가 수요와 공급에 의해 가격이 결정되는 것과는 달리 부동산은 변화무쌍한 제 요인에 의해 형성, 변동되므로 일반인이 부동산 가격형성과정을 분석, 고찰하기란 어려운 일이다. 따라서 전문인에 의한 가격판정의 필요성이 대두되며, 감정평가사는 내·외적인 철저한 직업윤리 의식의 고취가 요청된다.

10절 가치이론의 발달사 ▶기출 5회, 30회

Ⅰ. 가치이론의 발달사
　1. 고전학파의 가치론
　2. 한계효용학파의 가치론
　3. 신고전학파의 가치론
　4. 가치론의 요약
Ⅱ. 가치이론의 발달사
　1. 고전학파
　　(1) 생산비가치설
　　(2) 가치발생요인
　　(3) 가정된 효용(Assumed utility)
　　(4) 생산비와 시장가격과의 관계
　2. 한계효용학파(오스트리아학파)
　　(1) 한계효용가치설
　　(2) 가치발생요인
　　(3) 기여된 효용
　　(4) 효용 및 시장가격과의 관계
　3. 신고전학파의 가치이론
　　(1) Alfred Marshall의 조정
　　(2) 단기에서의 시장가격
　　(3) 장기에서의 시장가격
　　(4) 수요와 공급의 균형
Ⅲ. 가치이론이 가치평가이론에 미친 영향
　1. 고전학파의 영향
　2. 한계효용학파의 영향
　3. 신고전학파의 영향
Ⅳ. 결

Ⅰ 가치이론의 발달사

부동산 평가의 가장 핵심적인 사항은 대상부동산의 가치를 추계하는 일이다. 따라서 평가이론은 가치추계이론을 중심으로 발달해왔다. 가치추계이론은 경제학의 가치이론과 밀접한 관계가 있다. 오늘날 일반적인 평가방법으로 비교방식, 원가방식, 수익방식의 세 가지 방법이 널리 쓰이게 된 것은, 가치의 본질이 무엇이냐에 대한 경제학자들의 가치이론을 반영한 것이다. 즉, 가치이론은 감정평가 3방식의 논리적 근거를 제공함으로써, 감정평가이론의 발전에 지대한 공헌을 하였는바, 이하에서 가치이론을 검토하고 감정평가와의 관련성에 대해 살펴보고자 한다.

1. 고전학파의 가치론

고전학파는 가치론을 본격적으로 제시한 학파이며 스미스가 선구자였다. 스미스(A.Smith)의 가치론은 상품의 가치를 교환가치와 사용가치로 구분하였다.

교환가치는 해당 상품이 다른 상품과 교환될 때의 비율을 의미하고(교환가치는 화폐의 출현과 더불어 가격으로 표현된다.), 사용가치는 상품을 사용하거나 소비할 때의 유용성을 의미한다. 스미스는 물은 인간 생활에 없어서는 안 될 아주 유용한 재화인데도 값이 아주 싸고, 다이아몬드는 전혀 없어도 살아갈 수 있는데 아주 비싼 값인 것은 무슨 이유 때문인가? 라는 의문을 제기했다. 그가 제기한 이와 같은 가치의 이율배반적 현상을 '스미스의 역설 또는 가치의 역설'이라 부른다.

2. 한계효용학파의 가치론

한계효용학파는 1871년 한계효용(Marginal Utility)의 개념을 중심으로 고전학파와는 다른 새로운 가치론을 발표했다. 제본스(W.S.Jevons)는 고전학파의 사용가치를 총효용으로 해석하고, 교환가치가 한계효용에 의해 결정된다고 주장했다. 여기서 효용은 재화를 소비함으로써 얻는 주관적인 만족을 말하고, 한계효용은 재화를 한 단위 더 소비했을 때 얻는 효용의 증가분을 말한다.

이와 같은 효용가치설은 재화의 가치는 그 재화의 마지막 한 단위에서 인간이 얻는 효용(즉, 한계효용)에 의존한다는 것으로 '스미스의 역설'을 해결하였다. 물의 사용가치가 다이아몬드의 사용가치보다 더 크다는 것은 물의 소비량이 다이아몬드의 소비량보다 많아 그 총효용이 더 크다는 것을 의미한다. 소비량이 많은 물의 한계효용은 작고, 소비량이 적은 다이아몬드의 한계효용은 크다. 따라서 물의 교환가치가 다이아몬드의 교환가치보다 더 작다는 것은 물의 한계효용이 다이아몬드의 한계효용보다 더 작기 때문이다. 여기서 한계효용은 재화의 소비량이나 희소성과 관련이 있다.

3. 신고전학파의 가치론

신고전학파의 창시자 마샬(A. Marshall)은 공급측면을 강조한 고전학파와 수요측면을 강조한 한계효용학파의 이론을 수요·공급의 원리로 통합하였다. 생산비는 생산자가 받고자 하는 가격인 공급가격을 결정하고, 효용은 소비자가 지불하고자 하는 가격인 수요가격을 결정하는데 시장가격은 수요자와 공급자가 서로 조정의 과정을 거쳐 수요가격과 공급가격이 일치할 때 성립하며, 이때의 거래량이 균형거래량이다.

<u>그는 시장가격의 결정에 있어 중요한 것은 시간이라고 생각하고 이를 단기와 장기로 구분하여 설명하였다. 여기서 단기란 생산시설의 규모를 변경시킬 수 없을 정도의 짧은 시간을 의미하며, 장기란 모든 생산요소가 가변적으로 될 수 있는 긴 시간을 의미한다. 단기에서는 생산시설이 불변이므로 공급량이 고정되어 있다. 따라서 가격은 주로 수요측면인 효용에 의해 결정되는데 이 상태를 마샬은 '일시적 균형'이라고 불렀다.</u>

생산요소가 가변적인 장기에서는 생산비의 변화에 따라 공급이 변화한다. 따라서 가격은 주로 공급측면인 생산비에 의해 결정된다. 이러한 입장에서 마샬은 수요를 뒷받침하는 한계효용뿐 아니라 공급을 뒷받침하는 한계비용을 제시했다. 한계비용은 생산물 한 단위를 추가로 생산할 때 필요한 총비용의 증가분을 말하며, 한계생산비라고도 한다.

4. 가치론의 요약

경제학에서 가치론은 크게 비용가치설과 효용가치설로 구분할 수 있다. 생산비가치설과 노동가치설은 비용가치설에 속하는 이론으로 생산비나 노동량 등 생산비용이 가치의 본질을 이룬다고 본다. 반면, 효용가치설은 재화는 인간의 욕구충족수단이기 때문에 효용이 가치의 본질이며, 효용 없이는 가치가 없다고 본다. 여기서 비용가치설은 객관적 가치설로, 효용가치설은 주관적 가치설로 분류할 수 있다.

신고전학파 이후에는 수요·공급의 원리에 따라 수요자가 지불하고자 하는 최고가격인 수요가격과 공급자가 받고자 하는 최저가격인 공급가격이 시장에서의 상호작용에 따라 일치할 때 시장가격이 성립한다는 균형론적 학설이 일반화되었다.

II 가치이론의 내용[33]

1. 고전학파

(1) 생산비가치설

아담스미스를 위시한 고전학파 경제학자들은 재화의 가치는 재화의 생산에 투입된 생산요소의 대가로 보고, 생산비가 가치를 결정한다고 주장한다.

(2) 가치발생요인

재화가 가치를 가지기 위해서는 효용과 희소성이 있어야 한다는 인식은 이미 고전학파 시대에도 그대로 통용되고 있었다. 사실, 고전학파는 효용이 가장 중요한 가치발생요인이라는 것을 인식하고 있었지만 효용의 근본이 곧 비용이라는 전제하에 생산비가치설을 주장하여 공급과 비용 측면을 강조한 것임을 알아야 한다.

(3) 가정된 효용(Assumed utility)

생산비가 가치를 결정한다는 고전학파의 주장이 정당성을 가지기 위해서는 투입된 비용만큼 효용도 증가한다는 가정이 충족되어야 한다. 고전학파 경제학자들은 어떤 재화가 시장에서 공급된다는 것 자체가 효용을 가지고 있다는 것을 의미하는 것이라고 생각했다. 만일 어떤 재화가 효용이 없다면 공급자는 그런 재화를 생산하지 않을 것이기 때문이다. 따라서 고전학파 경제학자들은 재화의 효용[34]과 생산비가 일대일로 대응되고 그만큼의 가치를 지닌다고 가정했다. 이를 가정된 효용이라고 한다.

(4) 생산비와 시장가격과의 관계

시장의 수요와 공급에 의해 재화의 시장가격이 결정되는데 만약 시장가격이 그 재화의 생산비에 미치지 못하면 공급이 감소되고 이에 따라 시장가격이 상승하게 된다. 한편, 시장가격이 생산비를 초과하면 공급이 증가하게 되고 시장가격은 하락하게 된다. 결국 시장가

---

[33] 가치의 본질은 장래 기대되는 편익의 현재가치라고 하였다. 그러나 편익, 즉 효용 외에 희소성과 유효수요가 추가되어 현재 가치발생요인으로 명명되고 있다.
[34] 여기서의 효용을 객관적 효용이라 할 수 있다. 상대적으로 한계효용학파에서의 효용은 주관적 효용이라 할 수 있다.

격과 생산비가 일치하는 선에서 균형을 이루게 된다. 바꾸어 말하면, 재화의 가치는 결국 생산비에 의해 결정된다는 것이다. 장기적인 관점에서 생산비는 확실히 부동산의 가치에 영향을 미치고 있음을 알 수 있다.

2. 한계효용학파(오스트리아학파)

(1) 한계효용가치설

한계효용학파는 재화의 가치는 한계효용에 의해 결정된다는 한계효용가치설을 주장하였다. 즉, 한계효용학파는 한번 사용된 비용은 이미 지나간 것이며, 영원히 사라진 것이라고 주장하면서 재화의 가치에 아무런 영향을 주지 않는다고 하면서 생산비가치설을 부정하고, 재화의 가치란 그 재화가 창출하는 효용이 소비자의 복지를 증진시키는 기여도에서 차지하는 중요성이라고 하여 한계효용이 곧 재화의 가치라고 주장하였다. 한계효용이란 재화를 한 단위 더 소비했을 때 획득되는 효용의 증분을 의미한다.

(2) 가치발생요인

한계효용학파는 효용과 희소성에 유효수요를 추가하여 가치발생요인으로 보았다. 즉, 가치란 효용에 바탕을 둔 수요에 의해 좌우된다고 보고, 수요는 가격에 의해 측정된다고 하여 수요와 가격 측면을 중시하였다.

(3) 기여된 효용

한계효용학파에 따르면 투입된 생산비가 아니라, 추가로 제공되는 한계효용이 대상부동산의 가치에 어느 정도 기여하는가에 따라 가치가 결정된다고 한다. 효용은 비용에 의해서가 아니라 시장에서 수요자들의 반응, 즉 수요에 의해 결정되며 그것은 가격에 의해 측정된다고 하였다.

> ▶『객관적인 효용과 주관적인 효용』
> 경제학에서의 가치이론은 객관적인 가치이론과 주관적인 가치이론 두 가지로 대별된다. 아담 스미스와 리카르도 등은 전자의 입장을 지지하는 학자들이고 오스트리아학파들은 후자 즉, 한계효용설로 가치를 설명하였다. 사실 사용가치를 측정한다는 것은 불가능하므로 근데 경제학에서는 이 가치이론을 추구하지 않고, 단지 가격을 다루고 있다.

(4) 효용 및 시장가격과의 관계

재화의 효용은 시장에서 매수자가 기꺼이 지불하려는 가격에 의해서 측정되는데, 그러한 가격은 단기적으로 수요자들의 반응인 수요에 의해 결정된다. 장기적인 관점에서 볼 때 수요증가는 시장가격의 상승을 가져오고, 시장가격의 상승은 공급증가를 초래한다. 이때 공급에 대한 장애요인이 없다면 시장가격과 생산비가 일치하는 수준까지 공급량은 늘어날 것이다.

한계효용학파 경제학자들도 생산비와 가치가 서로 관계가 있다는 것을 인정하고 있었다. 다만, 생산비가 가치를 결정하는 요인이 아니라는 것을 주장했을 뿐이다. 즉, 생산비와 가치 사이에는 상관관계는 있지만 인과관계가 있는 것은 아니라는 것이다. 수요와 공급의 변화에 따라 단지 생산비와 가치가 같아지는 경향이 있을 따름이라는 것이다.

3. 신고전학파의 가치이론

고전학파는 공급과 비용 측면을 강조하는 반면, 한계효용학파는 수요와 가격 측면을 강조하였다. 신고전학파는 공급과 비용 측면의 고전학파 이론과 수요와 가격 측면의 한계효용학파 이론을 성공적으로 결합하였다.

(1) Alfred Marshall의 조정

① 신고전학파인 마샬은 한계효용이론이 수요측면을 일방적으로 강조해 공급측면을 일방적으로 강조했던 고전학파와 마찬가지로 불완전하다고 평가하고 수요와 공급을 종이를 자르는 가위의 양날에 비유하면서 양자 모두 가격에 영향을 미친다고 주장하였다.
② 마샬은 특히 단기와 장기라는 시간개념을 도입하여 양 학파의 견해를 조정하였다.
③ 이 경우 단기란 기존의 생산시설이 확장되지 않을 정도의 짧은 시간을 의미하며, 장기란 새로운 시설과 공급자가 시장에 진입할 정도의 긴 시간을 의미한다.
④ 그는 단기에서는 시장이나 수요의 힘이 재화의 가치에 영향을 미치지만, 장기에서는 생산비가 가치에 영향을 미친다고 주장한다.

(2) 단기에서의 가치

공급이 증가되지 않는 단기에서는 재화의 가치는 시장에서 사람들이 기꺼이 지불하려고 하는 가격인 수요에 의해 결정된다. 이러한 가격은 그 재화에 대한 욕구인 효용에 기반을 둔 수요에 의해 영향을 받게 된다. 따라서 공급이 상대적으로 고정되어 있는 단기에는 수요가 가치를 결정하는 주요 요인으로 작용하게 된다. 이는 평가사가 부동산의 가치를 평가할 때 시장가치를 지지할 수 있는 자료를 현재의 시장에서 확보해야 한다는 것을 의미한다.

(3) 장기에서의 가치

단기에는 공급이 고정되어 있으므로 가치는 수요에 의해 영향을 받게 된다. 그러나 공급이 늘어나게 되는 장기에는 생산비가 가치에 미치는 영향이 커진다. 즉, 재화의 가치는 단기적으로는 수요의 함수이지만 장기적으로는 공급의 함수가 된다.

부동산의 시장가격이 생산비에도 미치지 못한다면 장기적으로 공급이 감소하게 된다. 공급의 감소는 시장가격을 상승시키고 시장가격이 상승하면 다시 공급이 증가하는 현상이 발생하게 된다. 이러한 과정을 거쳐서 결국 시장가격과 생산비가 일치하는 선에서 균형을 이루게 된다.

(4) 수요와 공급의 균형

장기에 수요와 공급이 균형을 이루게 되면 공급자들은 시장에서 형성되고 있는 시장가격만큼은 획득할 수 있으리라는 기대를 전제로 생산하게 되는데, 이때 생산자가 기대하는 공급가격을 정상공급가격이라고 한다. 장기에 시장가격은 정상공급가격과 일치하게 된다.

III 가치이론이 가치평가이론에 미친 영향

가치이론과 가치평가이론은 매우 밀접한 관련을 가지고 있다. 가치의 본질은 무엇이고 재화가 가치를 가지는 이유는 무엇인지에 관한 이론인 가치이론은 가치를 평가하는 원리와 방법에 관한 가치평가이론의 이론적 기초가 된다. 즉, 가치평가이론은 가치이론을 기반으로 전개된다. 가치가 무엇에 의해 결정되는지에 대한 이론적 근거가 달라지게 되면 가치를 평가하는 원리나 방법도 달라질 수밖에 없는 것이다.

1. 고전학파의 영향

고전학파 경제학자들은 재화의 가치는 생산비에 의해 결정된다고 주장했는데, 이러한 고전학파의 가치이론을 따르게 되면 재화의 가치는 비용성의 원리에 기반한 원가방식을 적용하여 평가해야 한다.

2. 한계효용학파의 영향

재화의 가치는 투입된 생산비가 아니라 추가로 제공되는 한계효용에 의해 결정된다는 한계효용학파의 가치이론을 따를 경우에는 수익방식으로 가치를 평가해야 한다. 한편, 한계효용학파는 한계효용의 구체적인 크기가 수요에 의해 결정되며 그것은 가격에 의해 측정된다고 주장함으로써 비교방식의 이론적 근거도 제공하였다. 그러나 본질적인 측면에 착안할 때 한계효용학파는 수익방식의 이론적 기초를 제공한 것으로 보는 것이 일반적인 시각이다.

3. 신고전학파의 영향

신고전학파는 고전학파와 한계효용학파의 이론을 수요와 공급의 균형이론으로 결합하여 비교방식에 대한 보다 확고한 이론적 근거를 제공했다.

학파	가치이론	가치평가이론
고전학파	생산비가 가치를 결정	원가방식
한계효용학파	한계효용이 가치를 결정	수익방식
신고전학파	수요와 공급의 상호작용에 따라 가치가 결정	비교방식

Ⅳ 결

가격의 본질로서 가치의 소재 원인을 파악하고자 한 경제학의 가치이론은 감정평가이론의 정립과 발달에 크게 기여하였다. 그러나 각 가치이론은 단독으로는 완전하지 못하며, 동적인 현실의 부동산시장을 감안할 때, 3방식에 의한 시산가액이 일치할 수 없다는 것이 일반적인 견해이다. 특히 각각의 가치추계이론은 상호 보완관계로서 대상물건의 특성과 평가 조건에 부합하는 방법을 중심으로 접근하고 사용함이 바람직하다.

심화논점

01절 교환가치와 사용가치[35]

Ⅰ. 소유권과 교환가치 및 사용가치의 관련성
Ⅱ. 교환가치와 사용가치의 의의 및 특성
  1. 교환가치
    (1) 의의 / (2) 특성
  2. 사용가치
    (1) 개념 / (2) 특성
    (3) 사용가치를 산정하는 경우

Ⅲ. 교환가치와 사용가치의 평가상 활용
  1. 전제조건에 따른 활용
  2. 평가대상에 따른 활용
  3. 가격과 임대료
Ⅳ. 결

Ⅰ 소유권과 교환가치 및 사용가치의 관련성

소유권은 법률의 범위 내에서 소유물을 사용·수익·처분할 수 있는 권리이다.

- 사용은 어느 누구의 간섭을 받지 않고 물건을 사용하고 향유하는 것을 말하며, 보유·이용·개발이 포함된다. 사용권가치는 물건을 사용할 때 사용자가 느끼는 만족으로서 수요자 측면의 주관적 가치이다.
- 수익은 물건으로부터 생기는 과실을 수취하는 것을 말하며, 과실에는 천연과실과 법정과실이 있다. 수익권가치는 물건의 편익을 화폐로 표시한 것으로서 천연과실로 인한 수익과 법정과실로 인한 수익이 있다. 법정과실로 인한 수익은 임대료가 대표적이다.
- 처분은 물건의 소비·변형·파괴 등의 사실적 처분을 하거나, 물건의 양도 또는 담보 설정 등의 법적 처분을 하는 것을 말한다. 처분권가치는 물건의 처분과 관련된 가치로서 매매나 담보가치가 있다. 여기서 매매가치는 소유권을 처분할 때의 가치이고, 담보가치는 물건을 담보로 제공할 때의 가치이다.
- 주택 소유자가 직접 거주할 때에는 사용권가치와 수익권가치 및 처분권가치를 동시에 가진다. 반면, 주택 소유자가 임대를 준 경우에는 수익권가치와 처분권가치는 소유자가 가지지만, 사용권가치는 주택 임차인이 가진다.

---

35) (특강) 부동산의 사용가치와 교환가치(노용호, 건대특강)

물권은 물건을 지배하는 권리로서 여기에는 사용가치를 얻는 것과 교환가치를 얻는 것이 포함된다. 사용·수익은 전자에, 처분은 후자에 속하는 것인데, 소유권은 이 양자를 모두 가지는 점에서 어느 하나의 권능만을 가지는 제한물권에 비해 완전한 물권으로 평가된다.

Ⅱ 교환가치와 사용가치의 의의 및 특성

1. 교환가치

(1) 의의

시장에서 매매를 전제로 한 가치이며, 가치의 발생요인으로서 효용, 희소성, 유효수요가 있는 경우, 시장선택의 결과인 최유효이용을 전제로 가치가 형성된다.

(2) 특성

① 시장에서의 일반적 이용방법을 전제로 한 가치로서 소유자의 주관적 이용을 전제로 하는 가치가 아닌 객관적 가치이다.
② 시장에서 시장참여자의 선택결과로 이용과 가치를 결정하는바 시장에서 형성되는 가치이다.
③ 교환가치는 시장에서의 매매를 전제로 한 가치개념이므로 Sein 가치이다.

2. 사용가치

(1) 개념

경제재의 생산성 개념하에 부동산은 특정한 용도로의 제공을 전제로 형성되는 가치개념으로서 다양한 용도로의 이용을 전제로 하지 않는 특정용도를 전제로 한 가치개념이다.

(2) 특성

① 다양한 용도 중 시장의 선택결과가 아닌 특정한 용도로의 이용을 전제로 한 주관적 가치이다.
② 시장성이 없거나 제한된 조건하에서 성립할 수 있는 가치개념이다.

(3) 사용가치를 산정하는 경우

특수 부동산 평가로서 오래된 공장을 평가하는 경우, 현황 이용을 계속할 것을 전제로 한 평가와 대치원가를 적용하여 평가하는 경우, 합병·분할 토지 등의 경우와 같이 상대적 시장을 상정한 한정가치 평가 등 시장에서의 매매를 전제로 하여 평가하지 않는 경우 등이다.

Ⅲ 교환가치와 사용가치의 평가상 활용(관계)

1. 전제조건에 따른 활용

부동산 평가는 최유효이용을 전제로 한 시장가치인 교환가치를 구함이 원칙이나, 평가목적, 조건 등에 따라 사용가치를 구하는 경우가 있다. 따라서 특수 부동산, 병합, 분할 토지, 법정 평가 등에 있어서는 교환가치가 아닌 사용가치의 개념이 사용된다.

2. 평가대상에 따른 활용

특정한 물건을 생산하도록 설계된 공장건물은 그것이 다른 용도로 전환되었을 때 교환가치는 없을 수 있으나 사용가치는 지니게 되는바 사용가치로 평가하게 된다.

3. 가격과 임대료

대상부동산의 현행 계약상의 임대료(실제임대료)를 환원한 가치, 즉 임대권 가치는 사용가치인 반면, 대상이 속한 지역시장의 유사부동산으로부터 검증한 정상임대료를 환원한 가치, 즉 소유권 가치는 교환가치라 할 수 있다.

Ⅳ 결

부동산시장은 그 자체가 극히 불완전한 모습의 시장이며 왜곡되거나 과장된 시장의 형태로 자주 출현하므로 부동산의 시장가격이 가치를 항상 정확히 반영한다고 할 수는 없다. 따라서 부동산의 가치는 그 부동산이 차지하는 사회적, 경제적, 법률적 위치를 적정하게 반영하는 경우에 합리적인 가격으로 표현되게 되므로 감정평가사는 이러한 부동산의 가격형성요인들을 정확하게 분석해야 하는 책무를 가지고 있는 것이다.

경제학적 측면에서 가치를 대별하면 사용가치와 교환가치로 구분할 수 있다. 사용가치는 물건의 유용성에 기인한 가치이고, 교환가치는 물건의 상품성, 즉 시장에서 교환될 수 있는 경제적 가치의 크기로 측정된다. 가치의 질적, 양적 구분은 이외에도 여러 종류의 가치로 실제적 구분이 가능하나 부동산의 가치평가는 주로 교환가치의 파악에 그 주안점을 두고 있는 점에 유의해야 한다.

02절 청산가치와 계속기업가치

Ⅰ. 개요
Ⅱ. 청산가치와 계속기업가치의 개념
  1. 청산가치(liquidation value)
  2. 계속기업가치(going-concern value)

Ⅲ. 양자의 관계
  1. 평가방법
  2. 무형자산의 반영 여부
  3. 회사정리상 판단

Ⅰ 개요

평가전제란 대상기업을 가치기준에 따라 평가해야 하는 상황을 말한다. 기업가치평가에서는 대상기업이 계속 존속하는 상황과 청산되는 2가지 상황을 전제한다. 이때의 기업가치를 각각 계속기업가치와 청산가치라 한다.

Ⅱ 청산가치와 계속기업가치의 개념

1. 청산가치

청산가치란 기업 활동에 사용되던 자산들이 각각 매각되는 경우의 가치로, 기업자산이 청산의 대상으로 강제매각을 전제로 하므로 불리한 상황의 시장가치 외의 가치를 말한다.

2. 계속기업가치

계속기업가치란 유·무형의 기업자산이 개별적으로가 아니라 총체적인 관점에서 계속기업이 가질 수 있는 가치를 말한다. 계속기업이란 이미 설립되어 영업을 하고 있는 회사이다. 그리고 미래수명이 무기한적인 회사로서 가까운 장래에서는 결코 청산되지 않을 것이 거의 확실한 회사이다.

III 양자의 관계

1. 평가방법

청산가치는 청산대차대조표상의 개별자산의 가액을 기준으로 하여 산정하며, 일반적으로 원가법을 활용한다. 다만, 유형 고정자산은 법원의 부동산입찰절차의 평균낙찰률을 적용하여 할인한 가액을 기준으로 산정할 수 있다. 계속기업가치는 기업의 영리활동에 비추어 미래 수익흐름을 현재가치로 할인하는 할인현금분석법에 의하여 산정함이 일반적이다.

2. 무형자산의 반영 여부

청산가치의 경우 기업의 청산을 가정하는바 영업권 등의 무형자산의 가치를 사실상 반영하기 어렵다. 계속기업가치의 경우 매기의 현금흐름 속에 무형자산이 창출하는 수익이 포함되어 있으므로 무형자산의 가치를 반영하기 쉽다. 무형자산은 기업이 존속할 경우에는 가치를 지니지만, 청산할 경우에는 대부분 아무런 가치를 지니지 못한다.

3. 회사정리상 판단

기업의 회생가능성을 판단하기 위해 청산가치와 계속기업가치를 비교하게 되는바 만약 청산가치가 계속기업가치보다 크다면 투자자의 이익을 위해 기업을 청산함이 타당하며, 반대로 청산가치보다 계속기업가치가 더욱 크다면 정부의 공적자금 등의 투입을 통해 회생의 길을 마련한다.

03절 АI상 시장가치 논의[36]

- Ⅰ. 개설
- Ⅱ. 시장가치의 개념
- Ⅲ. 시장가치에 대한 논란
  1. 측정기준의 문제
     (1) 논쟁의 내용
     (2) 결론
  2. 평가대상의 문제
     (1) 논쟁의 내용
     (2) 결론
  3. 존재가치와 시장가치의 문제
     (1) 논쟁의 내용
     (2) 결론
  4. 시장가치 정의 자체에 대한 문제
     (1) 논쟁의 내용
     (2) 결론

Ⅰ 개설

부동산 평가의 대부분은 시장가치의 추계로부터 시작된다. 시장가치(Market Value)는 부동산 평가에서 가장 중요한 개념 중의 하나이다. 평가사는 보험가치, 과세가치, 보상가치 등 여러 종류의 가치를 추계하지만, 이 각각은 시장가치의 추계를 전제로 하거나 그것을 기준으로 하는 수가 많다. 시장가치의 개념은 현실적 측면뿐만이 아니라 이론적 측면에서도 중요한 의미가 있다. 부동산평가에 사용되는 자료와 그것의 가치증거로서의 채택 여부는 시장가치의 정의에 의해 영향을 받는다.

Ⅱ 시장가치의 개념

시장가치란 감정평가의 대상이 되는 토지 등(이하 "대상물건"이라 한다)이 통상적인 시장에서 충분한 기간 동안 거래를 위하여 공개된 후 그 대상물건의 내용에 정통한 당사자 사이에 신중하고 자발적인 거래가 있을 경우 성립될 가능성이 가장 높다고 인정되는 대상물건의 가액(價額)을 말한다.

---

36) 안정근, 부동산평가이론(제2장 시장가치), 양현사, 2013 / (특강) 시장가치의 의의와 요건(노용호, 건대특강) / (특강) 시장가치를 정의하고, 이와 결부하여 '대표성이 없는 매매사례'를 설명하라(김상한, 10점).

Ⅲ 시장가치에 대한 논란(기대균정)

1. 측정기준의 문제

(1) 논쟁의 내용

시장가치를 무엇을 기준으로 하여 측정할 것인가 하는 것이다. 거래사례비교법에서 대상부동산의 가치를 측정할 때 비교거래사례의 분석에서 거래금액의 전부를 현금으로 지불한 경우와 일부는 현금으로 나머지는 담보대출 등 다른 방법을 통해 지불한 경우 무엇을 기준으로 하는가가 논쟁의 중심이 되었다.

(2) 결론

측정기준과 관련하여 현금등가분석으로 처리해야 한다는 것이 현재의 결론이다. 현금등가분석이란 거래조건이나 금융조건의 차이를 거래시점을 기준으로 현금가치로 환산하는 것을 말한다. 이는 결국 화폐의 시간가치를 고려한 개념이라 할 수 있다. 부동산은 고가성이라는 특성으로 인하여 오늘날 담보대출이 일반화된 상태에서 평가사는 현금등가분석을 통해 비교거래사례를 현금등가로 조정하여 시장가치를 평가해야 한다. 한편, 경우에 따라서는 가장 전형적인 금융조건이 결부된 상태에서의 시장가치를 평가할 수도 있다.

2. 평가대상의 문제

(1) 논쟁의 내용

대상부동산의 무엇을 평가대상으로 하는가의 문제로서 대상부동산의 물리적 실체 그 자체를 평가대상으로 삼느냐 아니면 결부된 권익을 그 대상으로 하느냐 하는 문제이다.

(2) 결론

시장가치는 부동산의 물리적 실체 그 자체를 대상으로 하는 것도 아니고, 부동산에 결부된 특정한 권익만을 대상으로 하는 것도 아니다. 부동산의 물리적 실체에 기반하고 있는 특정 권익의 양면을 모두 고려하여 시장가치를 산정해야 한다. 물론 부동산의 특성상 각종 공적 및 사적 규제가 많으므로 인하여 물리적 실체보다는 권리적 측면에서의 요인이 가치에 더 많은 영향을 미치는 것은 사실이다. 그렇다고 물리적 실체 자체를 전혀 배제하고 평가하는 것도 아님을 이해하기 바란다.

3. 존재가치와 시장가치의 문제

(1) 논쟁의 내용

현재 시장에서 현성되고 있는 가격이 과연 대상부동산의 진정한 가치를 반영하고 있느냐 하는 문제이다. 부동산시장은 일반재화시장에 비해 상대적으로 불완전한 요소를 많이 가지고 있으므로 현재 형성되는 현재의 가격(존재가치)이 만일 시장이 균형을 이룬다고 했을 경우의 가치인 균형가치와 과연 일치할 것인가 하는 문제이다.

(2) 결론

평가사가 평가하는 가치는 이상적인 상황에서 성립될 수 있는 가치를 산정하는 것이 아니라 현실적인 상황에서 성립될 수 있는 가치를 산정해야 한다. 즉, 시장가치는 존재가치이지 당위가치가 아니라는 것이다. 평가사는 객관적인 시장자료를 바탕으로 한 객관적인 현재의 시장가치를 산정해야 한다. 그러나 우리나라의 경우에는 사실 정책적이거나 행정적인 목적에 따라 가치의 개념이 존재가치보다는 당위가치에 가깝게 규정되어 있고 평가의 현실에서도 그러한 한계와 제약이 뒤따르고 있음을 밝힌다.

4. 시장가치 정의 자체에 대한 문제

(1) 논쟁의 내용

시장가치는 ① '매도자와 매수자가 …… 기꺼이 주고받는 가격', ② '……을 화폐액으로 표시한 최고가격', ③ '……한 가능성이 가장 많은 가격'으로 변해왔다. AI 제7판에 이르기까지 '……을 화폐액으로 표시한 최고가격'이라는 정의를 고수함에 따라 시장가치가 최고가격인지 성립될 가능성이 가장 높다고 인정되는 가액인지 논란이 있었다.

(2) 결론

시장가치의 정의와 관련하여 Ratcliff는 시장가치를 '성립될 가능성이 가장 많은 가격'이라고 정의했는데, 이러한 Ratcliff의 정의는 컴퓨터를 이용하는 계량적 기법으로 시장가치를 결정하는 데 잘 부합하며, 시장가치를 객관화시킬 수 있는 장점이 있다. 현재 시장가치를 '성립될 가능성이 가장 많은 가격'으로 정의하는 것에 반론을 제기하는 사람은 없다.

04절 가치·가격·원가의 관계

I. 서
II. 가치, 가격, 원가의 관계
  1. 개요
  2. 가치, 가격, 원가의 개념
    (1) 가치(Value)의 개념
    (2) 가격(Price)의 개념
    (3) 원가(Cost)의 개념
  3. 가치, 가격, 원가의 관계
    (1) 가치와 가격과의 관계
    (2) 가격과 원가와의 관계
    (3) 가치와 원가와의 관계
III. 감정평가에서 가치·가격·원가의 반영
  1. 가치발생요인에서의 반영
  2. 감정평가 3방식에서의 반영
    (1) 원가법
    (2) 수익환원법
    (3) 거래사례비교법
  3. 시산가액조정 과정에서의 반영
IV. 결

I 서

가치의 개념은 부동산시장 요소에 파급되어 있어 가치의 검토는 광범위하고도 다양한 부동산 활동 범위에서 중심이 되는 중요한 요소이다. 감정평가에서는 가치(Value), 가격(Price), 원가(Cost)에 대하여 분명하게 구분할 필요가 있다. 또한 고전학파, 한계효용학파, 신고전학파의 가치이론사에도 3면성에 대한 논의가 있어 왔다. 신고전학파의 마샬에 의하면, 3면등가성의 원리에 의해 가치, 가격, 원가가 일치하여야 하나, 현실의 불완전하고 동적인 부동산시장하에서는 이들은 일치하지 않는다. 이러한 가격의 3면성은 감정평가 3방식과 연관되는바, 이에 대한 이해는 감정평가의 정확성에 기여할 수 있을 것이다.

II 가치, 가격, 원가의 관계

1. 개요

토지로 대표되는 부동산은 대자연의 무상공여물로, 재생산이 불가능하고 생산비법칙이 적용되지 않아, 재화로서 원가 및 생산비 개념이 부인되며, 효용의 영속성과 가변성으로 인해 삼자가 괴리되는 것이 일반적이다.

2. 가치, 가격, 원가의 개념

(1) 가치(Value)의 개념

가치는 일정한 시간에 매도자와 매수자가 합의한 부동산, 상품 또는 용역의 화폐적 가치로서 부동산의 소유권에 기인하여 자연 증가한 미래편익의 현재가치로 정의된다.

(2) 가격(Price)의 개념

가격(價格, price)은 교환거래에서 매수자와 매도자가 상호 합의한 거래금액을 말한다. 일단 거래가 종결되면 이 금액은 가격이 되고, 이 용어는 교환이란 절차를 함축적으로 내포하고 있다. 달리 표현하면 가격은 교환의 결과(fact)로 나타난다.

(3) 원가(Cost)의 개념

원가는 개량물 또는 구조물을 축조하기 위한 현금지출 총액으로 교환가격이 아닌 생산에 사용되는 개념이다. 감정평가사는 직접원가와 간접원가 및 기업가의 이윤을 구분하여야 한다. 원가는 실제 건설원가, 종합 개발원가 등의 개념으로 사용된다.

3. 가치, 가격, 원가의 관계

(1) 가치와 가격과의 관계

양자를 구분하는 견해에서는 개념적 차이뿐만 아니라, 가격과 가치는 일정 오차가 존재하며, 가격은 과거의 값이며 하나만이 존재하나, 가치는 현재의 값이며 다원적 개념으로 이해된다는 차이가 있다. 그러나 가격은 가치의 화폐적 표현으로 양자는 단기에는 일치되지 못하나 장기에는 가격의 파라미터적 기능에 의해 일치되려는 경향이 있다.

(2) 가격과 원가와의 관계

양자 모두 과거의 값으로 장기적으로는 일치하나 단기적으로는 초과이윤에 의해 일치하지 않을 수 있다. 또한 가격은 수요자·공급자 모두의 측면을 고려하여 결정되나, 원가는 공급자 측면만을 고려한 개념이다.

(3) 가치와 원가와의 관계[37]

부동산가치는 그 부동산의 원래 가지고 있던 원가와는 구분되는 개념으로 원가와 가치는 일치할 수도 있으나 대부분 일치하지 않는다. 합리적인 개발업자나 투자자는 개발 후 기대되는 가치가 원가보다 클 경우에만 개발이나 투자를 할 것이다. 적절한 가치 분석 없이 부동산을 개발하는 것은 원가와 가치가 다르다는 점을 간과한 것이다.

III 감정평가에서 가치 · 가격 · 원가의 반영

1. 가치발생요인에서의 반영

부동산가격은 효용성, 상대적 희소성, 유효수요라는 가격발생 3인자의 상관결합으로 발생하는데, ① 효용성은 수요에 작용하는 가치로, ② 상대적 희소성은 공급에 작용하는 원가로, ③ 유효수요는 수요·공급 조절 측면의 가격으로 표현된다.

---

[37] 조주현, 부동산학원론, 건국대학교출판부, 2003

2. 감정평가 3방식에서의 반영

(1) 원가법

원가법은 기준시점에서 대상물건을 재생산 또는 재취득하는 데 소요되는 재조달원가에 감가수정을 가하여 대상물건이 가지는 현재의 가치를 산정하는 방법이다. 이는 비용성에 근거한 공급가격을 의미하는 것이다. 즉, 가치를 과거에 투입된 원가 측면에서 접근한 것이라 할 수 있다.

(2) 수익환원법

수익환원법은 대상물건이 장래 산출할 것으로 기대되는 순수익이나 미래의 현금흐름을 환원하거나 할인하여 대상물건의 가액을 산정하는 감정평가방법을 말한다. 이는 수익성에 근거하여 영속성을 지니는 부동산 가치의 본질과 부합하게 된다.

(3) 거래사례비교법

거래사례비교법은 대상물건과 가치형성요인이 같거나 비슷한 물건의 거래사례와 비교하여 대상물건의 현황에 맞게 사정보정, 시점수정, 가치형성요인 비교 등의 과정을 거쳐 대상물건의 가액을 산정하는 감정평가방법을 말한다. 이는 시장성에 근거한 비준가격을 구하는 방법으로, 가격의 측면에 의한 평가방식이다.

3. 시산가액조정 과정에서의 반영

A. Marshall은 장기의 정적·균형시장에서는 3면등가성이 인정된다고 하였으나, 부동산시장은 불완전한 동적 시장이므로 3면등가는 인정되기 어렵다. 따라서 3방식을 병용하고, 합리적 시장을 상정하여 평가주체의 인위적 조정작업인 시산가액조정의 필요성이 제기되는 것이다.

Ⅳ 결

부동산의 가격은 원가, 가격, 가치라는 삼면에서 접근이 가능하다. 감정평가사는 가치의 전문가이지 가격의 전문가가 아니다. 또한, 평가목적에 맞는 적정한 가치의 산정을 위해서는 원가와 가격에 대한 검토가 반드시 요구된다. 평가대상이나, 자료의 신뢰성, 시장상황 등에 따라 3가지 개념에 대한 종합적인 분석을 통한 시산가액조정 작업이 요구된다.

Chapter 04 부동산 가격제원칙

01절 부동산 가격제원칙

Ⅰ. 부동산 가격제원칙의 의의 및 중요성
  1. 부동산 가격제원칙의 의의
  2. 부동산 가격제원칙의 중요성
Ⅱ. 감정평가와의 관련성
Ⅲ. 부동산 가격제원칙의 분류
  1. 최유효이용의 원칙
  2. 토대가 되는 원칙
  3. 내부 측면의 원칙
  4. 외부 측면의 원칙

Ⅳ. 부동산 가격제원칙의 특징
  1. 부동산의 특성 반영
  2. 상호 유기적 관련성
  3. 최유효이용원칙의 기준성
Ⅴ. 부동산 가격제원칙의 분류(종류)
  1. 최유효이용의 원칙을 기준으로 한 분류
  2. 부동산 특성을 기준으로 한 분류
  3. 일반경제원칙과 비교한 분류

Ⅰ 부동산 가격제원칙의 의의 및 중요성

1. 부동산 가격제원칙의 의의

부동산의 가치는 효용과 상대적 희소성 및 유효수요에 의하여 발생하고 이에 영향을 주는 가치형성요인의 상호작용으로 형성된다. 부동산 가격제원칙은 부동산 가격이 어떻게 형성되고 유지되는가에 관한 법칙성을 추출하여 부동산 평가활동의 지침으로 삼으려는 하나의 행위기준을 말한다.

2. 부동산 가격제원칙의 중요성

감정평가는 부동산의 가치형성과정을 추적하고 분석하여 가치를 결정하는 것을 본질로 하기 때문에 부동산의 가치형성과정에서 도출된 일정한 법칙성인 가격제원칙은 매우 중요한 의미를 가지고 있으며, 실제 평가활동에 있어서는 평가의 원리 내지 평가의 지침으로 활용된다는 점에서 중요성이 있다.

Ⅱ 감정평가와의 관련성

감정평가사는 감정평가를 할 때 이러한 법칙성을 기초로 한 가격에 관한 제원칙을 충분히 이해하고, 또 이러한 것을 늘 행위지침으로 삼아 감정평가 절차의 각 단계, 특히 가치형성요인 작용의 분석과 검토를 중심으로 하는 지역분석 및 개별분석에서 이것을 판단의 근거로 삼아야 한다. 이에 따라서 비로소 감정평가가 단순한 사상에 기초한 추량에 의한 것이 아닌, 이론을 감안한 객관적인 판단에 근거한 것임을 입증할 수 있다.

Ⅲ 부동산 가격제원칙의 분류

1. 최유효이용의 원칙

시장참가자들의 경제적 합리성과 시장 내 대체·경쟁과정에 따라 부동산의 이용은 다양한 이용 중에서 결국 최유효이용으로 귀결되고 그러한 최유효이용을 전제로 가치가 형성된다. 이에 따라 최유효이용은 가치를 추정하는 과정에서 최우선적으로 파악해야 한다. 최유효이용의 원칙은 가격제원칙의 핵심 원칙으로 가격제원칙 체계의 중심에 위치하고 있다.

2. 토대가 되는 원칙

부동산은 영속성과 사회적·경제적·행정적 위치의 가변성 등의 특성을 지니고 있어 부동산의 가치는 과거로부터 장래에 걸친 장기적인 고려하에서 형성되고 항상 변화의 과정을 거치게 된다. 따라서 예측과 변동을 기반으로 해서 최유효이용과 부동산가치가 결정된다는 측면에서 예측과 변동의 원칙을 최유효이용의 원칙의 토대가 되는 원칙이라고 하는 것이다.

3. 내부 측면의 원칙

내부적인 측면에서 최유효이용이 되고 그에 적합한 가치가 형성되기 위해서는 각 구성부분의 기여가 합리적으로 반영되어야 하며, 부동산에 귀속되는 잔여수익이 최대가 되어야 하고, 구성요소 간의 균형이 이루어져야 한다. 그리고 부동산에 대한 수익은 한계수입과 한계비용이 동일해지는 한계수익점에서 최대가 되는바 수익체증과 체감 여부가 최유효이용 및 그에 따른 부동산 가치의 판정에 있어 중요한 기준이 된다.

4. 외부 측면의 원칙

외부적인 측면에서 최유효이용이 되고 그에 적합한 가치가 형성되기 위해서는 먼저 부동산의 용도가 주위환경에 적합해야 하며, 그러한 용도 및 그에 따른 가치는 외부적인 요인에 의해 영향을 받아, 수요와 공급의 상호작용에 의해 결정된다. 그리고 최유효이용 및 그에 따른 가치는 수요자와 공급자들 간의 경쟁의 결과로서 대체관계에 있는 다른 부동산의 영향과 기회비용 등이 반영되어 결정된다.

Ⅳ 부동산 가격제원칙의 특징[1](특유기)

1. 부동산의 특성 반영

부동산의 자연적 및 인문적 특성으로 인해 가치형성이 일반재화와는 다르고 이러한 부동산 가치형성과정의 법칙성 추출이 가격제원칙이므로 이는 부동산의 특성을 반영하고 있다.

---

[1] 경응수, 감정평가론 제6판, 나무미디어, 2021

2. 상호 유기적 관련성

부동산 가치형성요인 간에는 상호 유기적 관련성이 존재하므로, 이를 반영한 가격제원칙 또한 유기적으로 상호 밀접한 관계에 놓여 있다.

3. 최유효이용원칙의 기준성

부동산가격은 최유효이용을 기준으로 형성된다는 최유효이용원칙을 상위원칙으로 하여 나머지는 최유효이용의 원칙을 지원하는 형태로 구성되어 하나의 체계를 형성하고 있다.

V 부동산 가격제원칙의 분류(종류)

1. 최유효이용의 원칙을 기준으로 한 분류

(1) 최유효이용의 규준성	(2) 내부측면의 원칙	(3) 외부측면의 원칙	(4) 토대가 되는 원칙
	① 기여 ② 수익배분 ③ 균형 ④ 수익체증·체감	① 적합 ② 외부성 ③ 대체 ④ 경쟁 ⑤ 수요·공급 ⑥ 기회비용	① 예측 ② 변동

2. 부동산 특성을 기준으로 한 분류

(1) 고정성	(2) 부증성	(3) 영속성	(4) 개별성	(5) 용도의 다양성	(6) 병합·분할 가능성	(7) 사회·경제·행정적 위치의 가변성
① 적합 ② 외부성 ③ 수익배분	① 수요·공급 ② 경쟁	① 예측 ② 변동	① 대체 ② 경쟁	최유효이용	① 수익체증·체감 ② 균형 ③ 기여	① 예측 ② 변동

3. 일반경제원칙과 비교한 분류

(1) 부동산 고유의 원칙	(2) 일반경제원칙과 동일한 원칙	(3) 일반경제원칙과 유사한 원칙	
① 최유효이용 ② 적합 ③ 외부성	① 대체 ② 수익체증·체감 ③ 기여	① 수요공급 ② 변동 ③ 예측	④ 균형 ⑤ 수익배분 ⑥ 경쟁

02절 부동산 가격제원칙의 내용[2] ▶기출 2회, 5회, 8회, 12회, 16회, 25회

```
Ⅰ. 최유효이용의 원칙              4. 수익체증·체감의 원칙
Ⅱ. 토대가 되는 원칙              Ⅳ. 외부측면의 원칙
   1. 예측의 원칙                   1. 적합의 원칙
   2. 변동의 원칙                   2. 외부성의 원칙
Ⅲ. 내부측면의 원칙                 3. 대체의 원칙
   1. 기여의 원칙                   4. 경쟁의 원칙
   2. 수익배분의 원칙               5. 기회비용의 원칙
   3. 균형의 원칙                   6. 수요 공급의 원칙
```

구분		토대		내부원칙				외부원칙					
부동산 평가원리	최고최선의 이용	변동	예상	균형	기여	잉여 생산성	(균형)	적합	외부성	대체	경쟁	수요 공급	기회 비용
가격 제원칙	최유효이용	변동	예측	균형	기여	수익 배분	수익 체증 체감	적합	외부성	대체	경쟁	수요 공급	기회 비용

Ⅰ 최유효이용의 원칙

최유효이용의 원칙이란 부동산의 가치는 최유효이용을 전제로 하여 형성된다는 원칙으로 가장 기본적이고 핵심적인 가격제원칙이다. 이러한 최유효이용의 원칙은 가격제원칙의 체계에서 중심에 위치하고 있으며, 다른 가격제원칙과 유기적으로 관련되어 있다. 한편, 최유효이용의 원칙에 따라 감정평가를 하기 위해서는 최유효이용을 분석하는 과정이 선행되어야 한다.

Ⅱ 토대가 되는 원칙

1. 예측의 원칙(Principle of Anticipation)

(1) 의의

부동산의 가치가 과거와 현재의 이용상태에 의해 결정되는 것이 아니라 앞으로 어떻게 이용될 것인가에 대한 예측을 근거로 결정된다는 원칙을 말한다. 가격은 항상 변화의 과정에 있으므로 과거 및 현재뿐만 아니라 미래의 장기적 예측에 의하여 현재의 가격 결정에 영향을 미치게 된다.

---

[2] 노용호, 아카데미 부동산 감정평가론, 부연사, 2021 / 경응수, 감정평가론(제6판), 나무미디어, 2021

(2) 성립근거

부동산은 영속성과 사회·경제·행정적 위치의 가변성이라는 특성이 있어 미래에 대한 장기적인 고려를 반영하여 가치가 결정된다. 이러한 예측의 원칙은 가치란 장래 기대되는 편익을 현재 가치로 환원한 값이라는 정의에 잘 부합하는 원칙이다.

(3) 관련원칙

① 변동을 기초로 예측을 하므로 변동의 원칙과 관련이 있다.
② 비현실적인 이용이나 투기적 및 비합리적인 상태를 전제하여서는 안 되므로 최유효이용의 원칙과도 관련된다.

(4) 감정평가와의 관련성

① 원가방식 중 재조달원가에 대한 감가수정을 행할 경우 예측을 바탕으로 경제적 잔존내용연수를 판단해야 한다.
② 비교방식 중 지역요인 및 개별요인의 비교에 있어 장래 기대되는 동향을 판정해야 한다.
③ 수익방식 적용 시 대상부동산이 장래 산출할 것으로 기대되는 총수익 및 환원율 결정에 있어 예측을 바탕으로 하여야 한다.

2. 변동의 원칙(Principle of Change)

(1) 의의

변동의 원칙이란 부동산의 가치는 끊임없이 변하는 시장상황에 의해 영향을 받아 변동한다는 원칙을 말한다.

(2) 성립근거

부동산은 영속성과 용도의 다양성 및 병합·분할의 가능성 그리고 사회적·경제적·행정적 위치의 가변성 등으로 인하여 끊임없이 변화하게 된다.

(3) 관련원칙

과거의 변동과정을 기초로 하여 장래를 예측하므로 변동의 원칙은 예측의 원칙과 관련된다.

(4) 감정평가와의 관련성

① 감정평가된 가치는 감정평가서에 명시된 특정시점에서만 타당성이 있으므로, 기준시점을 명확하게 밝혀야 한다. 이러한 기준시점은 부동산 가치형성요인의 변화에 따른 감정평가사의 책임 범위와 한계를 명확히 해주는 역할도 수행한다.
② 가치형성요인의 분석에 있어서 부동산의 가치형성요인은 항상 변화의 과정에 있으므로 동적으로 파악해야 하며, 이 경우 각 요인 간의 상호관련성에도 유의해야 한다.

③ 부동산이 속하고 있는 지역은 확대·축소 또는 집중·확산 등의 변화를 겪게 되므로 대상지역의 범위 확정에 유의해야 한다.
④ 비교방식 적용에 있어 시점수정의 이론적 근거를 제공한다.
⑤ 원가방식 적용에 있어 시간의 흐름에 따라 발생하는 건물의 가치를 감가수정해야 하는 이론적 근거가 된다.

Ⅲ 내부측면의 원칙

1. 기여의 원칙(Principle of Contribution)

(1) 의의

기여의 원칙이란 부동산의 가치는 부동산을 구성하고 있는 각 구성요소가 전체에 기여하는 공헌도의 영향을 받아 결정된다는 원칙을 말한다. 부동산의 전체가치는 여러 가지 구성요소들이 가치 형성에 기여한 정도를 전부 합한 것이다. 여기서 주의할 사항은 부동산의 가치란 각 구성부분의 기여도를 합한 것이지 각 구성부분의 생산비용을 합친 것이 아니라는 것이다.

(2) 성립근거

부동산의 구성요소가 전체에 기여하는 정도가 가장 큰 사용방법을 선택해야 한다는 점에서 용도의 다양성과 병합분할의 가능성이 근거가 된다.

(3) 관련원칙

① 부분과 전체가 균형을 이룰 때 부분이 전체에 가장 큰 영향을 미치게 되므로 균형의 원칙과 관련된다.
② 부동산 일부에 대한 추가투자의 적정성 판단에 있어 수익체증체감의 원칙과 관련된다.
③ 추가투자를 통해 전체의 최유효이용이 적정한가를 판단하므로 최유효이용원칙과도 관련된다.

(4) 감정평가와의 관련성

① 병합에 공헌하는 필지별 기여도에 따라 한정가격을 평가한다.
② 중도적인 이용 관련 복합부동산의 토지와 건물은 동일한 용도로 평가되어야 하며, 토지의 용도가 달라 부동산의 가치에 기여하지 못하는 정착물은 가치가 없다.
③ 거래사례비교법에서 대상부동산과 비교부동산 간의 속성의 차이로 인한 가격의 보정의 기초를 제공한다.
④ 배분법 및 토지잔여법의 근거가 된다.
⑤ 토지상의 부가물의 증가, 건물의 증축, 건물의 구조변경, 건물의 물리적·기능적 감가 시 수리 여부 등의 추가투자의 판단기준이 된다.

2. 수익배분의 원칙(Principle of Return Distribution)

(1) 의의

수익배분의 원칙이란 부동산의 가치는 전체수익에서 노동과 자본과 같은 다른 생산요소에 대한 수익을 제외하고 난 나머지인 잉여생산성에 의해 결정된다는 원칙을 말한다. 부동산은 고정성으로 인하여 유동적인 타 생산요소에 배분되고 남는 잔여수익이 최종적으로 토지에 배분된다.

(2) 성립근거

부동산은 지리적 위치의 고정성으로 인하여 유동성 있는 타 생산요소에 배분되고 남는 수익이 최종적으로 토지에 배분된다는 것으로 고전경제학의 토지에 대한 인식에서 기인한다.

(3) 관련원칙

토지는 다른 요소에 대한 배분이 적정한 것이냐 또는 다른 요소에 대한 관리능력의 발휘가 합리적이냐 아니냐에 따라서 그의 배분에 영향을 받으므로, 이는 토지에 대한 최대의 배분은 최유효이용상태에 따라 결정되는바, 최유효이용의 원칙과 관련성을 갖는다.

(4) 감정평가와의 관련성

① 기업용 부동산의 감정평가에 있어 중요한 이론적 근거가 되고 있다.
② 수익방식 중 토지잔여법 및 건물잔여법의 이론적 근거가 된다.
③ 원가방식 적용 시 부동산의 여러 가지 구성요소들이 균형을 이루고 있지 못하게 되면 기능적 감가수정의 요인이 된다.
④ 기여의 원칙과 같이 토지상 건물의 신축이나 건물의 증축 및 개보수 등 추가투자에 대한 판단기준을 제공한다.

3. 균형의 원칙(Principle of Balance)

(1) 의의

균형의 원칙이란 부동산의 가치는 부동산을 구성하고 있는 생산요소 간의 결합비율이 적정한 균형을 이룰 때 최고가 된다는 원칙을 말한다. 부동산은 토지·건물자재·노동자본 등 여러 가지 요소가 복합적으로 어우러져 구성되는 물건으로서 그 구성요소 간 균형이 잘 이루어져야 한다. 균형의 원칙은 토지비용과 자본비용과 같은 생산요소 간의 결합비율에만 적용되는 개념이 아니라 이용의 상태나 건물의 디자인에도 적용된다.

(2) 성립근거

부동산은 다른 일반재화와는 달리 내부적으로 여러 가지 요소가 복합적으로 구성되어 이루어진 재화에 해당되므로 그 구성요소 간의 균형이 전체 가치에 끼치는 영향이 큰 것이며, 따라서 균형이 성립되고 있어야 최유효이용이 된다.

(3) 관련원칙

구성요소 간의 균형이 수익획득과정을 통하여 부동산가격에 어느 정도 기여하였는가, 그리고 균형의 정도가 최유효이용에 적합한가를 판단할 수 있으므로 기여의 원칙과 최유효이용의 원칙에 관련이 깊다. 그리고 기여의 원칙은 균형의 원칙에 선행하는 원칙이다.

(4) 감정평가와의 관련성

① 균형의 원칙이 성립되는 점에서는 초과나 부족한 투자가 없고 최대이익이 확보되는 상태에 있으므로 높은 가격으로 감정해야 한다.
② 대상부동산의 내부 구성요소 간의 불균형 시 기능적 감가요인의 파악에 지침이 된다.

4. 수익체증·체감의 원칙(Principle of Increasing and Decreasing Return)

(1) 의의

수익체증·체감의 원칙이란 부동산에 대한 단위투자 수익은 체증하다가 어느 수준에 이르게 되면 한계수입과 한계비용이 일치하게 되고 이를 넘어서면 체감하게 된다는 원칙을 말한다. 추가적인 투자와 관련하여 부동산의 가치 또한 처음에는 체증하다가 한계수입과 한계비용이 일치하는 수준에서 최고가 되고 그 이후에는 체감하게 된다.

(2) 성립근거

부동산은 부증성으로 인하여 공급량은 유한한데 인구증가, 산업화 등으로 수요가 증가하므로, 토지이용효율의 극대화를 위한 추가투자의 한계점을 판단해야 한다는 점에서 부증성과 용도의 다양성과 관련하여 성립한다.

(3) 관련원칙

부동산 수익의 한계점은 구성요소의 균형을 찾는 데 중요한 역할을 하므로 균형의 원칙, 어느 부분의 투자가 해당 부동산 전체 수익에 어느 정도 기여하였는가를 판단하는 기여의 원칙, 투자의 한계점을 제시하여 부동산의 최유효이용 판정의 지침이 되므로 최유효이용의 원칙과도 관련된다.

(4) 감정평가와의 관련성

추가투자의 적정성 판단과 한계층수의 결정·입체이용율과 저해율 산정근거·지가배분율 및 층별효용비율의 산정근거 및 공중권의 이용가치 등과 관련된다.

Ⅳ 외부측면의 원칙

1. 적합의 원칙(Principle of Conformity)

(1) 의의
적합의 원칙이란 부동산의 이용이나 특성이 주위환경이나 시장수요와 일치할 때 최고의 가치가 창출되며 이것이 유지될 수 있다는 원칙이다.

(2) 성립근거
부동산은 자연적 특성 중 지리적 위치의 고정성으로 인하여 일정한 지역을 이루고, 그 지역 내에서 인접성으로 인해 인근의 부동산과 대체·경쟁의 관계를 이루며 용도나 이용방법 및 가격 등이 유사해지는 경향이 있으므로 이러한 지역성에 의해서 적합의 원칙이 성립된다.

(3) 관련원칙
부동산이 최유효이용이 되기 위해서는 인근 환경에 적합[3]하여야 하며, 적합의 원칙은 최유효이용 판정의 기준이 된다. 또한 최유효이용에 미달되는 적합은 감가의 원인이 된다. 따라서 적합의 원칙은 최유효이용의 원칙과 관련이 있다.

(4) 감정평가와의 관련성
① 지역분석 및 개별분석에서 인근지역의 표준적 이용과의 비교과정과 최유효이용의 판정에 활용된다.
② 원가방식 적용 시 부동산의 용도나 특성이 주위환경 또는 시장수요와 다르게 되면 경제적 감가수정의 요인이 된다.

2. 외부성의 원칙(Principle of Externalities)

(1) 의의
외부성의 원칙이란 부동산의 가치는 외부적인 요인에 의해 영향을 받아서 결정된다는 원칙으로 외부적 요인이 부동산의 가치에 긍정적인 영향을 미칠 경우에는 외부경제라고 하고, 부정적인 영향을 미칠 경우에는 외부불경제라고 한다.

(2) 성립근거
외부성의 원칙은 토지가 지리적 위치의 고정성으로 인하여 제반 환경적인 요인의 영향을 받기 때문에 성립하는 원칙이다.

---

[3] 적합성의 판단은 사회적·경제적·행정적 측면에서 두루 고려되어야 할 것이다. 특히 부동산이 속한 지역의 표준적 이용과의 적합성이 중요한데, 반드시 일치되지는 않더라도 지역의 표준인 이용과 합리적인 유사성이 인정되는 경우 그 부동산의 용도가 적합하다고 판단할 수 있다.

(3) 관련원칙

적합의 원칙은 대상부동산이 외부환경에 적합하여야 한다는 원칙으로 외부환경과의 양방향적인 영향관계를 보이는 데 반하여, 외부성의 원칙은 외부적 요인이 대상부동산에 영향을 준다는 원칙으로 적합의 원칙에 비하여 수동적 영향성을 보이므로 양 원칙은 같은 내용을 방향을 달리하여 고찰하고 있음을 알 수 있다.

(4) 감정평가와의 관련성

가치형성요인의 분석 시 외부성의 원칙이 적용된다. 즉 평가사는 외부경제가 있을 경우는 대상부동산을 그 외부경제에 해당하는 가치만큼 높게 평가해야 하고, 외부불경제가 있는 경우에는 가치 하락분만큼 낮게 평가하여야 할 것이다.

3. 대체의 원칙(Principle of Substitution)

(1) 의의

① 대체의 원칙이란 부동산의 가치는 그것과 대체관계에 있는 다른 부동산 또는 다른 재화의 영향을 받아서 결정된다는 원칙을 말한다. 부동산은 여러 개의 부분시장으로 나눠질 수 있기 때문에 대체관계에 있는 부동산의 범위를 확정하는 것도 중요한 작업이 된다.

② 대체의 조건으로 대체의 관계가 성립하기 위해서는 부동산 상호 간 또는 부동산과 일반재화 상호 간에 용도, 효용, 가격에 있어서 동일성 또는 유사성이 있어야 한다.[4]

③ 대체의 대상으로 지역성에 기인하여 동일지역 내 소재하는 부동산 상호 간 대체가 가능하고, 인근지역과 유사지역은 지역특성 면에서 상호대체가 이루어지는 지역 간 대체가 가능하며, 부동산과 일반재화 상호 간에도 투자의 대상으로서 상호 간 대체가 가능하므로 일반재화 역시 부동산 대체대상이 된다.[5]

(2) 성립근거

효용이 같으면 가격이 낮은 것을, 가격이 같으면 효용이 큰 것을 선택한다는 것으로, 부동산의 가격도 대체가능한 다른 부동산이나 재화의 가격과 상호영향으로 형성된다는 것으로서 이는 물리적으로는 비대체적이나 인문적 특성과 지역성으로 인해 용도적 측면, 토지이용 측면에서 대체성이 인정됨에 따라 성립이 가능하다.

---

[4] 대표적으로 서울의 아파트와 부산의 상가는 대체성이 없는 반면, 서울의 아파트와 경기도의 아파트는 지역적인 차원과 용도적인 차원에서 대체성이 있을 수 있다.

[5] 부동산을 투자자산의 일종으로 파악한다면 주식과 채권과 같은 금융상품 혹은 금과 같은 실물 자산 등과의 대체관계도 부동산의 가치에 영향을 미치게 된다.

(3) 관련원칙

① 수익이 있으면 대체가능한 재화끼리 경쟁이 생긴다. 따라서 경쟁은 대체를 전제로 하므로 대체의 원칙은 경쟁의 원칙과 연관이 있으며, 이를 통해 수요·공급의 원칙과도 관련성을 갖는다.
② 대체의 원칙하에서 대안적 선택개념을 도입한 기회비용의 원칙과 관련된다.

(4) 감정평가와의 관련성

① 지역분석 시 대체·경쟁의 범위를 파악함으로써 지역분석 대상지역의 설정과 경계를 파악할 수 있으며, 개별분석 시 대체가능한 용도 중 용도의 경쟁에 의하여 최유효이용의 용도가 결정되고 이 최유효이용의 판정에 의해 구체적 가격에 접근하게 된다.
② 대체의 원칙은 3방식 성립의 이론적 기초가 된다. 즉, 대체가능한 부동산의 가격은 상호작용하면서 형성된다는 것으로 평가에 있어서 대체가능한 부동산을 매개로 하여 가격형성과정을 합리적으로 분석하는 이론적 근거가 된다.
③ 비교방식 적용 시 동일성 또는 유사성이 있는 재화의 가격을 통하여 다른 물건의 가치를 평가하는 비교방식의 이론적 근거가 된다.
④ 원가방식 적용 시 동일성 또는 유사성이 있는 다른 재화의 재조달원가와 비교하여 가치를 평가하는 원가방식의 이론적 근거가 된다.
⑤ 수익방식 적용 시 대상부동산과 유사한 다른 사례와 비교하여 수익이나 자본환원율을 구하는 과정에서 활용된다.

4. 경쟁의 원칙(Principle of Competition)

(1) 의의

경쟁의 원칙이란 부동산의 가치는 다양한 용도 간의 경쟁관계 속에서 결정된다는 원칙을 말한다. 부동산의 가치는 이용으로 인한 초과이윤을 획득하기 위한 경쟁관계에서 형성되는데, 그러한 경쟁이 있음으로 해서 초과이윤은 없어지고 부동산은 그에 적합한 가치를 갖게 된다.

- 부동산은 그 특성 중 지리적 위치의 고정성 및 부증성으로 인해 생산에 장기간이 소요되므로 공급자 간의 경쟁이 아니라 수요자 경쟁이 주를 이룬다.
- 부동산은 고정성과 부증성으로 인해 일반 재화와 같은 엄격한 의미의 경쟁은 불가능하지만 용도의 다양성으로 인하여 경제적 의미의 경쟁, 즉 용도 간의 경쟁이 활발하게 나타난다.
- 부동산은 경쟁으로 인하여 초과이윤이 상실되어 부동산을 통한 차익획득이 어려우나, 사전적 독점을 한 경우에는 이러한 초과이윤의 획득이 가능하다.

> **● 사전적 독점**
>
> 경우에 따라서는 대상부동산이 창출하고 있는 초과이윤이 오랫동안 지속되기도 한다. 이 같은 현상은 사전적 독점이 발생하게 될 때 나타나는데, 여기서 사전적 독점이란 부동산의 가치에 영향을 줄 수 있는 어떤 사건이 발생하기 전에 특정 위치에 미리 입지함으로써 생기는 독점을 말한다. 예를 들면, 특정지역만 용도지역이 관리지역에서 주거지역으로 변경된다거나, 일부 지역만 좋은 학군으로 편입되는 경우 등이다.
>
> 이와 달리 사후적 입지란 어떤 사건이 발생하고 난 후에 특정위치에 입지하는 것을 말하는 것으로 여기서는 독점적 이윤이 발생할 여지가 없다.

(2) 성립근거

부동산의 자연적 특성인 고정성과 부증성으로 인하여 경쟁이 성립되지 않으나, 인문적 특성인 용도의 다양성으로 인하여 경쟁이 인정된다.

(3) 관련원칙

① 용도나 이용 등이 유사한 부동산 상호 간이나 또는 다른 재화 사이에는 불완전하나마 대체성이 작용하므로 이익이 있으면 대체 가능한 재화 사이에 경쟁이 생기는바, 대체의 원칙과 관련된다. 경쟁의 원칙이 인적 경쟁이라면, 대체의 원칙은 물적 경쟁이다.

② 초과이윤이 생기면 경쟁이 나타나 수요가 증가하고 수요가 증가하면 가격이 높아져서 초과이윤을 소멸시키게 된다. 이렇듯, 경쟁과 수요의 관계는 상호의존의 관계에 있으므로 수요공급의 원칙과 관련된다.

(4) 감정평가와의 관련성

경쟁의 원칙은 수익성 부동산의 가치를 평가할 때 특히 관련성이 있다. 즉, 대상부동산에서 발생하고 있는 일시적 초과이윤을 장래에도 계속되는 것으로 잘못 판단해서 대상부동산의 가치를 실제 이상으로 과대평가해서는 안된다. 따라서 평가사는 시장의 추세나 인근지역의 경제상황 등을 잘 분석해야 한다.

5. 기회비용의 원칙(Principle of Opportunity Cost)

(1) 의의

기회비용의 원칙이란 부동산의 가치는 기회비용을 반영한 요구수익률의 영향을 받아서 결정된다는 원칙을 말하는데, 여기서 기회비용이란 어떤 대안을 선택함으로 인해서 선택되지 않은 다른 기회를 희생한 대가를 의미한다. 그런데 기회비용은 실제 지불된 비용이 아니라는 사실에 유의하여야 한다. 매수자는 대상부동산이 제공하는 효용이나 차선의 기회가 제공되는 효용을 비교하여 지불가격을 결정한다. 매수자가 대상부동산에 대하여 기꺼이 지불하려는 가격은 다른 대안에 지불할 수 있는 가격, 즉 기회비용에 해당되는 금액과 밀접한 관련이 있다.

(2) 성립근거

투자자는 일정한 자금이 주어졌을 때, 어떤 투자대상을 선택하면 자금이 한정되어 있으므로 다른 투자대상을 선택할 수 없다. 따라서 투자자는 선택되지 않은 다른 투자대상의 수익률을 고려하면서 투자결정을 하게 된다. 합리적인 투자자라면 선택된 투자대상의 수익률이 선택되지 않은 것보다 높도록 선택할 것이다. 이런 면에서 기회비용은 요구수익률이라고도 한다.

(3) 관련원칙

기회비용의 원칙은 기회 선택상 대체관계에 있는 다른 투자대상과 비교하면서 어떤 투자대상을 선택하고 있으므로 대체의 원칙과 관련이 있다.

(4) 감정평가와의 관련성

선택된 투자안과 포기된 투자대안의 기회비용은 대체·경쟁관계에 있다. 시장에서 수요와 공급에 의하여 결정된 부동산의 균형가치는 다른 투자기회를 선택하지 않은 기회비용이 이미 반영된 결과이다. 오늘날 시장경제의 발달에 따라 부동산은 부동산 시장에서 대체 가능한 유사 부동산뿐 아니라 자본시장과 금융시장의 수많은 투자상품과 경쟁관계에 있으며, 이들의 기회비용까지 감안하여 가치가 형성된다.

6. 수요 공급의 원칙(Principle of Demand & Supply)

(1) 의의

수요·공급의 원칙이란 부동산의 가치는 수요와 공급의 상호작용에 의해 결정된다는 원칙을 말하는데, 시장의 수요와 공급은 부동산의 가치에 직접적인 영향을 주는 요인이다.

(2) 성립근거

부동산은 자연적 특성인 부증성으로 인하여 공급곡선이 수직으로 형성되며, 이에 일반재화와 같은 수요·공급이 이루어지지 않는다[6]. 그러나 인문적 특성인 용도의 다양성으로 인한 용도 및 기능적인 측면의 대체로서 경제적 공급이 이루어져 수요·공급원칙이 성립하게 된다.

---

[6] 일반재화와 달리 부동산시장에서는 공급이 단기적으로 쉽게 수요의 변화에 적응하지 못하므로 수요와 공급에 시차가 생기는 경향이 있다. 토지의 확보나 건축허가 및 공사완료까지 장기간이 걸리기 때문이다. 따라서 단기적으로 수요가 가격결정에 중요한 요인으로 작용하며, 수요변화에 따라 가격이 급등락하는 현상이 자주 발생된다.

(3) 관련원칙

① 수요 측면에서 수요자가 선택의 과정에서 물건 간에 초과이윤이 있는 것은 경쟁의 원칙에 의해 초과이윤을 소멸시키며, 비용과 효용을 비교하는 과정에서 대체의 원칙이 활용된다.
② 공급 측면에서도 공급자의 생산자 균형과정에서 물건 간의 대체, 경쟁의 관계가 성립되므로 대체의 원칙, 경쟁의 원칙과 관련된다.
③ 수요·공급 측면에서 현재의 수요와 공급은 장래의 동향을 반영하는 것이므로 변동의 원칙, 예측의 원칙과 관련된다.

(4) 감정평가와의 관련성

① 부동산의 감정평가에 있어서 부동산의 자연적 특성인 개별성으로 인해 대체가 불가능하나, 용도·기능면에서는 대체가 가능하다. 단, 공급은 부증성이란 제약하에서 적용되고 있다.
② 수요·공급면에서의 부동산가격은 피드백 원리에 의한 가격의 이중성의 이론적 근거가 된다.
③ 부동산시장은 국지적·개별적으로 형성되므로 부동산 수요·공급 분석은 대상부동산이 속하는 부분시장별로 구체적으로 행하여야 한다.
④ 비교방식에서는 거래사례의 적정성 판단에 활용되고 원가방식에서는 재조달원가의 적정성 판단 및 수익방식에서는 수익의 적정성 판단에 각각 활용될 수 있다.

Chapter 05 부동산시장론과 경기변동

01절 부동산시장 개관

Ⅰ. 부동산시장의 의의
Ⅱ. 부동산시장의 특징
  1. 개요
  2. **부동산시장의 특성**
    (1) 시장의 국지성
    (2) 상품의 개별성(비표준성)
    (3) 수급조절의 곤란성
    (4) 거래의 비공개성(= 거래의 은밀성)
    (5) 법적 제한 과다
    (6) 매매기간의 장기성
    (7) 자금의 유용성과의 관계
    (8) 부동산시장의 불완전성
Ⅲ. 부동산시장의 기능
  1. 개요
  2. **부동산시장의 순기능**
    (1) 공간 및 자원배분기능
    (2) 도시성장기능
    (3) 교환기능
    (4) 양과 질의 조정기능
    (5) 가격창조기능
    (6) 정보제공기능
    (7) 토지이용의 결정기능
  3. **부동산시장의 한계**
    (1) 시장의 불완전성
    (2) 시장실패
    (3) 공적개입의 필요성
Ⅳ. 부동산시장의 분류
  1. **지리적 위치에 따른 분류**
  2. **용도(유형)에 따른 분류**
  3. **규모에 따른 분류**
    (1) 금액에 따른 분류
    (2) 면적에 따른 분류
  4. **가격의 유형에 따른 분류**
  5. **거래의 자연성 여부에 따른 분류**
  6. **시장참가자의 상대적 힘의 차이에 따른 분류**
  7. **상품의 신구에 따른 분류**

Ⅰ 부동산시장의 의의

일반적으로 시장이란 재화나 서비스의 유통을 가능하게 해주고 교환이 이루어지는 장소라고 한다. 부동산시장은 다음과 같은 관점으로 정의될 수 있다.

① 부동산시장은 일반재화시장과는 달리 지리적 공간을 수반한다. 왜냐하면, 부동산은 지리적 위치의 고정성이라는 자연적 특성을 가지고 있기 때문에 부동산시장은 지리적 공간을 고려하지 않을 수 없는 것이다. 따라서 부동산시장은 질·양·위치 등 여러 가지 측면에서 유사한 부동산에 대해 가격이 균등해지는 경향이 있는 지리적 구역이라고 정의할 수 있다.

② 부동산은 지리적 위치의 고정성 때문에 부동산 자체를 이리저리 옮겨 다닐 수 없으므로 실제 거래는 부동산에 기반한 추상적인 권리의 형태로 이루어지게 된다. 이에 따라 부동산시장을 추상적 시장이라고도 한다.

③ 부동산시장은 매수자와 매도자에 의해 부동산의 거래가 이루어지는 곳으로 수요·공급의 조절과 부동산의 가격결정 및 공간배분 등을 위해 의도된 상업활동이 이루어지는 곳으로 정의하기도 한다.

> ▶ 『미국 감정평가 기준 : AI』
> 부동산시장이란 부동산권리를 화폐와 같은 다른 자산으로 교환하는 개인들의 상호작용, 또는 부동산 거래를 목적으로 다른 사람과 접촉을 유지하는 개인이나 기업의 집단으로 정의된다.

Ⅲ 부동산시장의 특징

1. 개요

부동산시장이 일반재화의 시장과 다른 특성을 가지는 것은 지리적 위치의 고정성, 개별성, 영속성 등 부동산만이 가지는 자연적 특성들 때문이다. 또한 이들 부동산의 제 특성으로 인하여 부동산시장은 불완전성을 띤다. 부동산에 대한 법적 제한도 시장을 불완전하게 만드는 한 요인이 된다.

2. 부동산시장의 특성

(1) 시장의 국지성

부동산시장은 부동산의 지리적 위치의 고정성으로 인하여 고도로 국지화된다. 이때 지역성에 의해 지역마다의 특성이 생기게 되므로 지역에 따라 여러 개의 부분시장으로 나눠질 수 있다. 뿐만 아니라 같은 지역이라 할지라도 부동산의 위치, 용도, 규모 등에 따라 다시 여러 개의 부분시장으로 세분화된다.

(2) 상품의 개별성(비표준성)

부동산은 고정성 및 개별성으로 인하여 표준화가 불가능한 이질적인 상품이다. 따라서 부동산시장에서는 일반재화처럼 일물일가의 법칙이 적용되지 않게 된다. 다만, 아파트와 같은 정형화된 건물은 인위적인 생산품으로서 어느 정도의 규격화 및 표준화가 가능하다.

> ▶ 시장의 비조직성
> 일반재화는 상품별로 소매상, 도매상, 대리점 등으로 조직적으로 구성되어 유통되나, 부동산은 지역성 및 개별성 등으로 인하여 지역마다, 상품 하나하나마다 거래가격이나 내용이 각양각색이고, 거래의 비공개성으로 인해 그 내용을 파악하기 어려워 유형별로 시장을 조직화하기가 어렵다. 물론 지역과 용도, 위치 등에 따라 부분시장으로 구분해서 시장을 조직화할 수는 있으나 이는 어디까지나 인위적인 측면이 많다고 볼 수 있다.

(3) 수급조절의 곤란성

① 부동산시장은 고정성, 부증성, 영속성, 개별성 등으로 인하여 시장상황이 변한다고 하더라도 수요와 공급의 조절이 쉽지 않고, 설사 조절이 된다고 하더라도 많은 시간이 소요된다. 특히, 공급 측면에서 그 현상이 두드러지게 나타나는데 이에 따라 단기적으로 '가격의 왜곡'이 발생할 가능성이 매우 높다.

② 일반적으로 부동산을 공급하는 데에는 토지의 개량공사나 건축 등에 상당한 시간과 비용이 소요되고, 계획수립에서부터 완성에 이르기까지 여러 가지 법적인 규제가 가해진다. 한편 부동산 수요 측면에서도 일반적으로 대규모의 자금이 필요하게 됨에 따라 수요자가 제한되고 금융의 지원이 이루어져야 하기 때문에 일정 시간과 비용이 소요된다.

(4) 거래의 비공개성(거래의 은밀성)

① 부동산의 개별성과 부동산에 대한 사회적 통제나, 부정적인 인식, 관행 등으로 인하여 부동산거래는 고도로 사적인 경향을 띠게 된다. 일반적으로 부동산의 매도자와 매수자는 개별적으로 만나 거래를 성사시키기 때문에 당사자의 제안가격이나 입찰가격은 공개되지 않고, 신고가격도 실거래가격과 괴리되는 수가 많다.

② 이러한 거래의 비공개성으로 인하여 부동산시장은 불완전경쟁시장이 되기 쉽고 정보의 수집이 어려우며 정보탐색비용 또한 많이 소요된다. 이에 따라 정보를 가지고 있는 사람과 그렇지 않은 사람 간에는 공평한 거래가 이루어질 수 없게 되며 이는 정상적인 시장의 작동을 방해하게 만드는 요인이 된다.

> 거래의 비공개성으로 인한 부작용을 해소하기 위하여 공인중개사제도, 부동산실거래가신고제도 및 공공기관과 민간단체의 각종 부동산정보의 가공과 공개 등 많은 정책들이 운영되고 있으나 아직도 미비한 점이 많기 때문에 앞으로도 지속적인 개선이 요구된다. 대표적으로 부동산투기 및 탈세의 원인이 되고 있는 이중계약서 작성 등 잘못된 관행을 없애고 부동산거래를 투명하기 하기 위하여 2006년 1월 1일부터 부동산실거래가신고제도가 시행되고 있으나 아직까지도 사실 그대로의 신고가 이루어지지 않는 경우가 계속해서 발생하고 있다.

(5) 법적 제한 과다

부동산은 사회성과 공공성이 매우 큰 자산으로서 여러 가지 제도적 제한이 따르게 된다. 이러한 제한에는 법적 제한, 행정적 제한, 사회적 제약, 자율기구에 의한 제한 등 그 종류도 매우 다양하다. 이러한 제한들이 결국은 부동산시장을 불완전하게 만드는 요인이 되기도 한다. 즉, 시장의 자기조절기능은 저하되고, 부동산가격은 왜곡되기 쉽다.

(6) 매매기간의 장기성

부동산의 공급은 계획수립이나 부지확보 및 건축 등 완공에 이르기까지 많은 시간이 소요되며, 수요에 있어서도 고가성으로 인하여 자금의 조달에 많은 시간이 소요된다.

(7) 자금의 유용성과의 관계

부동산은 고가의 상품이기 때문에 원활한 자금의 융통은 시장참가자들의 활동에 큰 영향을 미친다. 즉, 자금의 융통에 관한 제도가 잘 정비되어 있고 적은 비용으로 융통이 가능하게 되면, 부동산에 대한 수요와 공급은 증가하게 될 것이다.

> 부동산시장은 정부의 금융정책에 민감한 반응을 보인다. 금융정책은 수요자와 공급자의 시장 진입 자체를 가로막을 수도 있고 금융비용을 변화시켜 부동산시장자금을 주식시장이나 채권시장과 같은 다른 자본시장으로 이동시킬 수도 있다. LTV와 DTI/DSR과 같은 규제가 가장 대표적인데 이러한 규제들은 수요자들의 구매활동에 직접적인 영향을 미친다. 또한 한국은행의 정책금리 결정 및 지급준비율 정책 등도 금융비용의 변화를 통해 수요와 공급에 영향을 주게 된다.

(8) 부동산시장의 불완전성

사실 부동산시장의 가장 근본적이고 핵심적인 특성은 바로 시장이 불완전하다는 것이다. 부동산의 지리적 위치의 고정성, 부증성, 영속성, 고가성 등은 시장의 자유조절기능을 저하시켜 결국 시장을 불완전하게 만든다. 부동산은 위치가 고정되어 있기 때문에 공급이 자유롭게 이동할 수가 없다는 점, 부동산은 부증성이 있어 공급이 제한된다는 점, 부동산은 영속성이 있기 때문에 비록 수요가 감소한다고 하더라도 기존의 공급량이 쉽사리 줄어들지 않는다는 점, 부동산은 고가품이기 때문에 참여자의 시장진입과 탈퇴가 자유롭지 못하고, 소비자와 생산자의 수가 상대적으로 제한된다는 점 등이 대표적인 예가 된다.

III 부동산시장의 기능[1]

1. 개요

부동산시장의 기능은 도시성장에 절대적인 역할을 하며 지역과 정부 및 개인적인 구속에 의하여 제한된 범위 내에서 부동산이 어떻게 이용될 것인가를 결정한다고 할 수 있다. 토지의 경우 그 이용도가 높고 잘 이용되면 토지수익은 극대화된다.

2. 부동산시장의 순기능(배교수가정도)

(1) 공간 및 자원배분기능

부동산시장은 화폐를 원하는 매도자와 공간을 원하는 매수자의 선호도에 따라 부동산소유권을 이전하고 공간을 배분하는 기능을 한다. 매매뿐만 아니라 임대차의 경우에도 역시 공간의 배분활동이 이루어지게 된다. 그런데 매매의 경우에는 실수요만 있는 것이 아니라 실거주하지 않는 경우에 투자수요도 있으므로 이때는 엄밀하게 말하면 공간의 배분이라기

---

[1] 방경식, 부동산학개론, 부연사, 2007

보다는 자금의 배분으로 이해할 수도 있을 것이다. 반면, 임대차의 경우에는 100% 공간에 대한 배분활동이 이루어진다. 이런 의미에서 임대차는 완전한 실수요시장의 성격을 가진다. 한편, 부동산시장에서는 건물의 건축, 유지, 수선 등과 관련하여 다른 자원의 부동산에 대한 배분도 촉진시킬 수 있다.

(2) 도시성장기능

부동산시장은 도시성장에 절대적인 역할을 수행한다. 투자자는 투자에 대한 토지수익을 극대화하기 위해 토지자원을 최대한 활용하는데, 이러한 과정 속에서 도시는 성장한다.

(3) 교환기능

부동산시장은 자금능력을 가진 수요자의 기호에 따라 부동산과 현금, 부동산과 부동산 등의 형태로 교환을 가능하게 하는 기능을 한다. 이때 교환은 거래당사자 간에 서로 이익이 있다고 생각될 때 이루어진다. 일반재화와 달리 부동산과 부동산을 물물교환형태로 교환한다는 점이 부동산시장의 특별한 기능이라 할 수 있다.

(4) 양과 질의 조정기능

부동산의 소유자, 관리자, 개발업자, 건설업자 등은 그들의 통제하에 부동산의 유용성이 최대가 되도록 노력한다. 그러한 과정에서 부동산은 성격이 변하게 되고 양과 질이 조정된다. 예를 들면, 시장에서 사무실에 대한 수요가 증가하면 공업용을 사무실용으로 전환할 수 있고, 택지의 수요가 증가하면 농지, 산지 등이 택지로 개발되어 해당 용도에 대한 토지의 공급이 증가하게 된다. 또한, 우리나라에 지진 발생의 빈도가 증가하면서 일정 규모, 용도, 구조의 건물에서는 내진설계가 필수적으로 요구되는 등 부동산의 질적인 변화도 이루어지게 된다. 즉, 시장의 변화와 수요가 대상부동산의 양과 질을 변화시키게 된다.

(5) 가격창조기능

부동산가격은 일물일가의 법칙이 성립되지 않으며, 동일한 부동산이라고 하더라도 거래 시 마다 새로운 가격이 창조되고 파괴된다. 이는 시간에 따른 시장상황의 변화에 기인하기도 하지만 거래 시마다 발생하는 각종 비용, 즉 취득세, 양도세 등의 세금비용과 융자에 따른 금융비용 등을 보전받고자 하는 심리와 지가상승률과 같은 최소한의 자산가치 상승을 기대하는 심리가 작용하기 때문이다.

> **부동산가격의 창조과정**
>
> 부동산시장에서 매매 시 거래당사자는 가격에 대해서 서로 협의를 하게 되는데 이때 매수자가 제안하는 가격은 시간이 지남에 따라 점차 상승하게 되고, 반대로 매도자가 요구하는 가격은 시간이 지남에 따라 점차 감소하게 된다. 이에 따라 매수인의 제안가격선과 매도인의 요구가격선의 범위 즉, 부동산시장구역 내에서 부동산가격이 창조된다. 이러한 조정과정에서 공인중개사의 역할이 크게 작용하는 경우가 많다.

(6) 정보제공기능

부동산시장은 가격 및 거래량 등 거래정보를 창출하고 필요한 사람들에게 제공하는 기능을 하게 된다. 이러한 거래정보는 감정평가사, 공인중개사, 투자자, 대출자, 자산관리자, 과세당국, 건축업자, 개발업자 등 각종 부동산활동의 주체들에게 매우 유용한 정보가 될 수 있다. 최근에는 각종 부동산정보가 정책당국과 민간업체들에 의해 가공되고 발표됨에 따라 시장투명성에 많은 기여를 하고 있다.

(7) 토지이용의 결정기능

부동산시장은 경제활동의 지대지불능력에 따라 토지이용의 유형을 결정하는 기능을 수행한다. 부동산은 주거용, 상업용, 공업용 등 다양한 경제활동의 수행에 이용되는데 이때 토지는 그러한 여러 가지 용도 중에서 용도 간의 경합에 따라 결국은 최유효이용에 할당되게 된다.

3. 부동산시장의 한계(불시공)

(1) 시장의 불완전성

부동산시장은 부동산의 특성으로 인하여 구조적으로 완전경쟁시장의 요건을 갖추지 못한 불완전 경쟁시장의 성격을 지니고 있다. 이러한 불완전경쟁시장은 부동산의 효율적 이용을 보장해주지 못하며 따라서 경제 전체로서도 한정된 자원의 효율적 이용을 달성할 수 없게 만든다.

(2) 시장실패

시장의 실패란 시장이 설사 완전경쟁시장의 요건을 갖추더라도 어떤 원인으로 인하여 자원의 용도별 효율적 배분에 실패하는 현상을 말한다. 이러한 시장의 실패를 초래하는 요인으로 외부효과와 공공재를 들 수 있다. 외부효과와 공공재 문제는 부동산시장에서 현저하게 나타나기 때문에 부동산시장은 시장실패의 대표적인 예가 된다고 볼 수 있다.

일상생활에서 충분한 대가를 치르지 않고 남에게 피해를 주거나 또는 보상을 받음이 없이 남에게 이익을 주는 경우가 많이 있는데 이런 피해나 이익을 외부효과라고 한다. 사실 거의 모든 경제활동은 토지 위에서 이루어지므로 당연히 대부분의 외부효과 문제는 토지이용과 결부되어 토지 위에서 발생할 수밖에 없다.

한편, 공공재는 소비의 비경합성과 비배제성을 가진 재화를 말한다. 그런데 이러한 공공재는 누구나 돈을 내지 않고 혜택을 누릴 수 있으므로 무임승차의 문제가 발생하고 아무도 공공재를 공급하려 하지 않기 때문에 시장에서는 잘 공급되지 않게 된다. 즉, 시장이 적정량의 공공재 공급에 실패하게 된다.

(3) 공적개입의 필요성

부동산시장은 완전경쟁시장의 요건 중 어느 것도 제대로 충족시키지 못하는 전형적인 불완전경쟁시장일 가능성이 매우 높을 뿐만 아니라 외부효과 및 공공재의 문제로 인하여 시장실패의 전형적인 모습을 보인다. 이러한 구조적인 결함들로 인하여 부동산시장은 토지의 효율적 이용을 달성하지 못하게 된다.

이에 정부가 개입하여 부동산시장에 내재되어 있는 구조적 결함을 치유하고 한정된 자원인 부동산을 보다 더 효율적으로 이용되도록 유도할 필요성이 제기된다.

그러나, 효율적 이용 문제의 해결뿐만 아니라 부동산의 이용에 있어서의 형평성 문제해소도 정부가 부동산시장에 개입하는 중요한 명분이 된다. 사실 역사적으로 보면 이 형평의 문제가 오히려 더 심각한 부동산문제로 인식되어 왔다고 볼 수 있다.

효율과 형평, 이 두 가지는 부동산의 경우 유난히 심각하게 부각되며, 이에 다른 어떤 자원이나 재화의 경우보다 더 정부의 공적 개입의 명분이 부각되며 그 수단과 방법의 폭이 넓고 그 정도도 크다고 볼 수 있다.

IV 부동산시장의 분류

1. 지리적 위치에 따른 분류

부동산은 지리적 위치의 고정성으로 인해 지역시장의 성격을 지닌다. 일반적으로 수도권시장과 지방시장으로 구분할 수 있고, 수도권시장은 다시 서울과 인천, 경기도로 나눌 수 있고, 서울은 다시 강남과 강북 등으로 세분화할 수 있다.

2. 용도(유형)에 따른 분류

부동산의 일반적인 구분기준의 또 하나는 부동산의 이용목적에 따른 분류, 즉 용도에 따른 분류라고 할 수 있다. 부동산시장은 부동산의 용도에 따라 주거용 시장, 상업용 시장(업무용 포함), 공업용 시장, 농업용 시장, 임업용 시장 등으로 구분할 수 있다. 이들은 다시 세부적인 용도에 따라 소분류가 가능한데 그 내용은 다음과 같다.
- 주거용 시장 : 아파트, 연립주택, 다세대주택, 단독주택시장
- 상업용 시장 : 상업용, 업무용, 오피스텔시장[2]
- 공업용 시장 : 순수 공업용, 물류센터시장
- 농업용 시장 : 전, 답 시장

3. 규모에 따른 분류

부동산은 고가의 상품으로서 수요자가 제한되고 유효수요를 뒷받침하기 위한 금융의 역할이 매우 중요하다. 이러한 고가성 때문에 부동산시장을 그 금액의 대소에 따라 분류하기도 하는데 이는 일반적으로 금액과 면적이 동일한 방향으로 움직인다는 전제가 깔려있다고 볼 수 있다.

(1) 금액에 따른 분류

금액에 따라 저가시장, 중가시장, 고가시장으로 구분할 수 있다. 구분하는 기준은 일반적인 기준이 있는 것이 아니라 지역이나 부동산의 종류에 따라 달라질 수밖에 없다. 서울의 아파트시장을 예로 들면 종합부동산세의 기준이 되는 11억원(공동명의의 경우 각각 6억원)을 기준으로 그 이상은 고가시장, 그 이하는 중저가시장으로 구분할 수 있다.

(2) 면적에 따른 분류

면적에 따라 소형시장, 중형시장, 대형시장 등으로 구분할 수 있다. 일반적인 기준이 있는 것은 아니고 통상적으로 아파트를 기준으로 소형은 60㎡ 이하, 중형은 60㎡~135㎡, 대형은 135㎡ 초과 등으로 분류할 수 있다.

4. 가격의 유형에 따른 분류

부동산의 가격은 협의의 가격과 임대료로 구분된다. 그래서 부동산시장도 매매시장과 임대차시장으로 분류할 수 있다. 매매시장은 소유권이 거래되는 시장이고, 임대시장은 사용·수익권이 거래되는 시장이다. 임대차시장은 다시 그 형태에 따라 전세시장, 보증금부 월세시장, 순수 월세시장으로 세분화된다. 최근 우리나라 부동산시장의 환경이 변화함에 따라 임대차시장에서 월세시장이 차지하는 비중이 점차 높아져가고 있는 과정에 있다.

---

[2] 오피스텔은 업무용 오피스텔이 일반적이지만, 경우에 따라서는 주거용으로 용도전환되거나 아예 처음부터 주거용 오피스텔로 사용되는 경우도 있음에 유의하여야 한다.

5. 거래의 자연성 여부에 따른 분류

부동산거래는 일반적으로 매수자와 매도자 간의 자유로운 의사에 따라 이루어진다. 그러나 경우에 따라서는 국가 공권력에 의한 강제적인 힘에 의한 거래형태가 나타나기도 하는데 그 대표적인 예가 바로 경매와 공매이다. 이에 따라 부동산시장도 일반거래시장과 경매 및 공매시장으로 구분할 수 있다.

> ● 경매와 공매의 구분
> 경매는 차입자가 은행과 같은 금융기관에서 대출을 받고 상환하지 못하게 되는 경우 법원에 의해 부동산에 대한 강제처분절차가 진행되는 것이고, 공매는 세금체납의 경우 한국자산관리공사에서 강제적인 처분절차가 이루어지는 것이다.

6. 시장참가자의 상대적 힘의 차이에 따른 분류

부동산시장은 사회적인 여건의 변화나 경제적인 상황에 따라 호황과 침체를 반복한다. 이러한 시장상황에 따라 시장참가자들 역시 시장에서 차지하는 비중과 역할이 달라지게 된다. 이때 시장이 호황기인 상태에서 가격이 상승하게 되면 시장에는 매수자가 많고 매도자는 적게 되어 매도자가 시장을 좌지우지하는 매도자우위시장이 형성된다. 반대로 시장이 불황기인 경우에는 매수자는 적고 매도자는 많게 되어 매수자우위시장이 형성될 것이다. 이처럼 시장참가자의 상대적 힘의 차이에 따라 부동산시장을 매도자우위시장과 매수자우위시장으로 구분할 수도 있다.

7. 상품의 신구에 따른 분류

부동산은 대표적인 내구재로서 상품의 신구에 따라 부동산시장은 분양시장과 재고시장으로 구분할 수 있다. 우리나라의 경우 특히 아파트를 중심으로 한 주택 부동산시장이 형성되고 있어 분양주택시장과 재고주택시장이 주된 관심의 대상이 되고 있다. 분양주택과 재고주택은 상호 대체재의 관계에 있기 때문에 두 시장 간 가격의 상관성은 매우 높다. 우리나라에서 재고주택의 가격 안정을 위해 분양주택에 대한 가격규제 정책을 펴는 이유가 바로 여기에 있다.

02절 부동산시장과 완전경쟁시장(강성효율적 시장)의 비교

```
Ⅰ. 서                          3. 기업의 진입과 이탈
Ⅱ. 양자의 비교                   4. 완전한 정보
   1. 시장참여자수              Ⅲ. 결
   2. 제품의 동질성
```

Ⅰ 서

부동산시장은 수요와 공급의 작용으로 가격이 형성되나, 그 자연적·인문적 특성으로 수요·공급의 자동조절에 의한 균형가격 성립이 어렵다. 즉 부동산시장은 순수성과 완전성을 상실하였다고 할 수 있다. 시장의 순수성과 완전성의 가정은 현실부동산시장의 예측·분석을 위한 기본도구로서 나름대로 유용하다. 완전경쟁시장과 부동산시장의 비교는 이상적인 완전경쟁시장의 성립조건을 기준으로 양자의 차이점을 중심으로 알아보기로 한다.

Ⅱ 양자의 비교

1. 시장참여자수

(1) 완전경쟁시장

매도인·매수인이 다수이며 시장참가인은 시장지배력이 없다. 따라서 가격순응자(Price-taker)로서 집단적 가치판단을 통해 가격이 결정된다.

(2) 부동산시장

① 부동산은 고정성, 지역성의 특성으로 시장지역에 따라 각기 다른 한정된 매도인·매수인으로 구성되므로 시장참가인은 가격형성의 주체(Price-maker)이며 가격순응자가 아니다.

② 또한 부동산은 고가성으로 인해 경제력이 있는 자만이 시장에 참가할 수 있기 때문에 한정된 참여자만이 존재한다.

2. 제품의 동질성

(1) 완전경쟁시장

제품이 질적인 면에서 동질하며 일물일가의 법칙이 성립한다.

(2) 부동산시장

부동산은 고정성과 개별성으로 인해 시장 및 제품의 비표준화로 일물일가의 법칙이 성립하지 못한다. 이로 인해 부동산 가격은 개별적 가격이 형성된다.

3. 기업의 진입과 이탈

(1) 완전경쟁시장

시장참여자의 진입과 이탈이 자유롭다.

(2) 부동산시장

① 부동산이 가진 고가성으로 부동산시장의 진입과 탈퇴를 어렵게 한다. 거래대금을 마련할 수 있어야 부동산을 매수할 수 있는데 고가라 매수하는 것이 어렵다. 또한, 특정 부동산을 원하는 매수자가 있어야 이를 매도할 수 있는데 원하는 시기에 원하는 가격으로 매도하는 것이 어렵다. 물건을 팔아서 돈과 바꿀 수 있는 성질을 환금성이라고 하는데 부동산은 일반적으로 환금성이 낮다.

② 거래의 장기성도 부동산시장의 진입과 탈퇴를 어렵게 한다. 부동산시장에서 거래는 다른 시장과는 달리 부동산의 탐색과 선택, 계약체결, 등기 이행 등 여러 절차가 필요하기 때문에 거래에 상당한 기간이 필요하다.

③ 수규제성으로 인한 높은 거래비용도 부동산시장의 진입과 탈퇴를 어렵게 한다. 부동산 거래의 경우 필연적으로 세금이 부과되며 그 외에도 중개수수료, 이사비용 등이 발생하는 경우가 많다. 부동산을 취득하거나 양도할 때 부과되는 세금을 거래세라 한다.

4. 완전한 정보

(1) 완전경쟁시장

완전한 정보를 공유하므로 별도의 정보비용을 필요치 않는다.

(2) 부동산시장

부동산의 개별성은 부동산 또는 그 거래정보의 공개를 저해하는 요인이 된다. 정보의 비공개성은 정보의 불완전성 및 비대칭을 초래하여 합리적인 가격형성과 자유로운 거래를 저해한다. 예를 들어 소유하고 있는 부동산에 대한 많은 정보를 가진 매도자가 이를 정확하게 제공하지 않고 매도한 경우 시장가치 이상의 고가로 거래될 가능성이 높다.

Ⅲ 결

부동산시장은 완전경쟁시장의 요건을 충족시키지 못하는바 대표적인 불완전경쟁시장이라 할 수 있다. 이는 부동산이 일반재화와는 달리 고유의 특성이 있기 때문이다. 이에 전문적인 지식을 겸비한 평가사에 의한 감정평가가 필요하다.

03절 부동산의 수요와 공급

I. 서
II. 부동산 수요
  1. **의의**
  2. **특징**
    (1) 본원적 수요와 파생수요
    (2) 일회성 수요가 아닌 지속적인 수요
    (3) 차별화된 수요
    (4) 수요자의 수의 영향
    (5) 수요의 비탄력성
    (6) 국지적인 수요
    (7) 일정한 수준의 가격 유지
  3. **부동산 수요의 결정요인**
  4. **수요곡선**

III. 부동산 공급
  1. **의의**
  2. **특징**
    (1) 공급으로의 전환
    (2) 공간 및 위치의 공급
    (3) 공급의 장기성
    (4) 물리적 공급과 경제적 공급
    (5) 비탄력적, 독점적 공급
  3. **부동산 공급의 결정요인**
  4. **공급곡선**
IV. 부동산시장의 균형
  1. **균형의 의미 및 구분**
  2. **단기와 장기의 의미**

I 서

일반재화의 가격은 시장 조직 내에서 수요와 공급의 메커니즘을 통하여 형성됨을 기본으로 삼는데, 부동산 역시 광의의 경제재로서 이러한 수요와 공급에 의하여 가격이 결정되는 것은 원칙적으로는 타당할 것이다.

다만, 부동산이 지니는 자연적, 인문적 특성으로 인하여 부동산시장은 불완전하고, 가치형성요인이 매우 복잡하고 다양하여 그 가격형성에 있어 많은 제약이 나타난다. 이로 인하여 수급에 의한 부동산의 가격결정 논의는 개별적, 구체적으로 논의되어야 한다.

II 부동산 수요

1. 의의

일반적으로 수요란 재화나 용역에 대한 구매욕구를 의미한다. 그러나 부동산의 경우에는 단순한 구매욕구뿐만 아니라 구매력, 즉 실제 구입할 수 있는 경제적 능력을 갖춘 유효수요를 의미한다.

일반재화의 경우에는 경제적 규모가 작기 때문에 구매하고자 하는 욕구가 중요하지만 부동산의 경우에는 고가성으로 인하여 실질적인 구매력이 뒷받침되는 수요, 즉 유효수요가 중요한 의미를 갖게 된다.

2. 특징(유비 국수 차 전파)

(1) 본원전 수요와 파생수요

부동산의 수요는 부동산 그 자체를 직접 소비하기 위하여 발생하기도 하지만(본원적 수요 혹은 직접수요), 부동산이 생산요소로 작용하는 경우에는 다른 형태의 수요에서 파생되어 발생하게 된다(파생수요 혹은 간접수요). 예를 들어, 주택지의 수요는 주택에 대한 수요에서, 공업지의 수요는 공장에서 생산될 제품의 수요에서, 농지에 대한 수요는 농작물에 대한 수요에서 각각 파생되어 발생하게 되는 것이다.

(2) 일회성 수요가 아닌 지속적인 수요

부동산은 영속성 혹은 내구재의 특성을 가지고 있기 때문에 부동산에 대한 수요를 한 번의 이용으로 그 효용이 없어지는 것이 아니라 장기간에 걸쳐 지속된다. 이는 부동산의 경우에는 할부구매가 수요자들의 합리적인 소비행위에 더 적합하다는 것을 의미한다. 즉, 수요자는 내구재인 부동산을 사용한 결과 얻게 되는 효용만큼의 대가를 매월 또는 정기적으로 일정한 금액만 지불함으로써 효용과 대가가 동시에 교환될 수 있는 것이다.

(3) 차별화된 수요

부동산은 개별성이 있고 또한 인간의 욕구는 다양하므로, 부동산에 대한 수요는 비동질적이며 개별적인 양상을 보인다.

(4) 수요자의 수의 영향

부동산은 개별성 때문에 표준화가 곤란하므로, 수요된 수량보다는 수요자의 수가 더욱 중요한 의미를 갖는다.

(5) 수요의 비탄력성

부동산은 고가의 재화에 속하고 또한 필수재인 경우가 많으므로 그 수요가 비탄력적인 경우가 일반적이다.

(6) 국지적인 수요

부동산은 지리적 위치의 고정성 및 지역성으로 인하여 그 수요는 지역적 차원의 국지적 양상을 띤다.

(7) 일정한 수준의 가격 유지

일반재화의 경우 수요가 없으면, 그 가격이 하락하는 경향이 있으나, 부동산의 경우 담보나 임대 등을 통하여 수익을 창출할 수 있으므로 일정한 수준의 가격을 유지하는 경우가 많다.

3. 부동산 수요의 결정요인

부동산의 수요를 결정하는 요인에는 여러 가지가 있다. 먼저 당해 부동산의 가격변화를 시작으로 관련 재화의 가격변화, 소득의 변화, 기호 및 선호도의 변화, 당해 부동산에 대한 가격예상의 변화 등이 가장 대표적이라 할 수 있다. 이외에도 이자율, 신용의 유용성, 부의 크기, 인플레이션, 세금, 광고 등 수많은 요인에 의해 영향을 받게 된다.

위에서 나열한 수요요인 중에 당해 부동산의 가격변화는 '수요량의 변화'로 나타나고 다른 수요의 결정요인이 변화하면 '수요의 변화'가 나타난다. 당해 부동산의 가격변화 외의 수요결정요인이 변화하면 '수요량의 변화'가 아니라 '수요의 변화', 즉 수요곡선 자체가 이동한다는 것에 유의해야 한다.

$$DR = D(PR, Sf, Ef, Af, Rf, If)$$
DR : 부동산의 수요, PR : 부동산의 가격, Sf : 사회, Ef : 경제, Af : 행정, Rf : 지역, If : 개별

4. 수요곡선

수요곡선은 대체효과와 소득효과 등에 의해 통상 우하향의 형태를 취하고, 부동산가격을 제외한 수요에 영향을 미치는 제 요인에 의해 수요곡선 자체가 이동한다.

Ⅲ 부동산 공급

1. 의의

부동산 공급이란 공급주체가 일정기간 동안에 상품을 판매하고자 하는 욕구를 의미하며, 부동산의 경우에는 각 임대료 수준에서 공급자가 기꺼이 공급할 의사와 능력을 가지고 있는 유효한 것이어야 한다. 부동산의 공급자에는 개발업자나 건설업자와 같은 생산자만이 아니라 기존 건물이나 주택의 소유자도 포함된다.

2. 특징(독물 위장 전환)

(1) 공급으로의 전환

부동산은 영속성과 용도의 다양성이라는 특성이 있어 기존의 공급이 다른 공급으로 전환될 수 있으며, 수요가 공급으로 전환될 수도 있다.

(2) 공간 및 위치의 공급

부동산의 속성인 공간성, 위치성으로 부동산 공급은 공간의 공급임과 동시에 위치의 공급이 되는 성질을 나타낸다.

(3) 공급의 장기성

수요나 가격의 변화에 대하여 공급은 그 반응시간이 비교적 길다. 이는 물리적 측면에서 뿐만 아니라 자금의 대규모성이나 각종 제도적인 제약 등에 기인한다.

(4) 물리적 공급과 경제적 공급

토지는 부증성으로 인하여 물리적 절대량을 증가시킬 수 없다. 그러나 물리적 공급의 제약하에서도 부동산개발이나 이용의 집약화 등에 의한 효율성 증개·용도전환 및 공법상 규제의 완화 등을 통해 경제적 공급이 가능하게 된다.

(5) 비탄력적·독점적 공급

부동산은 부증성과 개별성의 특성으로 인하여 부동산의 공급은 비탄력적이고 독점적인 성격을 지니게 된다.

3. 부동산 공급의 결정요인

부동산의 공급에 영향을 미치는 요인들은 많이 있는데 부동산의 생산비에 영향을 주는 요인들이 그 핵심을 이루고 있다. 먼저 당해 부동산의 가격변화를 시작으로 관련 재화의 가격변화, 생산요소가격(자원가격)의 변화, 기술수준 등이 대표적이다. 이외에도 이자비용, 인플레이션, 세금, 미래에 대한 전망, 정부의 정책 등이 있다. 이러한 여러 가지 변수 중에서 가장 중요한 것은 자원가격과 기술수준이다. 여기서 자원가격은 생산요소를 사용하는 비용으로 토지·노동·자본비용을 의미한다. 요소비용의 변화가 모든 부동산에 같은 정도로 영향을 주는 것은 아니다. 요소가격이 상승했다고 하더라도 그 효과는 해당 요소를 얼마나 사용하고 있는가에 따라 다르게 나타난다.

위에서 나열한 공급요인 중에 당해 부동산의 가격변화는 '공급량의 변화'로 나타나고 다른 공급의 결정요인이 변화하면 '공급의 변화'가 나타난다. 당해 부동산의 가격변화 외의 공급결정요인이 변화하면 '공급량의 변화'가 아니라 '공급의 변화', 즉 공급곡선 자체가 이동한다는 것에 유의하기 바란다.

$$SR = S(PR, Sf, Ef, Af, Rf, If)$$
SR : 부동산의 공급, PR : 부동산의 가격, Sf : 사회, Ef : 경제, Af : 행정, Rf : 지역, If : 개별

4. 공급곡선

공급곡선은 생산비 곡선 등에 의해 통상 우상향의 형태를 취하며, 부동산가격을 제외한 제 요인의 변동에 의해 공급곡선 자체가 이동한다. 다만, 단기의 공급제약의 속성상 단기에서는 수직으로, 장기에서는 우상향의 모습을 나타낸다.

IV 부동산시장의 균형

1. 균형의 의미 및 구분

시장균형이란 시장의 수요량과 공급량이 일치하여 시장 전체적으로 생산물의 초과수요 또는 초과공급이 발생하지 않는 상태를 말한다. 부동산의 수요요인과 공급요인이 변화하게 되면 균형임대료와 균형량 또한 변하게 된다. 그런데 부동산의 공급은 시간의 구분에 따라 단기와 장기로 나누어 설명할 수 있다고 하였다. 이에 따라 균형 또한 단기균형과 장기균형으로 구분하여 살펴볼 수 있다.

> ●『수요와 공급의 상호작용 : 가격』
>
> 가격은 '일정한 거래 상황에서 특정한 매수인이 지불하기로 하고, 매도인이 받기로 쌍방 합의한 금액'이다. 시장에서 형성되는 가격은 수요자와 공급자가 충분한 시간과 정보를 가지고 서로 그 물건의 사정에 정통한 상태에서 합의에 이른 가치를 화폐단위로 환산한 것이며, '실제 발생된 사실'이라고 기술하고 있다.
>
> 가격은 수요공급의 상호작용으로 형성되는 것이며 인위적으로 만들어지는 것이 아니지만, 복잡한 시장메커니즘에 의하여 굴절되거나 왜곡되기도 한다. 가격기구인 시장기능이 정상적인 경우, 수요가 공급을 초과하면 가격의 상승으로 수요가 감소하고, 공급이 수요를 초과하면 가격이 하락된다. 이렇게 되면 수요와 공급의 균형이 이루어지게 되어 적정한 자원 분배의 균형을 이루게 된다. 그러나 부동산 가격은 '하방경직성'이 있어서 한번 오른 가격은 잘 안 떨어지는 경향이 있다. 이것이 결국은 부동산 가격상승의 원인이 되기도 한다.

2. 단기와 장기의 의미

단기란 기존의 생산시설이 확장되지 않거나 새로운 공급자가 시장에 진입할 수 없을 정도의 짧은 기간을 말하고, 장기는 기존시설 외에 새로운 생산시설이 추가되거나 새로운 공급자가 시장에 진입할 정도의 긴 기간을 의미한다.

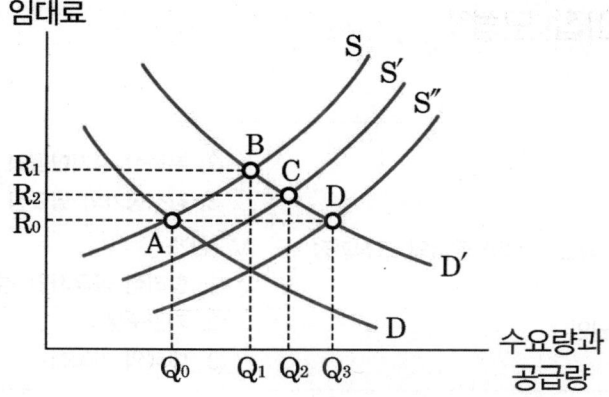

> ●『부동산시장의 장기균형』
> 만일 공급에 영향을 주는 생산요소의 가격이 상승하지 않는다고 가정하면 장기 균형임대료는 원래의 단기 균형 임대료수준으로 회귀할 것이다. 그러나 일반적으로 공급이 증가함에 따라 생산요소의 가격도 상승하게 된다. 왜냐하면, 제한된 자원을 확보하려는 경쟁이 심화되기 때문이다. 이는 장기적으로 공급량이 증가한다고 해서 임대료가 하락하는 것은 아니라는 것을 의미한다.

04절 거미집 모형[3]

```
Ⅰ. 의의                              2. 부동산 경기변동의 특징
Ⅱ. 기본가정                          3. 감정평가의 필요성
Ⅲ. 거미집 모형에 의한 수요와 공급의 조정과정    Ⅴ. 한계
Ⅳ. 의미(유용성)                        1. 합리적 공급자인 경우
   1. 경기변동의 원인                    2. 기간구분
                                    3. 대체의 가능성
```

Ⅰ 의의

거미집 모형이란 부동산의 가격변동과 관련하여 수요와 공급의 시차를 고려하여 균형의 변화과정을 동태적으로 분석한 모형으로서 에치켈(M.J.Ezikel)에 의해 고안되었다. 가격과 수요·공급량의 변동 궤적이 마치 거미집 모양을 연상하게 한다고 하여 거미집모형으로 명명된 것이다. 이는 사실 농산물시장을 설명하기 위한 이론이나 공급적인 측면에서 농산물과 부동산이 유사한 점이 많기 때문에 부동산시장 분석에서도 활용되고 있다.

Ⅱ 기본가정

① 기간구분이 가능해야 하고, 수요의 탄력성이 공급의 탄력성보다 크다. 이는 부동산시장을 대상으로 하므로 수요의 탄력성이 공급의 탄력성보다 크다고 전제하기 때문이다.
② 현실적으로 가격이 변동하면 수요는 즉각적으로 영향을 받지만 공급량은 일정한 생산기간이 경과한 후에만 변동이 가능하다.
③ 금기의 수요량은 금기의 가격에 의존하고, 금기의 공급량은 전기의 가격에 의존한다.
④ 현재 생산된 공급량은 모두 현재의 시장에서 판매된다.

---

[3] 안정근, 부동산평가이론(제6장 부동산시장의 분석), 양현사, 2013
노용호, 아카데미 부동산 감정평가론, 부연사, 2021

III 거미집 모형에 의한 수요와 공급의 조정과정

① 현 상태에서 임대료 R_0, 수급량 Q_0에서 균형, 현재 수요곡선은 D_0, 공급곡선은 S

② 어떤 원인에 의해 수요가 급증하여, 수요곡선이 D_1으로 이동한다. 부동산의 공급은 단기에 불변이므로 공급량은 여전히 Q_0인바, 수요자는 R_1까지 지불할 용의가 있으므로 임대료는 R_1으로 상승한다.

③ 시장임대료가 R_1으로 상승함에 따라 공급자는 Q_1까지 공급을 증대시킬 용의가 있으므로, 착공량은 Q_1으로 변한다.

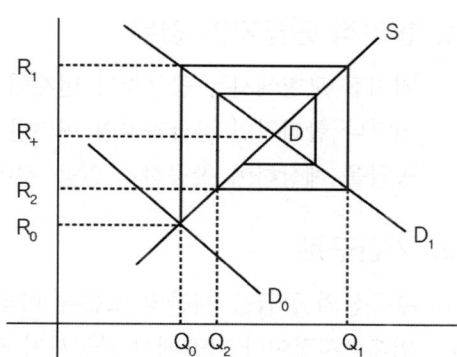

④ 일정시점 후, 착공된 부동산이 출하되어 공급량은 Q_1, 수요량은 Q_0가 된다. 즉 Q_1Q_0만큼의 초과공급이 발생하고, 이에 따라 임대료는 R_1에서 R_2수준으로 하락한다. R_2수준의 임대료에서 다시 Q_1Q_2만큼의 초과수요가 발생하며 부동산은 탄력성이 수요보다 비탄력적이므로 수렴순환과정을 거쳐 D에서 새로운 균형이 형성되게 된다.

IV 의미(유용성)

1. 경기변동의 원인
초과수요 시 계속적인 가격의 상승과 초과공급 시 지속적인 침체국면의 지속으로 이러한 과정에서 경기변동하며, 특히 주거용보다는 상업용 내지 공업용 부동산에 더 강하게 나타난다는 점을 설명할 수 있다.

2. 부동산 경기변동의 특징
공실률의 경우 계속 없다거나, 높은 수준의 지속유지로 나타난다. 따라서 부동산에서는 왜 부동산경기가 일반경기보다 진폭이 큰지를 설명할 수 있다.

3. 감정평가의 필요성
부동산시장에서 균형가격의 성립이 어렵기 때문에 감정평가의 필요성이 도출된다.

Ⅴ 한계

1. 합리적 공급자인 경우
거미집 모형에서는 공급자가 현재의 가격만을 고려하여 미래의 공급을 결정한다고 가정하고 있으나 합리적인 공급자라면 이러한 부동산시장의 특성을 알고 임대료가 상승하더라도 초과공급을 예상하여 착공하지 않을 것이다.

2. 기간구분
부동산의 공급을 시간의 흐름에 따라 명확하게 구분하기가 힘들다. 이에 계약기간이 명확한 임대료시장이나 착공에서 완공까지 시간이 정형화되어 있는 신규주택시장・조성지 및 매립지 등에 제한적으로 적용할 수 있다.

3. 대체의 가능성
공급이 다음기에 반응한다고 가정하고 있으나, 부동산이 물리적으로는 대체가 불가능하지만 용도적 측면에서 대체가 가능함에 따라 이러한 가정 자체가 성립하지 않을 수 있다.

> ● 부분균형분석(Partial Equilibrium Analysis)
> 다른 시장상황이 일정하게 주어져 있다고 가정하고 한 시장만을 분석하는 방법을 가리킨다. 부분균형분석은 간편하다는 장점이 있으나 시장 간에 영향을 주고받는 것을 고려하지 못할 우려가 있다.
>
> ● 일반균형분석(General Equilibrium Analysis)
> 특정시장과 다른 모든 시장이 영향을 주고받는 것을 고려하면서 특정시장을 분석하거나 모든 시장들을 한꺼번에 분석하는 방법을 가리킨다. 일반균형분석은 경제변수들의 상호의존관계를 동시에 분석하므로 분석이 복잡하게 될 가능성이 있다.

05절 효율적 시장이론

Ⅰ. 서
Ⅱ. 정보의 효율성
　1. 정보의 효율성의 개념
　2. 효율적 시장의 유형(구분)
　　(1) 약성 효율적 시장
　　(2) 준강성 효율적 시장
　　(3) 강성 효율적 시장
　3. 상호 관련성
　4. 우리나라 부동산시장의 효율성

Ⅲ. 배분(할당)적 효율성(Allocationally Efficient)
　1. 할당적 효율성의 개념
　2. 할당적 효율성의 성립
　3. 할당적 효율성과 부동산시장
　　(1) 완전경쟁시장과 할당적 효율성
　　(2) 불완전경쟁시장과 할당적 효율성
　　(3) 부동산시장과 할당적 효율성
Ⅳ. 운영의 효율성

Ⅰ 서

부동산의 가격결정과정에서 가격형성기능이 제대로 발휘되기 위해서는 부동산시장의 효율성이 유지되는 것이 필요하다. 부동산시장의 효율성은 여러 가지 의미로 사용될 수 있으나 정보의 효율성과 배분의 효율성 및 운영의 효율성으로 구분하는 것이 일반적이다.

Ⅱ 정보의 효율성

1. 정보의 효율성의 개념

시장상황에 별다른 변화가 없는 것처럼 보이는 데도 불구하고 주식가격이나 부동산가격이 단기간 내에 여러 차례 변동하는 것을 쉽사리 목격할 수 있다.

부동산의 가치는 장래 기대되는 편익을 현재가치로 환원한 값이므로 장래 수익의 변동이 예견된 경우 이것은 즉각적으로 현재의 부동산의 가치를 변화시킨다. 장차 그와 같은 일이 발생했을 때 가치변동이 일어나는 것이 아니라는 사실에 유의해야 한다.

이처럼 부동산시장의 정보가 얼마나 많이 그리고 신속하게 가치에 반영되는가 하는 것을 정보의 효율성이라 한다. 그리고 정보다 모두 다 지체 없이 가치에 반영되는 시장을 효율적 시장이라 한다.

2. 효율적 시장의 유형(구분)

(1) 약성 효율적 시장(weak efficient market)

1) 의의

약성 효율적 시장은 현재의 시장가치가 과거 가격변동의 양상·거래량의 추세 및 이자율의 동향 등 과거의 역사적 정보가 이미 반영되어 있기 때문에 가치에 대한 과거의 역사적 자료를 분석한다고 하더라도 정상 이상의 수익을 획득할 수 없는 시장을 말한다.

2) 특성

과거의 자료를 토대로 시장가치의 변동을 분석하는 것을 기술적 분석이라 한다. 만약, 시장이 약성 효율적 시장이라고 한다면 기술적 분석에 의해서 밝혀진 기술적 지표로는 결코 초과이윤을 획득할 수 없다. 약성 효율적 시장에서는 시장참여자들이 모두 기술적 분석을 하고 있다는 것을 전제하고 있다.

(2) 준강성 효율적 시장(semi strong efficient market)

1) 의의

준강성 효율적 시장이란 어떤 새로운 정보가 공표되는 즉시 시장가치에 반영되는 시장을 말한다. 준강성 효율적 시장의 개념은 약성 효율적 시장을 포함하고 있다. 따라서 어떤 시장이 준강성 효율적 시장이라고 한다면 이 시장은 당연히 약성 효율적 시장의 성격도 지니고 있다.

2) 특성

어느 회사의 영업실적·사업계획 등과 같이 공표된 사실을 토대로 시장가치의 변동을 분석하는 것을 기본적 분석이라 한다. 준강성 효율적 시장에서는 기본적 분석을 하여 투자를 한다고 하더라도 정상이상의 수익을 올릴 수 없다. 만약 어떤 사람이 준강성 효율적 시장에서 정상 이상의 이윤을 얻었다면 이것은 정보가 공표되기 전의 내부자료를 먼저 알았거나 공표된 것 이상의 유용한 정보를 얻을 수 있었기 때문에 가능한 것이지 결코 이미 공표된 사실에 의한 것은 아니다.

(3) 강성 효율적 시장(strong efficient market)

1) 의의

강성 효율적 시장이란 공표된 것이건 공표되지 않은 것이건 어떠한 정보든지 모두 다 시장가치에 반영되어 있는 시장을 말한다.

2) 특성

강성 효율적 시장에서는 어느 누가 어떠한 정보를 이용한다고 하더라도 초과이윤을 획득할 수 없다. 강성 효율적 시장이야말로 진정한 의미에서의 효율적 시장이며, 완전경쟁시장의 가정에 부합하는 시장이다. 어떤 형태의 효율적 시장이 부동산시장에 존재하는가는 시대나 국가에 따라 다를 수 있다. 연구에 따르면 주식시장이나 부동산시장에는 강성 효율적 시장은 거의 나타나지 않고 준강성 효율적 시장까지는 존재할 수 있다고 한다.

효율적 시장	가치에 반영된 정보	분석방법	정상이윤	초과이윤			정보비용
				과거정보	현재정보	미래정보	
약성	과거 정보	기술적 분석	○	×	○	○	○
준강성	공표된 정보 (과거 + 현재)	기본적 분석	○	×	×	○	○
강성	모든 정보 (과거 + 현재 + 미래(내부정보))	분석 불필요	○	×	×	×	×

3. 상호 관련성

위 세 가지 형태의 효율적 시장은 서로 배타적인 것이 아니며, 단지 관련되는 정보의 범위와 시장 효율성의 정도에 있어서만 차이를 갖는다. 강성 효율적 시장에서는 부동산가격이 공표되지 않은 정보까지를 포함한 모든 이용가능한 정보를 반영하므로, 가장 폭넓은 시장 효율성 개념으로 약성 효율적 시장과 준강성 효율적 시장을 모두 포함한다.

시장의 효율성과 수익성은 상충관계에 놓여 있다. 즉, 부동산시장은 시장의 비효율성이 높아 투자자 입장에서는 더욱 큰 위험이 존재하므로 이를 상쇄하기 위하여 그만큼 높은 수익률을 위험할증으로서 요구하게 된다.

4. 우리나라 부동산시장의 효율성

효율성의 정도는 시간과 공간에 따라 다르게 나타나며, 일반적으로 부동산시장에서는 준강성까지의 효율적 시장이 존재한다. 시장이 비효율성이 높을수록, 투자자들은 더 높은 수익률을 요구한다. 최근, 부동산 증권화의 진전으로 물건과 거래정보에 대한 접근성이 높아지고 있다. 따라서 우리나라 부동산시장의 효율성도 증대되고 있다고 볼 수 있다.

Ⅲ 배분(할당)의 효율성(Allocationally Efficient)

1. 배분의 효율성의 개념

배분의 효율성이란 모든 자산의 가격이 모든 수요자와 공급자의 한계수익률을 일치시키도록 균형가격이 성립되고 이 가격이 경제 전체적으로 자원의 효율적 배분을 가능하게 하는 것을 말한다. 즉, 부동산투자를 비롯한 다른 모든 투자대안에 따르는 위험을 감안하였을 때 부동산 투자의 수익률과 다른 투자의 수익률이 서로 같아지도록 자금이 배분된 상태를 의미한다.

2. 배분적 효율성의 성립

부동산투자에 수반되는 위험을 감안하더라도 부동산투자의 수익률이 다른 투자대안의 수익률보다 여전히 높다고 하면, 자금은 계속해서 부동산시장으로 유입될 것이다. 이는 부동산의 가격상승을 가져오게 되고 부동산 투자수익률을 하락시키게 된다. 이에 따라 부동산 시장으로의 자금유입이 감소하게 된다. 결국 부동산 투자수익률과 다른 투자대안의 수익률이 같아지는 수준에서 가격이 결정되고 시장은 균형을 이루게 될 것이다.

3. 배분적 효율성과 부동산시장

(1) 완전경쟁시장과 할당적 효율성

완전경쟁시장은 완전한 정보를 가정하기 때문에 정보비용이 있을 수 없고, 그 어떤 자산에 대한 초과이윤도 발생하지 않는다. 즉, 완전경쟁시장에서는 모든 자산에 대한 한계수익률이 동일하다. 이에 따라 완전경쟁시장은 배분의 효율성이 달성되는 시장이다.

(2) 불완전경쟁시장과 배분적 효율성

배분효율적 시장이라는 개념이 완전경쟁시장만을 의미하는 것은 아니다. 불완전경쟁시장이라도 배분효율적일 수가 있다. 완전경쟁시장에서는 초과이윤이라는 것이 있을 수 없지만, 불완전경쟁시장에서는 초과이윤이 발생할 수가 있다. 그런데 불완전경쟁시장에서 발생하는 초과이윤이 초과이윤을 발생하도록 하는 데에 드는 비용과 일치한다고 하면 이 시장은 비록 불완전경쟁시장이라 할지라도 배분효율적일 수가 있다.

(3) 부동산시장과 배분적 효율성

부동산시장에서 특정투자자가 초과이윤을 획득할 수 있는 것은 시장이 불완전하고 독점적이기 때문이 아니라 배분의 효율성이 달성되지 못하기 때문이다. 부동산투기가 성립하는 이유도 마찬가지라고 할 수 있다. 즉, 정보가 소수의 사람에게만 독점되어 있거나 기회비용보다 적은 비용으로 유용한 정보를 보다 빠르게 획득할 수 있다면 초과이윤이 발생하는 것은 당연하다고 할 수 있다.

Ⅳ 운영의 효율성

운영의 효율성이란 부동산시장이 제도적 운영면에서 마찰을 가급적 줄여 거래 또는 자원의 이전이 원활하게 이루어지도록 하는 내부효율성을 의미한다. 무엇보다도 부동산시장이 운영면에서 거래비용이 최소화되어야 하고 원하는 시점에 적정한 가격에 신속히 사고 팔 수 있는 유동성이 높을 때 운영의 효율성이 제대로 발휘된다고 할 수 있다.

따라서 이러한 운영의 효율성은 거래에 있어서는 거래수수료·세금 및 정보획득비용이 최저수준으로 유지되고 거래시스템 측면에서도 거래가 원활하도록 뒷받침될 때 달성될 수가 있다. 그러나 부동산의 경우에는 각종 법률 및 행정규제와 사회적 제약 및 시스템의 미비 등으로 인하여 운영의 효율성을 기대하기 어려운 것이 사실이다.

▼ 부동산시장과 효율적 시장의 비교[4]

구분	효율적 시장	부동산시장
1) 동질성	제품과 서비스는 본질적으로 동질적이며, 상호 간에 대체성이 있음.	어떠한 부동산도 물리적으로 동일한 것은 없음.
2) 고가성	제품과 서비스의 질은 균등하고, 가격은 상대적으로 저가이며 안정적임.	가격은 대체로 고가임.
3) 시장참여자수	시장참여자들이 많기 때문에 시장은 자유롭고 경쟁적이 됨. 어느 누구도 가격에 직접적인 영향력을 행사하지 못함.	소수의 매도자와 매수자만이 특정시점, 특정위치, 특정가격의 특정부동산에 관심을 가짐. 매도자와 매수자는 수요와 공급을 조절하여 개별적으로 가격에 영향력을 행사함.
4) 자기규제성	효율적 시장은 자기규제적으로 작동. 자유공개경쟁을 제한하지 않음.	부동산시장은 각종 공적·사적 규제를 받고 있음.
5) 균형성	수요와 공급은 균형에서 크게 벗어나지 않음. 벗어났을 경우라도, 경쟁효과에 의해 신속하게 균형상태로 되돌아옴.	수요와 공급은 상호 간에 원인요소로 작용하고, 가격은 그 결과로 나타남. 가격변화는 보통 시장활동보다 선행. 수요와 공급은 시장활동이 증가하는 시기나 아무런 시장활동이 없는 시기에도 급작스럽게 변동
6) 시장정보	매수자와 매도자는 과거와 현재의 시장상황, 시장참여자의 행태, 제품의 질과 대체성에 대해 충분한 지식과 정보를 가지고 있음. 입찰사례, 제안사례, 매매사례에 관한 정보는 항상 유용한 상태에 있음.	부동산의 매수자와 매도자는 충분한 정보를 제공받지 못하고 있음.
7) 시장의 입출	증권거래소와 같은 조직화된 시장메커니즘이 매수자와 매도자의 공식적인 회동장소를 제공, 매도자는 수요에 따라 시장진입과 탈퇴를 용이하게 할 수 있음.	매도자와 매수자의 공식적인 회동장소가 제한됨.
8) 제품의 성질	제품은 신속하게 공급되고 소비됨. 제품은 쉽게 이동할 수 있음.	부동산은 내구재임. 투자상품으로서 시장성이 적고 유동성이 떨어짐.

---

[4] 안정근, 부동산평가이론(제6장 부동산시장의 분석), 양현사, 2013

06절 부동산시장 분석의 종류

시장분석이라는 용어는 사실 여러 분야에서 사용되고 있다. 금융분야에서는 일상적인 용어가 되었으며, 부동산 분야에서도 개발과 마케팅, 투자 그리고 감정평가에 이르기까지 여러 분야에서 활용되고 있다.

시장분석은 바라보는 관점에 따라 다양한 의미를 내포하고 있다.

① 어떤 경우에는 시간적인 측면에서 현재의 시장상태가 어떠한지를 파악하는 개념으로 사용되는데 이때는 주로 부동산 경기변동과 관련지어 볼 수 있다.
② 다른 경우에는 공간적인 측면에서 공간적 범위에 따라 가치에 영향을 미치는 요인들이 어떻게 작용하는가라는 개념으로 사용되기도 한다. 이때는 일반분석과 지역분석 및 개별분석과 연계하여 생각해 볼 수 있다.
③ 다음으로는 경제적인 측면[5]에서 바라본 것으로 경제학에서 말하는 본래적 의미의 시장에 대한 분석을 의미하는데 이때는 시장을 구성하고 있는 수요와 공급이라고 하는 요소를 중심으로 그러한 요소들에 미치는 요인들이 어떤 것이 있는지, 그에 따라 수요와 공급이 어떻게 변화해 가는지를 실증적으로 분석하여 정확한 가치를 찾아가는 과정으로 이해할 수 있다. 이것은 구체적으로 시장분석으로 표현할 수 있다.

---

5) 과거에는 감정평가 수행과정에서 대상부동산의 최유효이용 판정을 위하여 지역분석과 개별분석만 수행하면 충분했지만, 최근에는 우리 경제사회의 급속한 발전과 서비스 수요의 고도화에 따라 타당성분석이나 시장성분석까지 요구받고 있다.

07절 부동산 경기변동 ▶기출 4회, 8회, 27회, 32회

Ⅰ. 부동산 경기변동의 의의
Ⅱ. 부동산 경기변동의 종류
  1. **순환적 변동**
  2. **계절적 변동**
  3. **장기적 변동**
  4. **무작위적 변동**
Ⅲ. 부동산 경기순환의 특징
  1. **시차**
  2. **진폭**
  3. **주기**
  4. **우경사 비대칭**
  5. **개별성과 국지성**
Ⅳ. 부동산경기의 측정지표와 측정방법
  1. **부동산경기의 측정지표**
    (1) 개설
    (2) 측정지표
      1) 부동산의 가격변동
      2) 거래량
      3) 부동산금융의 상태
      4) 공가율과 임료수준
    (3) 유의사항
  2. **경기변동의 측정방법**
    (1) 과거 추세치를 연장하는 방법
    (2) 지역경제분석 등에 의한 경제분석에 의한 방법
    (3) 지수를 사용하는 방법
    (4) 대체수요를 이용하는 방법
Ⅴ. 부동산시장의 경기별 유형
  1. **개설**
  2. **회복시장**
  3. **상향시장**
  4. **후퇴시장**
  5. **하향시장**
  6. **안정시장**
Ⅵ. 감정평가 시 유의사항
  1. **가격제원칙 관련**
  2. **지역, 개별분석 관련**
  3. **감정평가방식 적용과 관련**
    (1) 비교방식
    (2) 원가방식
    (3) 수익방식
  4. **시산가액 조정 관련**
Ⅶ. 결

Ⅰ 부동산 경기변동의 의의

일반적으로 경기변동이란 각 경제변수들이 일정한 주기를 가지고 변화하는 경제학적 현상을 말하는데 부동산도 경제재의 하나로서 일반경기변동과 유사한 현상을 나타낸다. 부동산 경기변동이란 부동산시장의 총체적 활동수준을 나타내는 경기가 상승과 하강을 반복하는 현상을 말한다.

Ⅱ 부동산 경기변동의 종류

부동산 경기변동은 다양한 내용들이 복합적으로 작용하여 나타나게 된다. 그중에서 순환적 변동, 계절적 변동, 장기적 변동, 무작위적 변동 등으로 구분하는 것이 일반적인데, 이중에서 가장 중요하고 비교적 뚜렷하게 나타나는 것은 순환적 변동이다.

1. 순환적 변동

순환적 변동은 경기순환이라고 일반적으로 표현하는데 경제가 파형과 같이 상승운동과 하강운동을 반복하는 것을 말한다. 경기순환은 확장기, 후퇴기, 수축기, 회복기 등 4개 국면으로 구분할 수 있으며, 확장국면과 수축국면의 2개 국면으로 구분할 수도 있다. 한편, 상향시장, 후퇴시장, 하향시장, 회복시장으로 분류하기도 한다.

2. 계절적 변동

일 년을 단위로 하여 적어도 일 년에 한 번씩 주기적으로 나타나는 경기변동을 계절적 변동이라고 한다. 이는 계절적인 속성과 그에 따른 사람들의 관습 때문에 나타나는 현상이라고 할 수 있다. 여름에는 여름용 상품이 잘 팔리고, 겨울철에는 겨울용 상품이 잘 팔리는 것처럼 부동산에도 이런 계절적인 현상이 나타나게 된다. 예를 들면, 겨울철은 일반적으로 부동산에 있어 비수기로 불리는데 부동산경기가 둔화되는 특성을 보인다. 이는 방학을 주기로 대학교 근처의 임대주택의 공실률이 높아지는 것에서 쉽게 확인할 수 있다.

3. 장기적 변동

장기적 변동은 시간적인 측면에 초점을 맞춘 것으로 50년 또는 그 이상의 장기적인 관점에서 측정되는 경기변동을 말하는데, 일반경제가 나아가는 전반적인 방향을 알 수 있게 해준다. 부동산에서는 주로 특정지역이 새로 개발되거나 재개발되면서 나타나게 된다. 이러한 장기적 변동은 일반경제의 장기적 변동보다는 기간이 짧고 지역적으로 불규칙하게 나타나는 경향이 있다.

4. 무작위적 변동

무작위적 변동이란 예상하지 못한 사건으로 인하여 발생하는 비주기적인 경기변동을 의미한다. 무작위적 변동은 지진·홍수·화재와 같은 자연재해에 의해 일어날 수도 있고, 정부정책에 의해 야기될 수도 있으며, 노동자들의 파업·혁명·전쟁과 같은 사태에 의해 야기될 수도 있다.

Ⅲ 부동산 경기순환의 특징

1. 시차

부동산시장의 경기변동은 부문별로 차이가 있다. 즉 상업용, 공업용 부동산 경기는 일반경기와 변동 패턴이 유사하나, 주거용 부동산의 경기는 일반경기와 역순환적 현상을 보인다. 부동산경기는 각 부문별 경기의 가중평균치적 성격을 가지고 있기 때문에 전반적으로 후순환적인 특징을 갖게 된다. 왜냐하면 부동산은 본질적으로 착공에서부터 완공까지 상당한 시간이 소요된다는 특성을 가지고 있기 때문이다.

2. 진폭

부동산 경기변동에서는 일반경기변동에 비해 저점이 깊고 정점이 높은 특징을 가지고 있다. 다시 말해 부동산경기순환의 진폭이 일반경기의 진폭보다 더 크다. 이러한 현상은 상업용 및 공업용 부동산에서 더 뚜렷하게 나타난다.

3. 주기

부동산은 내구성으로 인하여 일반재화의 경기변동보다 주기가 더 길다. 부동산경기변동의 경우 일반적으로 주기가 17~18년 정도로 일반경기의 주기인 8~10년에 비해 약 2배가량 더 길다.

4. 우경사 비대칭[6]

일반경기변동의 경우에는 확장국면은 서서히 진행되고 수축국면은 빠르게 진행되는 좌경사 비대칭구조를 가지고 있는데 비해, 부동산의 경우에는 확장국면은 짧은 시간에 빠르게 진행되는 반면 수축국면은 상대적으로 서서히 진행되는 우경사 비대칭형으로 나타나는 경향이 있다. 그러나 부동산경기변동의 양상은 시대나 지역에 따라 다르게 나타날 수 있으므로 일률적으로 단정하기는 어렵다.

5. 개별성과 국지성

부동산경기는 각 부동산의 유형에 따라 개별적으로 이루어지는 경향이 있으며, 지역적으로도 각각 변량의 진행이 다르게 움직이는 특성이 있다.

Ⅳ 부동산경기의 측정지표[7]와 측정방법

1. 부동산경기의 측정지표

(1) 개설

추상적인 부동산 경기의 상태가 어떠한지를 구체적으로 판단할 수 있는 지표는 '부동산 경기측정지표'라고 한다. 부동산경기측정지표를 이용할 때는 인근지역과 유사지역 또는 동일 수급권으로 범위를 한정하여 파악한 후 점차 지역을 넓혀 전국적으로 확대해 보면 유용할 것이다. 또한 어느 한 가지 기준으로만 판단할 것이 아니라 종합적으로 고려하여 판단하는 것이 객관적이고 설득력이 있다. 구체적인 부동산 경기측정지표를 살펴보면 다음과 같다.

---

[6] 이 부분은 지역과 시기 등에 따라 다르게 나타날 수 있으므로 유의해야 한다.
[7] (특강) 부동산의 측정지표(노용호, 건대특강) / (연습문제) 부동산경기를 측정하는 방법을 설명하고, 측정하기 위한 지표를 각각 논의해 보라(경응수, 2021, 감정평가론).

(2) 측정지표

1) 부동산의 가격변동

부동산의 가격변동을 통해 경기의 흐름을 파악할 수 있다. 일반적으로 부동산가격이 상승할 때 부동산경기도 상승국면에 있고, 하락할 때 하락국면에 있게 된다. 이에 따라 부동산가격이 상승하게 되면 부동산경기가 좋다고 하고, 하락하게 되면 좋지 않다고 말하는 경향이 있다.

그러나 부동산가격변동의 경우에는 유의해야 할 사항이 있다. 예를 들어 인플레이션이나 건축비 상승에 따른 가격상승이거나 투기적 요인에 의한 일시적 상승의 경우에는 부동산경기가 상승국면에 있다고 보기 어렵다.

2) 거래량

거래량은 부동산경기의 상황을 가장 잘 보여주는 지표로서 거래량이 많으면 호경기이고, 거래량이 적으면 불경기로 판단할 수 있다. 이러한 거래량은 다른 경기변동지표에 비하여 추적이 쉽고 비교적 판단의 오류가 적다는 장점이 있다. 또한 거래량은 부동산경기의 선행지표로서의 역할을 한다는 점에서 예측의 지표로서 유용하게 활용되기도 한다. 그러나 거래량 통계가 행정적인 절차에 따라 다소 시차를 두고 발표된다는 점에 유의해야 한다.

거래량은 거래량 통계를 통해 정부 등 각종 기관에 의해 직접 발표되기도 하며, 부동산 취득세 납부실적이나 등기신청건수 등에 의해 간접적으로 확인할 수도 있다.

3) 부동산금융의 상태

부동산은 고가의 상품이기 때문에 부동산금융의 상태가 경기측정에 있어서도 중요한 지표가 된다. 즉, 부동산금융의 상태가 악화되면 시장상태도 악화되는 것이 보통이고, 반대로 부동산금융의 상태가 호전되면 부동산경기도 좋아지기 마련이다.

미국이나 일본의 사례를 보아도 은행의 부동산 대출 잔고량이 많을 때 부동산경기가 좋은 것을 확인할 수 있다. 이는 구매력을 보전받은 수요자들이 시장에 보다 더 경쟁적으로 참여할 수 있기 때문이다.

그런데 양호하던 금융의 상태가 악화되면 그것이 개선될 때까지 거래나 신규건설이 둔화되는 경우가 많다. 주택가격이 상승하게 되면 은행의 LTV와 DTI 및 DSR을 강화하여 주택가격을 안정시키고자 하는 금융정책을 쓰는 것이 좋은 예라고 할 수 있겠다. 주택 대출금리를 올려 수요를 억제하는 방법도 생각할 수 있으나 이보다도 행정지도로 대출규제를 실시하는 것이 효과도 빠르고 정확해서 정책결정자들이 선호하는 경향이 있다.

4) 공가율과 임료수준

공가율과 임료수준의 동향은 부동산경기측정에서 유효한 지표가 된다. 이것은 미분양 재고량에 민감하게 반응하는데 공가율이 높아지면 임료수준이 낮아지고 이에 따라 신규건설도 둔화되어 시장상태가 악화된다. 반대로, 공가율이 낮아지면 임료수준은 상승 반전하게 되며 부동산경기도 회복 국면으로 돌아서게 된다.

(3) 유의사항

① 수요 측면에서 부동산가격이 상승하면 경기가 좋아진다고 하는 것은 잘못된 개념으로, 부동산경기에 의해 부동산가격이 결정되는 것이다.

② 현실적으로 경기변동예측을 위한 기법이 부족하고, 있더라도 체계화되어 있지 못하다. 따라서 계량화된 모델이나 축적된 자료를 사용하여 평가의 신뢰도를 높일 필요성이 제기된다.

2. 경기변동의 측정방법(연경지대)

(1) 과거 추세치를 연장하는 방법

회귀분석과 같은 통계적 기법을 이용해서 과거의 자료를 통해 그 추세를 파악하여 경기를 측정하는 방법이다. 이 방법은 쉽게 적용할 수 있는 장점이 있으나, 미래가 반드시 과거로부터 추세 속에서 일직선상으로 움직이지 않기에 이 방법에 의해서만 경기를 측정할 수 없다.

(2) 지역경제분석 등에 의한 경제분석에 의한 방법

특정지역이나 도시의 모든 부동산에 대한 수요요인과 시장에 미치는 요인을 확인하고 분석하여 경기를 측정하는 방법이다. 이 방법은 일정수준의 정확성 담보가 가능하나 많은 자료가 필요하고 비용이 많이 들기 때문에 일반적으로 사용되기 힘들다.

(3) 지수를 사용하는 방법

실거래가격지수, 거래량 등 대표적인 지수를 통해 경기흐름을 측정하는 방법으로 사용하기 편리하다. 그러나 단지 몇 개 지수만으로 경기의 흐름을 일반화하기 곤란하다는 근본적 한계가 있다.

(4) 대체수요를 이용하는 방법

대체투자자산인 예금금리, 채권수익률, 주가지수 등 부동산경기와 역행하는 지표를 활용하여 측정하는 방법이다. 이 방법은 사용하기 간편하지만 예금금리와 주가지수 및 채권수익률에만 의존하게 되어 정확성을 담보할 수 없으며 또한 시대적 여건이나 정부의 정책 등에 의해 상관관계가 달라질 수 있다는 단점이 있다.

Ⅴ 부동산시장의 경기별 유형[8]

1. 개설

부동산경기는 부동산거래의 수급은 물론 가격에도 큰 영향을 미치기 때문에, 평가에 있어서 수집한 사례자료의 활용이 부동산경기의 국면에 따라 다르게 적용되는 점에 유의하여야 한다. 따라서 감정평가사는 부동산경기순환에 따른 시장국면을 정확하게 파악하여 가치형성요인을 분석하고 적합한 평가가격을 결정하게 된다.

2. 회복시장(Opening market)

① 경기 저점을 지나 상향을 시작한, 아직 불황에 있는 시장이다. 하향시장이 일정기간 계속되면 계곡에 이르러 가격의 하락이 중단하고, 반전하여 가격이 점차 상승하기 시작하는 회복시장의 국면으로 접어들게 된다.
② 금리는 낮고 여유자금이 생겨 부동산거래가 활기를 띠기 시작하며 부동산투자 또는 투기가 발생하기 시작한다.
③ 부동산전문활동에 있어서는 매수인 중시화에서 매도인 중시화로 변화한다.
④ 부동산의 특성으로 인하여 경기회복은 개별적, 지역적으로 이루어지는 것이 일반적이다.
⑤ 공가율 또는 공실률이 점차 줄어든다.
⑥ 과거의 부동산 사례가격은 새로운 거래의 하한선이 된다.
⑦ 건축허가 신청건수가 점차 증가한다.

3. 상향시장(Rising market)

① 불황을 벗어나 호황에 이르러 경기상승국면을 지속해가는 시장으로, 하향시장의 반대시장이며 일반경기의 확장시장에 해당하는 국면이다.
② 부동산가격은 상승하며, 거래가 활발하다.
③ 과거의 부동산 사례가격은 새로운 거래의 하한선이 된다.
④ 매도인은 가격상승률이 점차 높아지기 때문에 판매를 미루려는 반면, 매수인은 구매를 앞당기려 하므로 부동산전문활동에 있어서는 매도인 중시화 현상이 나타난다.
⑤ 건축허가 신청은 증가하며, 그 증가율이 계속 상승하기도 한다.

---

[8] 경기변동에 4가지 국면이 있다고 할지라도 정점과 저점을 기준으로 저점에서 정점까지의 상승국면을 '확장기'로 구분하고, 정점에서 저점까지의 하강국면을 '수축기'라는 2가지 국면으로 구분할 수도 있다.

4. 후퇴시장(Closing market)

① 경기의 상향 전환점을 지나 하강세로 바뀌나, 아직 불황시장에까지 하강하지 않는 시장이다.
② 상향시장이 일정기간 계속되면 정상에 이르러 가격의 상승이 중단하고, 반전하여 가격의 하락이 시작하며, 거래도 점차로 한산해지고, 전반적인 부동산활동이 침체하기 시작하는 후퇴시장에 접어든다.
③ 부동산전문활동에서는 경기상승 시의 매도인 중시화 태도에서 매수인 중시화로 변화한다.
④ 금리는 높은 편이고 여유자금은 부족하다.
⑤ 후퇴시장이 일반경기와 병행하여 장기화되면, 점차 공실률이 커지고 부동산 거래활동이 중단되기도 한다.
⑥ 과거의 사례가격은 새로운 거래가격의 상한선이 된다.

5. 하향시장(Declining market)

① 불황하에서 계속적인 경기하강이 진행되는 부동산시장이다.
② 하향시장에서는 부동산가격이 하락하고 거래가 거의 일어나지 않으며, 금리는 높아 부동산을 소유하는 것이 하나의 부담이 된다.
③ 일반경기의 불황과 병행할 경우에는 건축활동이 둔화되고 공가율이나 공실률이 증가한다.
④ 과거의 사례가격은 새로운 거래가격의 상한선이 되므로 사례의 선정과 거래사례비교법 적용 시 사정의 개입 등에 유의해야 한다.
⑤ 부동산전문활동에 있어서 매수인 중시화 현상이 더 커진다.
⑥ 건축허가 신청건수는 상당히 저하된다.

6. 안정시장(Stable market)

① 부동산의 가격이 안정되어 있거나 물가상승률 정도의 약한 상승만 나타나는 국면을 말한다.
② 주로 위치가 좋은 곳의 적당한 규모의 주택(well located small house)과 도심의 택지가 여기에 속하는데, 불황에 강한 유형의 시장이라고도 한다. 이때 불황에 강한 부동산이란, 유동인구가 많고 공실률이 거의 없는 중심상업지역의 상업용 건물이며, 불황에 약한 부동산은 공급과잉상태의 신도시지역 상업용 건물 등이다.
③ 안정시장에서의 과거의 사례가격은 새로운 거래에 있어서 신뢰할 수 있는 기준이 된다.
④ 안정시장은 경기순환에 의해 분류된 것이 아니나 경기와 전혀 무관하다고 할 수는 없다.

▼ 경기순환국면별 비교

순환국면	회복시장	상향시장	후퇴시장	하향시장
일반경기	회복	확장	후퇴	수축
가격동향	가격상승 시작	가격상승	가격하락 시작	가격하락
거래동향	증가	활발	한산	중지
투자	시작	활발	중단	대기
금리	낮음	낮음	높음	높음
공실	감소	감소	증가	증가
과거사례가격	하한	하한	상한	상한
시장주도자	매도자	매도자	매수자	매수자

Ⅵ 감정평가 시 유의사항[9]

1. 가격제원칙 관련

부동산시장은 시간의 흐름에 따라 다양한 요인들의 복합적인 작용에 따라 끊임없이 변화하게 된다. 이에 부동산 경기변동 제 국면과 관련하여 현재의 시장이 어디에 위치하고 있는지를 합리적이고 정확하게 판단하기 위해서는 부동산가격제원칙 중에서 특히 토대가 되는 원칙에 유의하여야 한다.

이때, 예측 시에는 투기적 요인 등 일시적이고 비정상적인 요소를 배제하는 동시에 가까운 장래에 확실하게 실현될 범위 내에서 객관성·현실성·논리성에 입각하여 예측해야 한다.

2. 지역, 개별분석 관련

① 일반적으로 전체 부동산 경기변동과 지역적 차원의 가격수준 및 개별 부동산의 가치는 같은 방향으로 움직인다고 할 수 있다. 따라서 이러한 점을 지역분석과 개별분석 시에 잘 반영해야 한다.

② 그러나 부동산시장의 지역성과 개별성으로 인해 전체 부동산경기변동과 특정지역 또는 개별부동산의 상황이 상반될 수 있음에도 유의해야 한다.

③ 따라서 지역분석에 있어서는 전반적인 부동산 경기와 더불어 인근지역의 생애주기 등을 고려한 지역적 특성을 제대로 파악한 후 지역적 경기변동상황에 유의해야 한다.

④ 그리고 개별분석에 있어서는 대상부동산의 개별성에 따라 전반적인 시장상황의 변화가 대상부동산에 미치는 작용관계에 대해 면밀히 분석해야 한다.

---

[9] (특강) 부동산시장의 경기순환과 감정평가 시 유의할 사항(노용호, 건대특강) / (특강) 부동산경기변동론을 논술하고 감정평가 시 착안사항을 설명하시오(나상수, 학원특강).

3. 감정평가방법 적용과 관련[10]

(1) 비교방식

1) 사례선택 시

① 사례자료는 경기순환의 국면에 따라 그 의미가 다르므로 기준시점에 가장 가까운 최신의 거래사례를 많이 수집하여야 한다.

② 이러한 거래사례는 회복시장이나 상향시장에서는 비교적 풍부하게 수집할 수 있으나, 거래가 한산한 하향시장과 후퇴시장에서는 사례수집이 어렵다는 점에 유의해야 한다.

2) 사정보정 시

① 현실의 거래사례에는 특수한 사정이나 개별적인 동기가 개입되는 경우가 많은데, 특히 경기순환의 각 국면마다 어떠한 사정과 동기가 개입될 수 있는지를 파악해야 한다. 충분한 자료조사를 통한 가치형성의 메커니즘 규명과 그 지역의 현재상황 및 장래 동향에 대한 분석으로 사정보정이 가능하게 된다.

② 회복시장에서는 투기적 성향이 있으므로 투기가격의 배제에 유의하여야 하며, 수축국면에서는 급매가격의 배제에 유의하여야 한다.

3) 시점수정 시

① 시점수정에서 사용되는 변동요인은 일반요인과 지역요인 및 개별요인으로 나누어 분석하여야 하며, 변동률은 과거에서 현재까지는 물론 가까운 장래에 대하여도 고려하여야 한다. 이러한 시점수정을 위한 변동률을 산정하는 경우에는 부동산공시가격·평가선례·공인중개사 등 시장참가자들의 의견도 종합적으로 참작할 필요가 있다.

② 지가동향이 상승국면에서 하향국면으로 이행하는 경우에는 상승국면에서 하향국면으로 전환한 정점을 파악하여 정점 이전의 기간은 상승의 변동률을, 이후의 기간은 하강의 변동률을 채용하는 등 각 기간을 다시 세분화하여 각각 다른 변동률을 적용해야 한다.

4) 요인비교 시

① 지역요인 및 개별요인 등 가치형성요인은 경기순환의 각 국면에서 어떻게 작용하는가를 파악 및 분석함으로써 표준적 이용과 최유효이용을 판정하고 적정한 가격수준과 개별부동산의 가치에 미치는 영향의 정도를 파악할 수 있다.

② 특히 상향시장과 하향시장에서는 정점과 저점이 언제 도래할 것인가에 대한 예측이 중요하며 이에 따라 표준적 이용과 최유효이용이 영향을 받게 되어 지역적 차원의

---

[10] 『감정평가학원론』, 서광채 著

가격수준 및 개별부동산의 가치에 미치는 영향의 정도를 보다 정확하고 쉽게 파악할 수 있게 된다.

(2) 원가방식

1) 재조달원가 산정 시

재조달원가 산정 시 경기국면에 따라 많은 영향을 받게 되므로 기준시점 기준의 최신 신축원가를 구하되 원가변동이 심한 경우에는 각 국면에 따라 건축비지수 변동 등을 참고하여 원가보정에 특히 유의해야 한다.

2) 감가수정 시

경기순환의 각 국면에 따라 기능적 및 경제적 가치 감소부분을 적절히 파악하여 감가수정 작업 시 적절하게 반영해야 한다.

(3) 수익방식

1) 순수익 산정 시

경기순환의 각 국면이 현재 어떤 국면이고 장래 어떻게 변동될 것인가를 예측하여 순수익을 산정하여야 한다. 특히, 상향시장과 하향시장에서는 정점과 저점의 도래시기를 예측하여 이에 따른 순수익 변화 여부에 유의해야 한다.

2) 환원율 산정 시

① 자본환원율 결정에 있어서 환원율과 지가등락은 역의 상관관계에 있으므로 경기순환국면에 따라 적절하게 조정하여야 한다. 즉, 하향시장이나 후퇴시장에서는 환원율이 상향조정되고 회복시장과 상향시장에서는 환원율이 하향조정된다.
② 자본환원율은 금리와 밀접한 관련이 있으므로 경기변동의 각 국면에서 금리동향을 면밀히 파악하여 이를 환원율의 결정에 적절하게 반영하여야 한다.

4. 시산가액 조정 관련

① 시산가액의 조정에 있어 각 시산가액마다 최근의 물적·위치적 유사자료의 선택 여부와 경기변동국면에 맞는 가치형성요인의 분석이 적절하게 이루어졌는지에 대한 검토를 단계적으로 수행하여야 한다.
② 감정평가 3방식의 적용에 있어 각 방식의 장단점이나 사례자료의 선택에 있어 신뢰성과 객관성 및 경기변동 국면에 맞는 요인 비교의 적절성 등을 충분히 고려하여 가장 합리적이고 객관적인 시장자료가 뒷받침되는 시산가액에 높은 비중을 두고 최종 가치 결론을 이끌어 내는 것이 중요하다.

③ 안정국면에서는 비준가액의 신뢰도가 높아지므로 상대적으로 높은 비중을 두어야 한다.
④ 극단적인 호·불황 시에는 비준가액의 기준이 되는 사례가 불안정하므로 원가방식이나 수익방식에 비중을 두고 그 타당성을 검토해야 한다.

Ⅶ 결

부동산 경기변동은 부동산시장의 수요, 공급요인의 일부로 파악될 수 있다. 따라서 부동산가격은 부동산시장의 상황, 즉 경기상태에 지대한 영향을 받게 되므로 감정평가 시 개별부동산의 요인 분석에 앞서 일반적 요인, 지역요인 분석 시 부동산시장의 경기변동이 고려되어야 한다. 또한 경기변동은 부동산시장의 특성상 각 부분시장별로 미치는 영향력을 달리하므로, 평가대상부동산이 속하는 시장의 구분 및 경기변동과의 영향력 정도 여부를 개별, 구체적으로 파악함이 정도 높은 감정평가액 산정을 위해 필요할 것이다. 최근 부동산의 증권화, 유동화를 통해 자본시장과의 통합이 가속되고 있으므로 경기변동을 관찰, 예측하기 위해서는 자본시장의 흐름 및 전체 경기의 순환을 고려해야 한다.

08절 용도별 경기변동 및 경기변동의 종류[11]

Ⅰ. 용도별 경기변동의 시차적 관계
  1. 경기순환의 종류
  2. 용도별 경기변동의 시차적 관계
    (1) 주거용 부동산의 경우
    (2) 상업용 및 공업용 부동산의 경우
  3. 유의사항

Ⅰ 용도별 경기변동의 시차적 관계

1. 경기순환의 종류

① 일반경기와 부문별 경기순환의 시간적 관계는 전순환적·동시순환적과 후순환적 및 역순환적의 4가지로 표현된다. 전순환적이란 부문별 경기가 일반경기에 비해 앞서 진행되는 것을 의미하고, 동시순환적이란 동시에 진행되는 것을, 후순환적이란 뒤에 진행되는 것을, 역순환적이란 부문별 경기와 일반경기의 순환이 정반대 방향으로 진행되는 것을 의미한다.

② 일반적으로 주식시장의 경기는 전순환적이며, 부동산시장의 경기는 후순환적인 것으로 알려져 있다. 왜냐하면 부동산은 본질적으로 착공에서부터 완공까지 상당한 시간이 소요된다는 특성을 가지고 있기 때문이다. 그러나 부동산시장도 부문에 따라 그 유형을 달리한다.

2. 용도별 경기변동의 시차적 관계

(1) 주거용 부동산의 경우

주거용 부동산의 경우에는 일반경기에 역행하는 경향이 있는데 이는 부동산의 공급자와 수요자에게 제공되는 자금의 수요 및 이자율과 밀접한 관계가 있다. 일반경기가 호황인 경우에는 기업에 대한 자금수요가 증가하여 이자율이 상승하게 되는데 주택자금의 경우에는 정책적으로 저금리를 유지하는 경우가 많아 시중자금이 부동산시장에서 이탈하여 산업자금으로 이동하게 된다.

반면, 불황인 경우에는 위험이 큰 기업대출보다는 안정적인 주택담보대출로 자금이 이동하는 경향이 많게 된다. 이에 따라 주거용 부동산의 경우에는 일반경기와 역순환적인 모습을 나타낸다.

---

11) 안정근, 현대부동산학, 양현사, 2019

(2) 상업용 및 공업용 부동산의 경우

상업용 및 공업용 부동산의 건축경기는 일반경제활동과 밀접한 관계를 맺고 있어 동시순환적 특징을 가진다. 경기가 호전되어 경제가 활성화되면 생산을 위한 공장건물이나 업무를 위한 사무실 공간에 대한 수요가 증대된다. 또한 호경기가 되면 소비자들의 구매력이 향상되기 때문에, 판매를 위한 매장공간에 대한 수요도 아울러 증가한다. 수요가 증대됨에 따라 건축경기의 활성화를 가져오게 되어 부동산의 공급도 늘어나게 되므로, 상업용 및 공업용 부동산의 건축경기는 일반경기와 대체로 일치하는 경향이 있다.

3. 유의사항

전체적으로 볼 때 부동산경기는 일반경기보다 시간적으로 뒤지는 경향이 있다. 이것은 부동산 경기가 주거용, 상업용, 공업용 등 부문별 특수순환의 가중평균치적인 성격을 갖고 있기 때문이다. 동시에 부동산의 경우에는 착공에서 완공까지 상당한 시간이 걸리기 때문이기도 하다. 그러나 부동산 경기순환국면은 명백하거나 일정하지 않고 불규칙적으로 변동한다. 따라서 일반경기보다 앞서 진행하여 선순환할 수도 있고, 역순환할 수도 있으며, 때로는 독립적으로 순환할 수도 있다.

Chapter 06 지역분석과 개별분석

01절 지역분석 ▶기출 4회, 11회, 15회, 18회, 29회

Ⅰ. 지역분석 및 개별분석의 중요성
Ⅱ. 지역분석
  1. 의의
  2. 지역분석의 필요성 및 목적
    (1) 부동산의 지역성 및 지역특성
    (2) 지역의 변화
    (3) 표준적 사용(최유효이용의 피결정성)
    (4) 가격수준의 파악
    (5) 사례자료의 수집범위의 결정
    (6) 상대적 위치 파악
  3. 방법(순서)
    (1) 지역의 획정
    (2) 지역요인의 분석
    (3) 표준적 사용파악 및 가격수준의 판정
  4. 지역분석의 대상지역
  5. 용도지역별 지역요인(지역분석의 내용)
    (1) 개설
    (2) 택지지역의 지역요인
      1) 주거지역
      2) 상업지역
      3) 공업지역
    (3) 농업·임업지역
    (4) 후보지·이행지
  6. 관련 부동산 가격제원칙
    (1) 적합의 원칙
    (2) 예측의 원칙
    (3) 변동의 원칙
    (4) 대체의 원칙
  7. 감정평가 3방식과의 관계
    (1) 비교방식에서의 활용
    (2) 원가방식에서의 활용
    (3) 수익방식에서의 활용
  8. 지역분석 시 유의사항(일인동행시)
    (1) 일반적 요인의 지역지향성
    (2) 명확한 인근지역의 경계설정
    (3) 동태적 분석의 필요성
    (4) 유사지역 동일수급권 분석의 동행
    (5) 부동산시장에 기반한 자료의 수집과 분석

Ⅰ 지역분석 및 개별분석의 중요성

부동산의 가치는 부동산의 효용과 상대적 희소성 및 유효수요 등 가치발생요인에 영향을 미치는 가치형성요인인 일반요인·지역요인·개별요인의 영향을 받아 부단히 변동하며, 이러한 과정 속에서 부동산의 특성 중 고정성과 지역성으로 인해 지역적 차원의 가격수준이 형성되고, 이의 제약하에서 개별 부동산마다 구체적인 가치가 형성된다.

이러한 부동산 가치형성과정에서 감정평가사는 대상부동산의 가치를 결정하기 위해 지역분석을 통하여 대상부동산이 속해있는 지역의 가치형성요인을 분석하여 지역의 표준적 이용 및 가격수준을 파악하고 개별분석을 통하여 대상부동산의 최유효이용 여부를 판단하고 개별·구체적 가치에 미치는 영향을 판정하게 된다. 이에 지역분석 및 개별분석[12]은 대상부동산의 가치판정에 있어 매우 중요한 작업이라 할 수 있다.

> ● 『일반분석』
>
> 1. 의의
>   일반분석이란 대상부동산이 속한 전체 사회에서 부동산의 이용상태 및 가격수준 형성에 전반적으로 영향을 미치는 일반적인 요인을 분석하는 작업을 말하는데 이러한 일반분석은 부동산이 입지하고 있는 한 나라 전체에 걸쳐 작용하는 제반 요인을 분석하는 것으로 그 내용에 따라서 크게 자연적·사회적·경제적·행정적인 요인의 분석으로 구성된다.
>
> 2. 일반분석의 중요성
>   감정평가에 있어 일반분석은 그저 추상적이고 형식적으로 취급되는 경향이 있다. 그러나 글로벌화 및 지구촌화라는 단어가 암시하는 것처럼 세계는 점차 하나로 통합되어 가고 있기 때문에 세계속에서의 한국의 가치형성요인들이 어떻게 작용하고 있으며, 다른 나라와의 관계에서 상대적으로 어떤 특징과 현상들을 나타내는지를 파악하는 것은 매우 중요한 의미를 갖게 된다. 특히 우리나라가 소규모 개방경제라는 구조 속에서 국가 간 인적, 물적 교류와 자금의 이동이 활발하게 진행되고 있는 현실을 생각한다면 그 중요성은 더욱 강조된다 할 것이다.
>
>   그리고 일반요인이 지역적으로 축소되어 작용하는 지역요인에 대한 이해를 보다 더 정확하게 하기 위해서는 기초가 되는 일반요인에 대한 분석을 보다 철저하게 할 필요가 있다.
>
>   또한, 감정평가기법을 적용할 때 사례자료의 수집 및 선택에서 시산가액의 조정에 이르는 제반 절차에서도 단순히 현재 나타나는 현상만을 취급해서는 안되고, 그 배경이 되는 일반요인과의 관련성을 충분히 파악하고 분석해야 정확한 가치를 도출해 낼 수 있으므로 일반분석은 중요한 의미를 지니게 된다.
>
> 3. 일반분석의 지역지향성
>   일반분석은 우리나라 전체에 공통적으로 영향을 주는 요인들에 대한 분석이기는 하지만 부동산은 지역성을 지니고 있고, 지역마다 차별화된 지역특성을 지니고 있어서 실질적인 분석작업은 지역단위로 구분되어 이루어지게 된다. 즉, 용도적 지역에 따른 지역의 구분에 따라 지역마다 차별화된 지역특성이 나타나게 되고, 지역에 따라 영향력의 정도가 상이하게 나타나는 지역요인에 대한 분석, 즉 지역분석이 핵심을 이루게 된다.
>
>   이러한 이유 때문에 일반분석은 마치 존재하지 않는 것처럼 잘못 이해되기도 한다. 그러나 일반요인이 지역적으로 축소되어 작용하는 지역요인에 대한 이해를 보다 더 정확하게 하기 위해서는 지역요인의 바탕이 되는 일반요인에 대한 분석을 보다 철저하게 할 필요가 있음을 유의해야 한다.

---

12) 감정평가에 있어 일반분석은 그다지 큰 위치를 차지하고 있지 않은 것으로 잘못 이해되고 있는 듯하다. 그러나 글로벌화 및 세계화라는 큰 틀에서 볼 때 상당히 중요한 의미가 있음을 유의해야 한다.

Ⅲ 지역분석

1. 의의

지역분석이란, 대상부동산이 속하는 지역의 범위를 확정하고, 그 지역 내 부동산의 가격형성에 영향을 미치는 지역요인의 분석을 통해 지역특성과 장래동향을 명백히 함으로써 대상부동산의 지역 내 전반적 위치와 표준적 사용을 파악하여 가격수준을 가늠하는 작업을 말한다.

2. 지역분석의 필요성 및 목적 ▶기출 4회, 11회

(1) 부동산의 지역성 및 지역특성

① 부동산은 그 자연적 및 인문적 조건의 전부 또는 일부를 공유함으로써 다른 부동산과 함께 어떤 지역을 구성하고 그 지역과 상호의존 및 보완관계에 있으며 그 지역 내 타 부동산과 협동·대체·경쟁 등의 상호관계를 통하여 사회적·경제적·행정적 위치를 점하게 되는 지역성이라는 특성을 가지게 된다. 부동산에는 이러한 지역성이 있기 때문에 지역분석이 필요한 것이다.
② 각 지역은 다른 지역과는 구별되는 그 지역 나름대로의 지역특성이 나타나게 되는데 이러한 지역특성을 파악하기 위하여 지역분석이라는 절차가 필요하게 된다.

(2) 지역의 변화

부동산이 속하고 있는 특정지역은 대상부동산뿐만 아니라 그 지역 내 부동산의 가격수준에 전반적인 영향을 미치게 되는데 이러한 지역은 고정되어 있는 것이 아니라 경제사회의 변화에 따라 항상 변화해가기 때문에 지역분석을 지속적으로 할 필요가 있다. 이를 통해 지역의 장래동향을 파악할 수도 있게 된다.

(3) 표준적 사용(최유효이용의 피결정성)

지역의 특성은 그 지역의 일반적이고 표준적인 이용에 의해 구체적으로 나타나게 되며, 이러한 표준적 이용은 그 지역 내 부동산의 최유효이용을 판정하는 유력한 기준이 된다. 이에 그 지역 내 표준적인 이용을 파악함으로써 최유효이용에 대한 판정방향을 명백히 하기 위해서 지역분석을 하게 된다.

(4) 가격수준의 파악

부동산의 가치는 독립적으로 형성되는 것이 아니라 지역 내 다른 부동산과의 상관관계 속에서 일정한 가격수준을 형성하게 된다. 이러한 지역 내 일정한 가격수준을 파악함으로써 개별부동산의 구체적인 가치를 제대로 판정하기 위해서 지역분석을 하게 된다.

(5) 사례자료의 수집범위의 결정

지역특성이 동일 또는 유사한 지역의 범위를 명확히 함으로써 실제 감정평가에 필요한 사례자료의 수집범위와 한계를 결정하기 위해서 지역분석이라는 절차가 필요하게 된다.

(6) 상대적 위치 파악

지역분석을 행할 시 대상부동산이 속해 있는 인근지역뿐만 아니라 대체·경쟁관계에 있는 동일수급권 내 유사지역까지 분석을 행하는바, 이는 대상지역의 상대적 위치 파악을 위해서이다.

3. 방법(순서)[13]

(1) 지역의 획정

① 부동산의 종류마다 일단의 지역을 이루는 범위가 다르게 된다. 예를 들어, 도시지역 내 주택의 경우에는 통근가능한 지역이 일단의 지역을 이루게 될 것이며, 물류센터와 같은 경우에는 수도권과 같은 보다 광역적인 지역을 하나의 지역으로 설정할 수 있을 것이다. 이러한 지역은 부동산의 종류에 따라 자료의 수집정리와 현장답사 등을 통하여 명확히 해야 한다. 이때 인근지역의 범위를 너무 좁게 잡으면 사례자료의 선정이 어렵고, 너무 넓게 잡으면 가격수준의 파악이 어렵게 된다.

① 이때 인근지역의 상대적 위치를 보다 정확하게 파악하기 위해서는 유사지역과 동일수급권도 획정해서 비교작업을 병행하여야 한다.

(2) 지역요인의 분석

① 일반요인의 지역지향성으로 인하여 지역에 따라 그 영향의 정도가 달라지게 된다. 이에 자연적 제 조건과 사회적·경제적·행정적 관점에서 구체적으로 해당 지역에서는 어떻게 달라지는지에 대한 면밀한 검토가 필요하게 된다.

② 이때는 특히 해당 지역의 시장상황과 시장참가자들의 거래관행 등에 초점을 맞추어 지역요인의 분석을 해나가야 한다.

(3) 표준적 사용파악 및 가격수준의 판정

① 지역분석을 통하여 최종적으로 얻고자 하는 것은 바로 표준적 이용의 파악과 가격수준의 판정이다. 먼저 표준적 이용이란 대상부동산을 포함한 인근지역의 지역특성에 의한 개별부동산의 일반적·평균적 이용을 말하는데, 지역의 특성을 그 지역 내 부동산의 일반적이고 표준적인 이용에 의해 나타나게 된다. 이러한 표준적 이용은 최유효이용을 판정하는 유력한 기준이 되기 때문에 중요한 의미를 지니게 된다.

---

[13] 이 중에서 가장 핵심적인 부분은 바로 지역요인의 분석이라고 할 수 있다.

② 가격수준이란 개별부동산의 가격이 아니고, 지역 내 부동산의 평균적인 가격을 의미하며 실질적인 지역 간의 격차를 나타내준다. 이러한 가격수준은 지역 내 부동산의 일반적이고 표준적인 이용의 상태와 장래동향 등을 파악함으로써 확인할 수 있으며, 개별부동산의 구체적 가치는 이러한 가격수준의 영향을 받아서 결정되기 때문에 중요한 의미가 있다.

▼ 지역분석과 입지분석의 비교

구분	지역분석	입지분석
목적	표준적인 이용과 가격수준 파악	① 부지사용자의 최유효입지 선정 ② 이미 보유하고 있는 토지에 대한 개발 가능한 용도와 규모 파악
분석대상	인근지역·유사지역·동일수급권이므로 개개의 부동산은 제외됨	주로 개개 장소의 입지조건
분석내용	지역요인의 분석14)	입지인자(입지주체에 따른 입지조건 평가)의 분석15)
동태분석	지역요인의 변화와 지역 간 상호작용	입지조건의 변화

4. 지역분석의 대상지역

지역분석의 대상은 부동산의 지역성으로 인하여 인근지역이 그 분석의 중심이 되나, 인근지역의 상대적 위치, 장래의 동향을 명확히 하기 위하여 유사지역, 동일수급권 및 주변 용도지역에 대한 분석도 중요하다.

5. 용도지역별 지역요인(지역분석의 내용)

(1) 개설

부동산 가치형성의 일반요인은 부동산의 지역성으로 인하여 지역적 제약을 받음과 동시에 지역의 자연적·사회적·경제적·행정적 조건과 결합하여 다른 지역과의 차별화된 지역 내 부동산의 이용상태를 결정하고 지역의 가격수준을 형성하게 된다. 이와 같이 일반요인은 지역지향성을 갖게 되고 지역적 차원으로 축소되는데 이를 지역요인이라 하고, 이러한 지역요인은 부동산의 용도나 유형에 따라 부동산의 이용상태 및 가격수준 형성에 미치는 영향이 다르게 된다.

---

14) 상권분석을 예로 들면, 지역분석은 인근 시·군·구 등의 인구분석과 같이 광역적인 지역을 대상으로 상권을 획정하나, 입지분석의 경우는 상권 구성범위 내의 개개 물건들에 대한 상권의 범위·인구 혹은 상권 내의 경쟁관계 등이 분석의 대상이 된다.

15) 가장 가까운 전철역까지의 거리를 입지조건으로 본다면, 입지주체가 이를 평가할 때 고려하는 항목인 통근의 편리성 정도는 입지인자가 된다.

(2) 택지지역의 지역요인

1) 주거지역
① 주거지역에서는 주택의 쾌적성에 영향을 미치는 제반 요인에 대한 분석이 중요하다.
② 유의해야 할 사항으로는 일조, 온도, 습도, 풍향 등의 기상상태, 거주자의 직업과 계층 등 사회적 환경의 양부, 가로의 폭, 구조 등의 상태, 도심과의 거리 및 교통시설의 상태, 상가배치의 상태, 상·하수도 등 공급처리시설의 상태, 학교·공원 및 병원 등의 배치상태, 변전소, 오물처리장 등 위험 또는 혐오시설 등의 유무, 홍수, 사태 등 화재발생의 위험성, 소음, 대기오염 등의 공해발생 상태, 각 획지의 면적과 배치 및 이용의 상태, 조망, 경관 등 자연적 환경의 양부, 토지이용에 관한 공법상의 규제의 정도 등이 있다.

2) 상업지역
① 상업지역에서는 상가의 수익성에 영향을 미치는 제반 요인에 대한 분석이 중요하다.
② 유의해야 할 사항으로는 배후지 및 고객의 양과 질, 영업의 종류 및 경쟁의 상태, 경영자의 창의력과 자본능력, 번영성의 정도와 성쇠의 상태, 토지이용에 관한 공법상 규제의 정도 등이 있다.

3) 공업지역
① 공업지역에서는 공장의 생산성에 영향을 미치는 제반 요인에 대한 분석이 중요하다.
② 유의해야 할 사항으로는 제품의 판매시장 및 원재료 구입시장과의 위치관계, 수송시설의 정비상태, 동력자원 및 공업용수의 용·배수상태, 노동력 확보의 난이, 관계 산업과의 거리, 온도, 습도, 풍우 등의 기상조건, 공해발생의 위험성, 행정상의 조장 및 규제의 정도 등이 있다.

(3) 농업·임업지역
① 농업지역과 임업지역에서는 토지의 생산성에 영향을 미치는 제반 요인의 분석이 중요하다.
② 유의해야 할 사항으로는 일조, 온도, 습도, 풍우 등의 기상상태, 기복, 고저 등 지세의 상태, 토지의 비옥도, 수리 및 수질의 상태, 소비자와의 거리 및 수송시설의 상태, 홍수, 사태 등 재해발생의 위험성, 기타 농가와의 접근성, 농기구 사용의 적합성, 행정상의 규제사항 등이 있다.

(4) 후보지·이행지
① 예정지지역(후보지지역)과 이행지지역에서는 전환·이행 후의 지역에 대한 지역요인을 중시하여 분석해야 한다.

② 다만 전환이나 이행의 정도 즉, 성숙도가 낮은 경우에는 전환·이행 전의 지역을 중심으로 분석해야 한다는 사실에 유의하기 바란다.

6. 관련 부동산 가격제원칙[16]

(1) 적합의 원칙

부동산은 지리적 위치의 고정성으로 인하여 그 지역이 주위환경과 적합하여야 하며 부적절할 경우는 경제적 감가문제가 발생한다.

(2) 예측의 원칙

부동산의 가격은 부동산의 소유에서 비롯되는 장래의 이익에 대한 현재가치이다. 따라서 부동산의 가격은 장래의 이익을 현재가치로 전환하여야 하며, 이는 부동산의 가격이 예측의 원칙에 의거하여 결정된다는 것을 의미한다. 또한 대상부동산에 속해 있는 지역은 부단히 변동하므로 지역분석에 있어서 예측의 원칙에 의거하여 그 지역의 표준적 이용의 현상과 장래의 동향을 분석, 판정해야 한다.

(3) 변동의 원칙

부동산이 속하는 지역은 고정적인 것이 아니라 항상 확대, 축소, 집중, 확산, 발전, 쇠퇴의 과정에 있다. 따라서 지역요인, 지역특성도 부단히 변화하며, 이는 지역의 표준적 이용과 가격수준을 변동시키므로 지역분석에 있어서도 변동의 원칙에 의거하여 동태적으로 파악해야 한다.

(4) 대체의 원칙

지역분석에서는 인근지역, 동일수급권 내 유사지역 등이 중시되는데, 이들 지역은 대상부동산과 대체관계가 성립하고 가격형성에 있어서 서로 영향을 주고받는다. 따라서 지역분석에 있어서는 대상부동산과의 대체의 범위와 정도 등을 명백히 할 필요가 있으므로 대체의 원칙이 고려되어야 한다.

---

[16] 최태규, 감정평가이론연습, 부연사 / (특강) 부동산의 가격에 관한 제 원칙 중 지역분석에 있어 고려할 원칙 셋을 들고 그 이유를 설명하시오(노용호, 건대특강).

7. 감정평가 3방식과의 관계

(1) 비교방식에서의 활용

비교방식 적용 시 대체성 있는 사례자료의 수집범위를 확정한다. 사례선택 시 위치의 유사성은 지역분석의 결과를 활용하여 판단하며, 시점수정은 지역의 동태적 분석을 요하며, 지역요인의 비교과정에서 지역분석의 결과를 활용한다.

(2) 원가방식에서의 활용

원가법에서 재조달원가는 최유효이용상태를 전제로 파악되는 것으로 최유효이용은 지역특성의 제약하에 있으므로 지역분석의 결과로 나타난 표준적 이용과 관련되고, 감가수정 중 경제적 감가인 외부환경과의 부적합에서 나타나는 감가의 처리 또한 지역분석의 결과를 기초로 한다.

(3) 수익방식에서의 활용

수익환원법에서 순수익은 최유효이용을 전제로 파악되므로, 지역분석을 행하여 표준적 이용을 파악한 후 대상부동산의 개별성에 기인한 개별분석을 통해 산정된다.

8. 지역분석 시 유의사항(일인동행시)

(1) 일반적 요인의 지역지향성

일반요인은 부동산의 지역성으로 인하여 지역적 제약을 받음과 동시에 지역의 자연적·사회적·경제적·행정적 조건과 결합하여 다른 지역과는 차별화된 지역 내 부동산의 이용을 결정하고 지역의 가격수준이 형성되는 지역지향성을 갖게 된다. 이에 지역분석을 함에 있어서 일반요인이 지역적 범위로 축소됨에 따라 나타나는 여러 가지 현상과 특징에 대하여 면밀하게 검토하여야 한다.

(2) 명확한 인근지역의 경계설정

부동산의 종류에 따라 인근지역의 범위는 다르게 설정된다. 이러한 인근지역은 대상부동산의 가치형성에 직접적 영향을 미치는 지역으로서 중요한 의미를 지니고 있는바 자료의 수집정리와 현장답사 등을 통해 인근지역의 범위를 명확하게 설정하여야 한다. 이때 인근지역의 범위를 너무 좁게 잡으면 사례자료의 선정이 어렵고, 너무 넓게 잡으면 가격수준의 파악이 어렵게 된다.

(3) 동태적 분석의 필요성

대상부동산이 속한 지역과 그러한 지역의 표준적 이용 및 가격수준에 영향을 주는 지역요인은 고정되어 있는 것이 아니라 경제사회의 변화에 따라 항상 변화하기 때문에 시계열적인 측면에서 동태적으로 지역분석을 지속적으로 행해야 한다.

(4) 유사지역 동일수급권 분석의 동행

인근지역의 상대적 위치를 보다 정확하게 파악하기 위해서는 유사지역과 동일수급권도 획정해서 비교작업을 병행하여야 한다. 또한, 실제 감정평가에 있어 사례자료의 수집범위를 넓힘으로써 평가의 정확도를 제고하기 위해서도 유사지역과 동일수급권에 대한 분석이 필요하다.

(5) 부동산시장에 기반한 자료의 수집과 분석[17]

지역분석을 제대로 하기 위해서는 인근지역뿐만 아니라 유사지역과 동일수급권에 대한 지역요인을 파악해야 한다. 이러한 작업은 구체적 자료의 수집과 분석을 통해 객관적으로 이루어져야 정확성과 신뢰성이 높아진다. 그리고 자료의 수집과 분석은 부동산시장의 현황과 시장참가자들의 행동 및 거래상황 등을 기준으로 한 실증적인 것이어야 의미를 가지게 된다는 점을 유의해야 한다.

---

[17] 평가현장에서 평가사들이 지역분석과 개별분석 등을 행함에 있어 시장(지역)의 일반적인 특성과 대상부동산의 개별적 특성을 단순하게 나열하고 기술할 뿐 그러한 특성이 시장수요와 공급으로 구체적으로 어떻게 나타나고 있는가 하는 실증적인 분석을 하지 않고 있다는 비판이 있다. 시장분석은 시장에서 표출되는 구체적이고 실증적인 자료를 통해 평가의 객관성을 보다 높이기 위한 방안의 하나로 이해하면 좋을 것이다.

02절 개별분석 ▶기출 8회, 15회, 18회

```
Ⅰ. 의의                                    2. 건물의 개별요인
Ⅱ. 필요성 및 목적                          3. 건물과 그 부지에 관한 요인
   1. 부동산의 개별성                    Ⅴ. 관련 가격원칙
   2. 가격전제로서 최유효이용의 판정         1. 최유효이용원칙 및 지원원칙
   3. 구체적 가격에 영향을 미치는 정도의 분석  2. 변동·예측의 원칙
   4. 지역분석과의 피드백 관계로 인한 적정성의 검  Ⅵ. 감정평가 3방식의 관계
      증, 보완                              1. 비교방식에서의 활용
Ⅲ. 개별분석의 방법                            2. 원가방식에서의 활용
   1. 대상부동산의 확정                       3. 수익방식에서의 활용
   2. 개별요인의 분석                     Ⅶ. 개별분석 시 유의사항
   3. 최유효이용의 판정 및 구체적 가격에 미치는   1. 대상부동산의 명확한 확정
      영향의 정도 분석                       2. 가치형성요인의 개별성
Ⅳ. 개별분석의 내용                            3. 동태적 분석의 필요성
   1. 토지의 개별요인                         4. 부동산시장에 기반한 자료의 수집과 분석
      (1) 주거지   (4) 농업지                 5. 지역분석의 결과를 적정하게 활용
      (2) 상업지   (5) 임업지
      (3) 공업지   (6) 후보지 / 이행지
```

Ⅰ 의의

개별분석이란 지역분석에 의해 판정된 지역의 표준적 사용과 가격수준을 전제로 부동산의 개별성에 근거하여 가격형성의 개별적 요인을 분석하여 대상부동산의 최유효이용을 판정하고 대상부동산의 가격을 개별화·구체화시키는 작업을 말한다.

Ⅱ 필요성 및 목적

1. 부동산의 개별성

부동산은 개별성이라는 특성을 지니고 있기 때문에 물리적으로 동일한 부동산은 존재하지 않으며, 각각의 개별성에 의해 가격형성 또한 개별적으로 이루어지기 때문에 개별분석이 필요하다.

2. 가격전제로서 최유효이용의 판정

부동산의 가격은 최유효이용을 전제로 형성되므로 이러한 최유효이용을 판단하기 위해 개별분석을 하게 된다.

3. 구체적 가격에 영향을 미치는 정도의 분석

다양한 가격형성요인들이 개별부동산 차원의 구체적 가격에 어떠한 영향을 얼마나 미치는지 분석하기 위해 개별분석이 필요하다.

4. 지역분석과의 피드백 관계로 인한 적정성의 검증, 보완

어떤 지역의 표준적 이용과 가격수준이 개별부동산의 최유효이용 및 개별·구체적 가격에 영향을 미치고, 개별부동산의 최유효이용과 개별·구체적 가격이 표준적 이용 및 가격수준이 되므로 지역분석과 개별분석은 서로 피드백 관계에 있다. 따라서 양자는 각각의 적정성을 검증하고 보완한다는 차원에서 의미가 있다.

Ⅲ 개별분석의 방법

1. 대상부동산의 확정

① 개별분석을 수행하기 위해서는 먼저 대상부동산에 대한 확정이 이루어져야 한다. 즉, 토지와 건물로 이루어진 복합부동산인 경우 복합부동산 자체를 대상으로 하는지 아니면 나지를 상정한 토지를 대상으로 하는지에 대한 기본적 사항을 확정하여야 한다. 이외에도 병합을 전제로 하는 것인지 분할을 전제로 하는 것인지 혹은 일괄·구분·부분 감정평가인지 등에 대한 것들이 있다.

② 부동산은 어떤 상태를 기준으로 하느냐에 따라 최유효이용의 형태가 달라지고 가치에 미치는 영향의 정도가 상이하기 때문이다.

2. 개별요인의 분석

① 가치형성요인은 부동산의 개별성에 따라 부동산마다 그 영향의 정도가 달라지게 된다. 이에 자연적 제 조건과 사회적·경제적·행정적 관점에서 구체적으로 개별부동산에 미치는 영향의 정도를 파악해야 한다.

② 이때는 특히 해당 지역의 시장상황과 시장참가자들의 거래관행 등에 초점을 맞추어 개별요인의 분석을 해나가야 한다.

3. 최유효이용의 판정 및 구체적 가격에 미치는 영향의 정도 분석

① 개별분석에 있어 가장 핵심적인 사항은 해당 부동산의 최유효이용이 무엇인지를 판정하는 것이다. 최유효이용이 결정되면 이를 기준으로 대상부동산의 개별적 상태를 고려하여 구체적 가치가 어떻게 형성되는지를 분석할 수 있게 된다.

② 개별분석을 통해 궁극적으로 얻고자 하는 것은 다양한 가치형성요인들이 개별부동산의 구체적 가치에 미치는 영향의 정도를 분석하고자 하는 것이다. 그러나 개별분석을 통해서는

개략적인 영향의 정도만을 파악할 수 있을 뿐이다. 구체적이고 정확한 가치의 도출은 감정평가기법의 적용을 통해 최종적으로 이루어지게 된다.

IV 개별분석의 내용

개별분석은 개별요인의 분석을 통해서 최유효이용을 판정하고 제반 요인들이 구체적인 가치형성에 어떠한 영향을 미치는지를 확인하는 작업으로 이루어진다. 이때 개별요인의 분석은 부동산의 종별에 따라 구분하여 행해지는데, 이는 다시 토지와 건물, 토지·건물 등 부동산의 구성요소를 기준으로 세분화 할 수 있다.

1. 토지의 개별요인

(1) 주거지

주거지에서는 주택의 쾌적성에 영향을 미치는 제반 요인에 대한 분석이 중요하다. 획지의 면적, 형상, 일조, 건습, 교통시설에의 거리, 공급 및 처리시설의 상태, 접근의 정도, 획지의 고저, 각, 기타 접면 가로와의 관계, 접면 가로 등의 계통, 구조 등의 상태 등이 있다.

(2) 상업지

상업지에서는 상가의 수익성에 영향을 미치는 제반 요인에 대한 분석이 중요하다. 접면 너비, 획지의 형상, 면적, 고저, 각, 기타 접면 가로와의 관계, 접면 가로의 구조 등의 상태 및 그 위치관계, 고객의 통행 패턴 및 적합성, 번화가의 접근성 등이 있다.

(3) 공업지

공업지에서는 공장의 생산성에 영향을 미치는 제반 요인에 대한 분석이 중요하다. 면적, 형상 및 지반, 항만, 철도, 간선도로 등 수송시설과의 위치관계, 용·배수 등의 공급 및 처리시설의 정비의 필요성 등이 있다.

(4) 농업지

농경지에서는 토지의 생산성에 영향을 미치는 제반 요인에 대한 분석이 중요하다. 토양 및 일조, 경작의 난이, 관개, 배수의 상태, 농로의 상태, 취락과의 접근정도, 출하 지역과의 접근정도, 재해위험성의 정도 등이 있다.

(5) 임업지

임지도 농경지와 마찬가지로 토지의 생산성에 영향을 미치는 제반 요인에 대한 분석이 중요하다. 입목의 반출 및 운반 등의 난이, 일조, 건습, 우량 등의 상태, 표고, 지세 등의 상태, 토층의 상태, 공법상의 규제, 관리의 난이 등이 있다.

(6) 후보지/이행지

예정지와 이행지는 전환·이행 후의 토지 종별에 대한 개별요인을 중시하여 분석해야 한다. 다만, 전환·이행의 정도, 즉 성숙도가 낮은 경우에는 전환·이행 전의 토지 종별을 중심으로 분석해야 한다는 사실을 유의해야 한다.

2. 건물의 개별요인

건물과 관련되는 부분에 대하여 면적, 구조, 재질, 설계 등의 양부, 시공의 질과 양, 공사법상의 규제, 제약 등이 있다.

3. 건물과 그 부지에 관한 요인

토지와 건물로 이루어진 복합부동산의 경우에는 토지와 건물 각각에 대한 분석 외에 토지와 건물 간의 상관관계에 대해서도 분석해야 한다. 건물의 배치, 부지와 건물과의 적합 상태 등이 있다.

V 관련 가격원칙

1. 최유효이용원칙 및 지원원칙

개별분석은 대상부동산의 최유효이용을 판정하여 구체적 가격에 접근하는 작업이므로 최유효이용원칙은 개별분석 전 과정에 걸쳐 고려되어야 하며, 기타 제 원칙도 직·간접적으로 관련되어 있다. 따라서 최유효이용을 지원하는 내부측면, 외부측면의 가격원칙도 모두 관련된다.

2. 변동·예측의 원칙

가치형성요인은 끊임없이 생성·유지·소멸하는 등 변화하는바, 개별요인도 부단히 변동한다. 따라서 변동의 원칙에 유의하여 과거의 추이와 미래의 동향을 예측할 것이 요구되는바 예측의 원칙이 중시된다.

VI 감정평가 3방식의 관계

1. 비교방식에서의 활용

비교방식에서 사례선택 시 위치의 유사성, 물적 유사성, 시점수정의 가능성, 사정보정의 가능성이 있어야 하는데, 이 중 물적 유사성은 개별분석의 결과를 활용하여 사례부동산을 비교분석한다. 또한 비교과정에서 개별분석의 결과가 활용된다.

2. 원가방식에서의 활용

원가법에서 재조달원가는 최유효이용상태를 기준으로 선정하므로 개별분석의 결과가 활용되며, 감가요인 중 내부적 요인에 의한 감가인 물리적, 기능적 감가는 개별분석의 결과를 기준으로 파악된다.

3. 수익방식에서의 활용

수익환원법 적용 시 순수익은 최유효이용을 전제로 파악되므로, 대상부동산의 개별성에 기인한 개별분석을 통해 순수익을 산정해야 한다. 환원율을 구하는 투자시장 질적비교법 등에서 개별부동산 간 질적요소에 대한 평점비교에서 사용된다.

Ⅶ 개별분석 시 유의사항

1. 대상부동산의 명확한 확정

개별분석의 대상이 되는 대상부동산을 어떻게 어느 범위로 설정하느냐에 따라 제반 요인이 최유효이용의 형태 및 개별부동산의 가치에 미치는 영향의 정도가 달라지게 된다. 이에 개별분석을 하기 전에 관련 자료 및 현장조사 등을 통해 대상부동산에 대한 명확한 확정이 이루어져야 한다.

2. 가치형성요인의 개별성

부동산은 지리적 위치의 고정성에 따라 모든 부동산은 각기 개별성을 갖게 된다. 이에 따라 제반 가치형성요인 또한 지역적 차원에서와는 달리 개별부동산마다 부동산의 이용상태 및 구체적 가치에 미치는 영향의 정도가 달라지게 된다. 이에 개별분석을 함에 있어서 가치형성요인이 개별부동산에 따라 나타나는 여러 가지 현상과 개별적 특징에 대하여 면밀하게 검토하여야 한다.

3. 동태적 분석의 필요성

개별 요인이 최유효이용 및 구체적 가치에 미치는 영향은 시장상황에 따라 변하게 되므로 시계열적인 측면에서 동태적으로 분석을 행해야 한다.

4. 부동산시장에 기반한 자료의 수집과 분석

개별분석은 구체적 자료의 수집과 분석을 통해 객관적으로 이루어져야 정확성과 신뢰성이 높아진다. 그리고 자료의 수집과 분석은 부동산시장의 현황과 시장참가자들의 행동, 거래상황 등을 기준으로 한 실증적인 것이어야 의미를 가지게 된다는 점에 유의해야 한다.

5. 지역분석의 결과를 적정하게 활용

지역분석에 의해 파악된 표준적 이용과 가격수준은 개별부동산의 최유효이용 및 구체적 가격에 영향을 미치게 되기 때문에 지역분석의 결과를 적절하게 개별분석에 활용하여야 한다.

03절 지역분석과 개별분석의 관계[18] 및 3방식의 활용 ▶기출 4회, 6회, 11회

Ⅰ. 지역분석과 개별분석의 관계
  1. 부동산의 종별과 유형에 따른 관련성
  2. 분석범위
  3. 분석순서 : 선후관계
  4. 분석목적
  5. 관련부동산 가격제원칙
  6. 표준적 사용과 최유효이용의 관계
    (1) 일치성 여부
    (2) 창조적 토지이용 영향
    (3) Feed-back 관계

Ⅱ. 지역·개별분석의 3방식에의 활용(가격 측면)
  1. 개설
  2. 비교방식에의 활용
  3. 수익방식에의 활용
  4. 원가방식에의 활용
  5. 시산가액 조정 시

Ⅲ. 결

Ⅰ 지역분석과 개별분석의 관계

1. 부동산의 종별과 유형에 따른 관련성

부동산은 종별과 유형으로 분류할 수 있다. 이때 종별이란 용도에 따른 부동산의 분류이고, 유형은 이용의 상태 및 권리관계의 태양에 따른 분류로서 지역분석은 부동산의 종별에 의한 지역의 관점에서 표준적 이용과 가격수준을 파악하는 것이고, 개별분석은 부동산의 유형에 의한 개별부동산의 관점에서 대상부동산의 최유효이용을 판정하고 구체적 가치에 미치는 영향을 분석하는 작업을 말한다.

2. 분석범위

지역분석은 대상지역에 대한 광역적·전체적·거시적인 분석인 반면, 개별분석은 대상부동산에 대한 개별적·부분적·미시적인 분석으로서 그 분석범위에 차이가 발생한다.

3. 분석순서 : 선후관계

일반적으로 분석의 순서는 지역분석이 먼저 이루어지게 되고 그 후에 개별분석이 행해진다. 그러나 반드시 선후관계가 있다고 단정할 수는 없음에 유의해야 한다. 경우에 따라서는 개별분석을 먼저 하고 그 다음에 지역분석을 할 수도 있을 것이다.

---

[18] (특강) 개별분석과 지역분석의 관련성(노용호, 건대특강) / (연습문제) 경응수

4. 분석목적

지역분석은 제반 지역요인을 분석하여 대상지역의 표준적 이용과 가격수준을 파악하는 것을, 개별분석은 대상부동산의 개별요인을 분석하여 최유효이용과 구체적 가치에 미치는 영향의 정도를 파악하는 것을 각각 주된 목적으로 하고 있다.

5. 관련 부동산 가격제원칙

지역분석은 적합의 원칙을 비롯한 외부측면의 원칙과 관련이 깊고, 개별분석은 균형의 원칙을 비롯한 내부측면의 원칙과 관련이 있다.

6. 표준적 사용과 최유효이용의 관계(일창피)

(1) 일치성 여부

표준적 이용은 지역분석의 결과로서, 최유효이용은 개별분석의 결과로서 나타나는데 일반적으로 표준적 이용에 적합한 것이 최유효이용과 반드시 일치하는 것은 아니다. 최유효이용은 부동산의 개별성에 의하여 결정되는 것이므로 표준적 이용과 항상 동일한 것은 아니다.

(2) 창조적 토지이용 영향

창조적 토지이용이 침입 및 계승된 경우 새로운 최유효이용의 형태가 형성되고, 이는 표준적 이용의 변화를 초래한다.

(3) Feed-back 관계

어떤 지역의 표준적 이용은 개별부동산의 최유효이용에 영향을 미치게 된다. 한편, 개별부동산의 최유효이용의 집약적·평균적인 이용방법이 바로 표준적 이용이 되므로 표준적 이용과 최유효이용은 Feed-Back 관계에 있다.

구분	지역분석	개별분석
대상범위	대상지역(대상지역에 대한 전체적, 광역적, 거시적 분석)	대상부동산(대상부동산에 대한 부분적, 국지적, 구체적, 미시적 분석)
목적	표준적 사용과 가격수준	최유효이용과 구체적 가격
선후관계	선행분석	후행분석
종류관계	종별에 따른 표준적 사용	유형에 따른 최유효이용
관련 가격원칙	적합의 원칙	균형의 원칙
일치 여부	최유효이용은 개별성으로 인해 표준적 사용과 반드시 일치하지는 않음	
최유효이용의 피결정성	최유효이용은 표준적 사용에 의한 피결정성	
Feed-back 관계	양자는 Feed-back 관계로 서로 영향을 미침	

Ⅱ 지역·개별분석의 3방식에의 활용(가격 측면)

1. 개설

부동산가격의 형성과정을 이해하고 이러한 과정에서 지역분석과 개별분석을 통하여 가격형성에 관한 제 요인을 분석함으로써 대상물건에 대한 가치접근은 이루어지지만, 이를 구체적으로 수치화시키기 위해서는 수익성·비용성·시장성의 원리에 의한 감정평가 3방식이라는 도구를 활용해야 한다.

2. 비교방식에의 활용

(1) 사례수집과 사례선택에 있어 ① 지역분석을 통해 위치적 유사성이 있는 사례를, ② 개별분석을 통해 물적 유사성이 있는 사례를 선택한다.

(2) 사정보정 시 개별분석을 통해 사례나 대상부동산의 개별적 사정을 보정한다.

(3) 시점수정 시 인근지역의 cycle pattern 등을 충분히 활용하고, 지역의 동태적 파악, 분석이 이루어진다.

(4) 지역요인 비교 시 지역분석의 결과인 표준적 사용을 파악하여 가격수준을 가늠한다.

(5) 개별요인 비교 시 개별분석의 결과인 최유효이용을 판정하여 개별·구체적 가격을 가늠한다.

3. 수익방식에의 활용

(1) 순수익 산정 시 ① 순수익은 최유효이용을 전제로 파악되어야 하는바, 대상물건의 최유효이용판단 시 개별분석 결과가 활용되며, 이러한 최유효이용의 판단은 지역분석을 통해 파악된 대상지역의 표준적 사용의 제약하에 판정된다. ② 간접법으로 순수익을 구할 때, 지역요인 비교와 개별요인 비교에 활용된다.

(2) 환원율 산정 시 ① 시장추출법은 인근지역의 대체가능한 부동산으로부터 추출 시 지역분석을 요하고, ② 투자시장질적비교법은 질적평점비교 시 개별분석 결과가 활용된다.

4. 원가방식에의 활용

① 재조달원가는 개별분석의 결과인 최유효이용을 전제하여 구하고, ② 감가수정 시 지역분석을 통해 경제적 감가를, 개별분석을 통해 물리적·기능적 감가를 행한다.

5. 시산가액 조정 시

① 자료선택의 적부와 관련하여, 일반적 요인, 지역요인, 개별요인 분석의 적부 검토 시 활용되며, ② 특히 물적 유사성 여부, 단가와 총액과의 관계에서 최유효이용 관계 등이 고려되어야 한다.

III 결

지역분석 및 개별분석은 용도적 기능의 동질성을 중심으로 대체, 경쟁의 가격 원리가 작용하는 지리적 범위를 설정하고 구체적 부동산 가치 접근을 위한 가격형성 제 요인의 분석 작업으로 그 정확성 및 신뢰성이 감정평가의 정도를 좌우하게 된다.

따라서 지역분석 및 개별분석의 분석 기법의 지속적인 연구 및 선진기술의 도입, 계량화 방안의 연구가 시급하다 할 것이다. 또한 감정평가의 활동 중 비가치추계 활동(컨설팅), 타당성 분석 등이 최근 중요 활동 영역으로 인식되고 있는바, 지역분석 및 개별분석의 중요성이 보다 요구된다 할 것이다.

04절 지역분석의 대상지역 ▶기출 12회, 15회, 16회, 22회

Ⅰ. 개설(의의 및 분석 필요성)
Ⅱ. 인근지역
　1. 의의
　2. 특징
　3. 인근지역의 조건(요건)
　4. 인근지역 분석의 필요성
　5. 인근지역의 경계와 범위
　　(1) 경계의 의의
　　(2) 경계설정의 중요성(필요성)
　　(3) 경계설정의 기준
　　(4) 경계설정 방법(3단계)
　　(5) 경계설정 시 유의사항
　6. 인근지역의 생애주기 : Age-cycle pattern
　　(1) 의의
　　(2) 필요성
　　(3) 단계별 특징
　　(4) 유의사항
　7. 인근지역 분석 시 유의사항
　　(1) 일반요인의 지역지향성 고려
　　(2) 인근지역의 범위설정에 유의
　　(3) 장래동향의 분석
　　(4) 인근지역의 상대적 위치 파악에 유의
　　(5) 부동산시장에 기반한 자료의 수집과 분석

Ⅲ. 유사지역
　1. 의의
　2. 특성(요건)
　3. 분석의 필요성
　　(1) 대체의 원칙
　　(2) 인근지역의 상대적 위치와 지역특성의 명확한 파악
　　(3) 지역의 변화
　　(4) 사례자료의 수집범위 확장
Ⅳ. 동일수급권
　1. 의의
　2. 특징
　3. 분석의 필요성
　　(1) 대체의 원칙
　　(2) 지역요인의 변동
　　(3) 인근지역의 상대적 위치와 지역특성의 명확한 파악
　　(4) 사례자료의 수집범위 확장
　　(5) 개별분석을 위한 선행작업
　4. 용도별 동일수급권 파악
　　(1) 용도별 동일수급권 파악
　　(2) 주거지　　(3) 상업지
　　(4) 공업지　　(5) 농지
　　(6) 임지　　　(7) 후보지 및 이행지
　5. 동일수급권 분석 시 유의사항
Ⅴ. 결

Ⅰ 개설(의의 및 분석 필요성)

① 지역분석의 대상지역은 지역분석 작업을 위해 용도적 관점 등에서 인위적으로 구분한 지역을 말하는 것으로 인근지역 및 유사지역, 동일수급권을 의미한다.

② 부동산의 지역성으로 인근지역 분석이 중심이 되나, 인근지역의 상대적 위치·장래동향을 보다 명백히 하고 자료수집 범위를 확대하여 평가의 정도를 높이고자 인근지역, 유사지역을 포함하는 광역적 범위인 동일수급권 분석이 필요한 것이다.

Ⅲ 인근지역

1. 의의
"인근지역"이란 감정평가의 대상이 된 부동산이 속한 지역으로서 부동산의 이용이 동질적이고 가치형성요인 중 지역요인을 공유하는 지역을 말한다(감정평가에 관한 규칙 제2조).

2. 특징
① 인근지역은 감정평가의 대상이 되는 부동산이 속해 있다는 특징이 있다.
② 인근지역 내 부동산은 대상부동산과 용도적 및 기능적으로 동질성을 가지며, 대상부동산의 가치형성에 직접적인 영향을 미치게 된다.
③ 인근지역 내 부동산은 대상부동산과 상호 대체 및 경쟁의 관계가 있다. 이로 인해 동일한 가격수준을 가진다.
④ 인근지역은 그 지역의 특성을 형성하는 지역요인의 추이, 동향에 따라 성장기·성숙기·쇠퇴기·천이기·악화기라는 인근지역의 사이클 패턴을 가지면서 변화한다.

3. 인근지역의 조건(요건)
① 대상부동산이 속해 있는 지역의 일부분일 것
③ 인근지역의 지역특성이 대상부동산의 가격형성에 직접 영향을 미칠 것 등을 요건으로 한다. 즉, 인근지역은 지역 내 부동산들의 용도상 공통성이 있고, 기능적인 면에서 동질성이 있으며, 상호 대체·경쟁관계에 있어야 한다.
② 주거활동, 상업활동, 공업활동 등의 특정한 토지용도를 중심으로 집중된 형태일 것
④ 도시, 농촌과 같은 종합형태의 지역사회보다 작은 지역일 것

4. 인근지역 분석의 필요성
인근지역은 대상부동산의 가치형성에 직접적으로 영향을 주는 공간적 범위로서 인근지역의 분석이 필요한 이유는 다음과 같다.
① 부동산에는 지역성이 있기 때문에 대상부동산이 속하고 있는 인근지역에 대한 분석이 필요하다.
② 인근지역은 다른 지역과 구별되는 지역특성이 있기 때문에 이러한 지역특성을 파악하기 위해 인근지역에 대한 분석이 필요하다.
③ 지역은 고정적인 것이 아니라 자연적·사회적·경제적·행정적 요인의 변화에 따라 항상 변화해가기 때문에 인근지역에 대한분석을 시계열적인 측면에서 지속적으로 할 필요가 있다. 이를 통해 인근지역의 장래동향을 파악해 볼 수도 있다.

④ 개별부동산의 최유효이용 판정의 방향을 제시하는 표준적 이용을 파악하기 위해 인근지역에 대한 분석이 필요하다.
⑤ 개별부동산의 구체적인 가치를 판정하는 데 기여하는 가격수준을 파악하기 위해 인근지역에 대한 분석이 필요하다.
⑥ 지역특성이 동일한 지역의 범위를 명확히 함으로써 실제 감정평가에 있어 필요한 사례자료의 수집범위와 한계를 결정하기 위해서 인근지역에 대한 분석이 필요하다.

5. 인근지역의 경계와 범위

(1) 경계의 의의

부동산은 자연적 특성인 개별성으로 물리적 대체성이 인정되지 않으며 비동질적이나, 인문적 특성인 용도의 다양성으로 용도적·기능적 측면에서 동질성이 인정된다. 이러한 용도적 동질성이 인정되는 지역을 인근지역이라고 하고, 이러한 동질성이 인정되는 지역의 범위를 정하는 것을 인근지역의 경계설정이라고 한다.

(2) 경계설정의 중요성(필요성)

1) 지역분석의 대상지역으로서 중요성

인근지역은 지역분석의 1차적 대상지역으로서 중요한 의미를 지니고 있다. 이러한 인근지역은 대상부동산의 가치형성에 직접적인 영향을 미치고 개별부동산의 최유효이용의 판정방향을 제시하는 표준적 이용의 파악을 위한 공간적 범위이다. 따라서 이러한 인근지역의 경계를 제대로 설정하는 것은 평가의 정확도를 높이기 위하여 무엇보다 중요한 과정이라고 할 수 있다.

2) 사례자료 수집에 있어서 중요성

실제 감정평가에 있어 평가의 정확성과 신뢰성은 사례자료와 밀접한 관련이 있다. 이때 사례수집의 1차적 대상지역은 인근지역이라고 할 수 있다. 그런데 이러한 인근지역의 경계설정에 있어 그 범위가 너무 넓으면 편차가 심한 사례자료들로 인하여 가격수준의 파악이 곤란하게 되고 그 범위가 너무 좁으면 사례자료가 충분하지 못하여 신뢰도가 낮아지는 문제점이 생기게 되므로 적정한 인근지역의 범위 설정은 매우 중요한 작업이다.

(3) 경계설정의 기준[19]

1) 일반적 기준

부동산의 종별과 용도적 동질성을 기준으로 하며 특히, 토지의 이용형태, 연속성의 차단, 토지이용의 편리성 그리고 교통체계 등을 중시해야 한다.

---

[19] (특강) 인근지역의 경계를 설정하는 주요기준(노용호, 건대특강)

2) 구체적 기준

① 물리적 경계 : 유형적 경계

연속성을 차단하는 하천, 산악, 구릉 등, 부동산 이용형태에 차이를 주는 지반, 지세, 지질 등의 자연적 경계와 도로, 철도, 공원 등의 인공적 경계를 기준으로 한다.

② 인문적 경계 : 무형적 경계

언어, 종교와 같은 사회적 측면, 소득수준과 문화생활정도 등과 같은 경제적 측면 그리고 행정구역, 용도지역지구제 등과 같은 행정적 측면 등을 종합적으로 고려해야 한다.

> ● 용도지대
> 토지의 실제 용도에 따른 구분으로서「국토의 계획 및 이용에 관한 법률」상의 용도지역 · 지구나 구역 등(이하 "용도지역 등"이라 한다)에도 불구하고 토지의 지역적 특성이 같거나 비슷한 지역의 일단을 말하며, 상업지대 · 주택지대 · 공업지대 · 농경지대 · 임야지대 · 후보지지대 등으로 구분한다.

(4) 경계설정 방법(3단계)[20]

1) 지역의 물리적 특성 검토

토지이용의 유사성 정도, 건물구조의 유형, 건축기술의 형태, 유지비 등을 먼저 파악해야 한다.

2) 지도상에 예비적 경계 설정

지도상에 물리적 특성이 변화하는 지점을 연결한다. 이를 통해 물리적 특징의 변화와 일치하거나 그 근처에 있는 물리적 장애물을 확인할 수 있다.

3) 예비적 경계의 검토

물리적 특성에 기반한 예비적 경계를 인구통계 자료와 같은 사회적 측면의 자료 그리고 경제적 · 행정적 측면의 자료들과 대비하여 경계의 적정성을 검토한다.

(5) 경계설정 시 유의사항(적동과법)

1) 적정범위 설정

인근지역의 범위가 너무 넓으면 가격수준의 파악이 어렵고 너무 좁으면 사례자료 수집에 어려움이 있으므로 부동산의 종류에 따라 적정한 범위를 설정해야 한다.

---

[20] 이창석, 부동산감정평가론, 형설출판사, 2000

2) 동태적 분석 설정

인근지역의 경계는 지역특성을 형성하는 지역요인의 영향을 받아서 설정되는데 이러한 지역요인은 항상 변화의 과정에 있으므로 동태적으로 분석하여 경계설정 기준을 정해야 한다.

3) 과학화 · 객관화

인근지역의 범위설정에 있어서의 주관성을 배제하기 위하여 컴퓨터 등을 이용한 인근지역의 경계설정 방법의 과학화 및 객관화에 대한 노력이 요구된다.

4) 법상 용도지역과 불일치 가능성

우리나라의 경우 행정적 측면이 강하게 작용하는 면이 있지만 반드시 부동산 관련 법상의 용도지역과 같은 행정적 규제와 일치하는 것이 아니라는 점에 유의해야 한다. 합리적 사유가 있으면 2가지 이상의 용도지역이 혼재하기도 하고 하나의 용도지역이 분할될 수도 있다. 즉, 용도지역은 경계설정의 여러 가지 기준 중 하나의 예에 불과하다.

6. 인근지역의 생애주기 : Age-cycle Pattern

(1) 의의

모든 지역은 성장 · 성숙 · 쇠퇴 및 슬럼화 등의 단계를 거쳐 하나의 성쇠현상을 나타내는데 이처럼 어떤 지역이 새로 생성되어 물리적 · 사회적 · 경제적 기능을 다하기까지의 연한을 인근지역의 생애주기라고 한다. 이는 건물에는 내용연수가 있어서 시간의 흐름에 따라 점점 노후화되고 그에 따라 지역 또한 쇠퇴한다는 생태학적 개념에 착안한 것으로 개발과 관련된 주거지역의 일반적 변천 과정을 나타낸다.

(2) 필요성

감정평가를 할 때 대상부동산이 속한 지역이 어떤 변화의 단계에 위치하고 있으며 앞으로 어떻게 변화할 것인지를 파악하고 지역의 상태를 판단하는 지역분석 작업은 매우 중요하다. 왜냐하면, 지역변화의 단계와 이에 따른 사회적 · 경제적 영향은 토지이용의 형태와 경제적 가치에 결정적인 영향을 미치기 때문이다.

(3) 단계별 특징[21](장숙쇠천악) ▶기출 12회

구분	의의	특징	감정평가 시 유의사항
성장기	어떤 지역이 처음으로 형성되어 변화 및 발전되어가는 시기를 말하는 것으로 수도권의 신도시처럼 처음으로 지역이 개발되는 경우도 있고 때로는 재개발되는 경우도 있다.	① 지역 내 경쟁 치열 ② 지가 상승이 활발 ③ 투기적 양상 등장 ④ 입주주민은 젊고, 교육수준 높은 상태 ⑤ 초기에 지가가 개발계획단계에서 개발사업착수단계 및 개발사업완성단계의 3단계에 따라 변동하는 경향 있음	① 과거의 사례가격은 새로운 거래의 하한선 ② 건물신축시기로 재조달원가의 신뢰성 인정 ③ 투기성향에 의한 사정보정작업 필요 ④ 지속적 수익상승 정도 예측 필요성
성숙기	개발이 진행됨에 따라 지역이 점차 안정단계에 이르고 지역의 기능도 자리잡히기 시작하는 시기이다. 지역 내 계획된 용도별로 토지가 잘 이용되며, 주거지역의 경우 거주의 쾌적성이 점차 높아지고 산업도 본 궤도에 오르는 시기이다.	① 부동산가격·지역기능·지역주민의 사회적·경제적 수준이 최고(peak) ② 경쟁이 안정적	① 과거의 사례가격은 새로운 거래의 하한선 ② 부동산거래 활발하여 사례자료수집이 용이 ③ 재조달원가, 순수익이 최고 ④ 쇠퇴기 전 단계로서 언제 쇠퇴기가 도래할 것인지 예측이 중요
쇠퇴기	지역이 쇠퇴하는 시기로서 지역의 건물들은 점차 노후화되기 시작하여 새로운 건축을 불리하게 되는데 이 시기는 초기·중기·말기로 나눌 수 있다.	① 경제적 수준이 높은 주민의 유출이 시작됨 ② 지가하락추세 ③ 중고 부동산거래가 부동산거래의 중심 ④ Filtering(여과) 현상이 시작되어 사회적, 경제적 지위가 낮은 주민의 유입으로 지역의 지위도 함께 저하됨	① 과거사례는 현재의 가격의 상한선 ② 건물의 경제적 수명이 다해가면서 감가액의 정도가 커짐 ③ 수익하락이 예상됨
천이기	초기 쇠퇴기 이후 쇠퇴의 진행과정에서 갈림길에 놓이게 되는데 이를 천이기라고 한다. 재개발을 통하여 새로운 성장기가 도래하고 가격이 발전되기도 하고, 그렇지 않을 경우에는 시간의 경과에 따라 말기 쇠퇴기로 진행된다.	① 쇠퇴기 거주자가 교외로 이동 성향 ② 지역으로서 하나의 과도기단계 (한 단계 낮은 수준의 주민이 유입되는 시기) ③ 일시적인 부동산가격의 상승현상도 보임	① 과거의 사례가격은 새로운 거래의 상한선 ② 경제적 내용연수가 만료되어 감가수정 시 잔존가격만 있는 경우도 있음 ③ 수익의 급락에 유의

---

21) (특강) 인근지역의 성쇠현상을 설명하고 감정평가에 있어 고려해야 할 사항을 논하시오(이창석, 태평양특강, 40점).

	소유자들이 지역을 포기하는 기간으로서 쇠퇴지와 천이기의 기간 중 재개발하지 않을 경우 슬럼화되어 가는 단계로서 부동산 관리비용이 수익을 초과하여 방치 현상이 가속화되는 단계이다.	① 쇠퇴기와 천이기의 기간은 재개발·재건축의 지역개선을 위한 노력 유무에 따라 정도의 차이가 있음 ② 아무런 개선의 노력이 없다면, slum화의 전 단계인 악화기가 됨	감평 시 재건축이나 재개발 가능성을 예측하여 부동산 가격수준을 가늠함
악화기			

(4) 유의사항

① 인근지역의 생애주기는 이론적인 측면에서 살펴본 것으로서 실질적으로 어떻게 나타나는가에 대해서는 실무적인 측면에서 각종 자료와 실지조사에 근거하여 지역에 대한 면밀한 검토와 검증을 통해 판단해야 한다.

② 이를 통해 평가사는 해당 지역이 순환적 수명의 국면에서 현재 어떤 상태의 위치에 있는지를 판단하고 대상부동산의 쾌적성에 있어 진부화 정도와 잔존 경제적 내용연수에 의한 수익에 미치는 영향을 분석하여야 한다. 한 지역의 급성장은 곧 대체·경쟁의 관계에 있는 지역이 쇠퇴하는 경향에 있음에 유의한다.

③ 개발과 관련된 주거지역의 일반적 변천 과정임에 유의하여 지역분석 시 분석 대상지역을 고정적인 것으로 볼 것이 아니라 유동적인 측면으로 동태적인 관점에서 시계열적으로 장래동향 파악에 유의해야 한다.[22]

④ 구체적으로 인근지역의 Age-cycle의 분석은 지가수준·인구의 유입과 유출·주민수준의 파악을 통해 용도변경가능성·경제적 잔존내용연수·경제적 감가액·공실률과 대손율 및 최유효이용 분석에 활용 가능할 것이다.

---

[22] 일반적으로 인근지역의 변화주기는 100년으로 보고 있다. 다만, 재개발이나 재건축활동을 통하여 새로운 순환주기를 갖게 되기도 한다.

7. 인근지역 분석 시 유의사항

(1) 일반요인의 지역지향성 고려

일반요인은 부동산의 지역성으로 인하여 지역적 제약을 받음과 동시에 지역의 자연적·사회적·경제적·행정적 조건과 결합하여 다른 지역과는 차별화된 지역 내 부동산의 이용상태를 결정하고 지역의 가격수준이 형성되는 지역지향성을 갖게 된다. 이에 인근지역의 분석을 함에 있어서 일반요인이 지역적 범위로 축소됨에 따라 나타나는 여러 가지 현상과 특징에 대하여 면밀하게 검토하여야 한다.

(2) 인근지역의 범위설정에 유의

인근지역은 대상부동산이 속한 지역으로서 용도적·기능적으로 동질성이 인정되는 지역인데, 용도나 기능적 측면은 항상 변화하게 되므로 구체적 경계 설정에 있어서 단순히 공법상 용도지역으로만 판단하지 말고 자연적·사회적·경제적·행정적 제 측면을 모두 고려하여 종합적인 관점에서 실질적으로 경계를 설정해야 한다.

(3) 장래동향의 분석

인근지역 및 주변에 있는 타지역은 지역요인의 변화와 부동산시장의 동향 등에 따라 끊임없이 변화한다. 따라서 이러한 변화의 추이 및 장래의 동향 등을 시계열적인 측면에서 동태적으로 분석해야 한다. 특히, 예정지와 이행지의 경우에는 변화의 방향과 속도가 예측하기 어려우므로 특히 유의해야 한다.

(4) 인근지역의 상대적 위치 파악에 유의

인근지역을 제대로 파악하기 위해서는 인근지역 주변에 있는 유사지역과 이들을 포함한 동일수급권 등을 분석해야 한다. 이를 통해 인근지역이 다른 지역들과 비교하여 어떠한 점에서 차이가 나는가 하는 상대적 위치를 파악할 수 있다.

(5) 부동산시장에 기반한 자료의 수집과 분석

인근지역을 제대로 분석하기 위해서는 인근지역뿐만 아니라 이를 포괄하는 보다 광역적인 지역에 대한 지역요인들을 파악해야 한다. 이는 구체적 자료의 수집과 분석을 통해 객관적으로 이루어져야 정확성과 신뢰성이 높아진다. 이러한 자료의 수집과 분석은 그 지역의 부동산시장의 현황과 시장참가자들의 행동 및 거래상황 등을 기준으로 한 실증적인 것이어야 의미를 가지게 된다는 점에 유의해야 한다.

Ⅲ 유사지역

1. 의의

"유사지역"이란 대상부동산이 속하지 아니하는 지역으로서 인근지역과 유사한 특성을 갖는 지역을 말한다(감정평가에 관한 규칙 제2조). 유사지역은 지리적 위치는 다르지만 용도적·기능적 측면과 가치형성요인이 인근지역과 유사하여 상호 대체·경쟁 관계에 있는 지역을 말한다. 이는 거리의 원근개념이 아니라 가치형성 제 요인의 유사성에 초점을 맞춘 개념이다.

2. 특성(요건)

① 유사지역은 대상부동산이 속한 인근지역과 지리적 위치가 다르므로 감정평가의 대상이 되는 부동산이 속하지 아니하는 지역이라는 특성이 있다.
② 유사지역은 인근지역과 용도적 및 기능적으로 유사하여 지역구성요소가 동질적인 지역을 말한다. 따라서 이는 거리의 원근개념이 아니라 인근지역과 지역특성이나 가치형성요인이 유사하여 대체성과 상호경쟁 관계가 있는 지역을 말한다.

3. 분석의 필요성

(1) 대체의 원칙

대상부동산이 속하고 있는 인근지역은 대체의 원칙에 의거 유사지역과 밀접한 관계에 있으므로 유사지역의 분석을 통한 비교·분석의 작업이 필요하게 된다.

(2) 인근지역의 상대적 위치와 지역특성의 명확한 파악

인근지역과 대체·경쟁관계에 있는 유사지역을 분석함으로써 인근지역의 상대적 위치와 지역특성을 보다 명확하게 파악하여 인근지역의 표준적 이용과 가격수준을 보다 적정하게 파악하기 위해 유사지역에 대한 분석이 필요하다.

(3) 지역의 변화

지역은 고정되어 있는 것이 아니라 자연적·사회적·경제적·행정적 요인의 변화에 따라 항상 변화해가기 때문에 유사지역에 대한 분석을 시계열적인 측면에서 지속적으로 할 필요가 있다. 이를 통해 인근지역의 장래동향을 보다 명확히 할 수도 있게 된다.

(4) 사례자료의 수집범위 확장

인근지역에서 적절한 사례가 없는 경우 유사지역의 분석을 통해 자료를 수집할 수 있다. 또한, 인근지역 내 사례가 있는 경우에도 유사지역의 사례를 분석함으로써 인근지역의 사례에 대한 적정성을 검증함으로써 감정평가액의 정확도를 높일 수 있다.

> ●『인근지역과 동일수급권 내 유사지역과의 관계』
> 인근지역과의 비교대상으로서 거래사례를 선택할 수 있는 지역은 동일수급권 내 유사지역이 있다.
> 비록 동일수급권 밖이지만 유사지역인 경우에도 인근지역과 비교대상 지역이 될 수 있다.

IV 동일수급권

1. 의의

"동일수급권(同一需給圈)"이란 대상부동산과 대체·경쟁 관계가 성립하고 가치형성에 서로 영향을 미치는 관계에 있는 다른 부동산이 존재하는 권역(圈域)을 말하며, 인근지역과 유사지역을 포함한다(감정평가에 관한 규칙 제2조). 이는 부동산의 고정성으로 인해 부동산의 수요·공급이 가능한, 즉 대체관계의 지역적 한계를 나타낸다.[23]

> ●『동일수급권』
> 일반적으로 인근지역과 동일수급권 내 유사지역은 인접하고 있는가와 관계없이 그 지역특성의 유사성에 기초하여 각 지역의 구성분자인 부동산 상호 간에 대체·경쟁의 관계가 성립하며, 그 결과 양 지역은 상호 간에 영향을 미치게 된다.
> 한편, 인근지역 및 유사지역 밖에 있는 부동산이라고 하더라도 동일수급권 내에 있고 대상부동산과 용도·규모 등을 비롯한 개별적 제 특성에 있어 유사성이 있는 경우에는 이러한 부동산들 간에도 상호 대체·경쟁의 관계가 성립한다.

2. 특징

① 인근지역과 유사지역을 포함하므로 감정평가 대상부동산이 존재하는 권역이다. 또한, 이들 지역만이 아니라 순수하게 동질적이라고 볼 수 없는 주변 용도지역을 포함하는 광역적인 지역이다.
② 동일수급권은 거리의 원근개념이 아니라 부동산 상호 간에 수요 및 공급 측면에서 대체관계가 성립되는 부동산이 존재하는 권역이므로 대상부동산의 가치에 영향을 미칠 수 있어야 한다.
③ 부동산의 고정성의 특징으로 인하여 수요·공급이 일정한 지역범위로 제약됨을 의미하며, 그 한계는 종별·성격·규모에 따라 다르다.
④ 대상부동산과 위치적 유사성과 물적 유사성을 지닌 부동산이 존재하는 권역이다.

---

[23] 동일수급권을 시장지역(Market Area)라고 하기도 한다. 이는 대상부동산과 유사성이 있어 매수자나 잠재적 사용자들의 관심을 끄는 대체·경쟁관계에 있는 부동산들이 소재하는 지역을 의미한다.

3. 분석의 필요성

(1) 대체의 원칙

대상부동산이 속하고 있는 인근지역은 대체의 원칙에 의거 동일수급권과 밀접한 관계에 있으므로 동일수급권의 분석을 통한 비교분석의 작업이 필요하다.

(2) 지역요인의 변동

지역은 고정되어 있는 것이 아니라 자연적·사회적·경제적·행정적 요인의 변화에 따라 항상 변화해가기 때문에 동일수급권에 대한 분석을 시계열적인 측면에서 지속적으로 할 필요가 있다. 이를 통해 인근지역의 장래동향을 보다 명확히 할 수도 있다.

(3) 인근지역의 상대적 위치와 지역특성의 명확한 파악

인근지역과 대체·경쟁관계에 있는 동일수급권을 분석함으로써 인근지역의 상대적 위치와 지역특성을 보다 명확하게 파악하여 인근지역의 표준적 이용과 가격수준을 보다 적정하게 파악하기 위해 동일수급권에 대한 분석이 필요하다.

(4) 사례자료의 수집범위 확장

인근지역 및 유사지역에서 적절한 사례자료가 없는 경우 동일수급권의 분석을 통해 자료를 수집할 수 있다. 또한 인근지역 및 유사지역 내 사례가 있는 경우에도 동일수급권의 사례를 분석하여 인근지역 및 유사지역의 사례에 대한 적정성을 검증함으로써 감정평가액의 정확도를 높일 수 있다.

(5) 개별분석을 위한 선행작업

최유효이용의 판단방향을 제시하고 구체적 가격을 구하기 위한 범위(표준적인 이용과 가격수준)를 설정해 줌으로써, 개별분석의 전 단계 절차로서 필요하다. 결국, 인근지역의 지역특성을 명백히 하여 자료의 수집 및 선택범위를 결정하기 위해 필요하다.

4. 용도별 동일수급권 파악[24]

(1) 용도별 동일수급권 파악

동일수급권은 부동산의 종류나 성격 및 규모에 의거 수요자의 선호성에 따라 그 지역적 범위가 달라지기 때문에 그 종류나 성격 및 규모에 따라 수요자의 선호성을 정확하게 파악한 후 적절하게 판정해야 한다.

---

[24] 이창석, 기본강의 감정평가, 리북스, 2013, p424, 425

예를 들어, 단독주택이나 소규모 공장용지 등은 대상인근지역이나 유사인근지역 수준에서 분석될 수 있으나, 대규모 아파트단지나 공업단지 등의 동일수급권 범위는 유사인근지역 보다 넓은 국가적 혹은 국제적 지역범위로까지 확장될 수 있다.

(2) 주거지

주거지의 동일수급권은 일반적으로 도심으로부터 통근가능한 지역의 범위와 일치한다. 그러나 지역적 선호, 지역의 명성·품격, 주민수준 등의 요인이 대체·경쟁의 관계가 성립하는 범위에 영향을 미치게 된다. 이때 통근거리의 측정에 있어서는 실측거리, 시간거리, 운임거리, 의식거리 등 여러 가지 기준이 있다.

(3) 상업지

상업지의 동일수급권은 상업배후지를 기초로 성립되는 상업수익의 대체성이 인정되는 지역의 범위와 일치하는 경향이 있다. 고도상업지는 광역적인 배후지를 배경으로 성립되는데 비해, 보통상업지는 보다 좁은 배후지를 배경으로 성립되므로 동일수급권의 범위가 보다 협소해진다.

(4) 공업지

공업지의 동일수급권은 제품생산 및 판매비용의 경제성, 생산활동의 능률성 측면에서 대체성을 갖는 지역의 범위와 일치하는 경향이 있다. 대규모 공업지의 경우에는 전국적인 규모까지 확대되는 경우도 있다.

(5) 농지

농지의 동일수급권은 당해 농지를 중심으로 농업경영이 가능한 거리의 범위와 일치하며, 그 범위는 통근경작이 가능한 거리의 약 2배를 반경으로 함이 일반적이나 농업에서도 기업경영이 추진되고 있는 추세를 고려하여야 할 것이다.

(6) 임지

임지의 동일수급권은 임업경영주체가 통상적 형태로 임업생산활동이 가능한 지역의 범위와 일치하는 경향이 있다.

(7) 후보지 및 이행지

후보지 및 이행지의 동일수급권은 해당 토지가 전환 또는 이행한다고 예상되는 토지 종별의 동일수급권에 일치되는 경향이 있다. 그러나 성숙도가 낮은 경우에는 전환 전 또는 이행 전 토지의 동일수급권과 일치하는 경향이 있다는 점을 유의해야 한다.

5. 동일수급권 분석 시 유의사항

동일수급권은 부동산의 종류, 성격 및 규모에 따라 지역범위를 달리하게 된다. 예를 들어, 단독주택이나 소규모 공장용지 등은 대상 인근지역이나 유사인근지역 수준에서 분석될 수 있으나, 대규모 아파트단지나 공업단지 등의 동일수급권 범위는 유사인근지역보다 넓은 국가적 또는 국제적 지역범위로까지 확장될 수 있다.

V 결

부동산의 가격은 대체의 원칙이 작용하여 형성되는 것이므로, 부동산의 감정평가에 의하여 가격을 구할 때는 다른 부동산의 상대적 가치와 상대적 격차를 정확하게 분석, 검토함으로써 비로소 적정한 감정평가를 할 수 있다. 따라서 평가사는 인근지역뿐만 아니라 유사지역과 동일수급권에 대한 사례자료를 활용함으로써 평가의 정도를 높이고, 인근지역의 특성을 부각시켜 이에 의한 가격수준·가격의 파악에 정당성·합리성을 부여하여야 한다.

05절 부동산시장의 분석[25]

Ⅰ. 부동산시장의 분석
Ⅱ. 시장분석의 의의 및 필요성
  1. **시장분석의 의의**
  2. **시장분석의 필요성**
    (1) 감정평가 시 시장분석의 필요성
    (2) 컨설팅 시 시장분석의 필요성
Ⅲ. 부동산 분석의 체계
  1. **지역경제분석(Analysis of local economy)**
    (1) 지역경제분석의 의의
    (2) 지역경제분석의 내용
  2. **시장분석(market analysis)**
    (1) 의의
    (2) 제품차별화와 시장세분화
    (3) 수요와 공급의 균형 파악
  3. **시장성 분석(marketability analysis)**
    (1) 의의
    (2) 입지분석과 부지분석
    (3) 흡수 분석
  4. **타당성 분석(feasibility analysis)**
    (1) 의의
    (2) 내용
    (3) 유의사항
  5. **투자분석(investment analysis)**
    (1) 의의
    (2) 내용
  6. **상호관련성(부동산 분석의 체계)**
    (1) 계층 체계
    (2) 포함 여부
    (3) 분석의 초점
Ⅳ. 감정평가 시 시장분석의 단계
  1. **생산성 분석**
  2. **시장획정**
  3. **수요분석**
  4. **공급분석**
  5. **균형분석**
  6. **포착률의 추계**
  7. **타당성 분석 : 예정부동산의 경우**
Ⅴ. 시장분석과 타당성 분석의 역할
  1. **주어진 부지를 어떠한 용도로 이용할 것인지를 결정하는 역할**
  2. **특정용도에 어떠한 부지가 적합한가를 결정해 주는 역할**
  3. **주어진 자본을 투자할 대안을 찾는 역할**
  4. **기존 개발사업의 경쟁력 파악**
Ⅵ. 부동산 시장분석의 한계
  1. **자료와 관련한 한계**
  2. **분석과 관련한 한계**
Ⅶ. 결

I 부동산시장의 분석

시장분석(Market Analysis)은 원래 부동산개발 및 마케팅 분야에서 주로 사용되는 개념으로서 부동산 개발사업 시행 전에 계획의 타당성을 미리 분석해보거나 시행한 후에 상품의 판매나 임대를 원활하게 할 목적으로 시장위험을 파악하고 성공적인 사업을 영위하기 위한 수단으로 활용되고 있다. 이러한 시장분석의 궁극적인 목적은 결국 적절한 용도를 결정하고 적정한 분양가격과 임대료의 산출을 통해 수익을 극대화하기 위한 방안을 찾는 것으로서 이는 감정평

---

[25] 안정근, 부동산평가이론(제6장 부동산시장의 분석), 양현사, 2013

가를 통해 평가사들이 찾고자 하는 최유효이용 및 가치의 개념과 일맥상통하게 된다. 따라서 사용되고 있는 분야나 용어 등이 다소 상이할 뿐 내용적으로는 큰 차이가 없다.

부동산의 가치는 효용과 상대적 희소성 및 유효수요에 의해 생성되고 자연적·사회적·경제적·행정적 제 요인의 영향을 받아 부단히 변동해 가는데 이는 현대 경제학의 기본적인 분석도구인 수요와 공급의 틀 속에서 일목요연하게 설명할 수 있다. 이러한 기본적인 인식을 가지고 시장분석을 이해해 나간다면 감정평가에서의 가치형성요인의 분석과의 연계성을 쉽게 찾을 수 있을 것이다. 즉, 시장분석은 시장에서 표출되는 구체적이고 실증적인 자료를 통해 평가의 객관성을 보다 높이기 위한 방안의 하나로 이해할 수 있다.

Ⅲ 시장분석의 의의 및 필요성

1. 시장분석의 의의

시장분석이란 수요와 공급의 상호관계가 대상물건의 가치에 어떠한 영향을 미치는가를 조사·분석하는 것이며, 시장의 수요공급 조건을 대상부동산과 관련짓는 것이다. 경제학에서 시장분석이라 하면 보다 광범위한 의미를 지니지만, 감정평가에서 말하는 시장분석은 특정부동산이나 특정시장에 한정하는 협의로 해석된다. 즉, 평가대상부동산의 적정한 시장지역을 획정하여 시장지역 내에서 발생하는 수요를 파악하고(수요분석), 이러한 수요에 상응하는 공급량을 추정하는 것(공급분석)이다.

2. 시장분석의 필요성[26]

(1) 감정평가 시 시장분석의 필요성

부동산시장은 매수인과 매도인이 동일한 시장정보를 갖기 어려운 불완전한 시장이 되기 쉽고, 수요와 공급도 눈에 보이지 않는 추상적 시장으로서 분석될 수밖에 없다. 또한, 부동산 시장지역은 대상부동산의 가치에 영향을 미치는 공간적 범위가 되며, 감정평가사는 시장분석에서 도출된 정보를 기초로 대상부동산의 최유효이용을 전제로 한 시장가치를 추산한다. 최유효이용 분석은 감정평가사의 단순한 추측이나 판단이 아니라 객관적인 시장자료에 근거해야 하기 때문이다. 부동산의 가치는 최유효이용을 전제로 하여 파악된 가치를 표준으로 하여 개별부동산의 상태가 반영되어 최종적으로 형성된다.

추가적으로 시장분석은 감정평가 3방식을 적용함에 있어서도 기초적인 정보를 제공하며, 최종적인 감정평가액은 『감정평가에 관한 규칙』 제5조에 의하여 시장가치를 원칙적인 기준가치로 하여야 한다. 시장가치는 통상적인 시장에서의 거래를 전제로 하므로 시장가치를 판정하기 위해서는 반드시 시장분석이 필요하다.

---

[26] 부동산의 가치평가에 있어 시장분석은 대상부동산의 경제적 가치를 평가하기 위한 필수적인 과정으로서의 의미를 지니고 있고, 컨설팅업무에 있어서는 대상부동산의 가치평가를 포함하여 시장분석 자체가 그 목적이 될 수도 있다.

> **시장분석의 필요성, 서광채 著**
> 부동산의 가치를 판정해내는 작업인 감정평가활동은 자칫 평가사의 주관적인 판단과 의견에 의해서만 이루어질 수 있는 위험성을 안고 있다. 이를 극복하기 위해서는 부동산의 가치가 형성되고 결정되는 시장을 면밀하게 관찰하고 분석해야 한다. 이렇게 함으로써 평가활동에 내재되어 있는 주관성을 극복하고 객관적인 평가활동을 도모하여 평가의 신뢰성과 합리성을 제고할 수 있을 것이다.

(2) 컨설팅 시 시장분석의 필요성

컨설팅에서의 시장분석은 보다 세부적인 결론을 도출하여 의뢰인의 의사결정을 지원하여야 하므로 타당성 분석을 통하여 잠재적 용도에 대한 법적·물리적·경제적 실행가능성을 판단하는 데에 결정적인 정보를 제공하게 된다.

부동산의 투자자에게 있어 부동산시장분석은 특히 중요한 의미를 갖는다. 예컨대 신축 건물에 투자할 경우 향후 예상되는 임대료나 관리비는 사업타당성을 분석하는 데 필수적이며, 기존 건물에 투자할 경우 향후 예상되는 임대료나 관리비는 사업타당성을 분석하는 데 필수적이며, 기존 건물에 투자할 경우에도 기존 임차인의 임대기간 만료 시 시장임대료 등의 자료를 부동산시장분석에서 얻을 수 있다. 이러한 자료는 현금흐름 분석에 필수적인 요소들이 된다. 이외에도 부동산정책을 집행하는 중앙 및 지방 정부나 부동산 중개업자에게도 시장분석은 의사결정에 적절하고도 유용한 정보를 제공해준다.

Ⅲ 부동산 분석의 체계[27] (지시성타투)

부동산과 관련한 제반 문제를 해결하고 효율적인 의사결정을 하기 위해서는 다양한 분석방법이 요구된다. 그중에서 대표적인 분석의 틀을 제시하면 다음과 같다.

> 지역경제분석 〉 시장분석 〉 시장성분석 〉 타당성분석 〉 투자분석
> 　　　　　시장분석　　　　　　　　경제성 분석

상기 분석은 지역경제분석에서 시작하여 투자분석까지 단계적으로 이루어지는데 이처럼 범위를 큰 것에서부터 시작하여 작은 것으로 좁혀나가면서 분석하는 방법을 탑다운(Top down)방식이라고 한다. 여기서 지역경제분석과 시장분석 및 시장성분석은 (광의의) 시장분석으로, 타당성분석과 투자분석은 경제성분석 혹은 (광의의) 타당성분석으로 나누기도 하는데, 전자는 특정 개발사업과 관련된 시장에 초점을 맞춘 것이고, 후자는 개발업자의 의사결정에 초점을 맞춘 것이다. 시장분석을 통해 수요공급을 분석하고, 이에 기반한 변수들을 통해 타당성 분석에 있어서 잠재용도별로 현금흐름을 산정하게 된다.

---

27) 조주현, 부동산학원론, 건국대학교출판부, 2003

> ●『시장분석과 시장성 분석』
>
> 감정평가에서 시장분석은 일반시장분석으로서 '시장조사'와 특정부동산[28]에 대한 '시장성조사'가 그 기초를 이루게 된다. 즉, 시장조사는 수요공급・인구동향・건축동향 등에 대한 거시적 분석을 수행하며, 시장성조사는 특정 부동산이 수요를 창출할 수 있는 세분시장에 대한 분석과 흡수율 예측 등 미시적 연구를 수행하게 된다.

1. 지역경제분석(Analysis of local economy)

(1) 지역경제분석의 의의

지역경제분석이란 특정지역이나 도시의 모든 부동산에 대한 기본적인 수요요인과 시장에 영향을 미치는 요인을 확인 및 분석하고 예측하는 작업을 말하며 거시적 시장분석의 한 부분이라고 할 수 있다.

(2) 지역경제분석의 내용

지역경제분석에서는 인구・가구・고용・소득・교통망 등과 같은 요소들이 주된 분석대상이 되는데, 개발업자들은 수요결정요인의 과거추세와 현황을 분석하고 이를 바탕으로 미래추계치를 예측해야 한다.

2. 시장분석(Market analysis)

(1) 의의

시장분석(Market analysis)은 특정 부동산에 대한 시장의 수요와 공급상황을 분석하는 것을 말하는데 시장분석을 위해서는 먼저 부동산의 종류와 용도를 결정하고 시장지역을 획정해야 한다. 부동산은 지리적 위치의 고정성으로 인하여 지역성을 가지게 되는데, 대부분의 경우 시장지역은 경쟁부동산이 위치하고 있는 지역사회와 인근지역 정도의 수준이 되는 것이 일반적이다.

(2) 제품차별화와 시장세분화

시장분석에서는 제품차별화와 시장세분화가 핵심적인 비중을 차지한다. 여기서 차별화는 상품의 특성에 따라 부동산을 범주화하여 다른 부동산과 구별짓는 것이고, 세분화는 소비자의 특성에 따라 가능소비자를 범주화하여 다른 사람과 구별짓는 것을 말한다.
이처럼 차별화와 세분화를 통해 시장분석의 초점을 보다 명확하게 잡을 수 있고, 불필요한 자료수집을 제거함으로써 효율적인 업무수행을 할 수 있게 된다.

---

[28] 시장성분석은 시장분석을 좀 더 구체화한 것이다. 시장성분석은 특정 부지나 부동산 자체의 특성에 대한 분석을 포함하는 것으로서 대상부동산에 대해 위치나 유형 혹은 질・양에 따라 구체적으로 분석하여야 한다.

(3) 수요와 공급의 균형 파악

개발업자는 차별화와 세분화를 바탕으로 수요 측면에서는 대상부동산에 대한 잠재적 가능 소비자가 얼마나 되는지와 앞으로 어떻게 변화해 갈 것인지를 확인해야 하고, 공급 측면에서는 대상부동산과 특성이 동일한 유형의 부동산에 관한 공급상황을 분석해야 한다. 그리고 이러한 수요분석과 공급분석을 토대로 시장의 균형 여부를 파악해야 한다.

3. 시장성 분석(Marketability analysis)

(1) 의의

시장성 분석(Marketability analysis)은 개발된 부동산이 현재나 미래의 시장상황에서 가능수요자들에게 얼마나 받아들여질 수 있는지 즉, 어느 정도의 가격에 매매되거나 임대될 수 있는가 하는 가능성 또는 능력을 조사하는 것을 말한다. 이를 위해서는 대상 개발사업의 현황과 특성 파악을 통해 다른 부동산과 비교할 때 대상부동산이 현재와 미래에 어떤 경쟁력을 보유하고 있는지를 분석해야 한다.

(2) 입지분석과 부지분석

1) 입지분석

① 입지분석이란 입지주체가 추구하는 목적에 <u>적합한 입지조건</u>을 구비한 토지를 발견하는 작업을 말한다.
② 그 이외에 이미 보유하고 있는 토지를 <u>어떤 용도와 규모로 이용할 것인가</u>를 결정하기 위한 작업도 포함된다.

> ▶ 『입지조건과 입지인자』
> 입지주체에 따라 입지조건을 구성하는 요소 또는 항목이 입지인자가 된다. 예를 들어, 가장 가까운 전철역까지의 거리를 입지조건으로 본다면, 입지주체가 이를 평가할 때 고려하는 항목인 통근의 편리성 정도는 입지인자가 된다.

2) 부지분석

부지분석이란 주어진 목적을 만족시키기 위하여 개발되었거나 아직 개발되지 않은 부지의 <u>법적·물리적·경제적 조건</u> 등을 분석하는 작업을 말한다. 즉, 대상부지 자체의 크기와 모양, 지형, 편익시설, 접근성, 용도지역제 등을 분석하는 것을 부지분석이라 한다.

> 『기술적 요소와 기능적 요소』
>
> 부지분석 요소는 기술적 요소와 기능적 요소로 나누어질 수 있다. 부지분석에서 기술적 요소란 대상토지가 용도에 적합하게 활용될 수 있는 접근조건이나 물리적 혹은 법적 조건을 갖추고 있는지 여부를 확인함에 있어 조사해야 할 요소들이다. 반면 기능적 요소란 일단 부지상에 시설이 건축되었다고 할 때 과연 그 시설이 의도된 용도에 기능적으로 적합한지를 빌딩이나 임차인의 특성 측면에서 분석해야 할 요소들이다.
>
> 부지분석이 여러 부지를 대상으로 이루어진다면, 최종 부지를 결정하는데 도움이 될 것이며, 단일부지에 대해 이루어진다면 해당 부지에 대한 평가와 비교 대상부지의 강점과 약점을 비교·분석하는 데에도 도움이 될 것이다.

3) 입지분석과 부지분석의 관계
① 입지분석과 부지분석은 서로 유사하지만 입지분석은 특정부지를 포함하여 일정지역을 분석하는 것이며, 부지분석은 특정부지 자체를 분석한다는 관계가 있다.
② 이러한 분석을 통해 대상부동산이 시장에서 가능수요자들에게 얼마나 받아들여질 수 있는 것인지 즉, 매매 및 임대차 가능성을 평가할 수 있어야 한다는 관계가 있다.

(3) 흡수 분석

1) 내용
① 시장성 분석의 한 방법으로 흔히 쓰이는 흡수 분석이란 흡수율이나 흡수시간 등을 분석하는 것을 의미한다.
② 흡수율이란 시장에 공급된 부동산이 단위 시간 동안 시장에서 흡수된 비율을 말한다.
③ 흡수시간이란 공급된 부동산이 시장에서 완전히 흡수될 때까지 걸린 시간을 말한다.
④ 개발업자는 흡수율이나 흡수시간의 분석을 통해 부동산의 수요와 공급을 구체적으로 조사함으로써 시장수요의 강도를 측정할 수 있다.

2) 유의사항
① 흡수분석은 부동산시장의 추세를 파악하는 데도 큰 역할을 수행한다. 이때 역사적 흡수율 및 흡수시간과 같은 과거의 추세만을 파악해서는 안 된다는 점에 유의해야 한다. 흡수분석은 과거의 추세와 현재의 상황을 바탕으로 궁극적으로는 개발사업에 대한 미래의 흡수율과 흡수시간을 파악하는 데 있다.
② 시계열적인 측면에서 흡수시간분석(Absorption Time Analysis)도 행해져야 한다. 흡수율이 아무리 높다고 하더라도 그것이 긴 시간 동안 이루어진 것이라고 하면 사실 큰 의미를 가지지 못할 수도 있다. 흡수율분석은 흡수시간분석과 함께 병행하여 이루어질 때 의미를 지니게 된다. 흡수율이나 흡수시간의 분석은 특히 시장수요

의 강도를 적절하게 측정할 수 있게 해주는 유용한 도구가 된다.
③ 개발업자는 지역이나 유형별로 어떠한 요인이 그러한 추세를 야기시킨 것인가에 대한 원인을 파악하고 추세의 강도와 지속성에 대해서도 판단해야 한다.

> 「흡수율분석과 흡수시간분석」[29]
> 흡수율분석(Absorption Rate Analysis)은 부동산의 특성에 따라 지역별·유형별 비교분석을 통해 구체적으로 이루어져야 한다. 예를 들어, 강남지역에 33평형의 아파트가 지난 3년간 매년 평균 10,000채씩 공급되었다고 할 때 서초구에서는 몇 퍼센트, 강남구에서는 몇 퍼센트, 송파구에서는 몇 퍼센트가 각각 소화되었는지를 분석해야 한다. 그리고 같은 방식으로 연립주택과 단독주택은 어떻게 되었고, 상업용건물은 어떻게 되었는지 등을 파악하여 비교가능성을 높게 해야 한다.

4. 타당성 분석(Feasibility analysis)

(1) 의의

타당성 분석이란 계획하고 있는 개발사업이 투하자본에 대한 투자자의 요구수익률을 확보할 수 있는지 여부를 파악하여 대상개발사업이 성공적으로 수행될 수 있는 것인가를 분석하는 것을 말한다. 여기서 성공적이라는 말은 대상개발사업이 충분한 수익성이 있는가를 의미하는 것으로 일반적으로 세후현금흐름을 기준으로 판단하게 된다.

(2) 내용

타당성분석은 물리적·법률적·경제적 측면에서 구분하여 이루어지는데, 물리적·법률적 타당성 분석은 결국 대상 개발사업이 투자자의 요구수익률을 충족시킬 수 있는지 즉, 경제적 타당성을 검토하기 위한 과정으로서의 성격을 지닌다. 따라서 타당성분석의 핵심은 경제적 타당성 분석이라 할 수 있다.

(3) 유의사항

① 경제적 타당성분석을 할 경우에는 수요와 공급에 바탕을 둔 시장상황에 대한 분석과 함께 대상 개발사업의 공실률·영업경비·대출조건 및 세금 등에 대한 철저한 분석이 이루어져야 한다.
② 타당성분석을 수행할 때는 반드시 경험적 사실에 기반한 객관적인 시장자료로 뒷받침될 수 있어야 한다. 평가사의 주관적인 의견이나 판단을 토대로 해서는 안된다는 사실에 유의해야 한다.

---

[29] 서광채 著 「감정평가학원론」(제2장 부동산시장분석), 부연사, 2023

> **타당성 분석의 종류**
> - 시장 타당성 분석
>   해당 시장에서 해당 부동산 유형에 대해 예상되는 수요와 공급의 관계로 볼 때 성공적인지 여부를 분석하는 과정
> - 입지 및 부지 타당성 분석
>   일정지역의 고객이동이나 재고물량 등에서 해당 입지 및 부지가 프로젝트를 충분히 계속적으로 지원하는지를 검토하는 과정
> - 경제적(재무적) 타당성 분석
>   프로젝트에서 예상되는 수익이 리스크를 감안하고서도 시장참여자의 목표수익을 달성할 수 있는지를 분석하는 과정

5. 투자분석(investment analysis)

(1) 의의

투자분석이란 위험과 수익의 상쇄관계 속에서 여러 가지 투자대안을 분석하여 받아들일 수 있는 위험수준에서 최고의 수익을 창출하는 대안을 선택하는 과정을 말한다. 개발대상 부지나 건물에 관해서는 여러 가지 이용대안이 고려될 수 있는데, 이 중에서 타당성이 있다고 해서 모두 다 선택되는 것은 아니다. 투자자의 입장에서는 단지 투자가능한 대안 중의 하나일 뿐이다.

(2) 내용

여러 가지 대안에 대해서 개발업자는 순현재가치법·내부수익률법 및 수익성지수법 등과 같은 각종 투자분석기법을 활용하여 구체적이고 객관적으로 분석해야 하다. 이러한 분석기법을 활용하여 최대의 이윤을 제공하는 대안이 최종적인 투자안으로 선택되는 것이다. 결국, 투자분석이란 대상토지나 건물과 관련한 여러 가지 이용대안 중에서 최유효이용을 확인하는 과정임을 알 수 있다.

6. 상호관련성(부동산 분석의 체계)

(1) 계층 체계[30]

일련의 부동산 시장분석들은 지역경제분석에서 시작하여 투자분석에 이르기까지 하나의 계층체계를 이룬다. 즉, 투자분석 시는 미리 지역경제분석부터 타당성 분석까지의 절차를 거쳐야 한다. 다시 표현하면 '지역경제분석 < 시장분석 < 시장성 분석 < 타당성 분석 < 투자분석'의 순으로 미시적이며 세밀한 분석이 이루어지게 된다.

---

30) 이러한 여러 분석들은 분석방법이나 절차가 다르기보다 분석의 범위나 초점을 어디에 두는가에 따라 달라진다.

> ●『시장분석과 시장성분석의 관계』
> 감정평가에서 시장분석은 일반시장분석으로서 시장조사와 특정부동산에 대한 시장성조사가 그 기초를 이루게 된다. 즉, 시장조사는 수요공급, 인구동향, 건축동향 등에 대한 거시적 분석을 수행하며, 시장성조사는 특정부동산이 수요를 창출할 수 있는 세분시장에 대한 분석과 흡수율 예측 등 미시적 연구를 수행하게 되며, 이로 인해 시장분석은 시장성분석에 대한 선행작업에 해당한다.

(2) 포함 여부

상위계층의 분석은 하위계층의 분석을 포함하며, 최상위의 투자분석에는 타당성 분석을 포함하여 그 이하 하위계층의 모든 분석이 포함된다.

(3) 분석의 초점

전자의 3가지는 특정개발사업의 시장에 초점을 두는 연구로 시장분석이라 통칭하고, 후자 2가지는 개발업자의 결정에 초점을 두는 연구로 타당성 분석 또는 경제성 분석이라 한다.

단계	1단계	2단계	3단계	4단계	5단계
명칭	지역경제분석	시장분석	시장성 분석	타당성 분석	투자분석
대상	모든 유형의 부동산에 대한 시장	특정 유형의 부동산에 대한 시장	특정 대상부동산	특정 대상부동산	특정 대상부동산
부동산 분석내용	특정대상지역의 경제분석	시장의 수요공급분석	매매 및 임대차 가능성 분석	수익가능성의 분석	최유효이용 판단
사업분석 내용	특정개발사업의 시장분석			개발사업자의 의사결정	
	부동산 시장분석			부동산 경제성 분석	

Ⅳ 감정평가 시 시장분석의 단계(생시수공균포) ▶기출 9회, 10회, 14회, 24회

감정평가에 있어서 시장분석이란 대상부동산에 대한 시장지역의 범위를 결정하고 대상부동산의 용도 및 가치에 영향을 줄 수 있는 여러 가지 시장상황을 연구하고 분석하여 최유효이용을 판정하고 구체적인 가치에 미치는 영향을 파악하는 것으로 정의할 수 있다.

1. 생산성 분석

대상부동산에 관한 자연적·사회적·행정적·경제적 제 특성을 고려하여 대상부동산이 가지고 있는 다양한 생산능력을 확인하고, 그중에서 최고의 부동산서비스를 창출할 수 있는 용도가 무엇인지 결정하는 과정이다.[31] 이는 과거의 개별분석을 보다 구체화한 것으로 볼 수 있다. 생산성 분석을 통해 대상부동산의 가치를 최고가 될 수 있게 하는 용도를 결정하는 것은

---

31) 이때 선정되는 용도는 하나의 용도일 수도 있지만 다수의 용도가 선정되는 경우도 있다.

시장의 관점에서 볼 때 최고의 부동산 제품을 만드는 것으로 이해할 수 있다. 이는 곧 대상부동산 제품이 시장참여자로부터 주목을 받고 수요자의 요구를 충족시킬 수 있도록 제품의 특성을 다른 제품과 구별하는 것으로 제품차별화라고 부른다.

> ◉『생산성 분석 시 고려하는 물리적·법적·입지적 특성』
> - 물리적 특성은 토지의 경우 획지의 크기나 형태 및 지형지세 등을 조사하고 건물의 경우는 디자인이나 외형적 상태 및 구조·규모 등에 대하여 조사하는 것을 말한다.
> - 법적 특성이란 대상지역 내 부동산에 직접 작용하는 공법적 규제와 사법적 규제 내용을 파악하고 가치에 영향을 미치는 요인들을 조사분석하는 것을 말한다. 그리고 소유권과 사용·수익·처분권을 제한하는 각종 시장거래 관행도 조사하는 것을 말한다.
> - 입지적 특성이란 지역 내 부동산의 용도와 교통망·상업시설 등의 연계성에 대한 경제적 특성을 확인하고, 도시성장의 방향과 관련하여 위치적 수요의 변화를 동태적으로 확인하는 것을 말한다. 이를 통하여 대상부동산의 시장성 및 잠재적 용도의 위치결정요인을 예측할 수 있기 때문이다.

2. 시장획정

시장획정이란 제품차별화 이후에 이에 맞는 시장[32]을 여러 변수에 따라서 구분 및 획정하는 것이다. 이렇듯이 특정한 부동산 제품의 소비자시장을 보다 동질적인 소집단으로 구분하는 것을 시장의 세분화라고도 한다. 시장을 세분화할 때는 대상부동산은 어디에 위치하는가? 대상부동산과 대체·경쟁관계의 부동산과 보완관계의 부동산은 각각 어떤 것이 있는가? 또한 그들의 위치는 어디이며, 이들이 미치는 영향력의 범위는 어디까지인가 등에 유의해야 한다.

> ◉『시장의 세분화』
> 부동산은 그 유형과 세분화된 용도에 따라 별도의 '세분시장'이 형성된다. 예를 들어, 주거용 부동산시장이라 하더라도 단독주택·전원주택·아파트·연립주택 및 다세대주택 등 그 용도에 따라 다시 지역이나 부동산의 규모 혹은 자가나 임대 및 소득층 등에 따라 무수히 많은 별개의 세분시장으로 구분될 수 있기 때문이다. 또한, 시간과 거리 개념에 의한 주요 시설과의 접근성 그리고 대상부동산과 대체 및 경쟁관계에 있는 유사 부동산의 위치에 따라서 시장지역과 경쟁시장으로 시장획정이 이루어질 수 있다.

3. 수요분석

시장이 획정되면 그 다음 절차는 구체적으로 수요와 공급을 분석하는 것이다. 먼저 수요분석은 획정된 시장별로 매수자와 임차자 등 대상부동산의 가능수요자인 잠재유효수요를 파악하고 수요에 영향을 주는 여러 요인들을 조사 및 분석하는 것이다. 수요분석은 추상적이고 일반적인 요인들에 대한 단순한 나열과 검토만으로 이루어져서는 안 되고, 경쟁부동산의 수요와 공

---

32) 시장지역은 대상부동산과 대체·경쟁관계가 성립하여 거래와 가치형성에 서로 영향을 미치는 지리적 범위를 말하며, 동일수급권이라고도 한다.

급자료에 바탕을 둔 구체적인 작업이 되어야 하고, 특히 수요의 강도가 어느 정도 되는지를 분석해야 한다는 점에 유의해야 한다.

> ● 『부동산의 용도별 수요분석』
> 수요분석 시에는 주거용·상업용·공업용 등 부동산의 유형에 따라 그 초점을 달리해야 한다는 점에 유의해야 한다.
> - 주거용 부동산의 경우에는 인구구조·소득·고용과 같은 가구특성에 기반하여 가구의 주거공간에 대한 수요와 욕구의 파악에 초점을 두어야 한다.
> - 상업용 부동산의 경우에는 시장지역 내 물품판매업체의 매장공간에 대한 수요와 욕구 파악에 초점을 두어야 한다.
> - 공업용 부동산의 경우에는 지역의 경제성장률·교통시설에 대한 접근성과 교통비용 등에 입각하여 산업체들의 공간에 대한 수요와 욕구를 파악해야 한다.

4. 공급분석

수요분석과 함께 공급분석도 이루어져야 하는데 공급분석이란 대상부동산과 동일한 유형의 공급상황을 분석하는 절차이다. 여기에서 공급은 단순히 신규부동산의 생산뿐만 아니라 기존 부동산의 유용성도 포함하는 개념이므로 건축 중인 부동산과 계획예정인 부동산 및 기존 부동산까지 포함해서 분석해야 한다. 공급분석 시에는 건축 중이거나 계획예정인 부동산의 경우 그 중 일부가 완공되지 못하고 최종적으로 공급되지 못할 수도 있고, 기존 부동산에 있어 멸실물량이나 전환물량도 고려해야 하는 것에 유의해야 한다. 경쟁부동산의 공급분석 시 고려해야 할 요인으로는 기존 부동산의 양과 질·현재 분양 중인 부동산·건축과 개발비용·경쟁 중이거나 계획 중인 경쟁부동산과 보완부동산·멸실량과 전환량·소유자와 임차자 점유비율·건축대부와 금융의 유용성 등을 고려해야 한다.

5. 균형분석

균형분석이란 전 단계의 수요와 공급분석의 결과를 종합하여 현재와 미래의 시장수요와 공급량이 균형을 이루고 있는지 아니면 수요가 초과되고 있는지 혹은 공급치 초과되고 있는지를 분석하고 만약 수요와 공급이 초과되고 있다면 언제쯤 해소될 수 있는지를 분석하는 절차를 말한다. 이러한 균형분석은 잔여분석이라고도 한다.

부동산은 자연적 특성으로 인하여 공급이 비탄력적인 특성을 지니고 있으며, 단기적으로 고정적인 것으로 볼 수 있다. 따라서 부동산의 가격은 단기적으로 수요에 민감하게 반응하며 결정된다. 그런데 수요가 증가하면서 가격이 상승하게 되면 공급에 대한 유인으로 작용하여 생산과 용도의 전환 등을 통해 공급은 증가하게 된다. 결국 장기적으로 수요와 공급은 이론적으로 균형을 이루게 된다.

그러나 현실적으로는 장기적으로도 균형을 이루는 경우가 거의 없음에 유의해야 한다. 이는 거미집 모형으로 쉽게 설명될 수 있는데, 공급자들은 현재의 수요에 따라 공급을 결정하는 경향이 있어 부동산시장은 주기적인 수요초과와 공급초과로 인한 시장불균형을 보이게 된다. 따라서 평가사들은 현재와 미래의 수급상황을 면밀히 검토하여 시장의 흐름과 추세를 적절하게 분석할 수 있어야 한다.

6. 포착률의 추계

시장분석의 마지막 단계는 대상부동산의 특성에 따른 경쟁력을 파악하여 시장에서의 예상포착률을 예측하는 것인데 이런 과정을 통해 결국은 대상부동산이 어떤 가격으로 시장에서 가장 잘 소화될 수 있는지를 파악할 수 있게 된다. 여기서 포착률이란 특정 유형의 부동산에 해당하는 잠재적인 전체 시장에서 대상부동산이 차지하고 있거나 차지할 것으로 예상되는 비율을 말한다. 포착률은 시간의 장단에 따라 단기의 포착률은 시장흡수율로 표현하고 장기의 포착률은 시장점유율로 구분할 수 있다.

7. 타당성 분석 : 예정부동산의 경우[33]

기존부동산의 시장분석은 포착률의 예측으로 마무리되지만 예정부동산의 시장분석은 타당성 분석이 추가된다. 타당성분석이란 대상부동산의 경제적 성공과 실패의 가능성을 분석하는 것을 의미하는데 예정부동산의 경우에는 시장에서 직접적으로 비교될 만한 사례들이 거의 없을 뿐만 아니라 수익과 비용의 추계가 모두 미래의 예상치에 근거하고 있어 불확실성이 높은 특성을 지니고 있다. 따라서 평가사들은 개발 후 예상되는 거래가격·건축비용 및 투자자의 요구수익률 등에 대하여 다양한 상황을 설정한 시나리오 분석을 통해 경제적 타당성을 분석해서 가장 합리적인 가치를 추정해야 한다.

Ⅴ 시장분석과 타당성 분석의 역할[34]

1. 주어진 부지를 어떠한 용도로 이용할 것인지를 결정하는 역할

특정부지를 어떠한 용도로 이용할 것인가에 대한 시장분석은 주변의 토지이용이 대상부지의 사용에 어떠한 영향을 주고 있는가를 파악하는 데에 중점을 둔다. 예를 들어, 법원 근처의 공지는 변호사 사무실로 개발하는 것이 가장 타당성이 있을 수 있다. 이처럼 주변의 토지이용이 특정부지의 용도에 미치는 영향을 입지효과(location effect)라 한다.

---

[33] 여기서 타당성분석은 개발예정된 부동산의 경우에 한정되어 사용된다는 점에 유의해야 한다.
[34] 안정근, 현대부동산학(제13장 부동산개발론), 양현사, 2019

2. 특정용도에 어떠한 부지가 적합한가를 결정해주는 역할

이 같은 목적을 달성하기 위한 시장분석은 교통의 편의성, 주차공간의 유용성, 인근주민의 소득, 인구특성 등을 파악하는 데 중점을 둔다. 경우에 따라서 적합한 부지가 여럿일 경우 시장분석가는 각 부지의 특성, 장단점 등에 '부지선택의 준거'를 적용하여 개별 투자대안의 우선순위를 정하고, 이를 투자자에게 제시한다.

3. 주어진 자본을 투자할 대안을 찾는 역할

시장분석은 주어진 자본을 투자할 대안을 찾는 투자자를 위해 수행되기도 한다. 이런 투자자들은 대체적으로 세후현금수지의 극대화에 관심이 많다. 이럴 경우 시장분석은 투자대안에 대한 영업수지분석과 시장가치의 분석 등에 중점이 주어진다.

4. 기존 개발사업의 경쟁력 파악

새로운 개발사업뿐만이 아니라 기존의 개발사업이 시장에서 현재 어떠한 위치를 점하고 있는지를 정확하게 파악해야 한다. 즉, 기존의 개발사업은 현재 시장경쟁력이 있는가, 계약임대료는 시장임대료에 비해 적절한가, 만약 계약임대료가 시장임대료보다 낮다고 하면 그 이유는 무엇인가 등이 그것이다.

Ⅵ 부동산 시장분석의 한계[35]

1. 자료와 관련한 한계

미래에 대한 정확한 예측을 위해서 이용되는 과거의 통계자료가 단지 과거의 현상만을 설명해주는 한계를 가지는 경우가 종종 나타난다. 또한 분석보고서에 사용된 자료 중에는 해당 프로젝트와 관련이 없는 자료가 활용되는 경우도 종종 있다. 이러한 경우 신뢰성이 낮고 불완전한 자료로 인하여 잘못된 의사결정을 내릴 가능성이 있다.

2. 분석과 관련한 한계

분석과정에서 중요한 현상에 대하여 충분한 고려를 하지 않는 경우도 종종 발생한다. 예를 들면 지역, 지방 및 국가 경제의 향후 변화방향, 수준 및 폭 등을 충분히 고려하지 않거나 지역의 인구가 무조건적으로 증대한다는 식의 비현실적 가정에 기초할 경우 정확한 시장분석을 기대할 수 없다.

---

[35] 경응수, 감정평가론, 2021

Ⅶ 결

부동산 개발영역에 있어서, 부동산 분석의 궁극적 목적은 특정 부지에 대한 가장 경제성 있는 개발대안을 찾는 것이다. 이를 위하여 개발업자들은 먼저 개발사업을 입지시킬 특정한 부지를 찾고, 그 부지에서의 개발사업이 투자자의 목적을 충족시킬 수 있는지를 분석한다. 전자에 속하는 연구로는 지역경제분석, 시장분석, 시장성 분석이 있고, 후자에 속하는 연구로는 타당성 분석, 투자분석이 있다. 따라서 부동산 시장분석은 부동산 개발의 전체 과정 중 어느 특정 단계에서 일시적, 독립적으로 작성될 수 있는 것이 아니며, 사회경제환경 변동에 대한 대응능력을 고려한 수익성 분석을 지원하도록 구성되는 '추세'여야 하고, 비단 시장분석에 국한되지 않고 가치추계 및 비가치추계영역에서 그 결과의 적정성을 담보하므로 그 중요성이 인정된다 하겠다. 감정평가사의 업무영역이 과거 가치추계에 그치지 않고, 컨설팅 영역으로 확장되어 가고 최근의 경향을 고려할 때, 감정평가사의 시장분석에 대한 이해와 분석능력의 향상이 요구된다.

심화논점

01절 부동산 간접투자방식의 활성화

I. 서
II. 공간시장과 자산시장의 의의 : 부동산 시장
  1. 공간시장(space market)
    (1) 의의 / (2) 내용
  2. 자산시장(asset market)
    (1) 의의 / (2) 내용
  3. 자산시장의 통합성
  4. 부동산 공간시장과 자산시장의 작용관계
III. 부동산시장과 금융시장과의 관계
  1. 금융시장에 대한 이해
    (1) 의의
      1) 화폐시장과 자본시장의 의의
      2) 화폐시장과 자본시장의 관계
    (2) 금리의 의의 및 역할
  2. 부동산과 금융시장과의 관계
    (1) 고가성
    (2) 내구재
    (3) 타인자본을 이용함에 따른 혜택
    (4) 자산으로서의 대체·경쟁관계의 성립
IV. 디파스퀠리·위튼의 4사분면 모형의 각 사분면 특징
  1. 4사분면 모형의 의의
  2. 1사분면의 특징(공간시장 - 임대료결정)
  3. 2사분면의 특징(자산시장 - 가격평가)
  4. 3사분면의 특징(자산시장 - 건설)
  5. 4사분면의 특징(공간시장 - 재고조정)
  6. 4사분면 모형의 해석
  7. 4사분면 모형의 장점 및 단점
    (1) 장점 / (2) 단점
V. 시장이자율 하락이 부동산시장에 미치는 영향
  1. 개요
  2. 시장이자율 하락이 부동산시장에 미치는 영향
    (1) 자본시장에서의 시장이자율의 의의
    (2) 단기분석(수요분석)
    (3) 장기분석(공급분석)
  3. 4사분면 모형을 통한 검토
    (1) 장기이자율의 변화
    (2) 부동산시장에 미치는 영향
VI. 4사분면 모형을 통한 비교정태분석
    (1) 공간 서비스에 대한 수요의 증가
    (2) 신규건설비용의 상승
VII. 부동산시장과 자본시장의 통합화에 따른 감정평가 업계의 대응방안
  1. 부동산시장과 자본시장의 통합화
  2. 간접투자방식의 필요성
  3. 부동산시장의 증권화와 감정평가
    (1) 부동산 종합관리회사
    (2) 자산운용전문가로서의 역할
  4. 부동산 투자정보체계구축 필요성
VIII. 결

I 서

부동산시장이란 양, 질, 위치 등 여러 가지 측면에서 유사한 부동산에 대해 그 가격이 균등해지려는 경향이 있는 지리적 구역이다. 부동산은 고가성이라는 경제적 특성이 있는바, 자본시장과 관련성이 높다. 부동산시장은 공간을 사용하려는 목적으로 형성된 공간시장과 공간보다는 자산으로서의 이용가치가 목적인 자산시장으로 구분할 수 있으며, 부동산시장의 자산시장은 이자율을 매개변수로 하여 자본시장과 통합되어 가고 있다.

부동산의 증권화(MBS, ABS, REITs)가 최근 들어 급속히 진전되면서 부동산 자산시장과 자본시장은 점차 밀접한 관련을 맺고 있다. 감정평가업계에서도 공간시장과 자산시장의 연관성에 대한 이론적 고찰을 바탕으로 전문성 향상과 부동산시장변화 연구, 투자 컨설팅 영역에서의 활용도를 높일 수 있을 것이다.

> 부동산시장은 부동산의 고가성이라는 특성으로 인하여 금융의 역할과 비중이 매우 크다. 이에 부동산시장과 금융시장과의 관계를 파악하는 것은 부동산시장을 제대로 이해하고 분석하기 위한 필수적인 과정이라 할 수 있다.

II 공간시장과 자산시장의 의의 : 부동산 시장

1. 공간시장(space market)

(1) 의의

공간시장은 토지 또는 건물과 같은 부동산 그 자체를 사용하기 위한 시장을 말한다. 즉, 부동산의 점유, 임대 등이 이루어지는 시장이다. 따라서 이 시장은 부동산 이용시장 또는 임대시장이라고 한다. 공간시장에 있어 수요자는 소비 또는 생산의 목적으로 공간을 이용하고자 하는 개인, 가구, 기업 등이며, 공급자는 부동산소유자, 정부나 공공단체, 민간개발업자 등이다.

(2) 내용

공간시장은 수요자가 공간을 이용하는 권리에 대하여 특정 기간 동안 특정 목적으로 대가인 임대료를 공급자에게 지불함으로써 이루어진다. 따라서 수요, 공급에 의하여 결정되는 공간시장의 임대료는 건축물 공간의 가치(가격)와 공간에 대한 수요, 공급의 현재 균형 상태를 알수 있다. 이때 공간사용의 수요는 증가하는 데 반하여 공급이 증가하지 않는다면, 임대료는 오르게 된다. 또한 공간시장의 수요와 공급은 위치와 유형에 따라 명확히 구분될 수 있다.

2. 자산시장(asset market)

(1) 의의

자산시장은 부동산과 관련된 자산의 현금흐름과 관련된 시장으로 자본시장에서 증권과 채권과 같은 유형의 자본자산들과 경쟁관계에 놓이게 된다. 즉, 부동산의 매입, 매각 및 교환 등이 이루어지는 시장이다. 자산시장은 부동산 산업의 가장 중요한 요소이며 부동산 산업 역시 필요한 자금을 자산시장에서 이용해야 하기 때문에 부동산시장에서 자산시장은 매우 중요한 시장이다.

(2) 내용

현금흐름 측면에서 보면 건물의 임대료는 일정 기간별로 계속해서 현름흐름이 발생되기 때문에 부동산의 자본시장과 자산시장은 유사한 개념으로 취급하기도 한다. 즉 경제학적 측면에서 보면 자산도 미래의 현금흐름으로 측정되며 자본시장 역시 증권과 같은 투자행위이기 때문에 부동산을 현금화하여 자산시장의 일부로 취급한다.

3. 자산시장의 통합성

공간시장에서 수요자인 오피스빌딩의 사용자는 특정 입지, 특정 유형의 공간과 같이 부동산 자산의 물리적 특성을 요구하게 되지만, 부동산 자산시장의 수요자인 투자자의 경우 그렇지 않다. 자산시장의 투자자는 물리적 특성보다는 미래의 현금흐름을 중시한다. 기본적으로 투자자는 현금이 어떻게 어디서 발생하느냐에 관심이 있지 않다. 즉, 부동산임대수입은 주식이나 채권시장에서 얻은 수입과 같을 뿐이다. 이는 부동산 자산시장이 부동산 공간시장보다 훨씬 통합되어 있음을 의미한다.

4. 부동산 공간시장과 자산시장의 작용관계[36]

① 공간시장에서 결정되는 임대료는 자산시장에서 자산가격으로 환산되고 자산가격은 신규건축의 수준을 결정하며 이는 결국 부동산 공간시장에서의 재고를 결정하게 된다.
② 공간시장에서 공간에 대한 수요의 증가는 수요곡선의 상향이동을 초래하여 임대료를 올리고 그것은 다시 자산가격을 올리며 신규건설과 공간의 재고를 증가시킨다.
③ 자산시장에서 자본환원율의 감소는 자산수요를 증가시켜 자산가격을 상승하게 하고 자산가격의 상승은 신규건축과 재고를 증가시키며 임대료를 하락시킨다.
④ 건설비용의 증가는 신규건축을 감소시키며, 이는 재고를 줄이고 임대료와 자산가격의 상승을 초래한다.

---

[36] (논문) 부동산 자산시장에 대한 이론적 고찰(오인철), 부동산학보

Ⅲ 부동산시장과 금융시장과의 관계

부동산은 여러 활동과 다양한 경로를 통해 금융시장과 밀접한 관계를 형성하고 있다. 먼저 거래 활동에 있어 담보대출을 이용하는 것은 이제 너무나 일반적인 현상이며 담보대출의 이용가능성과 이자율에 따라 거래 성사 여부가 갈리기도 하고 거래금액이 달라지기도 한다. 개발 및 건축활동에 있어서도 시행사 및 시공사는 금융기관 등으로부터 자금을 대여받아 이용하고 있으며, 그 비용은 프로젝트의 경제적 타당성에 많은 영향을 끼치게 된다. 그리고 투자활동에 있어 핵심적인 기능을 하는 부동산의 가격은 부동산 자체적인 요인에 의해서만 결정되는 것이 아니라 대체·경쟁관계에 있는 다른 재화인 예금·주식·채권 등과 같은 다양한 금융상품의 수익률의 영향을 받게 된다.[37]

> 『부동산시장과 자본시장의 통합화』
> 부동산시장은 자본시장이나 화폐시장과 어떻게 연결되어 상호작용을 하게 되는가? 부동산시장은 '이자율' 또는 '수익률'을 매개변수로 하여 자본시장 및 화폐시장과 상호 밀접한 관련성을 지니게 되며, 공간시장과 자산시장이라는 두 가지 특성에 기초한 부동산시장이 증권화를 통하여 점차 자본시장과 밀접하게 연결되고 있다.

1. 금융시장에 대한 이해

금융시장은 자금의 거래가 이루어지는 시장으로서 크게 화폐시장과 자본시장으로 나눌 수 있다.

(1) 의의

1) 화폐시장과 자본시장의 의의

① 화폐시장은 만기가 1년 미만인 금융 상품이 거래되는 시장으로서 기업의 운전자금에 충당할 단기자금이 조달되는 시장을 일컫는 말이며, 단기금융시장이라고도 한다.

② 자본시장은 사업의 창설·확장·개량 등 기업의 투자를 위하여 필요로 하는 자금의 조달이 이루어지는 시장으로서 기업의 투자자금은 비교적 장기에 걸치는 것이 많기 때문에 장기금융시장이라고도 하며, 운전자금의 조달을 위한 단기금융시장인 화폐시장과 구별된다.

2) 화폐시장과 자본시장의 관계

화폐시장과 자본시장은 이론적으로는 명확하게 구분되지만 사실 현실에서는 명확하게 구별하기가 쉽지 않다. 두 시장은 모두 다양한 조건의 자금거래를 포함하고 있으며, 경제활동을 위한 자본의 원천으로 기능하고 있기 때문이다.

---

[37] 부동산시장의 투자자들은 아파트나 상가 등 부동산을 사둘 것인지, 아니면 주식이나 채권 등 유가증권에 투자할 것인지, 안전한 정기예금을 넣어 둘 것인지를 나름대로 치밀하게 상호 비교·분석한 다음 투자의사결정을 내리기 때문이다. MBS나 ABS 등 자산의 유동화 및 REITs등의 상품은 이제 전혀 새롭거나 낯선 것이 아닌 일상적인 것으로 받아들여지고 있다.

(2) 금리의 의의 및 역할

1) 금리의 의의

금융시장에서 가장 중요한 요소 중의 하나는 바로 금리이다. 금리란 화폐에 대한 수요와 공급을 통해 결정되는 화폐의 가격이라고 할 수 있다. 화폐가 풍부해지면, 즉 화폐의 공급이 늘어나면 화폐의 가격인 금리는 하락하고, 반대로 화폐의 공급이 줄어들면 금리는 상승하게 된다. 금리는 화폐에 대한 수요와 공급에 따라 결정되지만, 금융시장과 부동산 시장을 연결하여 시장참가자들의 의사결정과 행동에 영향을 미치는 중요한 변수로도 작동하게 된다.[38]

2) 단기금리와 장기금리의 관계

금리는 금융시장의 분류에 따라 구분할 수 있는데, 단기금융시장인 화폐시장에서 결정되는 금리를 단기금리라 하고, 장기금융시장은 자본시장에서 결정되는 금리를 장기금리라고 한다.

화폐시장과 자본시장의 금융상품들은 상이한 금리·만기·투자위험 등에 따라 다양하게 구성되지만, 이들 간에는 일정한 관계가 성립하게 된다. 정상적인 경우 장기상품에 투자하는 투자자들은 단기상품에 비해 더 많은 위험을 부담하게 된다. 따라서 일반적으로 장기상품에 비해 더 많은 높은 수익을 요구하게 되고 이에 따라 수익률도 높게 나타나게 된다.[39]

그렇다고 해서 단기금리와 장기금리가 전혀 다른 메커니즘으로 형성되는 것은 아니다. 화폐시장과 자본시장의 다양한 상품들은 독립적이고 고립되어 있는 것이 아니라 서로 연관되어 있기 때문에 금리나 수익률은 대체로 동조적인 움직임을 보이게 된다.

3) 금리의 역할 : 부동산과 금융시장을 연결하는 매개체

<u>금리는 부동산과 금융시장을 직접적으로 연결해주는 매개체 역할을 하기 때문에 부동산에 있어서도 매우 중요하다.</u>

부동산의 개발과 건축에 필요한 자금은 주로 화폐시장에서의 단기·중기 금융상품에 의존하게 되고, 그 비용은 프로젝트의 경제적 타당성에 큰 영향을 주게 된다. 이러한 금융비용은 다양한 금리에 기초하여 결정되므로 비용의 추계와 프로젝트의 예상수립에서부터 개발 및 건축기간 동안의 금리를 예측하는 것은 필수적이라 할 수 있다.

---

[38] 추가적으로 공간시장과 자산시장이라는 두 가지 특성에 기초한 부동산시장이 증권화를 통하여 점차 자본시장과 밀접하게 연결되고 있다.

[39] 경우에 따라서는 이 관계가 역전되기도 한다. 예를 들어, 투자자들이 장기적으로 경기가 둔화되거나 쇠퇴할 것으로 예상한다면 장기금융상품의 수익률이 유사한 위험을 가지고 있는 단기금융상품의 수익률보다 낮을 수도 있다. 또한, 고인플레이션이 예상되는 시기에 투자자들은 구매력 감소의 위험에 따라 장기투자를 회피하고 단기투자에 집중함으로써 단기투자의 수익률이 오히려 높을 수도 있다.

한편, 부동산의 거래를 자본시장에 담보대출을 얼마나 쉽게 이용할 수 있느냐 그리고 저렴한 비용으로 얼마나 많이 이용할 수 있느냐에 따라 큰 영향을 받게 된다. 정부당국에서 LTV와 DTI 및 DSR 규제를 통해 부동산시장의 규모와 속도를 조절하는 정책을 사용하는 것을 보면 쉽게 알 수 있을 것이다.

그리고 투자활동에 있어 핵심적인 기능을 하는 부동산의 가격은 대체·경쟁관계에 있는 장기금융상품의 수익률에 크게 영향을 받게 되는데 이러한 수익률은 부동산에 대한 할인율에 영향을 미치고, 이는 결국 부동산의 가격을 변화시키게 된다. 금융상품의 수익률이 높아져 부동산의 할인율이 높아지면 가격은 낮아질 것이고, 반대의 경우에는 가격이 높아질 것이다. 이처럼 금융시장은 부동산에 큰 영향을 미치고 있음을 알 수 있다. 따라서 평가사는 이러한 금융시장의 종류·특성·구조·강점과 약점 및 주요 요소 등에 대하여 이해하고 있어야 하며, 이를 바탕으로 현실에서 시장분석을 해나가야 한다.

2. 부동산과 금융시장과의 관계

(1) 고가성

부동산은 기본적으로 일반재화와 달리 고가의 자산으로서 거래 및 건설, 투자 등 전반적인 부동산활동은 자기자본에 의해서만 이루어지기 어려운 특성을 가지고 있다. 이에 타인자본을 활용함으로써 제반 부동산활동을 보다 활성화하고 촉진할 수 있게 된다.

(2) 내구재

부동산은 경제적 수명이 길다는 특성을 가진 내구재이다. 토지는 영속적이며, 건물은 영속적이지는 않지만 수십 년 동안 충분히 길게 유지된다. 이에 부동산은 오랜 기간 동안에 걸쳐 서비스와 수익을 창출하게 된다. 이는 부동산의 경우에는 할부구매가 수요자들의 합리적인 소비행위에 더 적합하다는 것을 뜻한다. 따라서 부동산을 구입하게 되는 수요자는 부동산을 이용한 결과 얻게 되는 효용에 해당하는 양만큼의 대가를 매 기간마다 지불할 수 있도록 저당금융을 활용하는 것이 보다 합리적인 소비행위가 되는 것이다.

(3) 타인자본을 이용함에 따른 혜택

부동산활동에 있어 타인자본을 활용함으로써 자기자본의 수익률을 극대화시킬 수도 있다. 즉, 이자가 낮은 자금을 동원하여 자기자본과 합하여 투자함으로써 자기자본만을 투자했을 때보다 오히려 더 큰 수익을 실현할 수 있게 된다. 이를 정(+)의 지렛대효과라고 한다. 한편, 타인자본을 이용함으로써 조세 측면에서 다양한 공제 및 감면혜택 등이 주어짐에 따라 실질수익률을 높일 수도 있다. 예를 들면, 수익성 부동산의 경우에는 이자지급분과 감가상각분이 세제상 과세대상 소득에서 공제되기 때문에 절세효과를 누릴 수 있다.

(4) 자산으로서의 대체·경쟁관계의 성립

투자자산은 일반적으로 예금, 주식 및 채권에 해당하는 증권, 부동산으로 구분되기도 한다. 투자자들은 각 자산의 비교를 통해 투자의사결정을 하기 때문에 부동산도 자산의 개념으로 인식할 때는 다른 자산들과 동등한 위치에서 대체·경쟁관계가 성립하는 투자자산이 된다. 투자자들은 위험을 고려한 수익률에 따라 투자의사결정을 하고 이에 따라 자금은 시장상황에 따라 예금, 증권, 부동산 등으로 이동하게 된다. 최근에는 ABS나 MBS와 같은 부동산관련 투자상품들이 도입되고 활성화되기 시작하면서 금융시장과의 연계성은 더욱 커져가고 있다.

Ⅳ 디파스퀠리·위튼의 4사분면 모형의 각 사분면 특징

1. 4사분면 모형의 의의

4사분면 모형은 공간시장(임대차시장)과 자산시장(매매시장)으로 나누고 이를 다시 단기와 장기시장으로 구분하여 이 부동산시장인 두 시장의 관계에 대한 장기균형효과를 설명하는 모형을 말한다. 물론 부동산의 장기균형이란 수요를 충족하기 위하여 공간을 추가공급할 때 소요되는 시간을 고려하였다는 것을 의미한다.

2. 1사분면의 특징(공간시장-임대료 결정)

1사분면은 부동산의 공간 서비스에 관한 단기임대차시장의 균형을 보여주는데, 가로축은 공간재고이고 세로축은 임대료로 표시된다. 임대차시장은 수요와 공급으로 구성되는데 공간에 대한 수요는 공간사용에 대한 비용은 임대료에 따라 우하향하는 형태를 가지고 되고, 공급은 단기적으로 공간재고와 총가용면적이 고정되어 있으므로 공간 서비스의 공급은 수직선의 형태를 지닌다. 따라서 최초 공간재고가 주어지면 공간서비스에 대한 수요량이 주어진 공간재고와 일치하는 임대료 수준에서 균형임대료가 결정된다. 소득이나 인구 또는 고용 등이 증가하면 공간 서비스 수요곡선은 오른쪽으로 이동하게 된다. 이에 따라 단기적으로는 임대료가 상승하게 된다.

3. 2사분면의 특징(자산시장-가격평가)

2사분면은 부동산의 자산적 특성을 반영한 자산시장의 단기균형을 나타내는데, 1사분면에서 결정된 임대료로부터 자산가격이 결정되는 과정을 보여준다. 2사분면의 세로축은 자산가격, 가로축은 임대료로 표시되는데 여기서 임대료와 자산가격을 연결하는 매개체는 자본환원율이다. 자본환원율은 자본투자에 대한 요구수익률로서 외생변수이며 그래프상의 기울기로 표시된다. 임대료와 자본환원율이 주어지면 자산가격은 적절한 자본환원과정을 통해 결정된다.

자본환원율이 하락하면 주어진 자산가격에 대해 임대료가 더 낮아지거나 주어진 임대료에 대해 자산가격은 더 높아져야 한다. 따라서 자본환원율이 하락하면 그래프에서 원점을 지나는 직선이 반시계방향으로 회전하게 된다.

4. 3사분면의 특징(자산시장-건설)

3사분면은 신축을 통한 건물의 신규공급과 관련된 장기자산시장의 균형을 나타내는데, 신규공급량은 자산가격과 생산요소 가격 및 공급관련 규제 등에 의해 영향을 받는다. 신규공급은 개발업자들의 이윤극대화에 의해 이루어지는데 건물의 자산가격이 주어지면 개발업자들은 자산가격과 한계비용이 같아지는 선에서 공급량을 결정하게 된다. 공급량이 늘어날수록 한계비용은 증가하게 되므로 공급곡선은 우상향하게 된다.

여기서 신규공급곡선이 자산가격을 나타내는 축의 원점에서 떨어진 지점에서부터 시작하는데 이는 부동산가격이 일정수준 이하로 떨어지게 되면 개발자체가 이루어지지 않음을 의미한다. 한편, 생산요소가격이 상승하거나 공급관련 규제가 강화되면 주어진 자산가격에서 신규공급량이 감소하게 되므로 신규공급곡선은 아래쪽으로 이동하게 된다.

5. 4사분면의 특징(공간시장-재고조정)

4사분면은 공간재고의 조정을 통한 장기공간시장의 균형을 보여준다. 부동산의 공간재고는 단기적으로는 고정되어 있지만 시간의 흐름에 따라 신규공급에 의해 증가한다. 그러나 기존 재고의 감가상각이나 멸실에 의해 감소하기도 한다. 장기균형에서는 공간재고가 늘지도 줄지도 않는 상태가 된다. 장기균형에서는 재고 변동이 없어야 하므로 신규공급과 기존 재고의 감가상각이나 멸실이 같다는 것을 의미한다.

6. 4사분면 모형의 해석

이상의 4사분면 모형에서 모든 변수들의 결정과정과 장기간의 지속적인 균형이 어떻게 이루어지는가를 알 수 있다. 즉, 공간시장의 부동산 재고량과 수요가 임대료를 결정하고, 이것이 자산시장에 의해 부동산가격으로 전환된다. 자산가격은 다시 새로운 건설을 유도하고 이것이 다시 공간시장에서 새로운 부동산 재고량을 산출하게 된다. 이때 매기간 동안 공간재고의 일부는 감가상각이나 멸실 등으로 감소하게 된다.

여기서 부동산의 재고수준이 처음과 끝이 같다면 공간시장과 자산시장의 결합은 균형을 이루게 되지만, 재고수준의 처음과 끝이 같지 않다면 임대료·가격·건설량·재고량은 완전하게 균형상태가 되지 않는다는 것을 알 수 있다. 장기균형에서는 주택 재고가 일정하므로 신규공급과 감가상각에 따른 멸실 주택의 양이 같아야 한다.

7. 4사분면 모형의 장점 및 단점

(1) 장점

① 4사분면 모형은 공간시장과 자산시장이 어떻게 작동하며, 이 두 시장의 관계에 대한 장기균형효과를 설명하는 점에 있어서 매우 유용하다.
② 비교정태분석을 통해 외생적 환경변화로 인한 균형의 이동방향을 설명하는 데도 매우 효과적인 분석틀이라고 할 수 있다.
③ 자본시장의 변화가 부동산시장에 미치는 영향을 분석할 수 있다는 측면에서도 유용성이 높다.

(2) 단점

① 그래프를 통해 장기 균형점을 찾기 위해서는 시행착오를 거쳐야 한다.
② 장기 균형으로의 조정과정에서 나타나는 중요한 특징들을 구체적으로 보여주지 못하고 있다. 즉, 이동경로상의 즉각적인 시장반응을 판단함이나 둘 이상의 변수가 동시에 변하는 경우에 시장 구성요소 간 동태적 상호 작용 설명에 있어서는 큰 한계가 있다.[40]
③ 자본환원율이 자본시장에서 결정되는 외생변수라고 가정하고 있는데, 이는 일반적인 부동산 분석에서 자본환원율은 기대수익과 부동산가격에 의해 결정된다는 관점과 다소 차이가 있다.[41]

---

40) 비교정태분석이란 외생 변수의 값이 바뀔 때, 내생 변수들의 균형값이 외생 변수가 바뀌기 이전과 비교하여 어떻게 달라지는지를 분석하는 기법을 말한다. 따라서 즉각적인 시장조정을 묘사하기 위해서는 방정식의 동태적 시스템이 필요하다.

41) 환원율은 부동산시장의 외부요인인 증권, 채권, 단기성예금 등 모든 금융자산이 거래되는 금융시장에서의 이자율과 수익률에 기초하여 결정된다.

④ 기대와 공실, 정부정책이나 세금 등 제도적인 요인과 같은 현실적인 측면을 무시하고 있다.

Ⅴ 시장이자율 하락이 부동산시장에 미치는 영향

1. 개요

합리적인 투자자는 자신의 투자수익률 극대화에 초점을 맞추고 투자활동에 임하는 투자자로서 이러한 투자자는 결코 부동산시장만을 따로 놓고 보지 않을 것이다. 따라서 부동산시장과 자본시장 간의 상호관련 속에서 대상부동산의 경쟁적 위치를 확인하고 치열한 수익률 계산 끝에 최선의 결정을 내리게 된다. 이러한 시장 간의 상호관계 속에서 가장 중요한 매개변수의 역할을 수행하는 것이 시장이자율이다.

2. 시장이자율 하락이 부동산시장에 미치는 영향

(1) 자본시장에서의 시장이자율의 의의

자본이나 자금의 원본에 대한 이자의 비율을 이자율이라고 하며, 자본시장뿐만 아니라 다른 모든 시장과 서로 영향을 주고받으며 결정되게 된다. 따라서 자본시장에서의 이자율의 변화는 부동산투자의 의사결정에도 영향을 미치게 된다. 왜냐하면 이자율은 결국 투자자의 기회비용 또는 기업투자자에게는 가중평균자본비용(WACC)을 좌우하므로 투자자는 자신의 포트폴리오 수익률의 극대화를 위한 자산관리의 의사결정을 내리기 때문이다.

(2) 단기분석(수요분석)

시장이자율이란 자금의 이용을 위한 연간 기회비용을 의미한다. 시장이자율이 하락한다면 자금을 이용하기 위한 기회비용이 종전보다 작아진다. 따라서 부동산에 투자수익률이 상대적으로 커지게 되며, 이로 인해 자금이 자본시장(주식, 채권시장)에서 부동산시장으로 몰리고 부동산 수요 증가로 부동산 가치가 상승할 개연성이 커지게 된다.

(3) 장기분석(공급분석)

장기분석은 부동산의 공급 측면을 고려해야 하므로 장기에 부동산 공급탄력성을 감안한 분석이 요구된다. 단기에는 물리적 공급은 부증성이라는 부동산만이 갖는 특수한 특성에 의해 완전 비탄력적이고, 용도의 다양성에 의한 경제적 공급 또한 원활히 작동되지 않아 시장이자율의 영향이 수요에 비해 적게 미치지만 공급자의 투자비용 하락으로 공급 증가를 가져오기도 한다. 장기에는 이자율의 하락은 공급에 있어서 부동산 투자개발에 있어서 기회비용 등을 하락시켜 공급 증가를 가져온다.

3. 4사분면 모형을 통한 검토

(1) 장기이자율의 변화

장기이자율의 변화는 제2사분면에서의 환원이율의 변화를 초래하여 환원이율곡선을 회전하게 한다. 만일 이자율이 하락하면 부동산에 대한 최저요구수익률이 하락하게 되며, 환원이율곡선을 시계반대방향으로 회전시킨다.

(2) 부동산시장에 미치는 영향

환원이율이 낮아짐에 따라 자산가격은 상승하고 신규건축은 증가하게 된다. 그러므로 재고도 증가하고 임대료는 하락하게 된다. 결국 균형점에서의 임대료는 하락하고 자산가격과 신규공급 및 재고는 증가하게 된다.

Ⅵ 4사분면 모형을 통한 비교정태분석

장기균형하에서 모형의 외생변수 값이 변하게 되면 새로운 장기균형에 도달하게 될 것이다. 이처럼 최초의 균형과 새로운 균형을 비교하는 것을 비교정태분석이라고 한다. 비교정태분석에서는 최초 균형에서 새로운 균형으로 이행하는 동태적 과정을 다루지 못하고 있다는 점에 유의해야 한다.

(1) 공간 서비스에 대한 수요의 증가

고용과 소득 및 가구수의 증가 등으로 부동산 공간 서비스에 대한 수요가 늘어난다고 하자. 그러면 1사분면의 수요곡선은 오른쪽으로 이동한다. 주어진 재고 수준에서 임대료는 상승하며, 임대료 상승으로 자산가격도 상승한다. 자산가격이 상승하면 신규건축량이 증가하고 이에 따라 공간재고도 늘어난다. 새로운 균형을 최초 균형과 비교해보면 임대료와 자산가격·신규공급량 및 공간 재고가 모두 다 상승하게 된다.

(2) 신규건설비용의 상승

신규건설 비용은 생산요소가격·건설부분의 생산성 및 건설관련 규제 등의 영향을 받는데 물가상승으로 인한 생산요소가격 상승에 기인하여 신규건설 비용이 상승한다고 해보자. 신규건설 비용이 상승하면 주어진 자산가격에서 건물 공급의 수익성이 낮아지므로 신규공급량이 감소한다. 이에 따라 3사분면의 신규공급곡선이 위쪽으로 이동한다. 그 결과 장기 균형 재고가 감소하고 임대료는 상승하게 되며 자산가격도 높아지게 된다. 새로운 균형을 최초 균형과 비교해보면 임대료와 자산가격은 높아지고 신규공급량과 공간 재고는 감소하게 된다.

Ⅶ 부동산시장과 자본시장의 통합화에 따른 감정평가업계의 대응방안

1. 부동산시장과 자본시장의 통합화

부동산시장은 단독적으로 구성되는 시장이 아니라 자본시장 및 화폐시장과 상호 관련성을 지니고 있는 시장이다. 이에 이자율이라는 변수를 토대로 하여 연관성을 지니며 점점 서로 통합되어 가는 추세를 보이고 있다. 즉, 부동산 투자시장과 자본시장의 통합이 진행되고 있는데, 이를 부동산시장의 증권화라고 한다. 이는 자본시장의 투자자들에게 기회를 부여하고, 투자에 따른 위험을 분산시켜 주는 등 여러 가지 이점이 있다.

2. 간접투자방식의 필요성

IMF 재경 위기가 부동산시장에 준 충격과 파급효과를 통하여 우리나라에는 부동산에 대한 사회적 인식에 전환이 일어났다. 부동산가격이 급락하고 거래가 동결되는 것을 보면서 가계와 기업, 그리고 정부 모두가 고수익-고위험의 법칙이 부동산투자에도 적용된다는 것을 확인하게 되었다. 부동산투자를 계획할 때 안정성과 유동성을 고려하여 다양한 투자대상을 비교하고, 투자기준도 자본이득 또는 개발이익을 추구하는 일확천금의 대가보다 활용에 의한 주기적 현금흐름을 중시하며, 투자기법 역시 전문가에 의한 간접투자방식이 필요하다는 것을 인식하게 되었다.

3. 부동산시장의 증권화와 감정평가

(1) 부동산 종합관리회사

통합(consolidation)현상은 달리 해석하면, 업종 간 경계 허물기로 이해될 수 있다. 다시 말하자면, 부동산 서비스 업종 간 경계를 허물고 부동산 서비스의 글로벌화, 통합화 추세에 따른 '원스톱 쇼핑' 개념을 도입하여 중개, 컨설팅, 금융, 자산관리 등의 서비스를 한꺼번에 제공하는 개념으로도 이해할 수 있다. 즉 오늘날 많은 미국의 종합부동산 서비스회사들이 중개, 컨설팅, 금융, 자산운용 및 부동산 관리 서비스를 한 회사조직에서 제공하고 있다. 이를 위해 향후 부동산 개발, 건설, 분양, 관리, 포트폴리오 및 투자자문 등의 서비스를 종합적으로 수행해 낼 수 있는 부동산종합관리회사 등의 육성에 있어서도 감정평가회사들이 선도적인 역할을 감당할 수 있는 역량을 갖출 것이 요구되고 있다.

(2) 자산운용전문가로서의 역할

부동산시장과 자본시장의 통합화 현상은 한국에서도 활발히 자리잡아 가고 있는 현상으로서 부동산시장의 유동화를 선도함으로써 감정평가업의 영역확대라는 기회로 자리잡고 있는 것이다. 따라서 감정평가사들은 더욱 설득력 있고 과학적인 타당성 분석이나 투자수익률 분석을 수행해 낼 수 있는 자산운용전문가로서의 역할을 해야 한다. 부동산 증권화가 진전되어 간접금융상품이 부동산시장과 자본시장을 선도하게 될 경우 이들 상품에 대한 정확한 이해와 평가기법도 아울러 갖추어 나아가야 한다. 부동산시장동향과 거시 및 국제 경제동향, 금융 및 자본시장동향 등을 두루 조망할 수 있어야 한다.

4. 부동산 투자정보체계구축 필요성

이를 위하여 미국의 AI, ASA는 물론 영국의 RICS 등과의 활발한 국제교류 확대도 필요하다. 또한 부동산의 증권화는 정보화를 바탕으로 하는 것으로 정보통신의 발달로 인해 부동산과 경쟁관계에 있는 투자재화에 대해 우월성을 지니기 위해서라도 부동산 투자정보체계를 협회 차원이나 국가적으로도 구축할 필요성이 제기되며, 이미 이러한 필요성에 힘입어 활발히 진행되고 있다.

Ⅷ 결

합리적인 경제주체라면, 부동산시장에서 투자활동을 하면서 부동산시장과 상호 밀접한 관계를 갖는 자본시장이나 화폐시장의 동향과 환경 변화 양상, 향후 전망 등이 어떻게 부동산시장에 영향을 미칠 것인가를 주시하면서 투자에 임하게 된다. 이때 부동산시장은 '이자율'을 매개변수로 하여 자본시장이나 화폐시장과 밀접한 관련성을 지니게 된다. 임대시장의 변화는 부동산의 임대료, NOI에 변화를 가져오고 이는 다시 부동산가치의 변동을 가져오게 된다. 그리고 부동산 임대시장의 합리적인 의사결정자는 이러한 임대시장의 수요, 공급조건 변화에 따라 보유나 처분 등의 의사결정을 하게 된다. 이 경우 자본시장의 이자율이나 유동성의 크기에 따라 의사결정에 지대한 영향을 받게 되는데 이는 이자율이 결국 투자자나 임대자 등의 기회비용을 좌우하므로 의사결정자는 이러한 상관관계를 면밀히 분석하여 의사결정을 내리게 되기 때문이다. 이자율의 하락이 장기적으로 지속될 경우 부동산투자 지분수익률 상승기회의 확대, 부동산수요의 증가, 부동산가치 증가, 가격상승의 순환을 보이게 된다. 감정평가사는 자본시장의 통합화에 따라 부동산시장의 공간시장에만 국한할 것이 아니라, 자산시장 측면에서의 분석이 요구된다 할 것이다. 공간시장과 자산시장과의 관련성에 대한 분석은 4사분면모형(DiPasquale-Wheaton 모형)이 유용한바, 이에 대한 검토가 필요하다.

Chapter 07 최유효이용

01절 최유효이용 ▶기출 3회, 13회, 18회, 22회, 24회, 28회

Ⅰ. 최유효이용의 의의
  1. 최유효이용의 중요성
  2. 최유효이용의 개념
Ⅱ. 최유효이용의 이론적인 근거
  1. 인간의 합리성 추구
  2. 토지 할당
  3. 최유효이용의 강제
Ⅲ. 최유효이용의 판단기준
  1. 최유효이용의 판단의 의의
  2. 최유효이용의 판단기준
    (1) 물리적 가능성
    (2) 법적 허용성
    (3) 경제적 타당성
    (4) 최대수익성
  3. 최유효이용 분석의 순서
Ⅳ. 최유효이용의 분석
  1. 최유효이용의 분석의 유형
  2. 나지상태의 최유효이용 분석
  3. 개량부동산이 있는 상태의 최유효이용분석
  4. 최유효이용분석의 결과

Ⅴ. 최유효이용 판정 시 유의사항
  1. 통상의 이용능력이 있는 사람에 의한 이용일 것
  2. 단순한 이용자에 의한 이용이 아닐 것
  3. 예측 가능한 이용일 것
  4. 장기적 고려를 통한 이용일 것
  5. 수요분석에 유의
  6. 동태적인 관점에서 분석할 것
  7. 표준적 이용과의 관계를 고려하되, 특수상황의 최유효이용에 유의할 것
Ⅵ. 감정평가와의 관계
  1. 감정평가의 가치전제
  2. 지역분석 및 개별분석과의 관계
  3. 감정평가 3방식과의 관계
    (1) 원가방식과의 관계
    (2) 비교방식과의 관계
    (3) 수익방식과의 관계
Ⅶ. 최유효이용의 장애요인
  1. 경제주체의 비전문성
  2. 부동산시장의 불완전성
  3. 정부의 행정적 규제
Ⅷ. 결

I 최유효이용의 의의

1. 최유효이용의 중요성

① 부동산의 가치는 최유효이용을 전제로 형성되기 때문에 대상부동산의 가치를 평가하기 위해서는 특정 시점의 시장상황을 고려하여 대상부동산의 최유효이용을 분석해야 한다. 이와 같이 부동산의 가격은 최유효이용을 전제로 파악되는 가격을 표준으로 하여 형성된다는 원칙이 최유효이용의 원칙이다.

② 만약 최유효이용에 미치지 못하는 경우 그만큼 낮은 가치로 평가되므로 감정평가 시 최유효이용에 대한 판단이 중요하다.

③ 감정평가과정에서는 최유효이용분석의 사전단계로서 먼저 지역분석과 개별분석을 요구하게 된다.

④ 이러한 최유효이용분석은 지역분석과 개별분석을 통하여 대상부동산이 최대의 수익을 창출할 수 있는 용도를 찾아내는 작업이므로 현재 대상부동산이 있는 그대로의 상태를 의미하지 않는다.

2. 최유효이용의 개념(객양통이합리최)

최유효이용이란 객관적으로 보아 양식과 통상의 이용능력을 가진 사람이 부동산을 합법적이고 합리적이며 최고·최선의 방법으로 이용하는 것을 말한다.

II 최유효이용의 이론적인 근거(합할강)

1. 인간의 합리성 추구

① 부동산은 부증성으로 인하여 제한된 자원의 효율적 이용이 강조되므로, 경제주체는 다양한 용도 중 가장 효용성 있는 이용방법을 생각하게 된다.

② 따라서 이러한 경제주체의 합리성 추구로 인해 결국 토지의 이용을 최유효이용으로 귀착되므로 부동산의 가치는 최유효이용을 전제로 형성된다.

2. 토지 할당

① 부동산의 인문적 특성인 용도의 다양성으로 인해 이용의 방법, 주체, 규모에 있어서 대체·경쟁관계가 발생하게 되므로, 이러한 대체·경쟁의 과정을 통해 최유효이용자에게 토지가 할당된다.

② 따라서 부동산 시장의 토지 할당 기능으로 인하여 부동산의 가치는 최유효이용을 전제로 형성된다.

3. 최유효이용의 강제

① 부동산은 개별성으로 인하여 오용되기 쉬운 데 반해 한번 잘못 이용하게 되면 그 상황이 악화되기 쉽고(악화성향) 지속적으로 유지되며(지속성), 원상회복하는 것이 어렵게 되는 (비가역성) 성질이 있으므로 가치창조 및 사회성·공공성의 최대발휘를 위하여 최유효이용이 필요하다.

② 따라서 국가나 사회는 공적 규제 등을 통하여 소유자에게 최유효이용을 강제하므로 부동산의 가치는 최유효이용을 전제로 형성된다.

III 최유효이용의 판단기준 ▶기출 22회, 24회, 28회

1. 최유효이용의 판단의 의의

① 최유효이용 분석이란 시장분석 및 시장성분석을 통하여 대상부동산의 사용과 가치에 관계되는 법적, 물리적, 경제적 문제들을 검증하여 <u>최종적으로 가장 수익성이 높은 부동산의 유형과 이용방법을 결정하는 것</u>을 말한다.

② 따라서 최유효이용판정은 <u>현재 대상부동산이 있는 그대로의 상태가 아닌</u> 다양한 용도 중 잠재적인 최유효이용을 도출하는 작업을 말한다.

2. 최유효이용의 판단기준

(1) 물리적 가능성

1) 의의

① 물리적 이용 가능성이란 최유효이용이 되려면 먼저 그 용도로 이용하는 것이 물리적으로 가능한 이용이어야 한다는 것을 말한다. 대상토지가 의도하고 있는 토지이용이 물리적으로 적합한 것인지 여부는 최유효이용을 결정하는 가장 기본적인 기준이 된다. 예를 들면, 토양의 하중지지력이 약할 경우에 고층의 건물을 신축하는 것이 어려우므로 그러한 토지는 아파트 용도로 이용하기에 부적절한 토지가 된다. 물리적 이용가능성의 판정에 있어 토지의 지형·형상 등 각종 개별적 특성 또한 고려대상이 된다.

② 추가적으로 인공환경적 요인으로서 공공편익시설의 유용성도 물리적 이용가능성을 판단하는 중요한 고려사항이 된다. 여기서 공공편익시설이란 상수도·하수도·전기·가스·쓰레기처리장 등을 말하는 것으로 당해 부동산의 이용을 실질적으로 지원하는 중요한 기능을 수행한다.

2) 내용
① 토지는 지반·지형·형상 등 자체 특성과 인공환경적 요인에 의한 입지여건에 따라 그 용도가 달라질 수 있으며, 실행 가능한 공사와 불가능한 공사로 구분할 수 있다. 따라서 최유효이용을 판정하기 위해서는 토지의 물리적 상태와 인공환경적 요인에 대한 분석이 선행되어야 한다.
② 물리적 조건에 따라 개발비용이 과도하게 소요되는 경우도 있으므로 물리적 가능성은 경제적 효율성과 결부되어 있다. 어떤 토지는 토지 집합의 일부로서 인접 토지와의 병합을 통해 최유효이용을 실현하는 경우가 있는데 이러한 경우 병합을 위한 비용과 시간이 고려되어야 한다.

(2) **법적 허용성**
1) 의의
① 합법적 이용가능성이란 대상부동산을 특정용도로 이용하는 것이 용도지역제·건축법규·환경기준이나 생태기준과 같은 각종 공법상의 규제요건에 충족되는 이용이어야 한다는 것을 말한다. 예를 들면, 농림지역에서는 아파트건축이 허용되지 않는데 아파트용도로 이용하고자 하는 것은 잘못된 이용이 되는 것이다. 우리나라의 경우에는 특히 부동산과 관련된 규제들이 많기 때문에 관련 법규뿐만 아니라 지방자치단체의 조례 등 많은 것을 확인하고 파악해야만 한다.
② 추가적으로 합법적 이용가능성은 해당 부동산에 대한 지상권 설정이나 장기 임대차 계약과 같은 사적 규제 요건도 충족하는 이용이어야 한다. 부동산에는 다양한 권리관계가 성립할 수 있기 때문에 권리의 종류와 계약 내용에 따라 부동산을 원하는 대로 이용하지 못할 수 있다. 또한, 대규모 부동산 개발사업을 진행하는 경우에는 지역여론의 흐름과 인근지역 주민들의 민원이 개발사업의 진행에 큰 영향을 미칠 수 있으므로, 지역사회와 인근지역에 미치는 영향까지도 고려해야 한다.

2) 내용
① 현재의 용도지역제와 같은 규제에서 허용되지 않는다고 해서 해당 이용이 무조건 최유효이용이 될 수 없는 것이 아님에 유의해야 한다. 예를 들어, 재개발·재건축이 가능한 오래된 저층아파트의 경우에는 가격이 높게 형성되는데, 이는 현재 상태로서는 재개발·재건축하여 고층아파트로 이용하는 것이 비합법적이지만 가까운 장래에 그것이 가능할 것이라는 합리적 판단이 반영되어 있기 때문이다.
② 따라서 평가사는 대상지역의 관련 자료나 용도지역제에 대한 과거의 결정 그리고 토지이용의 변화추세 등을 종합적으로 파악해서 용도지역제가 변경될 가능성도 검토해야 한다. 평가사는 확률분석과 같은 기법을 통하여 이 같은 가능성이 대상부동

산의 가치에 어떻게 반영되고 있는가를 분석하고 판단할 수 있는 능력을 구비하고 있어야 한다.

(3) 경제적 타당성

1) 의의

경제적인 타당성이 있는 이용이란 적정한 수익의 확보가 가능한지 여부와 <u>기대 이윤이나 가치 증진이 투입된 비용을 초과하는지 여부로 판단할 수 있으며, 정의 순현가(NPV)가 가능한지</u>를 확인하면 된다.

2) 내용

해당 대안에 대하여 합리적으로 가능한 이용을 말한다[42]. 대상토지에 대한 어떠한 이용이 합리적 이용인지를 알기 위해서는 해당 용도에 대한 토지이용 흡수분석을 할 필요가 있다. 여기서 흡수분석이란 특정 지역의 특정 부동산에 대한 수요와 공급의 추이를 분석하여 공급된 부동산이 일정기간 동안에 얼마나 흡수되었는가를 분석하는 것으로 흡수분석의 목적은 단순히 과거의 추세만을 파악하는 것이 아니라 어떠한 요인이 그와 같은 추세를 야기시켰는가 하는 원인에 대한 분석이 더 중요하다고 할 수 있다. 이를 통해 미래를 예측할 수 있기 때문이다.

(4) 최대수익성

1) 의의

최대수익성 기준이란 대상부동산이 앞서 설명한 3가지 조건을 충족하는 잠재적 용도 중에서 <u>최고의 수익을 창출하는 이용이어야 최유효이용에 해당한다는 기준으로 이는 객관적인 실제 시장 증거에 의해 뒷받침되어야 한다는 것</u>을 의미한다.

2) 내용

최유효이용은 현재의 용도와 대안적 용도 중에서 가장 높은 수익을 창출하는 것이 무조건 최유효이용이 되는 것은 아니다. 대상부동산이 창출하는 수익은 적어도 그 이용에 대한 유사부동산의 수익률과 비슷한 수준은 되어야 한다. 그리고 대체·경쟁의 범위를 금융자산 등까지 넓히게 되면 대체투자수단의 수익률과도 비교하여야 한다.

3. 최유효이용 분석의 순서

최유효이용 판정의 네 가지 기준에 대한 분석 시 대개 물리적 분석과 법적 분석 및 경제적 분석의 순서로 이루어진다. 이 중에서 <u>물리적 분석이나 법적 분석은 그 순서가 바뀌어도 상관</u>

---

[42] 투기목적의 이용이라든지 먼 장래의 불확실한 이용 등은 개인적인 차원에서는 모르겠지만 객관적인 입장에서 볼 때 결코 합리적이라고 말할 수 없을 것이다.

없다. 때로는 법적 분석이 먼저 이루어지기도 하는데 이는 법적 분석을 통해 일부의 대체적 용도를 쉽게 분석과정에서 제외시킬 수 있고, 물리적 가능성 분석에 수반되는 설계비나 조사비용 등을 절약할 수 있기 때문이다. 즉, 비용과 시간의 절약을 위해 법적 분석이 먼저 이루어질 수도 있다. <u>그러나 어떤 경우에도 물리적 분석과 법적 분석이 경제적 분석보다는 먼저 이루어져야 한다.</u>

IV 최유효이용의 분석 ▶기출 28회

최유효이용을 실제적으로 분석하기 위해서는 물리적·법률적 및 경제적 측면을 모두 고려해야 한다. 그러나 물리적·법률적 측면과 경제적 측면에서의 합리적 이용가능성은 결국 최고의 수익성을 검토하기 위한 과정으로서의 성격을 지니고 있다. 따라서 여기서는 가장 핵심적이고 최종적인 판정기준인 최고의 수익성에 대해서만 검토하기로 한다.

1. 최유효이용의 분석의 유형

최유효이용분석은 두 가지로 나누어진다. 하나는 건물과 같은 개량물이 있다고 하더라도 없는 나지상태로 간주해서 최유효이용을 분석하는 것이며, 다른 하나는 개량물이 있는 상태 그대로 분석하는 것이다. 최유효이용의 판정은 다음의 순서로 신중히 하여야 한다.
ⅰ) 대상물건의 최유효이용은 무엇인가?
ⅱ) 현재는 최유효이용 상태인가?
ⅲ) 최유효이용으로 이용된다면 앞으로도 계속될 것인가?
ⅳ) 그렇지 않다면 최유효이용 상태로의 전환은 가능한가?
ⅴ) 전환에 소요되는 비용과 시간은 얼마인가?

2. 나지상태의 최유효이용 분석[43]

① 건축물이 없거나 있더라도 나지인 것을 상정하여 분석하는 것을 말한다.
② 최유효이용 분석을 하기 전에 먼저 대상토지를 개발할 것인지 또는 그대로 두어야 할 것인지를 결정해야 한다. 나지상태로 두는 소극적 이용도 최유효이용이 될 수 있기 때문이다.
③ 토지에 대한 분석은 개발 후 부동산이 수익성 부동산인지 여부를 기준으로 하여 구분할 수 있다. 이는 개발 후 부동산의 가치를 측정하는 방법이 달라진다는 점에서 구분의 실익이 있다.
④ 나지상태의 최유효이용 분석 결과 최고의 토지가치를 창출하는 이용이 최유효이용이 된다.

---

43) 최유효이용의 기본 개념은 고전 경제학에서 발전되어 원래 토지에만 적용하는 것이다. 감정평가사는 우선 토지만 고려한 다음, 건물의 가치는 그 기여도에 따라 쉽게 측정할 수 있다.

(1) 개발을 가정하지 않는 경우

비수익성 부동산의 경우 나지상태로 두는 소극적 이용 또한 최유효이용이 될 수 있으므로 먼저 개발 여부를 판정한다.

(2) 개발을 가정하는 경우[44]

1) 비수익성 부동산

① 대상토지를 개발하여 건물을 건축하는 것이 최유효이용에 해당한다고 하면 어떤 유형의 건물을 짓는 것이 가장 유리한지를 결정해야 한다. 그리고 나서 개발 후 복합부동산의 시장가치[45]에서 건축비용과 개발업자의 수수료 등을 포함한 개발비용을 공제한 토지가치를 산정하여 가장 높은 토지가치를 실현하는 이용이 최유효이용이 된다.

② 이 경우 나지상태의 토지가치와도 비교하여야 한다는 사실에 유의하여야 한다.

2) 수익성 부동산

① 수익성 부동산일 경우에는 개발 후 복합부동산의 가치를 수익환원법에 따라 평가할 수 있다. 수익환원법을 기준으로 토지가치를 평가하는 방법은 여러 가지가 있으나 이 중 대표적인 것으로 전통적인 방법인 직접환원법과 잔여환원법이 있다. 먼저 직접환원법에 의해 산정할 경우에는 복합부동산의 순수익을 종합환원율로 자본환원하여 복합부동산의 가치를 산정한 후 건축비용 등을 포함한 개발비용을 공제하여 토지가치를 구할 수 있다. 잔여환원법에 의해 산정할 경우에는 복합부동산의 순수익을 토지와 건물로 구분한 뒤 토지귀속순수익을 토지환원율로 자본환원하여 토지가치를 구하게 된다.[46]

② 이 경우 나지상태의 토지가치와도 비교하여야 한다는 사실에 유의하여야 한다.

3. 개량부동산이 있는 상태의 최유효이용 분석

① 개량 부동산인 건축물이 있는 상태를 기준으로 분석하는 것을 말한다.

② 개량부동산의 최유효이용분석은 자본비지출이 필요 없는 경우와 자본비지출이 필요한 경우 두 가지로 분석된다. 또는, 기존 상태대로 계속 사용하거나 용도전환 혹은 철거 후 신축을 하는 경우로도 구분할 수 있다.

③ 복합부동산에 대한 분석도 개발 후 부동산이 수익성 부동산인지 여부를 기준으로 하여 구분할 수 있다. 이는 개발 후 부동산의 가치를 측정하는 방법이 달라진다는 점에서 구분의 실익이 있다.

---

[44] 이 경우 광평수 토지라면 분할을 가정하거나 혹은 소규모의 토지라면 합병을 가정할 수도 있다.
[45] 비수익성 부동산이므로 개발 후 복합부동산의 시장가치는 거래사례비교법에 따라 구할 수 있다.
[46] 이 경우 각 용도 간 사업위험도의 차이가 있으므로 환원율도 다를 수 있음에 유의하여야 한다.

④ 나지상태의 최유효이용 분석과는 달리 복합부동산의 경우에는 대상부동산의 전체가치가 극대화되는 것을 기준으로 하여 최유효이용을 판정하게 된다.

(1) 자본적 지출이 필요없는 경우

① 부동산은 아무런 자본적 지출을 하지 않고서도 다양한 형태로 용도를 변경하여 운영할 수 있다. 이때 각각의 용도에 따른 순수익을 종합환원율로 자본환원하여 복합부동산의 가치를 산정한 후 그중에서 최고의 가치를 창출하는 이용이 최유효이용이 된다.

② 이 경우 현 상태의 복합부동산의 가치와도 비교하여야 한다.

(2) 자본적 지출이 필요한 경우

① 기존 용도에서 다른 용도로 전환하기 위해서 개보수나 증축 등이 필요한 경우에는 추가적인 비용을 투입해야만 한다. 이때는 각각의 용도에 따른 순수익을 종합환원율로 자본환원하여 복합부동산의 가치를 산정한 후 용도전환에 소요되는 비용인 자본적 지출을 공제한 가치가 최고인 이용이 최유효이용이 된다.

② 이 경우 현 상태의 복합부동산의 가치와도 비교하여야 한다.

구분			방법
토지	비수익성 부동산인 경우		개발 후 시장가치 − 개발비용 = 토지가치
	수익성 부동산인 경우	직접환원법	개발 후의 순영업소득/종합환원이율 − 개발비용 = 토지가치
		잔여환원법	(개발 후의 순영업소득 − 건물귀속소득)/토지환원이율 = 토지가치
개량 부동산	자본적 지출이 불필요한 경우		순영업소득/종합환원이율 = 자본환원가치
	자본적 지출이 필요한 경우		자본적 지출 후 순영업소득/종합환원이율 − 자본적 지출 = 개량부동산 가치

● **최유효이용 분석기법**

최유효이용 분석의 사례를 들어보자. 예컨대 대상토지가 용도지역상 상업지역에 있는 단독주택일 경우 이 토지의 최유효이용은 무엇인가를 분석하여 보자. 우선 토지를 나지 상태의 최유효이용과 건축물이 있는 상태의 최유효이용으로 나누어 분석해야 한다. 두 가지 기준은 상호 연관되어 있지만 전혀 다른 개념이기 때문이다.

1. 나지상태의 최유효이용
   예를 들어, 대상물건은 상업지역 내 토지이므로 용적률로 보아 주거용보다는 상업용 시설로서 이용하는 것이 최대수익을 얻는 토지이용이므로 나지상태의 최유효이용은 상가건물이나 주상복합건물이 된다. 주거용 건물로서는 중도적 이용밖에는 되지 않고 그 기여도도 비교적 작을 것이다.

> ### 2. 건축물이 있는 상태의 최유효이용
> 만약 현 상태, 즉 단독주택의 시장가치가 상업용 시설로서의 가치에서 현재의 주택 철거비용을 공제한 시장가치보다 높다고 하자. 그러면 건축물이 있는 상태의 최유효이용은 상가건물이나 주상복합건물이 아니라 계속 단독주택으로 이용하는 것으로 판정된다.
>
> 이와 같이 두 가지 판정기준은 전혀 다른 최유효이용의 결론을 도출할 수 있으므로 최유효이용 분석에 있어서는 반드시 이 두 방법을 병용하여 판정해야 하는 것이다.

1) 두 가지 분석의 결과가 상이한 이유

복합 부동산의 최유효이용분석에는 ★기존 건축물★의 철거비용과 새로운 건물이 들어서기 전까지 건설기간 동안의 임료 손실 등 전환비용이 포함되기 때문에 같은 부동산이라 하더라도 앞에서 설명한 두 가지 분석인 나지상태의 최유효이용과 건축물이 있는 상태의 최유효이용의 결과가 다를 수 있다.

2) 두 가지 분석의 결과가 상이한 것이 의미하는 바[47]

복합부동산의 최유효이용 분석에서는 현재 상태의 시장가치가 새로운 용도의 시장가치에서 전환비용을 뺀 값보다 높다면 현재의 이용상태를 유지할 것이므로 토지의 최유효이용 분석보다 용도가 열등하게 나타나고 가치도 작게 나타날 수 있다.[48] 이런 경우는 중도적인 이용 등에 할당될 것이며 일반적인 상황일 것이다.

그러나 경우에 따라서는 오히려 복합부동산의 최유효이용분석에 의한 용도가 토지의 최유효이용분석의 용도보다 더 우세하고 가치도 높게 나타날 수 있다. 이는 비적법적 이용과 같은 특수한 상황이 발생할 수 있기 때문이다.

> 『최유효이용에 관한 두 가지 분석의 결과가 다른 경우』: 감정평가론, 경응수 著
> 건축된 부동산의 최유효이용 분석에는 기존 건축물의 철거비용이나 건설기간 동안의 임료 손실 등 '전환비용'이 포함되기 때문에 같은 부동산이라 하더라도 앞에서 설명한 두 가지 분석, 즉 '나지상태의 최유효이용'과 '건축물이 있는 상태의 최유효이용'의 결과가 다를 수 있다. 이는 곧 현재의 건축물이 토지의 최유효이용과 부합하지 않지만 그렇다고 분석된 토지의 최유효이용으로의 전환이 곧 수익성을 극대화하지는 못한다는 것을 의미한다. 이때 현재의 이용은 중도적 이용으로서 당분간 지속될 것이다. 왜냐하면 현재 상태의 시장가치가 새로운 용도의 시장가치에서 전환비용을 차감한 값보다 높다면, 현재의 이용상태를 유지할 것이기 때문이다.

---

[47] 두 가지 분석 결과 최유효이용으로서의 용도가 서로 다르게 나타나는 경우에는 두 가지 모두 보고서에 포함하여 기재하여야 한다. 의뢰인은 이를 바탕으로 여러 가지 상황을 고려한 후 최종적인 판단을 내리게 될 것이다.
[48] 토지와 건물의 합병으로 인하여 생기는 이익이 전부 토지에 귀속한다는 전제가 필요하며, 가치가 작게 나타난다는 의미는 토지가치만을 대상으로 비교한 결과를 말한다.

4. 최유효이용분석의 결과

최유효이용 분석 절차는 최유효이용의 결론을 내리는 것으로 마무리된다. 최유효이용의 결론은 이용의 구체성과 이용시기 및 이용주체에 관한 내용을 중심으로 살펴볼 수 있다.

(1) 이용의 구체성

① 최유효이용의 결론에는 우선 대상부동산에 가능한 여러 가지 이용 중에서 어떤 이용이 최종적인 이용인지를 밝혀야 한다. 이때 이용에 관한 결론은 대략적으로 표현하는 경우도 있을 수 있으나 일반적으로는 구체적으로 표현해야 한다.

② 예를 들어, 안정적인 시장상황에서 주변의 이용상황이 일정하게 구성되어 있는 경우에는 단독주택 또는 상업용 건물과 같은 일반적인 용도 구분에 의해 이용상황을 표현하는 것이 적합할 수 있다. 그러나 일반적으로는 의뢰인이나 이해관계인이 명확하게 인식할 수 있도록 연면적 100㎡ 규모의 방 3개로 구성된 단독주택 또는 연면적 500㎡ 규모의 5층짜리 상업용 건물과 같이 구체적으로 표현해야 한다.

> ▶ 『이용의 구체성 : 집약도』
>
> 이처럼 이용상황을 구체적으로 표현할 때 집약도가 중요한 고려 요소가 된다. 일반적인 용도 구분은 동일하지만 이용의 집약도에 의해 최유효이용이 달라질 수 있기 때문이다. 예를 들면, 현재 5층짜리 상업용 건물로 이용되고 있는 복합부동산의 경우 해당 지역으로의 지속적인 인구유입에 따른 수요의 증가로 보다 집약적인 10층짜리 상업용 건물이 최유효이용일 수 있다. 한편, 시장의 침체로 인하여 수요가 위축되어 있는 경우에는 오히려 집약도가 낮은 3층짜리 상업용 건물이 최유효이용일 수 있다. 이처럼 최유효이용은 일반적인 용도 구분뿐만 아니라 용도의 집약도의 관점에서 명확하게 표현해야 한다.

(2) 이용시기

① 최유효이용의 결론 도출에 있어서 고려해야 할 또 하나의 요소로 이용시기를 들 수 있다. 부동산을 둘러싼 시장환경의 변화에 따라 부동산의 이용 또한 끊임없이 변화한다. 따라서 최유효이용을 판정함에 있어 해당 부동산의 최유효이용이 언제 실현될 수 있는지를 파악하는 것은 매우 중요하다. 즉, 최유효이용의 결론에는 이용시기도 포함되어야 한다.

② 예를 들어, 서울 근교에 위치하고 있는 농경지의 경우 수도권으로의 지속적인 인구유입으로 시간의 흐름에 따라 도시공간이 확대되고 순차적으로 주택지로 용도 변경이 이루어진다. 그런데, 전환의 성숙도가 미미한 경우에는 지금 당장 주택지로 개발되지 못하고 일정한 기간 동안 농경지 상태로 유보되는 경우가 있다. 그런데 정부의 주택공급 활성화 정책에 따라 주택지에 대한 수요가 증가할 경우 농경지를 주택지로 변경하는 것이 경제적 타당성을 지니면서 즉시 개발하는 것이 최유효이용이 될 수 있다.

(3) 이용주체

① 최유효이용의 결론 도출에 있어서 고려해야 할 마지막 요소는 최유효이용의 주체가 누구인가 하는 점이다. 이용주체는 소유자가 될 수도 있고, 임차인이 될 수도 있다.
② 예를 들어, 단독주택 같은 경우에는 소유자들이 거주의 목적으로 이용할 가능성이 많은 반면, 소규모 주거용 오피스텔의 경우에는 임차인들의 임차 목적으로 이용될 가능성이 많다. 이러한 이용주체는 시장환경의 변화와 금융의 접근가능성과도 밀접한 관련성을 지니고 있으므로 시장분석 과정에서 충분히 다루어져야 한다.

> **▶ 최유효이용 분석 결과의 보고**
>
> 최유효이용 분석의 내용과 4가지 판단기준에 대한 최종 판정 결과는 감정평가서에 상세히 보고되어야 한다. 구체적으로 대상부동산에 대한 나지상정 최유효이용 분석과 건축물이 있는 상태의 최유효이용 분석 내용 및 결과를 모두 보고하여야 한다.
>
> 4가지 최유효이용 판단기준에 대한 판정 결과에 대해서도 요약보고하여야 한다. 왜냐하면 가치결론에 도달하기까지 4가지 최유효이용 판단기준에 대한 논리적·구조적인 검토가 선행되어야 하기 때문이다. 그리고 감정평가 3방식의 적용과정에서 사용된 자료나 기법들이 대개 최유효이용 분석에 그대로 넘어가서 종합적으로 기술되는 것이 실무적 관행이다. 또한 경제적 타당성이나 최대 수익성에 대한 최종적인 검증에는 3방식 적용 시 분석된 정보가 꼭 필요하게 된다.
>
> 따라서 서술식 보고서에는 통상 3방식 적용에 앞서 최유효이용 분석이 나오지만, 역시 최유효이용 분석의 결론은 대상부동산의 잠재적 용도들에 대한 사전 타당성 분석이 수행된 다음에라야 내릴 수 있게 된다. 그리고 보고서상에 기술되는 최유효이용 분석의 결론은 보고서의 각 부분들의 결론과도 일관성이 있어야 한다.
>
> 한편, 컨설팅 용역의 경우에는 '최유효이용 분석'만을 따로 보고서로 제출할 것을 요구하는 경우도 있으며, 이때에는 통상 두 가지 분석결과와 함께 투자분석 정보에 대한 상세한 보고서를 제출하는 경우가 일반적이다.

V 최유효이용 판정 시 유의사항

1. 통상의 이용능력이 있는 사람에 의한 이용일 것

① 최유효이용은 객관적으로 보아 양식과 통상의 이용능력이 있는 사람에 의한 이용이어야 한다.
② 왜냐하면 특별한 능력을 가진 사람의 경우에는 더 높은 수익을 올릴 수도 있으나 이는 비정상적인 상황으로 배제해야 하기 때문이다.

2. 단순한 이용자에 의한 이용이 아닐 것

① 최유효이용은 단순 이용자가 아닌 소유자에 의한 이용임에 유의하여야 한다.
② 그 이유는 단순한 이용자는 소유자와 달리 계약내용 및 조건에 따라 이용방법이 한정되거나 제한될 가능성이 많으므로 이 또한 배제해야 하기 때문이다.

3. 예측 가능한 이용일 것

① 최유효이용은 이용에 따른 효용이 발휘될 수 있는 시점이 예측할 수 있는 기간 내에 이루어지는 이용이어야 한다.
② 효용의 발휘시점이 너무 먼 미래로 예측되는 경우에는 불확실성으로 인하여 객관성을 잃을 가능성이 많기 때문이다.

4. 장기적 고려를 통한 이용일 것

① 최유효이용은 사용 및 수익이 장래 상당기간 계속될 수 있는 이용이어야 한다.
② 일시적으로 초과수익을 누리고 있는 상황은 경쟁의 원칙에 의하여 초과이윤이 없어질 것이므로 마치 계속될 것으로 오해하여 판단해서는 안되기 때문이다.

5. 수요분석에 유의

① 최유효이용 판단 시에는 특히 수요분석에 유의해야 한다.
② 최유효이용은 최대수익성 판단을 위해 해당 용도에 대한 충분한 수요가 있는지 여부를 확인하는 작업이기 때문이다. 만약 현재시점에 해당 용도에 대한 충분한 수요가 없다면, 최유효이용은 잠정적으로 연기되거나 중도적 이용에 할당된다.

6. 동태적인 관점에서 분석할 것

① 최유효이용 판정 시에는 동태적인 관점에서 분석해야 한다.
② 가치형성요인은 항상 변화하는 점을 고려하고, 특히 가치형성에 영향을 미치는 지역요인의 변동이 객관적으로 예측되는 경우에는 대상부동산의 이용방법이 변화될 가능성이 높기 때문이다.

7. 표준적 이용과의 관계를 고려하되, 특수상황의 최유효이용에 유의할 것

① 최유효이용은 일반적으로 인근지역 특성의 제약하에 있기 때문에 인근지역 내 부동산의 표준적 이용과의 상관관계를 고려하여 판정하여야 한다. 그러나 대상부동산의 위치, 규모, 환경 등에 따라서는 표준적 이용과 다른 특수상황의 최유효이용으로 판정해야 하는 경우가 있으므로 유의해야 한다.[49]
② 왜냐하면 최유효이용 분석은 결국 개별 부동산의 관점에서 최대 수익성을 발휘할 수 있는 용도를 파악하는 과정이기 때문이다.

---

[49] 예를 들어, 단독이용 등의 특수한 경우에는 표준적 사용과 유사하지 않지만, 최유효이용이 되는 경우도 있음에 유의하여야 한다.

Ⅵ 감정평가와의 관계

1. 감정평가의 가치전제
① 부동산의 가격은 최유효이용을 가치전제로 하여 형성되기 때문에, 대상부동산이 최유효이용이 아닌 경우에는 그만큼 낮게 평가하게 된다.
② 따라서 최유효이용에 대한 상태판정이 가격평가에 있어 중요한 작용을 하므로 최유효이용의 원칙은 감정평가의 가치전제가 된다는 점에서 관계가 있다.

2. 지역분석 및 개별분석과의 관계
해당 지역의 일반적, 표준적 이용상태를 나타내는 지역요인은 그 지역 안에 있는 대상부동산의 최유효이용의 판정기준이 되고 있다. 따라서 대상부동산의 이용상태가 그 부동산이 속한 해당 지역의 지역특성에 적합하면 최유효이용일 가능성이 높다.

3. 감정평가 3방식과의 관계[50]

(1) **원가방식과의 관계**
원가방식 적용에 있어 재조달원가는 최유효이용을 전제로 하여 파악되는 것이고, 간접법에서는 대상과 사례에 대한 최유효이용을 판정한 후 개별요인의 비교가 이루어지는 것이다. 감가수정은 대상물건의 최유효이용을 재조달원가의 상한으로 하여 물리적·기능적·경제적 감가액을 이에서 차감하여 재조달원가를 적정화하는 작업이다.

(2) **비교방식과의 관계**
비교방식 적용 시 거래사례의 선택에 있어 대상물건과 동일한 최유효이용 상태에 있는 사례를 채택해야 한다. 만약 사례가 최유효이용에 미치지 못하는 경우 격차요인 비교과정을 통하여 보정되어야 한다. 이와 같이 대상과 사례물건 간 개별요인의 비교는 최유효이용을 토대로 하여 이루어진다.
추가적으로 복합부동산의 거래사례를 통해 배분법을 적용할 경우 최유효이용 상태에 있는 거래사례를 선택하여 가치를 배분한 후 시장가치를 도출해야 한다.

(3) **수익방식과의 관계**
수익방식 적용에 있어서 순수익과 환원율은 최유효이용을 전제로 하여 구하여진다. 수익사례에 나타난 공실률이나 운영경비율이나 수익률 및 환원율 등을 대상부동산과 비교함에 있어서도 마찬가지이다. 또한 간접법에서 개별요인을 비교할 때나 잔여법에서 사례선택 시에도 최유효이용을 기준으로 순수익을 배분한 후 시장가치를 도출해야 한다.

---
[50] 노용호, 아카데미 부동산 감정평가론, 부연사, 2021

Ⅶ 최유효이용의 장애요인 ▶기출 22회

최유효이용의 성립 근거에서 살펴본 바와 같이 부동산의 이용은 이론적으로 최유효이용으로 결정된다. 그러나 현실에서는 부동산의 최유효이용이 제대로 실현되지 않는 경우가 발생한다. 이는 최유효이용의 실현에 장애가 되는 요인이 있기 때문이다.

1. 경제주체의 비전문성

최유효이용의 성립 근거에는 경제주체의 합리성이 전제되어 있다. 그러나 부동산의 이용 결정에는 물리적, 사회적, 경제적, 행정적 요인 등 수없이 많은 요인들이 영향을 미치고 이러한 요인들은 끊임없이 변화하기 때문에 소유자를 비롯한 경제주체들이 최유효이용을 판정한다는 것이 그리 쉬운 일이 아니다. 이에 따라 감정평가사를 비롯한 전문가들의 도움으로 토지이용 분석 등의 컨설팅을 받아 최유효이용을 판정할 수 있지만 경제적 부담과 복잡한 절차 등으로 전문가의 서비스가 즉각적이고 충분하게 제공되지 못하는 경우가 많다.

2. 부동산시장의 불완전성

이론적으로 부동산은 부동산시장 내에서 시장참가자들의 경쟁과정 속에서 최유효이용으로 할당된다. 그러나 부동산은 지리적 위치의 고정성을 비롯한 자연적 특성으로 인해 공급의 제약에 따르고, 수요 측면에서는 고가성으로 인해 수요자의 참여가 제한된다. 또한, 부동산시장에서 제공되는 정보는 불완전하고 불충분하다. 이처럼 부동산시장은 불완전성을 지니고 있기 때문에 시장기능이 제대로 작동하기 어려워 최유효이용이 제대로 실현되지 않을 수 있다.

3. 정부의 행정적 규제

정부는 불완전한 부동산시장 기능을 보완하고, 부동산의 사회성과 공공성이 최대로 발휘될 수 있도록 최유효이용을 지원하고 장려하는 역할을 수행한다. 그러나 부동산시장이 과열되거나 소수의 집단에게 부동산의 이익이 집중될 때 부동산시장의 안정과 사회적 통합을 목적으로 부동산에 대한 규제를 가하는 경우가 있다. 용도지역제의 실행이나 건축규제를 통한 부동산개발의 억제, 분양가상한제와 임대료 상승률 제한과 같은 반시장적 조치들을 통해 경제주체들의 이익 극대화 추구를 억제한다. 이러한 정부의 규제는 결국 최유효이용의 장애 요인이 된다. 그러나 부동산활동은 합법성을 전제로 하는바 결국 합법적인 한도 내에서 사업자는 이윤을, 개인은 효용의 극대화를 추구하면서 최유효이용 장애요인의 영향을 최소화하게 된다.

Ⅷ 결

최유효이용 판정은 현재 대상부동산이 있는 그대로의 상태가 아닌 다양한 용도 중 잠재적인 최유효이용을 도출하는 작업이다. 따라서 시장분석 및 시장성분석을 통하여 대상부동산의 효용 및 생산력에 관계되는 법적·물리적·경제적 문제들을 검토·분석하고, 여러 가지 대체적 용도에 대한 타당성을 비교하여 최유효이용에 대한 결론을 내려야 하므로 시장분석이나 시장성분석의 결과들과 일관성 있게 연결되어야 한다.

최유효이용분석의 내용과 네 가지 판단기준에 대한 최종판정의 결과는 감정평가서에 상세히 보고되어야 한다. 구체적으로 대상부동산에 대한 나지상정 최유효이용분석과 개량물이 있는 상태의 최유효이용분석 중 하나를 보고하되, 만일 별도로 토지가치평가 결과가 제시된 경우에는 두 가지 분석 내용 및 결과를 모두 보고하여야 한다.

네 가지 최유효이용 판단기준에 대한 판정 결과에 대하여도 요약보고하여야 한다. 왜냐하면 가치결론에 도달하기까지는 네 가지 최유효이용 판단기준에 대한 논리적, 구조적인 검토가 선행되어야 하기 때문이다. 그리고 감정평가 3방식의 적용과정에서 사용된 자료나 기법들이 대개 최유효이용분석에 그대로 넘어와서 종합적으로 기술되는 것이 실무적 관행이다. 또한 경제적 타당성이나 최대의 수익성에 대한 최종적인 검증에는 방식 적용 시 분석된 정보가 꼭 필요하게 된다.

감정평가의 궁극적 목적이 최유효이용판단에 따른 개별적, 구체적 가격판단이라는 면에서 감정평가사는 최유효이용분석 능력이 요구되는바, 이에 대한 기법의 연구, 개발이 요구된다. 이러한 최유효이용분석은 가치추계뿐만 아니라 컨설팅 영역에서도 활용가능성이 높은바, 업무영역 확대차원에서도 중요하다.

02절 특수 상황에서의 최고최선의 이용분석[51] ▶기출 03회

Ⅰ. 단일이용(single use)(개별적 최유효이용)
  1. 의의 및 예
  2. 내용
  3. 유의사항
Ⅱ. 중도적 이용(interim use)
  1. 의의 및 예
  2. 내용
  3. 감정평가기준
    (1) 일치성 이용의 원리
    (2) 현황 기준 감정평가
    (3) 개량물의 가치
  4. 유의사항
Ⅲ. 비최유효 이용(비최고최선의 이용)
  1. 의의
  2. 구별개념(중도적 이용과 비최고최선의 이용)
  3. 감정평가기준
    (1) 현재의 복합부동산의 이용과 토지의 최유효이용이 같은 범주인 경우
    (2) 현재의 복합부동산의 이용과 토지의 최유효이용이 다른 범주인 경우
  4. 유의사항
Ⅳ. 비적법적 이용(legally nonconforming)(법률적 최유효이용의 변경)
  1. 의의 및 구별개념
  2. 발생원인
  3. 감정평가기준 : 프리미엄의 원천 및 처리방법
  4. 유의사항

Ⅴ. 복합적 이용(multiple use)
  1. 의의
  2. 종류
    (1) 계획단위개발(PUD)
    (2) 다용도건물
  3. 유의사항
Ⅵ. 특수목적의 이용(special-purpose use)(특수용도와 최유효이용)
  1. 의의
  2. 내용
    (1) 해당 용도에 대한 수요가 충분한 경우
      1) 감정평가 기준
      2) 유의사항
    (2) 해당 용도에 대한 수요가 부족한 경우
      1) 감정평가 기준
      2) 유의사항
Ⅶ. 투기적 이용(speculative investment)
  1. 의의
  2. 유의사항
Ⅷ. 초과토지(excess land)와 잉여토지(surplus land)
  1. 초과토지(excess land)
    (1) 의의
    (2) 판정기준
    (3) 감정평가방법
    (4) 유의사항
  2. 잉여토지(surplus land)
    (1) 잉여토지의 의의
    (2) 판정기준
    (3) 유의사항
  3. 초과토지와 잉여토지의 차이

---

51) 안정근, 부동산평가이론(제4장 부동산평가원리와 최고최선의 이용), 양현사, 2013

I 단일이용(single use)(개별적 최유효이용)

1. 의의 및 예시

일반적으로 특정토지의 최유효이용은 주위의 용도와 일치하거나 유사한 용도가 되지만, 인근지역의 용도와는 전혀 다른 데도 불구하고 최유효이용이 되는 경우가 있는데 이를 단일이용 혹은 단독이용이라 한다. 예컨대 아파트 단지 내 상가가 이에 해당한다.

2. 내용

단독이용의 판정은 시장수요와의 관계에서 파악한다. 즉, 주위의 표준적인 용도와 다른 이용일지라도 시장수요가 충분한 경우에는 최유효이용이 될 수 있다.

3. 유의사항

단독이용은 부동산의 개별성 때문에 인근지역의 영향이나 제약 정도가 현저히 적다고 인정되는 경우이다. 따라서 지역특성의 유사성보다는 오히려 개개 부동산의 유사성에 착안하는 것이 유용하다. 이 경우 지역개념에 구애됨이 없이 동일수급권에서 대상부동산과 대체·경쟁관계가 성립한다고 인정되는 사례를 채택할 필요가 있다.

II 중도적 이용(interim use)

1. 의의 및 예

중도적 이용이란 가까운 장래에 대상토지 또는 복합부동산에 대한 최유효이용이 도래할 것으로 생각될 때 그 이용을 대기하는 과정에서 현재 할당되고 있는 이용을 말한다. 예를 들면, 도심지 내의 주차장 등이 그것이다.

2. 내용

최유효이용은 여러 잠재적 이용 가운데 비교우위를 극대화하거나 비교열위를 극소화하는 방안이라 할 수 있다. 따라서 중도적 이용 같은 소극적 이용도 현재의 법적·경제적 상황하에서 다른 잠재적 이용에 비해 비교우위를 극대화하거나 비교열위를 극소화하는 방안이 될 수 있으므로 최유효이용이 될 수 있다.

3. 감정평가기준

(1) 일치성 이용의 원리

중도적 이용에 할당되는 토지를 평가하는 경우 특히 유의해야 할 원리가 일치성 이용의 원리이다. 일치성 이용의 원리란, 토지와 개량물에 대하여 동일한 용도를 가정하고 평가해야 하며, 각각 분리된 용도로 평가해서는 안 된다는 원리를 말한다.

(2) 현황 기준 감정평가

중도적 이용에 할당되는 토지를 감정평가하는 경우에는 기준시점의 이용상황 및 공법상 제한을 받는 상태를 기준으로 한다. 이는 「감정평가에 관한 규칙」 제6조의 현황기준 및 평가원칙에도 부합된다.

(3) 개량물의 가치

중도적 이용의 지속시기는 법적 가능성 측면에서 보면 유리한 규제 변경이 있을 때까지 계속될 것이며, 경제적 측면에서 보면 현재 이용의 가치가 철거비용이 고려된 나지상정의 토지가치를 상회하는 한 계속된다. 즉, 새로운 용도로 전환하기까지 기존 건축물의 기여가치가 인정되는 한 전체 부동산의 가치가 나지상정 토지가치보다 크게 된다.[52]

4. 유의사항[53]

이처럼 중도적 이용에 있는 부동산의 경우에는 개발 후의 최유효이용 상태가 되기 전의 중간적이고 예비적인 이용상태에 있으므로 최종적인 개발에 소요되는 시간과 개발 후의 이익을 고려하여 평가에 반영해야 한다.

---

[52] 그러나 건축물의 기여가치가 없다면 철거가 정당화될 수 있으므로 건축물은 부(−)의 가치, 즉 건부감가가 발생할 수 있다. 이는 일시적인 이용에서 발생하는 개념이다.
[53] 나상수, 감정평가이론강의, 리북스, 2009

III 비최유효 이용(비최고최선의 이용)

1. 의의

비(非)최유효이용이란 현재의 복합부동산의 이용과 나지를 상정한 토지의 최유효이용이 상호 부합하지 않는 상태의 현재의 복합부동산의 이용을 말한다.

2. 구별개념(중도적 이용과 비최고최선의 이용)

비최유효이용과 중도적 이용은 분명히 구별하여야 한다. 중도적 이용이 가까운 장래에 최유효이용이 가능한 상황을 앞두고 일시적인 건축물이 존재하는 상황을 설명하는 개념인데 반해, 비최유효이용은 비교적 견고한 건축물이 존재함으로써 토지의 최유효이용을 방해하는 상황이라서 감가수정을 요하게 된다는 점에서 구별된다.

3. 감정평가기준

(1) 현재의 복합부동산의 이용과 토지의 최유효이용이 같은 범주인 경우

오래된 저층아파트에 대한 토지의 최유효이용을 분석한 결과 현대식 초고층아파트라고 판정된 경우 현재의 저층아파트는 아파트라고 하는 같은 범주에 속하지만 현재의 이용이 최유효이용은 아니다. 이런 경우 건물은 물리적 감가수정과 기능적 감가수정의 대상이 된다.

(2) 현재의 복합부동산의 이용과 토지의 최유효이용이 다른 범주인 경우

오래된 저층아파트에 대한 토지의 최유효이용을 분석한 결과 상업용 건물로 판정된 경우 현재의 저층아파트는 상업용과 다른 범주에 속하게 된다. 이런 경우에는 건물은 물리적·기능적 감가수정 외에 경제적 감가수정의 대상도 된다.

4. 유의사항

만일 현재의 복합부동산의 이용과 토지에 대한 최유효이용이 서로 다른 범주에 속할 경우에는 일치성이용의 원리를 적용하여 감정평가해야 한다는 사실에 유의하여야 한다. 이럴 경우 건물은 아무런 가치를 갖지 못할 수도 있고 오히려 철거비용 등으로 (-)의 가치를 가질 수도 있다.

Ⅳ 비적법적 이용54)(legally nonconforming)(법률적 최유효이용의 변경)

1. 의의 및 구별개념

(1) 의의

비적법적 이용이란 과거에는 적법하게 건축되고 유지되던 이용이었으나 현재는 더 이상 각종 규정에 부합되지 않는 이용으로 주로 용도지역제 또는 용적률·건폐율·건축선 등과 같은 세부적인 개발기준 등이 변경됨에 따라 발생하게 된다. 개발제한구역 내의 건물이 대표적인 경우라 할 수 있으며, 새로 개발제한구역으로 지정되더라도 기득권을 보호해준다는 차원에서 기존의 이용은 계속 허용된다.

(2) 구별개념

비적법적 이용은 불법적 이용과는 구별되어야 한다. 즉, 비적법적 이용은 현재의 법 규정에는 부합되지는 않지만 현재의 이용상태를 계속 유지할 수 있는 반면, 불법적 이용은 현재의 법 규정에 부합되지도 않을 뿐만 아니라 이용상태도 지속적으로 유지할 수 없는 이용이다.

분류	비적법적 이용	불법적인 이용
과거 규정과의 부합	부합	부합하지 않음
현재 규정과의 부합	부합하지 않음	부합하지 않음
현재 이용 유지 가능성	유지할 수 있음	유지할 수 없음

2. 발생원인

① 비적법적 이용 부동산이 발생하는 원인은 기존 부동산이 현재의 법령 기준에 어긋나기 때문이며 신규 법령 간의 충돌과 같이 새로운 규제가 발생하는 경우나 용도지역의 변경·건폐율 및 용적률 기준의 변경·지방자치단체의 자치법규 간 차이 등이 예시이다.

② 특히 개발기준이 강화되어 변경되는 경우에 발생하며 이와 같이 과대개량된 부동산의 경우에는 현재의 용도지역제 등의 규정에 부합하는 다른 부동산에 비하여 일반적으로 가치가 높게 형성된다. 개발제한구역 내의 건물이 대표적이다.

3. 감정평가기준 : 프리미엄의 원천 및 처리방법

① 비적법적 이용에 할당되고 있는 부동산의 가치는 일반적으로 토지가치, 개량물의 가치, 할증금으로 각각 분리하여 산출된다. 이 경우 증가분은 개량물이 경제적 내용연수 또는 허용기한까지의 할증분을 현가화함으로써 산정된다.

---

54) (특강) 비적법적 이용에 할당되고 있는 구조물의 시장가치 추계(김상한, 10점)

② 이때 높은 가치가 발생하는 원인이 토지에 의한 것인지 혹은 건물에 의한 것인지에 대한 의문이 제기될 수 있다. 이론적인 측면에서 볼 때 비적법적 이용이 적법적 이용보다 높은 가치를 지니게 되는 원천은 건물에 의한 것으로 토지에 의한 것이 아니다. 왜냐하면, 비적법적 이용은 토지 위에 건물이 없어지게 되면 더 이상 허용되는 용도가 아니기 때문이다. 따라서 토지가치는 나지상태를 상정하여 현재 법적으로 허용되는 용도를 기준으로 산정하고, 건물의 가치는 복합부동산의 전체가치에서 토지가치를 제외한 나머지 값이 된다. 결국, 건물의 가치는 순수한 의미의 건물가치에 비적법적 이용에 따른 프리미엄인 할증금을 더한 값이 되는 것이다.
③ 그러나 우리나라와 일본의 평가실무에서는 이러한 높은 가치를 토지가치에서 처리하고 있다. 즉, 순수한 의미의 토지가치에 비적법적 이용에 따른 프리미엄을 가산하여 토지가치를 측정하게 되며 이것을 건부증가라고 한다.
④ 프리미엄에 대한 처리 방법이 상이한 이유는 부동산의 가치를 바라보는 관점이 다르기 때문이다. 먼저 토지가치에서 처리하고 있는 입장에서는 토지의 가치는 건물에 의하여 영향을 받는다는 생각을 기반으로 하고 있고, 건물가치에서 처리하고 있는 입장에서 건물은 부동산의 가치에 기여하는 만큼 가치를 갖는다는 생각을 기반으로 하고 있기 때문이다.

4. 유의사항

비적법적 이용 부동산의 평가는 통상적인 평가와 다르다. 그 이유는 대상부동산이 최유효이용 상태에 있지 않고, 최유효이용 상태에 있지 않은 원인은 행정적 또는 법률적인 요인에 기인하기 때문이다.

이것은 가격형성과정이 일반부동산과 다르기 때문이며, 이러한 특성은 대상부동산의 조사·분석과 감정평가방식적용 및 시산가치 조정 등에서 반드시 고려해야 할 사항이다.

V 복합적 이용(multiple use)

1. 의의

복합적 이용이란 하나의 토지 또는 건물에 여러 가지 용도가 혼합되어 있는 이용을 말한다. 하나의 토지 또는 건물은 하나의 용도로 이용되는 것이 일반적인데, 경우에 따라서는 하나의 토지 또는 건물이라고 할지라도 동시에 여러 가지 용도가 혼합된 복합적 이용에 할당될 수 있으며, 이것이 최유효이용이 될 수도 있다.

> ▶ 『복합적 이용 예시』
>
> 대형빌딩이나 상업시설 건축물의 경우 여러 용도로 혼합되어야 최고의 효용을 발휘할 수 있는 사례는 쉽게 발견할 수 있다. 예를 들어, 대규모 오피스텔의 경우 오피스 용도 외에 은행이나 식당가 혹은 편의점 등이 있어야 편리성과 빌딩의 생산성을 높여서 더 많은 임차인을 유치할 수 있다. 이와 같이 전체 수익을 극대화하기 위해 임차인을 유치하는 전략을 '임차인 혼합전략'이라 하는데 부동산 마케팅에서 특히 중요시된다.

2. 종류

(1) 계획단위개발(PUD : planned unit development)

아파트단지는 아파트건물뿐만이 아니라 위락시설, 쇼핑시설, 스포츠시설 등이 하나의 계획된 단위로서 개발되었을 때 최유효이용이 될 수가 있다.

(2) 다용도건물

고층건물의 최유효이용은 단일용도로 사용될 때보다 여러 가지 용도가 혼합되어 사용될 때 달성되는 경우가 있다.

3. 유의사항

① 복합적 이용에 할당되고 있는 부동산의 경우, 각 구성부분의 가치는 전체 가치에 대한 기여도에 의해 결정된다. 즉, 부동산의 전체 가치는 각 구성부분들이 하나의 단위로서 상호 간에 얼마나 조화를 이루고 있느냐에 따라 결정된다.[55]

② 복합부동산의 구성요소별로 효용가치를 구분하여 평가할 수도 있는데 이 경우에는 구분평가되는 부동산의 가격이 전체 부동산의 가격을 초과하여서는 안 된다. 이 경우 각 부분가치의 합이 전체가치와 다를 수 있다.

VI 특수목적의 이용(special-purpose use)(특수용도와 최유효이용)

1. 의의

특수목적의 부동산이란 호텔, 극장, 대학, 교회, 공공건물 등과 같이 특정한 활동을 위해서 설계되고 운영되는 부동산을 말한다. 특수목적의 부동산은 단지 하나의 목적이나 또는 극히 제한된 목적에만 적합하도록 설계되기 때문에, 그것의 최유효이용을 확인하기가 곤란한 경우가 많이 있다.

---

[55] 만일, 건축물의 경우에는 구성요소 간 부조화가 있다면 기능적 감가가 있을 수 있음에 유의하여야 한다.

2. 내용

(1) 해당 용도에 대한 수요가 충분한 경우

1) 감정평가 기준

① 해당 용도에 대한 수요가 충분하여 그 이용이 지속될 수 있다면, 현재 상태에 대한 최유효이용 분석이 수행되며, 현재의 이용을 전제로 평가한다.

② 특수부동산은 그 효용이 특수하고 제한적이어서 교환가치의 성립이 어려우므로 사용가치로 평가되는 경우가 대부분이다. 왜냐하면 특수목적의 부동산이 제공하는 서비스는 특수한 것이고 제한적인 것이기 때문에 시장에서 그것에 대한 정당한 교환가치가 성립되지 않는 경우가 많기 때문이다.

2) 유의사항

수요가 충분하여 특수부동산을 사용가치로 평가함에 있어 시장이 형성되지 않거나, 유용한 시장자료가 없는 경우에는 시장가치와는 구분되는 것이므로 그 사실을 보고서에 명확히 기술해야 한다.

(2) 해당 용도에 대한 수요가 부족한 경우

1) 감정평가 기준

① 해당 용도에 대한 수요가 충분하지 않은 경우는 건축물이 물리적으로나 기능적으로 쇠락하여 더 이상 충분한 서비스를 제공하지 못하는 경우로 건축물은 철거비용으로 인하여 건부감가로 작용하기도 하는데 이때 토지의 가치는 나지상정 가치에서 철거비용을 차감한 값으로 평가된다. 특수목적의 건물의 경우에는 특수목적이나 제한된 목적에 부합하도록 설계되었기 때문에 다른 대안적 이용에는 아무런 기능을 하지 못하기 때문이다.

② 이 경우는 부동산의 가치는 사용가치로 평가되는 것이 아닌 시장에서의 교환가치로 평가된다.

2) 유의사항

해당 용도에 대한 수요가 부족한 경우에는 다른 용도로의 전환 가능성과 전환비용 그리고 전환시기 등에 대한 예측을 통해 일시적인 이용인지 여부를 분석할 필요가 있다.

Ⅶ 투기적 이용(speculative investment)

1. 의의

부동산투자에는 취득과 운영 및 처분 세 단계가 있는데, 이 중에서 운영단계가 없는 투자행위를 투기라 한다. 즉, 투기적 이용이란 투자자가 부동산의 용도를 특별하게 정하지 않고 취득 후 별다른 운영을 하지 않으며 보유만 하면서 처분을 위한 준비상태에 있는 현재의 이용을 말한다. 투기도 투자의 한 유형으로서 투기적 투자라고 하기도 하는데, 사실 투자와 투기를 명확하게 구분한다는 것이 쉬운 일은 아니다.

2. 유의사항

투기적 목적으로 사용되고 있는 토지는 향후 어떻게 이용될 것인지에 대한 불확실성이 매우 높기 때문에 무엇이 최유효이용인지를 예측한다는 것이 쉽지 않다. 이럴 경우 평가사는 특정한 최유효이용을 판정하는 것이 아니라 미래 이용에 대한 일반적 유형을 상정하여 합리적으로 판단해야 한다.

Ⅷ 초과토지(excess land)와 잉여토지(surplus land)[56]

1. 초과토지(excess land)

(1) 의의

① 초과토지란 특정 목적에 대한 적정면적 이상의 토지를 말하며, 정상적으로 필요한 적정면적은 대상부동산의 최유효이용에 해당되는 만큼의 토지면적이다.
② 적정면적 이상의 토지가 다른 용도로 분리되어 독립적으로 사용될 수 있는 토지를 의미한다. 따라서 초과토지 부분 최유효이용은 건부지의 적정면적 부분과는 다를 수도 있다.

(2) 판정기준

초과토지 여부는 지역분석을 통한 표준적 사용과 유사용도 부동산의 시장자료를 토대로 판정된다. 즉, 적정면적에 대한 판단은 지역분석을 통하여 파악된 전형적인 유사 개량물의 건폐율을 바탕으로 이루어진다.

(3) 감정평가방법

초과토지는 그 자체를 하나의 독립적인 용도로 사용하는 것이 최유효이용이 될 수 있으므로 초과부분의 토지는 따로 떼어 사용할 수 있는지 여부를 고려하여 평가한다. 따라서 정

---

[56] 표준적인 규모의 토지보다 과대한 토지를 초과토지와 잉여토지로 나눈다.

상 필요면적만큼의 토지가치와 초과부분의 토지가치는 각기 별도로 추계하고 이를 합산하여 전체 토지의 가치를 결정한다.

(4) 유의사항

① 단순히 저밀도로 이용되고 있다고 해서 무조건 초과토지는 아니다. 즉, 사무실 건물의 주차장이나 학교의 운동장처럼 주된 사용목적에 적합하게 이용되고 있는 경우에는 초과토지라고 말할 수 없다.

② 또한 필요 이상으로 넓은 토지라고 하더라도 그것을 분리하여 특정한 용도로 이용할 수 없다면 초과토지의 범주에 속하지 않는다.

2. 잉여토지(surplus land)

(1) 잉여토지의 의의

① 잉여토지란 특정 목적에 대한 적정면적 이상의 토지를 말하며, 정상적으로 필요한 적정면적은 대상부동산의 최유효이용에 해당되는 만큼의 토지면적이다.

② 기존 개량물 부지와 독립적으로 분리되어 사용될 수 없고 별도의 최유효이용 용도에 사용할 수 없는 토지를 말한다. 비록 대상부지가 필요 이상으로 크다 하더라도 그것이 특정한 용도로 분리되어 사용될 수 있는 경우에는 잉여토지가 아니라 초과토지로 간주된다.

(2) 판정기준

어느 정도의 면적이 잉여토지인지는 인근 유사토지의 표준적인 이용상황이나 건폐율 그리고 도로진입 가능 여부 등에 따라 달리 판정될 수 있다.

(3) 유의사항

잉여토지의 경우 정상적 토지보다 낮게 평가되는 것이 당연하나 인접토지와의 합병이 가능한 경우에는 오히려 합병이익이 있을 수 있음에 유의하여야 한다.

> **● 잉여토지의 판정기준 및 감정평가방법**
>
> 1,000㎡ 규모의 공장부지 지상에 200㎡의 공장건물이 있다 하자. 인근 유사용도 토지의 건폐율은 50%이고 표준적 토지면적은 400㎡인데, ㎡당 시장가치는 100만원 수준이라고 조사되었다. 대상토지 중 공장건물 후면의 200㎡ 정도는 공지로서, 별도 진입로가 없다면, 이 토지는 잉여토지라 할 수 있다. 왜냐하면 나머지 800㎡의 부지와 분리하여 별도로 거래되기 곤란하기 때문이다. 따라서 이 잉여토지는 설사 장래 확장 가능성 측면에서 이점이 있더라도 ㎡당 100만원에 상당히 못 미치는 가치로 평가될 것이다.

3. 초과토지와 잉여토지의 차이

초과토지의 경우에는 미개발된 상태로 유지시키거나 녹지공간으로 이용할 수 있으며 건물의 확장을 위한 유보공간으로 활용하거나 아니면 별개의 다른 형태로 개발하는 것이 최유효이용이 될 수 있다. 한편, 잉여토지는 그 자체로서 별도의 최유효이용을 가지지 못하게 되므로 건물의 확장을 위한 유보공간 정도로 이용될 수 있을 뿐이다.

심화논점

01절 일치성 이용의 원리 [제합사용의 원칙]

Ⅰ. 의의
Ⅱ. 일치성의 구분
　1. 용도상의 일치성
　2. 시계열상 일치성
Ⅲ. 감정평가상 적용
Ⅳ. 적용 시 유의사항

Ⅰ 의의

일치성 이용의 원리(Principle of Consistent Use)란, 토지와 개량물에 대하여 동일한 용도를 가정하고 평가해야 하며, 각각 분리된 용도로 평가해서는 안 된다는 원리를 말한다. 토지와 개량물은 결합하여 효용을 발휘하고, 가치를 창출한다는 점에서 중요시된다. 일본에서는 제합이용의 원칙이라고도 한다.

Ⅱ 일치성의 구분

1. 용도상의 일치성
   ① 토지와 건물은 일체로서 이용되고 일반적으로 토지의 가치에 건물의 가치를 가산한 것이 부동산의 가치라고 생각되기 때문에 토지와 그 위의 건물 사이에는 용도상 일치성이 있어야 한다는 것이다.
   ② 예를 들어, 상업용으로 이용될 수 있는 도로변에 단독주택이 있는 경우 토지는 상업용으로, 건물은 주거용으로 평가해서는 안 된다는 것이다.

2. 시계열상 일치성
   ① 어느 용도지역에서 다른 용도지역으로 전환 또는 이행해 가고 있는 지역에 대하여는 전환 후 또는 이행 후의 용도지역의 지역요인을 보다 중시해야 할 것이다. 전환 또는 이행의 정도가 낮은 경우에 있어서는 전환 전 또는 이행 전의 용도지역의 지역요인을 보다 중시해야 한다.
   ② 예를 들어, 주택지에서 상업지로 이행 중인 토지의 경우처럼 용도의 이행이 행하여지고 있거나 이행이 확실시되는 경우에는 최유효이용에 상업지로서의 인식을 두어야 한다.

III 감정평가상 적용

① 후보지나 이행지 지역에서 최유효이용 판단에 따른 평가 시 전제되는 개념으로서 성숙도가 높은 경우 전환 후의 용도지역을, 성숙도가 낮은 경우 전환 전의 용도지역을 기준으로 삼아야 하며, 이때 제합사용의 원칙에 의거하여야 한다.

② 또한 특수 상황에서의 최유효이용분석 시 중도적 이용이나 비최고최선의 이용의 부동산을 감정평가하는 경우 유의해야 할 원리이다. 중도적 이용은 가까운 장래에 최유효이용이 가능한 상황을 앞두고 노후화된 개량물이 존재하는 상황을 설명하는 개념인 반면, 비최고최선의 이용은 비교적 견고한 개량물이 존재함으로써 토지의 최유효이용을 방해하는 상황으로 양자를 분명히 구별해야 한다.

IV 적용 시 유의사항

건물과 같은 개량물은 독자적인 가치를 갖는다기보다는 토지가치에 기여하는 만큼의 가치를 갖는 것이 일반적이다. 토지가 최유효이용이 되지 못하도록 하는 개량물은 비록 물리적 수명이 남아있다고 하더라도, 아무런 가치를 가지지 못할 수도 있다. 경우에 따라서는 철거비용으로 인해서 오히려 (−)의 가치를 가질 수도 있다.

우리나라 평가실무에서는 건물의 가치를 그대로 인정하고 평가를 하는 대신, 건물로 인한 가치하락분은 토지가치에서 반영하고 있음에 유의하여야 한다.

Chapter 08 3방식 총론

01절 감정평가의 3방식[57] ▶ 기출 4회, 22회, 25회, 26회, 29회

> **감정평가에 관한 규칙 제11조(감정평가방식)**
> 감정평가법인등은 다음 각 호의 감정평가방식에 따라 감정평가를 한다.
> 1. 원가방식 : 원가법 및 적산법 등 비용성의 원리에 기초한 감정평가방식
> 2. 비교방식 : 거래사례비교법, 임대사례비교법 등 시장성의 원리에 기초한 감정평가방식 및 공시지가기준법
> 3. 수익방식 : 수익환원법 및 수익분석법 등 수익성의 원리에 기초한 감정평가방식

Ⅰ. 서
Ⅱ. 감정평가 3방식
  1. 비교방식
    (1) 의의
    (2) 근거
    (3) 적용대상
    (4) 장단점
  2. 원가방식
    (1) 의의
    (2) 근거
    (3) 적용대상
    (4) 장단점
  3. 수익방식
    (1) 의의
    (2) 근거
    (3) 적용대상
    (4) 장단점
Ⅲ. 결

가격의 3면성	3방식	특징	평가대상	방법	시산가액(임대료)
비용성	원가방식 (비용접근법)	공급가치	(협의의) 가치	원가법	적산가액
			임대료	적산법	적산임대료
시장성	비교방식 (시장접근법)	균형가치 (수요·공급가치)	(협의의) 가치	거래사례비교법	비준가액
				공시지가기준법	
			임대료	임대사례비교법	비준임대료
수익성	수익방식 (소득접근법)	수요가치	(협의의) 가치	수익환원법	수익가액
			임대료	수익분석법	수익임대료

---

57) (특강) 감정평가 3방식의 의의와 장단점(노용호, 건대특강)

I 서

감정평가방식이란 대상물건의 가치를 판정하기 위하여 적용하는 기법으로 제반 가치형성요인의 구체적인 영향관계를 바탕으로 그 가치를 화폐액으로 계산해내는 방법이다. 이는 감정평가활동에 있어 가장 핵심적인 위치를 차지하고 있는 부분이다.[58]

일반적으로 사람이 물건의 가치를 판정할 때는 ① 그 물건이 어느 정도의 가격으로 시장에서 거래되고 있는가?(시장성) ② 그 물건을 만드는 데 얼마만큼의 비용이 투입되었는가?(비용성) ③ 그 물건을 이용함으로써 어느 정도의 이익 또는 편익을 얻을 수 있는가?(수익성) 하는 세 가지를 고려하게 된다. 이것을 통상 가치의 3면성이라고 한다.

부동산의 경우에도 이와 마찬가지로 시장성에 착안하여 가치를 구하는 '비교방식'과 비용성에 착안하여 가치를 구하는 '원가방식' 및 수익성에 착안하여 가치를 구하는 '수익방식'이 전통적으로 감정평가의 방식으로 정립되어 왔다. 이 세 가지 방식을 감정평가의 3방식이라고 한다.

3면성	수요공급 측면	가치결정요인	3방식
비용성	공급	비용성의 원리 : 투입가치	원가방식 : 비용접근법
수익성	수요	수익성의 원리 : 산출가치	수익방식 : 소득접근법
시장성	균형	시장성의 원리 : 균형가치	비용방식 : 시장접근법

이러한 부동산의 가치는 교환의 대가인 협의의 가치와 용익의 대가인 임료로 표시되는데 임료를 구하는 방식 또한 동일한 사고방식이 적용된다. 따라서 감정평가의 3방식은 협의의 가치를 구하는 방법과 임료를 구하는 방법으로 다시 세분화된다. 즉, 비교방식은 협의의 가치를 구하는 거래사례비교법과 임료를 구하는 임대사례비교법이 있고, 원가방식은 협의의 가치를 구하는 원가법과 임료를 구하는 적산법이 있으며, 수익방식은 협의의 가치를 구하는 수익환원법과 임료를 구하는 수익분석법이 있다. 이들 세 가지 방식과 여섯 가지 방법을 감정평가의 3방식 6방법이라고 한다.

추가적으로 공시지가기준법[59]도 기본적으로 비교방식의 원리에 근거하고 있다. 따라서 공시지가기준법을 비교방식의 범주에 포함하기도 한다. 다만, 비교방식이 시장의 거래사례자료를 기초로 하여 대상물건의 가치를 산정하는 것과 달리 공시지가기준법은 표준지공시지가를 기초로 하여 가치를 산정한다는 점에서 그 적용상에 차이가 있을 뿐이다.

---

[58] 감정평가방식의 적용은 감정평가활동의 마무리 단계에 속하는 것으로 가장 핵심적인 위치를 차지하고 있는 부분이라는 점을 잊지 말기 바란다.
[59] 공시지가기준법을 포함하여 3방식 7방법이라고 하기도 한다.

Ⅲ 감정평가 3방식

감정평가의 궁극적인 목표는 결국 정확한 가치의 판정에 있다. 이러한 가치를 판정하기 위해서는 구체적인 수단이나 도구가 필요한데, 감정평가 3방식이 대표적이다. 감정평가 3방식은 현재 가치를 판정하는 데 사용되는 가장 기본적이고 전통적인 기법으로 활용되고 있다. 컴퓨터의 등장과 각종 의사결정기법의 발전 등으로 새로운 평가기법들이 많이 개발되고 있으나 그 내용을 들여다보면 결국은 감정평가 3방식에 기초하고 있다는 사실을 알게 될 것이다.

1. 비교방식

(1) 의의

① 비교방식이란 거래사례비교법, 임대사례비교법 등 시장성의 원리에 기초한 감정평가방식 및 공시지가기준법을 말한다.

② 거래사례비교법이란 대상물건과 가치형성요인이 같거나 비슷한 물건의 거래사례와 비교하여 대상물건의 현황에 맞게 사정보정, 시점수정, 가치형성요인 비교 등의 과정을 거쳐 대상물건의 가액을 산정하는 감정평가방법을 말한다. 비준가액이란 거래사례비교법에 따라 산정된 가액을 말한다.

> 비준가액 = 거래사례가격 × 사정보정 × 시점수정 × 지역요인 비교 × 개별요인 비교

③ 임대사례비교법이란 대상물건과 가치형성요인이 같거나 비슷한 물건의 임대사례와 비교하여 대상물건의 현황에 맞게 사정보정, 시점수정, 가치형성요인 비교 등의 과정을 거쳐 대상물건의 임대료를 산정하는 감정평가방법을 말한다. 비준임대료란 임대사례비교법에 따라 산정된 임대료를 말한다.

> 비준임대료 = 임대사례임대료 × 사정보정치 × 시점수정치 × 지역요인비교치 × 개별요인비교치

④ 공시지가기준법이란 감정평가의 대상이 된 토지와 가치형성요인이 같거나 비슷하여 유사한 이용가치를 지닌다고 인정되는 표준지의 공시지가를 기준으로 대상토지의 현황에 맞게 시점수정, 지역요인 및 개별요인 비교, 그 밖의 요인의 보정을 거쳐 대상토지의 가액을 산정하는 감정평가방법을 말한다.

> 토지단가 = 표준지공시지가 × 시점수정 × 지역요인의 비교 × 개별요인의 비교 × 그 밖의 요인 보정

(2) 근거

① 비교방식은 대상물건이 시장에서 어느 정도의 가격으로 거래되고 있는가 하는 시장성에 근거하고 있다.
② 비교방식은 사례물건의 가격으로부터 대상물건의 가치를 구하기 때문에 기본적으로 대체의 원칙에 근거하고 있다. 즉, 전형적인 매도자는 유사거래사례의 가격 이하로는 팔려고 하지 않을 것이며, 매수자도 그 가격 이상으로는 사려고 하지 않을 것이다.
③ 비교방식은 수요와 공급의 상호작용에 따른 재화의 가치를 파악한 신고전학파의 수요공급이론과도 관련을 지을 수 있다.

(3) 적용대상

① 충분한 매매사례가 있는 경우 모든 종류의 부동산에 다 적용 가능하다. 예를 들면, 토지와 아파트 및 상가뿐만 아니라 자동차와 염전 등에도 적용이 가능하다.
② 오래된 건물이나 수익을 창출하지 않는 단독주택에 적용이 가능하다.

(4) 장단점

1) 장점

① 시장성의 원리에 의한 것으로 실증적이고 객관적이며 설득력이 있다.[60] 이로 인해 가치평가에 법적 문제가 발생할 경우 강한 설득력과 현실적이 있다.
② 거래사례가 있는 모든 부동산에 적용 가능하며, 특히 소득이 없는 부동산, 감가상각 정도가 심한 부동산에 유효하다.
③ 재생산이 불가능한 토지평가에 유용하다.
④ 산식이 간편하고 의뢰인 등이 이해하기 쉽다.
⑤ 재조달원가 및 감가수정의 산정이나 순수익의 예측 등에 있어 게재될 수 있는 주관성을 극복할 수 있다.
⑥ 충분한 가격자료와 비교조건의 적용이 전제된다면 3방식 중 가장 활용도가 높기 때문에 3방식 중 중추적인 역할을 한다.
⑦ 인플레이션이 지속적으로 심한 상황에서 보다 직접적으로 시장가치를 지지할 수 있는 수단이 된다.

---

[60] 2006년 1월부터 부동산 실거래가격 신고제도가 도입되어 시행됨으로써 신뢰성 있는 자료와 정보가 축적되어 평가에 유용하게 활용되고 있다. 그러나 실거래가격 정보도 많은 한계점을 가지고 있기 때문에 이것이 평가업무를 대체한다는 것은 사실상 불가능하다. 비교방식의 유효성은 부동산시장을 효율적 시장으로 가정한 경우에 확보된다. 그러나 분양가 상한제나 과도한 보유세 부과 등 정부의 인위적 수요·공급 규제정책에 의하여 부동산시장 자체가 비효율적인 경우 시장의 사례가격이 모든 정보를 그대로 반영하지 못하는 한계가 있다.

2) 단점

① 거래사례가 없으면 적용이 불가능하다. 또한, 비유사물건과의 비교가능성이 상존한다.
② 가치형성요인비교 시 감정평가 주체의 주관이 개입될 수 있다.
③ 극단적인 호·불황의 시기 또는 투기지역에서의 사례가격은 수집하기도 어렵고 활용하기에도 문제점이 노출된다.
④ 왜곡된 매매가격, 금융조건, 당사자의 사정, 거래동기 파악이 어렵다. 이로 인해 사정보정에 있어 애로사항이 존재한다.
⑤ 사례가격은 과거가격으로 시점수정에 있어 정확성을 담보하기가 어려우며 현재 시장가치와의 관계가 문제된다.
⑥ 매도자나 매수자의 협상력의 차이에 의해 매매가격이 왜곡되어 있을 수 있어 사정보정에 있어 애로사항이 존재한다.
⑦ 비교방식에서 사례비교 분석의 유효성은 부동산시장이 효율적인 시장인 경우에 보장된다. 거래사례가 부동산시장 자체가 비효율적인 경우에는 사례가격에 시장의 모든 정보가 반영되지 못한 것으로 판단되므로 가치추계의 정확도를 기할 수 없는 단점이 있다.

2. 원가방식

(1) 의의

① 원가방식이란, 원가법 및 적산법 등 비용성의 원리에 기초한 감정평가방식을 말한다.
② 원가법이란 대상물건의 재조달원가에 감가수정을 하여 대상물건의 가액을 산정하는 감정평가방법을 말한다. 적산가액이란 원가법에 따라 산정된 가액을 말한다.

$$적산가액 = 재조달원가 - 감가수정액$$

③ 적산법이란 대상물건의 기초가액에 기대이율을 곱하여 산정된 기대수익에 대상물건을 계속하여 임대하는 데에 필요한 경비를 더하여 대상물건의 임대료를 산정하는 감정평가방법을 말한다. 적산임대료란 적산법에 따라 산정된 임대료를 말한다.

$$R = V \times r + E$$
R : 적산임대료, V : 기초가액, r : 기대이율, E : 필요제경비

(2) 근거
① 원가방식은 대상물건에 어느 정도의 비용이 투입되었는가 하는 비용성에 근거하고 있다.
② 원가방식은 비교방식과 마찬가지로 대체의 원칙에 근거하고 있다. 즉, 전형적인 매수자는 대상물건과 동일한 효용과 기능을 제공하는 다른 물건의 생산비보다 더 많은 가격을 지불하지 않을 것이며, 매도자도 그 비용 이하로는 팔려고 하지 않을 것이다.
③ 원가방식은 비용과 가치와의 상관관계를 파악하는 것으로 비용에서 재화의 가치를 파악한 고전학파의 생산비가치설과도 관련을 지을 수 있다.

(3) 적용대상
① 건물, 구축물은 원가방식이 적용되는 대표적인 부동산이다. 이들은 건설에 소요되는 표준적인 건설비에 통상의 부대비용을 가산하여 재조달원가를 구한 뒤 정액법으로 감가수정하여 가격을 구한다.
② 중기, 선박, 항공기 등 제작된 부동산에 대한 표준적 제작비에 통상 부대비용을 가산하여 재조달원가를 구한 뒤 보통 정률법으로 감가수정하여 가격을 구한다.
③ 토지는 생산의 개념이 없어 비교방식으로 구하는 것이 보통이나 조성지, 매립지, 개간지, 간척지 등 개량된 토지는 투자비용의 산정이 가능하므로 표준취득가격이나 또는 택지가격의 조성을 위해 소요되는 표준적 건설비에 통상부대비용을 가산하여 가격을 구한다.

(4) 장단점
1) 장점
① 비용성에 따른 공급자 측면의 평가방식으로 논리적이고 설득력이 있으며, 부동산개발 타당성 분석에 유리하다.
② 재생산이 가능한 모든 부동산에 적용 가능하다.
③ 거래사례가 없는 부동산 등의 평가액을 산정할 수 있다는 장점을 지닌다. 예를 들어, 거래사례를 구하기 어려운 공용·공공 부동산의 감정평가에 유용하다. 즉, 시장성이 없는 특수목적 부동산의 평가에 유용하다.
④ 조성지, 매립지 등의 토지 평가에 적용이 가능하다.
⑤ 감가상각 정도가 적고 최근의 비용자료 수집이 가능한 신축건물 평가에 유용하다. 즉, 현실의 건설에 소요되는 원가를 그대로 채용할 수가 있는 신축건물의 평가에서는 주관개입의 여지가 적어 유용하게 활용될 수 있다.

2) 단점

① 표준비용 추계의 문제, 건축의 질적 차이 파악문제, 간접비용 차이문제, 비용항목의 문제 등 재조달원가의 파악이 어렵다.
② 감가수정 중에서도 특히 기능적이나 경제적 감가수정이 어렵고 주관개입의 가능성이 많다.
③ 재생산이 불가능하거나 대체가 불가능한 부동산에는 적용할 수 없다. 기성시가지 내의 토지 등이 그 예가 된다.
④ 가격을 구성하는 시장성·비용성·수익성 중에서 비용성을 반영한 방식이므로 상대적으로 시장성과 수익성을 잘 반영하지 못하는 단점이 있다.
⑤ 생산에 투입된 비용과 경제적 가치가 비례한다는 전제가 성립되어야만 하는 방식이라는 한계가 있다.
⑥ 재조달원가의 가정인 '비용은 과거의 역사적 원가'라는 점은 부동산가치가 '장래 이익의 현재가치'라는 정의에 부합되지 못하는 문제점이 있다.

3. 수익방식

(1) 의의

① 수익방식이란, 수익환원법 및 수익분석법 등 수익성의 원리에 기초한 감정평가방식을 말한다.
② 수익환원법이란 대상물건이 장래 산출할 것으로 기대되는 순수익이나 미래의 현금흐름을 환원하거나 할인하여 대상물건의 가액을 산정하는 감정평가방법을 말한다. 수익가액이란 수익환원법에 따라 산정된 가액을 말한다.
③ 수익분석법은 일반기업 경영에 의하여 산출된 총수익을 분석하여 대상물건이 일정한 기간에 산출할 것으로 기대되는 순수익에 대상물건을 계속하여 임대하는 데에 필요한 경비를 더하여 대상물건의 임대료를 산정하는 감정평가방법을 말한다. 수익임대료란 수익분석법에 따라 산정된 임대료를 말한다.

$$Ri = NR + \text{Exp}$$
Ri : 수익임대료, NR : 순수익, Exp : 필요제경비

(2) 근거

① 수익방식은 대상물건에서 향후 어느 정도의 수익이 발생할 것인가 하는 수익성에 근거하고 있다. 즉, 소득을 많이 창출하는 부동산일수록 가치는 크고, 그렇지 못한 부동산일수록 가치는 작아진다는 것에 근거한다.
② 수익방식은 장래기대이익의 현재가치라는 측면에서 부동산의 가치를 파악하게 되므로 예측의 원칙에 근거하고 또한 대체부동산의 수익성을 감안하여 매수자와 매도자의 가격이 영향을 받게 되므로 대체의 원칙에도 근거한다.
③ 수익방식은 효용과 가치와의 상관관계를 파악하는 것으로 재화의 가치는 수요자의 주관적 효용에 의해서 결정된다는 한계효용학파의 한계효용가치설과도 관련을 지을 수 있다.

(3) 적용대상

① 수익방식은 안정시장하에서는 부동산과 동산 할 것 없이 수익을 발생하는 물건이면 적용할 수 있다.
② 수익방식 중 수익분석법은 주거용 부동산에는 적용이 불가능함에 유의해야 한다(주거용 부동산 외에도 수익의 발생형태가 임료로만 이루어진 물건은 모두 해당된다). 이는 구하고자 하는 목표인 임료를 기준으로 하여 산정한다는 의미가 되므로 이는 결국 순환논리의 모순에 빠지기 때문이다.

(4) 장단점

1) 장점

① 수익성에 따른 수요자 측면의 가격으로 이론적이며 가치의 본질에도 부합한다.
② 기업용 또는 임대용 부동산(수익분석법은 제외) 등과 같이 수익이 발생하는 모든 부동산 평가에 적용된다.
④ 부동산시장이 활황인 경우에는 선행하는 경향이 있는 거래가격에 대한 유력한 검증수단으로 활용할 수 있다. 혹은 지가동향이 상승국면에서 하향국면으로 이행되는 경우에도 수익방식을 검증수단으로 활용할 수 있다.
⑤ 오늘날 가치평가업무 및 비가치평가업무 등 감정평가의 전 영역에서 현실적인 필요성에 부응할 수 있다.

2) 단점

① 수익이 없는 부동산(단순 거주용이나 교육용 및 공공용)에 적용이 불가하다.
② 수익성을 중시하므로 수익의 차이가 없는 부동산의 경우 신축건물과 기존건물의 감정평가액에 차이가 없다는 단점이 있다. 그러나 이는 환원율을 조정하여 극복할 수 있다.
③ 불완전한 시장에서 순수익과 환원율의 파악이 어렵다.
④ 최유효이용이 아니거나 비수익성 부동산이 포함된 경우 과소평가될 우려가 있다.
⑤ 수익환원법에는 예측의 원칙이 중요하게 작용하나 예측의 오류가능성이 존재한다.
⑥ 소득수익보다 자본수익이 높은 경우 비교방식에 의한 시산가액과 괴리되는 경우가 많다는 한계가 있다.[61]

III 결

3방식은 가격3면성의 성격으로 보아 상호보완관계에 있는 것으로 주종, 경중의 관계에 있는 것은 아니다. 그러나 부동산은 각각 성격이나 조건에 있어 차이가 있고, 3방식도 이러한 차이로 인하여 그 적용대상에 제한을 받는다. 따라서 현실에 있어서는 평가대상부동산의 성격이나 조건에 가장 적당한 방식을 적용하여 구한 가격을 타 방식으로 그 타당성을 검토하는 정도의 제한적 의미의 3방식 병용이 이루어져야 할 것이다.

---

[61] 예를 들어, 대도시 인근의 농지는 임료는 낮지만 향후 개발가능성을 고려하여 시장가격은 높은 경우가 많다.

02절 3방식 병용에 대한 논의

Ⅰ. 3방식 병용의 의의
Ⅱ. 3방식 병용의 필요성
  1. 각 방식의 상호 관련성
  2. 부동산시장의 불완전성
  3. 부동산시장의 개방화 및 국제화에 따른 시대적 요청
  4. 각 방식의 특징 및 유용성과 한계
  5. 단일 평가방식에 의한 오류의 방지
  6. 평가주체의 주관 개입가능성
  7. 평가의 합리성과 현실성 제고

Ⅲ. 단일방식 적용이 인정되는 경우
  1. 곤란한 경우
    (1) 특수목적부동산
    (2) 자료의 신뢰성이 없는 경우
  2. 불필요한 경우
    (1) 거래관행이 있는 부동산
    (2) 대상부동산의 성격
  3. 법령이나 평가목적 및 평가조건에 따른 경우
    (1) 평가방식의 선택이 법령에 정해져 있는 경우
    (2) 평가목적 및 평가조건에 따른 경우
Ⅳ. 3방식 병용의 법률적 근거
  1. 개설
  2. 법률적 근거
    (1) 부동산공시법 제3조
    (2) 토지보상법 시행규칙 제18조
    (3) 감정평가법 제3조
    (4) 감정평가에 관한 규칙 제12조
  3. 검토

Ⅰ 3방식 병용의 의의

감정평가는 시장성과 비용성 및 수익성에 각각 근거한 비교방식과 원가방식 및 수익방식을 통해 부동산의 경제적 가치를 파정하는 활동으로 이러한 방식에 의해 추구되는 가치가 기본적으로 시장가치인 점에서 그 결과 또한 이론적으로 일치[62]되어야 한다고 인식하는 것이 일반적이다. 이를 가치의 3면등가성이라고 한다. 그러나 현실적으로는 부동산 및 부동산시장의 특성과 각 방식의 기본사고 차이와 한계 등으로 인해 불일치되고 있다. 이에 현실적으로 차이가 발생하는 감정평가 3방식을 함께 적용할 것인가 하는 3방식 병용에 대한 논의가 필요하다.

---

[62] 안정된 정적 시장을 전제로 한 것을 의미한다.

> **3방식 병용에 대한 견해**
>
> 1. 학자들의 논의
>
>   A.Marshall은 안정된 정적 시장에서의 3면등가성을 주장하였다. 즉, 완전경쟁시장을 가정하고 장기적으로 균형이 이루어지면 3면성에 따라 가격과 비용 및 가치는 결국 같아진다는 것이다. 그러나 부동산시장은 불완정시장으로서 3방식에 의한 가치는 현실적으로 거의 일치하지 않아 3면등가는 부정되었다. 또한 Atkison 등은 부동산시장이 동태적 시장이므로 이론상으로도 3면등가는 성립하지 않는다고 하였고 이를 바탕으로 3방식 병용을 주장하였다. 그러나 Babock은 수익방식의 우수성을 강조하였고 Hurd는 비교방식의 우수성을 각각 주장했다.
>
>   한편 대공황기를 거치면서 A.Mertzke에 의해 완전경쟁시장하에서의 3면등가가 다시 제기되었으나 부정되었다. 다만, 현실 부동산시장에서의 매매가격과 수익가격 간의 적정성 검토를 위하여 3방식 병용과 시산가액의 조정을 통하여 적정가치를 도출하자는 제안이 받아들여져 미국 감정평가협회(AI)에서 이를 채택하게 된 것이다.
>
> 2. 찬성하는 입장
>   - 특정방법만을 사용했을 때 생길 수 있는 편의(Bias)현상을 줄일 수 있다.
>   - 세 가지 접근법에 의한 결과치를 비교해 봄으로써 현재의 시장가격이 왜곡되었는지 여부를 가늠해 볼 수 있고, 시산가액 간 상당한 차이를 보이는 경우에는 대상부동산에 적절하지 않은 평가방법이 적용되었음을 알 수 있게 된다.
>   - 시장이 극도로 왜곡되어 있는 경우 세 가지 접근법을 모두 적용함으로써 왜곡된 평가를 방지하여 공신력을 제고하는 기능을 수행할 수 있다.
>   - 세 가지 접근법을 모두 적용하는 것은 평가기법의 발전에 크게 기여한다.
>
> 3. 반대하는 입장
>   - 세 가지 접근법이 근거하고 있는 기본가정이 서로 다르기 때문에 모든 부동산에 세 가지 접근법을 모두 사용할 필요가 없다.
>   - 단순 거주용 단독주택과 같이 아무런 수익을 창출하지 못하는 부동산에 수익방식을 적용하는 것은 불가능한 것처럼 대상물건의 성격에 맞는 평가방법만 적용하면 된다.
>   - 시장이 극도로 왜곡되어 있는 경우에는 모르지만 그렇지 않은 상황에서는 세 가지 방식을 적용하는 것이 별 의미가 없다.

Ⅱ 3방식 병용의 필요성

1. 각 방식의 상호 관련성

각 방식에서 추구하는 가치 목표는 서로 일치할 뿐만 아니라 각 방식은 각기 다른 방식의 사고방식이 채택되어 혼합적용되고 있다는 점에서 볼 때 상호 밀접하게 관련되어 있다. 따라서 3방식을 모두 적용하게 되면 서로 보완적인 기능을 함으로써 보다 적정한 평가결과가 도출될 수 있다.

2. 부동산시장의 불완전성

부동산시장은 기본적으로 불완전한 특성을 가지고 있다. 특히 우리나라의 경우에는 부동산가격의 변동이 심하고 투기적인 성향이 강한 불안정한 시장이라 할 수 있다. 이러한 시장에서는 각 방식을 적용하여 그 결과를 검토함으로써 보다 적정한 가치를 도출할 수 있다.

3. 부동산시장의 개방화 및 국제화에 따른 시대적 요청

부동산시장도 넓은 의미의 자본시장에 포함되므로 개방화와 국제화라는 큰 흐름에 예외일 수는 없다. 이에 3방식 병용을 포함한 국제적 수준의 평가기준을 도입하여 외국자본 등에 대해 높은 수준의 평가서비스를 제공할 필요가 있다. 물론, 국내의 수요자에게도 그러한 고품질 서비스의 혜택이 돌아가게 함으로써 평가업계의 질적 향상을 도모할 수 있게 된다.

4. 각 방식의 특징 및 유용성과 한계

각 방식은 각 방식마다의 특징과 유용성을 가지고 있지만, 한편으로 적용범위의 한계를 지니고 있다. 이에 어느 한 가지 방식만을 적용해서는 현실적으로 적정한 가치를 산정한다는 것이 어려운 일이므로 3방식을 모두 적용해야 할 필요성이 생긴다.

5. 단일 평가방식에 의한 오류의 방지

하나의 평가방식만을 적용하게 될 경우 대상물건의 성격 등과 맞지 않는 평가방식의 적용으로 인해 불합리한 결과가 발생할 수 있다. 또한, 자료의 부족 및 부적절성 등의 문제와 적용과정에서 오류발생의 문제 등으로 적절치 못한 결과가 나올 수 있다. 따라서 다른 방식을 병용함으로써 이러한 오류를 방지하고 보완해야 할 필요가 있다.

6. 평가주체의 주관 개입가능성

각 평가방식은 그 적용상에 있어 평가주체의 주관적인 판단이 개입될 수 있는 부분이 많이 있다. 이에 각 방식을 병용함으로써 주관개입의 한계를 어느 정도 극복하고 보다 객관적인 결과를 도출하는 데 기여할 수 있다.

7. 평가의 합리성과 현실성 제고

부동산의 가치는 하나의 점의 개념(점추정)으로 이해될 수 있으나 현실적으로는 어떤 일정한 범위의 개념(구간추정)으로 이해하는 것이 보다 타당할 때가 있다. 그런데 단일방식에 의할 경우에는 전자의 개념에 따라 결과치가 특정한 하나의 가치로 도출될 수 밖에 없다. 따라서 현실적인 타당성을 고려한다면 오히려 3방식을 적용하여 어떤 범위를 나타내는 가치를 도출함으로써 보다 합리적이고 현실에 부합하는 평가결과를 도출할 수 있을 것이다.

Ⅲ 단일방식 적용이 인정되는 경우[63]

1. 곤란한 경우

(1) 특수목적부동산

공공청사, 하천, 기타 국유재산이나 임야 등과 같이 3방식 병용에 필요한 자료가 없는 경우가 있다.

(2) 자료의 신뢰성이 없는 경우

자료가 있다고 하더라도 오래된 건물의 비용측정처럼 너무 오래되었다거나, 시장의 급격한 변화로 신뢰성이 없는 경우이다.

2. 불필요한 경우

(1) 거래관행이 있는 부동산

시장에서 부동산거래에 있어 일정한 관행이 형성되어 있는 경우 다른 방식에 의한 평가가 그러한 관행과 어긋날 수도 있으며 이때는 3방식 병용은 부적절하게 된다. 예를 들어, 아파트의 경우 토지와 건물이 일체로 거래되고 있기 때문에 일체의 거래관행에 따라 거래사례비교법을 적용하는 것이 타당한데 이를 원가법으로 토지와 건물을 각각 구분하여 평가하는 것은 원칙적으로 부적절한 것이다.

(2) 대상부동산의 성격

대상부동산의 성격에 따라 3방식 중 특정한 방식만이 유용하고 다른 방식은 부적절할 수도 있다. 예를 들어, 자가 거주용 주거용 부동산의 경우 수익방식의 적용은 부적절하며, 반대로 상업용 부동산의 평가에서 원가방식의 적용은 부적절하다 할 것이다. 이는 3방식 병용에 대한 부정적 견지를 나타내는 논거이기도 하였다.

부동산개발 프로젝트에 대한 투자가치평가의 경우에도 비준방식이나 원가방식을 적용하는 것은 어려우므로 DCF분석법이나 실물옵션평가방법 등이 적절한 방식이 될 것이다.

---

[63] 여기서 특히 유의할 점은 아래와 같이 단일방식의 적용이 인정된다고 해서 감정평가서에 3방식 적용과정 및 시산가치 조정의 과정에 대한 서술이 필요 없다는 뜻이 아니라는 사실이다. 오히려 3방식의 적용 및 시산조정의 과정을 감정평가서에 적절히 기술함으로서 평가과정의 객관성과 논리성을 확보하고, 감정평가의 전문성도 높일 수 있을 것이다.

3. 법령이나 평가목적 및 평가조건에 따른 경우

(1) 평가방식의 선택이 법령에 정해져 있는 경우

감정평가는 국민의 재산권을 다루는 사회성과 공공성이 매우 큰 전문활동으로서 법률에 의거하여 평가에 관한 세부적인 기준과 방법 등을 규율하고 있는 경우가 많다. 이처럼 법률규정에 따라 평가하는 것을 법정평가라 하는데 대표적인 것이 바로 보상평가이다. 평가방식의 선택과 관련하여 관련 법률에 규정이 있는 경우에는 그에 따라야 한다. 그렇지 않을 경우에는 위법한 행위가 된다.

(2) 평가목적 및 평가조건에 따른 경우

① REITs나 ABS, MBS 등 각종 금융상품의 평가 시, 그 목적상 수익방식의 적용이 타당하다 할 것인바, 평가목적에 따라 3방식 병용이 부인될 수 있다.
② 또한, 평가의뢰자가 특정방식의 적용을 전제조건으로 의뢰한 경우 의뢰자의 요구에 따라 3방식 병용을 하지 않을 수도 있다.

> ▶ 『우리나라의 3방식 병용에 대한 연혁』
>
> 우리나라의 경우 종전의 『감정평가에 관한 규칙』에서는 가장 적정한 방법을 적용하도록 규정하고 토지는 공시지가기준법, 건물은 원가법에 의해 개별평가한 금액을 합산하여 최종결과를 도출하는 방식이 보편적이었다.
>
> 그러나 IMF 경제위기를 극복하는 과정에서 부동산시장이 개방되면서 공시지가기준법이나 원가법으로는 적정한 시장가치를 반영하는 데 한계가 있다는 인식이 확산되었다. 이에 따라 외국계 투자자는 물론이고 국내 금융기관들조차 일정한 경우를 제외하고는 원가방식, 비교방식, 수익방식의 3방식을 모두 적용하는 국제적인 기준을 요구하게 되었다.
>
> 2003년 10월 1일자로 개정 시행된 『감정평가에 관한 규칙』에서는 이러한 시장의 요구를 수용하여 원칙적으로 가장 적정한 방식을 적용하되 가능한 범위 내에서 다른 평가방식에 의한 시산가격으로 그 합리성을 검토하도록 하는 조항을 신설하게 되었다. 이로써 일정한 경우를 제외하고는 3방식 적용, 특히 수익방식에 의한 감정평가가 원칙으로 자리 잡았다.
>
> 그러나 2012년 8월 2일 전부 개정되어 2013년 1월 1일자로 시행된 『감정평가에 관한 규칙』에서는 대상물건별로 정한 주된 방법을 적용하여 평가하되, 다른 평가방식에 속하는 하나 이상의 평가방법으로 산출한 시산가액과 비교하여 합리성을 검토하도록 규정함으로써 원칙적으로 3방식을 모두 적용할 필요는 없다는 입장을 취하고 있다.

Ⅳ 3방식 병용의 법률적 근거[64]

1. 개설

국가별 평가방식은 대동소이하나 각국의 부동산 환경의 차이로 평가방식의 적용에 있어서는 다소 차이를 보이고 있다. 특히 수익환원법의 경우에는 미국이나 유럽 등에서는 활발히 적용되고 있는 반면 우리나라와 일본 등은 논의가 활발하나, 자료의 비공개성 등으로 적용에 소극적인 실정이다. 일본과 미국의 경우 3방식을 모두 적용하여 평가하는 것을 기본원칙으로 하고 있으며, 영국의 경우 비교방식, 소득방식, 비용방식, 수익성 방식과 잔액방식(잔여법)의 다섯 가지 평가방법을 사용하고 가장 적합한 방법을 선택한다고 하여 시산가액 조정을 부정한다.

2. 법률적 근거

(1) 『부동산 공시법』 제3조

표준지공시지가를 조사·평가하는 경우에 참작하여야 할 기준으로 인근 유사토지의 거래가격·임대료 및 해당 토지와 유사한 이용가치를 지닌다고 인정되는 토지의 조성에 필요한 비용추정액 등을 종합적으로 참작하여야 한다고 규정하고 있다.

(2) 『토지보상법 시행규칙』 제18조

토지보상법 시행규칙 제18조 제1항은 "대상물건의 평가는 이 규칙에서 정하는 방법에 의하되, 그 방법으로 구한 가격 또는 사용료를 다른 방법으로 구한 가격 등과 비교하여 그 합리성을 검토하여야 한다."고 규정하고 있다.

(3) 『감정평가법』 제3조

『감정평가법』 제3조 제2항은 감정평가법인등이 『주식회사 등의 외부감사에 관한 법률』에 따른 재무제표 작성 등 기업의 재무제표 작성에 필요한 감정평가와 담보권의 설정·경매 등 대통령령으로 정하는 감정평가를 할 때에는 해당 토지의 임대료, 조성비용 등을 고려하여 감정평가를 할 수 있다고 규정하고 있다.

(4) 『감정평가에 관한 규칙』 제12조

『감정평가에 관한 규칙』 제12조 제2항은 감정평가법인등은 대상물건의 감정평가액을 결정하기 위하여 제1항에 따라 어느 하나의 감정평가방법을 적용하여 산정(算定)한 가액을 다른 감정평가방식에 속하는 하나 이상의 감정평가방법으로 산출한 시산가액과 비교하여 합리성을 검토하여야 한다. 다만, 대상물건의 특성 등으로 인하여 다른 감정평가방법을 적용하는 것이 곤란하거나 불필요한 경우에는 그렇지 않다고 규정하고 있다.

---

[64] (논문) 김지희, 평가방식의 적용방법과 시산가격조정, 한국부동산원

3. 검토

① 외국에서는 비교방식과 원가방식 및 수익방식이 일반적으로 사용되고 있으며 이를 위한 각종 자료의 개발과 발표도 활발히 이루어지고 있다. 그렇다고 이것이 무조건적인 3방식 병용을 의미하는 것은 아니다. 예컨대, 미국에서는 신축건물이나 특수건물의 경우를 제외하고는 원가방식을 주된 방식으로 적용하지 않고 있으며, 일본에서는 부동산 증권화와 관련된 평가에 있어 DCF법을 우선적으로 적용하도록 하는 등 평가대상별로 주된 평가방식이 있고 이를 검토하고 검증할 수 있는 부수적인 평가방식이 있다.

② 이처럼 각국의 평가방식은 각자가 처한 시장상황과 관행에 따라 평가에 필요한 자료와 수집가능한 자료의 종류와 범위에 큰 영향을 받고 있다. 그러나 대상물건의 가치를 평가한다는 기본적인 접근 논리는 동일하므로 우리나라 또한 기존의 공시지가기준법에만 국한하지 말고 되도록 3방식을 모두 사용하게 함으로써 평가의 객관화와 선진화에 힘써야 할 것이다. 이를 위해서는 정확하고 유용한 정보를 투명하게 접근할 수 있도록 하는 제도적 뒷받침이 선행되어야 한다.

> 우리나라는 부동산을 통제의 대상으로 생각하고 있는 기본 인식 아래 평가방식의 적용에 있어서도 제한을 가하고 있다. 감정평가법은 토지의 경우 공시지가기준법을 원칙적인 방법으로 규정함으로써 감정평가방법의 적용에 있어 고정적이고 경직적인 자세를 취하고 있다. 이는 또한 사회경제적으로 부동산에 대한 인식이 상대적으로 부정적이고 음성적이어서 관련 자료 또한 제대로 공개되거나 가공되지 못하고 있는 현실이 반영된 것이기도 하다.

03절 시산가액(시산가격, 시산가치) 조정 ▶기출 14회, 25회, 28회

> **감정평가에 관한 규칙 제12조(감정평가방법의 적용 및 시산가액 조정)**
> ① 감정평가법인등은 제14조부터 제26조까지의 규정에서 대상물건별로 정한 감정평가방법(이하 "주된 방법"이라 한다)을 적용하여 감정평가해야 한다. 다만, 주된 방법을 적용하는 것이 곤란하거나 부적절한 경우에는 다른 감정평가방법을 적용할 수 있다.
> ② 감정평가법인등은 대상물건의 감정평가액을 결정하기 위하여 제1항에 따라 어느 하나의 감정평가방법을 적용하여 산정(算定)한 가액[이하 "시산가액(試算價額)"이라 한다]을 제11조 각 호의 감정평가방식 중 다른 감정평가방식에 속하는 하나 이상의 감정평가방법(이 경우 공시지가기준법과 그 밖의 비교방식에 속한 감정평가방법은 서로 다른 감정평가방식에 속한 것으로 본다)으로 산출한 시산가액과 비교하여 합리성을 검토해야 한다. 다만, 대상물건의 특성 등으로 인하여 다른 감정평가방법을 적용하는 것이 곤란하거나 불필요한 경우에는 그렇지 않다.
> ③ 감정평가법인등은 제2항에 따른 검토 결과 제1항에 따라 산출한 시산가액의 합리성이 없다고 판단되는 경우에는 주된 방법 및 다른 감정평가방법으로 산출한 시산가액을 조정하여 감정평가액을 결정할 수 있다.

Ⅰ. 의의
Ⅱ. 시산가액 조정의 필요성
  1. **시산가액 조정에 대한 견해**
  2. **필요성**
    (1) 상관·조정의 원리
    (2) 3면등가의 한계
    (3) 평가방식의 특징과 유용성에 따른 한계
  3. **검토(우리나라의 경우)**
Ⅲ. 시산가액 조정방법 및 조정기준
  1. **조정방법**
    (1) 최적정 평가방법에 의한 방법
    (2) 가중평균에 의한 방법
    (3) 종합적인 판단에 의한 방법
    (4) 통계적 분석방법
  2. **시산가액 조정의 기준**
    (1) 대상물건의 성격
    (2) 평가목적
    (3) 시장상황
    (4) 자료의 신뢰성
      1) 자료의 정확성
      2) 증거의 양
  3. **검토(감정평가 실무기준상 조정방법 및 조정기준)**
Ⅳ. 시산가액 조정 시 유의사항
  1. **일반적 유의사항**
  2. **구체적 유의사항**
    (1) 자료의 선택, 검토 및 활용의 적부
    (2) 부동산 가격제원칙 활용의 적부
    (3) 가치형성요인 분석의 적부
    (4) 단가와 총액과의 관계
    (5) 3방식 특성에 따른 유의사항
    (6) 새로운 평가방법 적용의 타당성
Ⅴ. 결

I 의의

앞서 감정평가의 3방식을 모두 적용할 것인가 말 것인가에 대한 논의를 하였다. 만약 3방식을 병용하지 않고 하나의 방식만을 적용하게 된다면 최종적인 평가결과는 쉽게 도출될 수 있을 것이다. 그러나 3방식을 모두 적용하게 된다면 각각의 방식 적용으로 도출된 가치를 어떻게 처리해야 하는가 하는 문제 즉, 시산가액 조정 문제가 대두된다.

시산가액이란 대상물건의 감정평가액을 결정하기 위하여 각각의 감정평가방법을 적용하여 산정한 가액을 말하며, 최종결론을 얻기 위하여 시산가액을 조정하는 작업과정이 필요하다. 시산가액의 조정이란 각 시산가액을 비교·대조하여 그들 사이에 차이가 있을 경우 통일적·일관적인 가격을 구성하도록 조화시키는 작업을 말한다.[65]

이러한 시산가액의 조정을 통해 각 방식의 평가과정의 객관성과 정당성을 확인하고 평가과정을 비판적으로 재검토함으로써 시산가액 간의 차이가 나는 이유를 발견하고 적절한 가액을 도출할 수 있게 된다. 결국 이러한 과정을 통해 최종적인 감정평가결과에 논리성과 합리성을 부여할 수 있게 된다. 감정평가사는 시산가액 조정 시 그 조정방법이나 조정기준 등을 보고서에 적절히 표시하여야 한다.

II 시산가액 조정의 필요성

1. 시산가액 조정에 대한 견해

① 시산가액 조정의 필요성에 대하여는 이를 인정하는 견해와 부정하는 견해가 대립된다. A. Marshall의 3면등가의 법칙을 근거[66]로 3방식에 의하여 산정된 시산가치의 조정이 불필요하다는 것이 부정하는 견해의 입장이다.

② 한편 인정하는 견해는 주로 부동산시장은 동태적 시장이므로 3면등가성 자체가 성립되기 어려울 뿐 아니라 3방식의 가치평가가 전제가 각기 다르므로 시산가치도 다를 수밖에 없다고 주장하였다.

③ 현실적으로 부동산시장은 불완전성, 시장증거자료의 미비, 수익자료의 불투명성 등에 의한 수익분석의 한계로 인하여 3방식에 의한 시산가액이 일치하기는 쉽지 않다.

④ 또한, 현대 감정평가이론에서는 이러한 논쟁이 이미 종결되었다. 즉, 3면등가의 법칙이 성립하는가의 문제를 떠나 가치 3면성이 부동산 가격형성 과정상 상호 유기적으로 관련되어 있으므로 당연히 시산가치 조정의 필요성을 인정하고 있는 것이다.

---

[65] 시산가액 조정은 3방식에 의한 시산가액을 조화시켜 최종적인 가액을 도출해내는 과정을 말하지만 그 속에는 각 방식에 의한 시산가액을 보다 정확하게 산출하기 위해 수정작업도 포함하고 있다.
[66] A.Marshall은 완전경쟁시장에서는 가격과 비용 및 가치가 궁극적으로 같아진다고 주장하였다.

2. 필요성 ▶기출 28회

(1) 상관·조정의 원리

부동산의 가치는 효용(수익성), 상대적 희소성(비용성), 유효수요(시장성)의 가치발생요인의 상호 유기적 결합에 의하여 발생한다. 그런데 이러한 가치발생요인들은 부동산의 가치에 독립적이고 개별적으로 작용하는 것이 아니라 상호작용과 결합에 의해 유기적인 관련성을 바탕으로 작용하게 된다. 따라서 각 평가방식에 의한 시산가액 또한 그러한 상관성을 고려하여 가치를 조정함으로써 보다 정확하고 객관적인 가치를 도출할 수 있게 된다. 이를 상관·조정의 원리라고 한다.

(2) 3면등가의 한계

A. Marshall에 의하면 3면등가성은 완전경쟁시장의 정적 균형하에서는 3면 등가가 인정된다. 그러나 현실의 부동산시장은 부동산의 특성에 따라 불완전할 뿐만 아니라 가치형성요인 또한 항상 변화의 과정에 있는 동적 시장으로서 각 방식에 의한 가치는 일치할 수 없기 때문에 이를 보완하기 위하여 시산가액의 조정이 필요하다.

(3) 평가방식의 특징과 유용성에 따른 한계

각 평가방식은 시장성과 비용성 및 수익성이라는 서로 다른 사고를 기초로 하고 있어 각 방식마다의 특징과 유용성을 가지고 있다. 그런데 경우에 따라서는 특정방식의 적용이 곤란한 경우도 있고 그 적용과정상 주관의 개입이 많이 발생할 우려가 있는 등 일정한 한계도 지니고 있다. 따라서 각 방식의 특징과 유용성을 살리고 한계를 극복함으로써 특정한 방식에 의한 가치의 편의(Bias) 현상을 막고 보다 적정한 가치를 도출하기 위해 시산가액의 조정이 필요하다.

3. 검토(우리나라의 경우)

특히 우리나라의 경우 부동산시장의 불안정성, 수익자료의 불투명성 등으로 인한 수익분석의 한계 등으로 인하여 각 방식에 의한 시산가액이 일치하기가 어렵다. 그러므로 시산가치의 조정작업 과정을 통하여 시산가치 간 차이의 원인을 알 수 있고, 감정평가가격에 대하여 논리성과 객관성을 부여할 수 있다.

Ⅲ 시산가액 조정방법 및 조정기준

1. 조정방법 ▶기출 4회, 25회

(1) 최적정 평가방법에 의한 방법

최적정 평가방법에 의한 방법은 가장 적절하다고 판단되는 감정평가방식에 의한 시산가액을 중심으로 다른 감정평가방식에 의한 시산가액과의 검토를 통하여 결론을 내리는 방법으로서, 금액적인 조정의 과정이 없어 최종 감정평가금액은 가장 적절한 감정평가방식의 결과로 결정된다. 결과적으로 금액적인 조정이 이루어지지 않기 때문에 시산가액 조정으로 볼 수 없다는 의견도 있지만, 넓은 의미에서의 시산가액 조정에 포함될 수 있을 것이다.

(2) 가중평균에 의한 방법

가중평균에 의한 방법은 각 시산가액에 대하여 가중치를 부여한 후 평균하는 방법이다. 이 방법은 단순한 산술평균이 아니라 대상물건의 특성과 용도, 평가의 목적과 조건, 자료의 신뢰성과 대상물건이 속한 지역적 특성을 전반적으로 참작하여 가중치를 부여하는 것으로, 조정과정에 대한 객관적인 근거를 둘 수 있다는 점에서 장점이 있는 반면, 가중치 결정에 있어서 일정한 기준이 없는 경우 평가자의 주관 개입 여지가 있는 것이 단점이다.

(3) 종합적인 판단에 의한 방법

종합적인 판단에 의한 방법은 평가목적, 평가대상물건의 특성, 시장의 상황 등을 고려하여 시산가액의 수치상의 차이점을 수학적 계산방법을 동원하지 않고 종합적인 판단에 의하여 조정하는 방법을 말한다. 이 방법은 시산가액 조정의 근본적인 의의에 부합하는 방법이기는 하지만, 상대적으로 평가자의 주관적 판단의 개입이 클 여지가 있다는 단점이 있다.

(4) 통계적 분석방법

최근에는 감정평가과정이 전산화되면서 통계적 분석기법을 도입하자는 주장도 제기되고 있다. 감정평가액도 부동산가격의 하나이므로 감정평가액이 복수가 된다는 이른바 '감정평가액은 일정범위의 가격'이라는 주장에 근거하는 것으로서, 일정범위 내에 분포할 확률분석기법을 통하여 최종적인 감정평가액을 구하는 방법이다. 이 방법은 컨설팅 분야나 투자분석 등에 활용함으로써 감정평가영역의 확장을 가능하게 한다는 장점이 있다.

> 1. 주 방식에 의하고 부수방식으로 검토하는 방법
> 각 방식에 의한 시산가액을 바탕으로 상한선과 하한선을 파악한 후 감정평가 목적이나 대상물건의 성격, 시장상황, 자료의 신뢰성 등에 따라 주방식에 의한 가액에 중점을 두고 타 방식에 의한 가액으로 검토하는 방법이다.

2. 가중치를 부여하는 방법

감정평가 목적이나 대상물건의 성격, 시장상황, 자료의 신뢰성 등을 종합적으로 고려하여 가중치를 부여하고 이를 가중평균하는 방법이다. 그러나 이 방법은 가중치 부여 시 일정한 기준이 없는 경우에는 평가사의 주관이 개입될 여지가 많다는 한계를 가지고 있다. 이를 보완할 수 있는 방법으로 시장자료에 의해 지지될 수 있는 방식에 상대적으로 많은 비중을 둘 수 있다. 한편, 평가사는 다양하고 풍부한 경험을 쌓고 전문적인 지식을 활용함으로써 보다 정확하고 합리적인 판단을 할 수 있는 능력을 함양해야 한다.

3. 구간으로 조정하는 방법

하나의 가액인 점 추정이 아닌 일정한 구간으로 가액을 결정하는 방법이다. 이는 일반적인 감정평가의 영역에서는 거의 이루어지지 않고 있다. 다만, 컨설팅업무와 같이 의뢰인의 의사결정에 도움을 주기 위한 경우와 같은 특수한 경우와 법적인 요구 등이 있는 경우에 한해 제한적으로 활용되고 있다. 이러한 구간추정방법은 시장가치가 확률적 개념으로서 'The most probable'로 정의되는 최근의 경향과도 일맥상통한다.

2. 시산가액 조정의 기준(대목시신)

(1) 대상물건의 성격

대상물건의 성격은 시산가액 조정에 있어 중요한 기준이 된다. 시장성이 있는 물건이라면 비교방식이, 수익성이 있는 물건이라면 수익방식이 보다 타당한 평가방식이 될 것이다. 한편, 이제 막 비용이 투입된 신규물건이라면 원가방식이 유용한 평가방식이 될 것이다.

(2) 평가목적

평가목적은 시산가액 조정에 있어 기준이 되며, 부동산의 가치는 가치다원론의 입장에서 평가목적에 따라 다양한 가치의 개념으로 접근할 수 있다. 따라서 평가목적이 무엇인지를 기준으로 시산가액을 조정함으로써 평가의뢰인의 요구에 보다 적절하게 부응할 수 있을 것이다. 예를 들어, 부동산을 담보로 한 담보가치 산정에 있어서 투입비용에 근거한 원가법보다는 확실하게 대출금의 회수가 가능한 거래사례비교법에 의한 시산가액이 보다 적정하다 할 것이다.

(3) 시장상황

시장상황도 시산가치의 가중치를 정하는 조정기준으로 사용된다. 안정적인 시장에서는 원가법에 의한 시산가액, 시장상황이 변화추세에 있을 경우 거래사례비교법과 수익환원법에 의한 시산가액에 상대적으로 더 많은 비중을 둔다. 그러나 이 경우에 있어, 평가사는 거래사례비교법에 의한 시산가액이 최신자료에 근거하여 수정된 것인지를 반드시 확인하여야 한다.

『아카데미 부동산 감정평가론』, 노용호 著
1. 수익방식 적용 시 유의사항
   이 방법의 적용에서 유의할 점은 대상물건의 시장이 안정되어 있어야 한다는 것이다. 그래야만 거래나 수익사례가 풍부하여 순수익이나 환원율을 정확하게 파악할 수 있다. 시장동향이 극단적으로 상·하향을 이룰 경우에는 경제상태가 유동적인 것이 되어 순수익이나 환원율의 파악이 곤란해지기 때문이다.
2. 비교방식 적용 시 유의사항
   이 방법의 적용은 과도한 호황 또는 불황기에는 적용이 곤란하고, 시장이 비교적 안정되어 있을 때만 유용하게 사용할 수 있다는 점을 유의할 필요가 있다. 왜냐하면 극단적인 호·불황기에는 물건의 가치와 가액과의 차이가 크고 가액변동이 심하며, 이때의 사례는 시간이 경과한 후의 실제적인 가격수준을 제시하지 못함으로써 사례로서의 의의를 상실하기 때문이다.
3. 시산가액 조정 시 유의사항
   3방식 특성에 따른 유의사항으로 비교방식은 급격한 호·불황 시 신뢰성이 떨어지며, 수익가격은 임료의 지행성이 있음을 유의하고, 한편 원가방식은 공급자 중심의 가격이 됨을 유의하여야 한다.

『감정평가학원론』, 서광채 著
시장상황 또한 시산가액 조정에 있어 중요한 기준이 된다. 비교방식은 시장상황이 안정적일 때 상대적으로 신뢰성이 있고, 시장상황이 급변할 때는 원가방식과 수익방식에 상대적으로 더 많은 비중을 두게 된다.

---

(4) 자료의 신뢰성

1) 자료의 정확성

① 적절성
   각 방식의 적용에 있어 적절한 자료가 수집되었는지 그리고 제대로 활용되었는지를 확인해야 한다.

② 정확성(자계수)

시산가액의 정확성은 자료의 정확성과 계산의 정확성 그리고 수정의 정확성 등에 의해 좌우된다. 이때 계산의 정확성과 수정의 정확성은 검토 후에 바로 시정이 가능한 사항으로서 시산가액의 정확성은 자료의 정확성에 크게 영향을 받는다. 따라서 각 방식에 사용된 자료 중 어느 것이 보다 더 정확성이 있는 자료인지 여부를 판단하여야 한다.

2) 증거의 양

적절성이나 정확성은 질적인 기준으로서의 성격을 지니고 있다. 그런데 이러한 질적인 기준들이 양적인 기준, 즉 풍부한 자료에 의해 지지된다고 하면 보다 높은 신뢰성과 타당성을 지니게 될 것이다. 이는 투입된 자료의 양이 적게 되면 유의미한 결과를 얻을 수 없게 된다는 통계학적인 의미와 같은 맥락에서 이해될 수 있다. 따라서 보다 풍부한 자료에 의해 뒷받침되는 평가방식이 어떤 것인가에도 주목할 필요가 있다.

3. **검토**(감정평가 실무기준상 조정방법 및 조정기준)

시산가액을 조정할 때에는 대상물건의 특성, 감정평가 목적, 시장상황, 수집한 자료의 신뢰성 등을 종합적으로 고려하여 각 시산가액에 적절한 가중치를 부여하여 감정평가액을 결정(주된 방법이 아닌 다른 감정평가방법으로 산정한 가액 등으로 감정평가액을 결정하는 경우를 포함한다)하여야 한다.

Ⅳ 시산가액 조정 시 유의사항 ▶기출 4회, 25회

1. **일반적 유의사항**
   ① 시산가액 조정이 각 시산가액을 단순히 기계적으로 산술평균하거나 작위적으로 차이를 없애는 것이 아님에 유의해야 한다.
   ② 각각의 가액 차이가 발생한 원인과 근거를 명백히 하기 위해 감정평가방식과 채용한 자료가 가진 특성을 파악한 후 이를 바탕으로 감정평가 각 단계에서 제대로 적용되었는지 객관적이고 비판적으로 반복하면서 재검토해야 한다.

2. **구체적 유의사항**(자칙분단3새)

   (1) 자료의 선택, 검토 및 활용의 적부

   감정평가에 있어서 수집·선택된 자료가 대상물건의 평가에 적합한지 여부를 검토하고 이것이 평가과정에 제대로 활용되었는지 여부를 확인해야 한다. 감정평가는 그 본질상 평가사의 판단이 개재될 수 밖에 없는 주관적인 요소를 내포하고 있다. 이를 극복하고 평가결과에 객관성을 부여하기 위해서는 결국 시장자료에 의존해야 한다.

(2) 부동산 가격제원칙 활용의 적부

부동산 가격제원칙은 부동산 가치형성과정에 있어서의 기본원칙으로 평가의 과정에 있어 제원칙 활용의 적정성 여부는 평가액의 정확성과 합리성에 크게 영향을 미친다. 특히 최유효이용의 원칙은 가장 중심적이고 중요한 원칙으로서의 위치를 차지하고 있다는 점에 주목해야 한다.

(3) 가치형성요인 분석의 적부

가격수준에 영향을 미치는 일반요인과 지역요인 그리고 개별요인이 어떠한 것이 있으며 그것의 영향관계를 제대로 파악하고 분석하여 적용했는지를 확인해야 한다. 감정평가를 통해 얻고자 하는 가액은 결국 현실의 객관적인 시장에서의 가격형성 메커니즘과 일치해야 하기 때문에 시장분석의 결과를 조정의 지침으로 활용해야 한다. 즉, 시산가액이 현실 시장의 수급동향을 정확하게 반영하고 있는지, 시장참가자의 행동원리를 제대로 반영하고 있는지를 파악해야 한다.

> 각 평가방식에 공통적으로 적용된 가치형성요인의 판단에 모순이 없어야 한다. 예를 들면, 비교방식에 있어서 경제적 요인 중 금리상승이 가치에 부정적인 영향을 미친다고 판단했는데, 수익방식에서는 그것이 오히려 긍정적인 영향을 끼친다고 서로 모순되게 판단해서는 안된다.
> 비교방식과 원가방식 및 수익방식은 각각 시장성과 비용성 및 수익성의 사고를 중심으로 하여 각각의 체계를 이루고 있으나 실제로는 하나의 평가방식에 세 가지의 논리가 복합적으로 얽혀 있다. 따라서 엄밀한 의미에서 3가지 방식과 3면성이 반드시 일대일의 대응관계를 가진다고 할 수는 없다. 시산가액은 세 가지가 모여 비로소 하나의 기능을 하는게 아니라, 어느 것이나 독립하여 대상물건의 시장가치를 지향하고 있는 것으로 취급된다. 이 때문에 시산가액 상호 간에는 각 평가방식에 따른 가치형성요인의 취급에 있어 모순이 발생하지 않는다는 것을 재차 반복하여 확인해야 한다.

(4) 단가와 총액과의 관계(총액이 크면 클수록 단가의 상승비율이 적어진다.)

부동산 규모의 대소(大小)는 최유효이용과 시장성 및 가치에 영향을 미친다. 일반적으로 대규모의 부동산은 인근의 일반적이고 표준적인 부동산에 비하여 이용의 활용도가 낮고 이에 따라 시장성 또한 높지 않아 감가요인이 되는 것이 보통이다. 그러나 최근에는 대규모 토지의 부족으로 인한 희소성으로 인하여 오히려 광평수의 토지라는 점이 증가요인으로 작용하기도 한다. 따라서 단순히 단가를 기준으로 하여 가치를 산정하고 비교하게 되면 정확한 평가에 이르지 못할 위험성이 존재하므로 단가를 기준으로 한 경우와 총액을 기준으로 한 경우 등을 면밀히 비교검토하여 최종적인 가치를 결정해야 한다.

> 『부동산 규모의 대소와 최유효이용』
>
> 부동산 규모의 대소는 최유효이용과 시장성에 변화를 준다. 따라서 매매사례나 임대사례의 파악은 단가를 기준으로 한 경우와 총액을 기준으로 한 경우 차이가 날 수 있다. 예컨대 200㎡ 규모의 주택지가 인근주거지역의 표준적이용 상황이라고 하자. 이러한 토지의 ㎡당 거래가격 수준이 100만원 정도라고 한다면 1,000㎡의 광평수 토지에 대하여는 이 단가를 그대로 적용할 수 없을 것이다. 왜냐하면 지역 내 토지의 수요·공급 조건에 따라 단가가 달라질 것이기 때문이다. 즉, 공급이 초과된다면 100만원 이하로 조정되어야 하며, 수요초과 상황이라면 '광평수 증가요인'으로 인하여 ㎡당 단가는 100만원 이상이 될 것이다. 따라서 단가와 총액의 관계를 일률적으로 판단하는 것은 곤란한다.
>
> 토지거래 관행에 의하면, 단위면적 당 단가를 면적에 곱하여 그것을 거래가격으로 결정하는 것이 아니라, 단위면적당 단가를 거래면적에 곱하여 총액을 산출한 후, 토지를 가장 효과적으로 이용함으로써 얻어질 수익, 그렇게 이용하기까지 소요될 비용, 그 수익·비용과 금리와의 관계 등을 고려하여 그 총액이 비싸다고 생각되면 낮추고, 싸다고 생각되면 높여서 거래가격을 결정하게 된다. 이 거래가격 총액을 거래면적으로 나눈 것이 단가이다.
>
> 단가와 총액은 불가분의 관계이며, 총액 표시가 없는 단가는 무의미하고 단가만의 표시는 단지 지가수준에 불과하다. 그리고 그 단가는 거래가격 총액의 단위면적당 평균가격이라고 할 수 있으며, 가격산정 단계에서 단가가 적정하다고 하여 이를 면적에 곱한 총액이 반드시 적정한 것은 아니다. 단가와 총액은 토지면적의 크기와 거래상황에 따라 그 관계를 구분해야만 한다.
>
> 이와 같이 토지거래에서 단가와 총액의 관계는 단가에 의하여 총액이 좌우되는 관계가 아니라 오히려 총액에 의하여 단가가 좌우되는 관계라고 할 수 있다. 감정평가에 있어서도 단가와 총액의 관계는 토지거래에서와 마찬가지이다. 특히 단가는 평가단위, 즉 1필지 또는 그 구·부분 면적 총액의 평균가격으로서 단기 거래나 평가 시 다른 토지가격과 쉽게 비교할 수 있는 상징적 의미에 불과하며, 감정평가상 시장가치 또는 적정가액이라 하면 총액을 의미하는 것이다.

(5) **3방식 특성에 따른 유의사항**

비교방식은 급격한 호·불황 시 신뢰성이 떨어지며, 수익가격은 임대료의 지행성이 있음을 유의하고 한편, 원가방식은 공급자 중심의 가격이 됨을 유의해야 한다. 그 밖에 재조달원가 및 순수익 산정의 정확성 여부, 중요사항 누락 여부 등을 재검토하고 부동산 시장상황을 고려하여야 한다.

> 『평가방식의 적용과정에서 이루어진 각종 보정과 수정에 관한 판단의 적부』
>
> 평가방식의 적용과정에는 각 단계마다 보정과 수정작업이 이루어진다. 비교방식의 경우를 예로 들면 사정보정, 시점수정, 지역요인 및 개별요인의 비교 등이 바로 그것이다. 그런데 이러한 비교과정이 오류 없이 적절하게 진행되었는지를 검토해야 하고, 또한 평가사의 자의적인 판단이 아닌 시장자료에 근거한 객관적인 평가절차가 이루어졌는지를 비판적으로 검증해야 한다.

(6) 새로운 평가방법 적용의 타당성[67]

감정평가사에게 3방식 이외에도 기타의 감정평가방법을 이용하여 시산가액의 조정 가능성을 넓히는 것이 매우 중요한 과제가 되었다. 왜냐하면 오늘날 전통적인 평가방법만으로는 급변하는 경제현실에서 요구하는 유용한 감정평가 결과를 서비스하기 어려운 상황에 놓여 있기 때문이다.

시산가액 조정과정에서는 다양한 평가과제에 대응하여 전통적인 감정평가 방법 이외에 다양한 평가방법을 적용할 수 있는가를 사전에 검토하였는지, 그리고 적용하였다면 그 적용과정 및 결과에 대한 타당성을 검토하여야만 한다.

V 결

각 평가방식의 적용을 통해 도출된 시산가액은 어느 것이 어떤 부분에서 가장 설득력이 있는가 하는 판단이 가려져야 진정한 의미를 가진다. 이는 일시적이고 즉흥적인 방법으로는 결코 이루어질 수 없고, 객관적이고 비판적인 관점에서 지속적으로 이루어지는 반복작업을 통한 재음미과정을 거쳐야 한다. 즉, 평가방식의 각 단계에서 이루어진 평가행위를 다시 재점검해보고 오류 없이 적절하게 이루어졌는지를 합리성은 갖추고 있는지 등을 객관적이고 비판적으로 검증하고, 그 결과를 시산가액에 계속적으로 반영하여 수정하는 작업을 반복함으로써 피드백이 원활하게 이루어지게 해야 한다. 이는 결국 최종적인 평가결과의 정확성과 신뢰도를 향상시키는 것이 된다.

---

[67] 이러한 새로운 평가과제가 부상하게 된 것은 경제·사회·환경의 급속한 변화에 기인한다. 기업가치나 투자가치와 금융상품, 상표권, 특허기술, 영업권 등 다양한 무형자산 가치를 국제적 기준에 맞게 평가해야 한다. 그만큼 감정평가방법도 고도화·과학화되어야 할 필요성이 높아지고 있으며, 대부분의 투자가치 평가 시에도 현금흐름을 중시하는 DCF분석법이나 실물옵션 평가방법 등을 통하여 불확실한 미래 경제적 이익을 객관적으로 추정하여야 한다.

04절 감정평가의 절차[68]

Ⅰ. 서
Ⅱ. 감정평가 절차의 필요성
  1. 주관적인 요소 배제를 통한 신뢰성 확보
  2. 책임소재 파악에 기여
  3. 의뢰인의 이해증진
  4. 능률성 제고
Ⅲ. 감정평가의 절차
  1. 기본적 사항의 확정
    (1) 의의
    (2) 중요성
    (3) 대상물건의 확정
      1) 물적 사항 확정
      2) 권리 관계 확정
    (4) 감정평가목적의 확정
    (5) 기준시점의 확정
      1) 의의
      2) 기준시점 확정의 중요성
      3) 기준시점과 (감정)평가시점과의 관계
    (6) 감정평가조건의 확정
    (7) 기준가치의 확정
      1) 의의
      2) 기준가치의 필요성
      3) 시장가치 외의 가치의 중요성
  2. 처리계획의 수립
    (1) 의의
    (2) 중요성
    (3) 주요내용
  3. 대상물건의 확인
    (1) 의의
    (2) 감정평가에 관한 규칙 제10조(실지조사의 예외)
    (3) 대상물건의 확인 절차
      1) 사전조사
      2) 실지조사
    (4) 대상물건의 확인사항
      1) 물적사항
      2) 권리상태
  4. 자료의 수집과 정리
    (1) 의의
    (2) 자료의 중요성
    (3) 자료의 종류
      1) 확인자료
      2) 요인자료
      3) 사례자료
    (4) 자료의 수집방법
      1) 징구법
      2) 실사법
      3) 열람법
      4) 탐문법
    (5) 자료의 정리
  5. 자료검토 및 가치형성요인의 분석
    (1) 자료검토
    (2) 가치형성요인의 분석
  6. 감정평가방법의 선정 및 적용
    (1) 감정평가방법의 선정
    (2) 감정평가방법의 적용
  7. 감정평가액의 결정 및 표시
    (1) 의의
    (2) 감정평가액의 결정(시산가액의 조정)
    (3) 감정평가액의 표시
      1) 점추정치
      2) 구간추정치와 관계가치
Ⅳ. 결

---

[68] (특강) 감정평가의 절차(노용호, 건대특강)

I 서[69]

감정평가업무는 다양한 목적을 가진 의뢰인의 평가의뢰에서 시작하여 감정평가서라는 최종적인 결과물이 교부됨으로써 끝이 나게 된다. 이러한 감정평가업무는 수많은 감정평가사들에 의하여 일상적으로 반복되어 행해져왔고 그 과정 속에서 능률적이고 합리적으로 업무를 수행하기 위한 노력들이 축적되어 왔다. 이를 체계적으로 분류하여 설정한 일련의 단계가 바로 감정평가 절차이다. 『감정평가에 관한 규칙』 제8조에서는 감정평가업무의 효율성을 높이고 사회적·경제적으로 큰 비중과 중요성을 지니고 있는 평가업무의 대국민 신뢰도를 제고하기 위한 방법으로 제반 절차를 규정하고 있다. 그러나 이 순서는 절대적인 것이 아니라 실무적 필요에 따라 조정이 가능하다. 즉, 대상물건의 종류 및 평가 목적 등에 따라 합리적 또는 능률적인 평가를 위하여 필요한 때에는 탄력적·신축적으로 순서를 조정하여 적용할 수도 있다.

> **감정평가에 관한 규칙 제8조(감정평가의 절차)**
> 감정평가법인등은 다음 각 호의 순서에 따라 감정평가를 해야 한다. 다만, 합리적이고 능률적인 감정평가를 위하여 필요할 때에는 순서를 조정할 수 있다.
> 1. 기본적 사항의 확정
> 2. 처리계획 수립
> 3. 대상물건 확인
> 4. 자료수집 및 정리
> 5. 자료검토 및 가치형성요인의 분석
> 6. 감정평가방법의 선정 및 적용
> 7. 감정평가액의 결정 및 표시

---

[69] 감정평가 실무기준 해설서(Ⅰ), 2014, p82~87

II 감정평가 절차의 필요성(주책이능)

1. 주관적인 요소 배제를 통한 신뢰성 확보

감정평가 행위 자체가 본질적인 측면에서 주관적인 요소를 내포하고 있기 때문에 평가과정상의 객관성을 제고함으로써 신뢰성을 확보할 수 있다.

2. 책임소재 파악에 기여

최근 일반인들의 지적 수준과 권리의식의 향상으로 인하여 각종 민원 및 소송과 같은 법적 분쟁이 날로 증가하고 있다. 이러한 상황은 평가업계에도 예외일 수는 없다. 평가절차는 분쟁발생 시 책임소재를 명확히 하여 문제점을 파악하고 해결하는 데 도움을 줄 수 있다.

3. 의뢰인의 이해증진

평가의뢰인에게 체계적인 절차를 제시함으로써 평가결과에 대한 보다 깊은 이해를 가능하게 한다.

4. 능률성 제고

제반 절차에 따라 계획적이고 단계적인 평가업무를 수행함으로써 평가활동의 능률성을 제고할 수 있다.

Ⅲ 감정평가의 절차(기처대자자방결)

1. 기본적 사항의 확정(의대목시조기자수)

> **감정평가에 관한 규칙 제9조(기본적 사항의 확정)**
> ① 감정평가법인등은 감정평가를 의뢰받았을 때에는 의뢰인과 협의하여 다음 각 호의 사항을 확정해야 한다.
>   1. 의뢰인
>   2. 대상물건
>   3. 감정평가 목적
>   4. 기준시점
>   5. 감정평가조건
>   6. 기준가치
>   7. 관련 전문가에 대한 자문 또는 용역(이하 "자문 등"이라 한다)에 관한 사항
>   8. 수수료 및 실비에 관한 사항
> ② 기준시점은 대상물건의 가격조사를 완료한 날짜로 한다. 다만, 기준시점을 미리 정하였을 때에는 그 날짜에 가격조사가 가능한 경우에만 기준시점으로 할 수 있다.
> ③ 감정평가법인등은 필요한 경우 관련 전문가에 대한 자문 등을 거쳐 감정평가할 수 있다.

(1) 의의(의대목시조기자수)

기본적 사항의 확정이란 평가의 기초가 되는 제반 사항을 확정하는 단계로서 감정평가 수임계약에 포함되어 확정해야 할 사항들을 의뢰인과 협의하여 결정하는 절차를 말한다. 기본적 사항의 확정은 의뢰인에 대한 청문이나 제반 자료 등에 근거하여 이루어지며, 실지조사 결과에 기초하여 이를 재검토하는 노력들이 병행되어야 한다.

(2) 중요성

기본적 사항의 확정은 감정평가라는 실천적 작업을 수행하기 위한 첫 번째 절차로서 기본적 사항이 확정되지 않으면 감정평가업무 자체를 수행할 수 없게 된다. 또한, 기본적 사항은 감정평가의 시작단계부터 완료 이후까지 영향을 미칠 수 있는 중요사항들로서, 업무수행 전에 구체적이고 명확하게 확정하되 업무의 성격 등으로 사전에 확정할 수 없는 경우에는 감정평가서가 발급되기 전까지 확정해야 한다. 기본적 사항의 확정은 다음과 같은 점에서 그 중요성이 인정된다.

① 대상물건의 물적 현황과 권리관계 및 평가목적 등을 명확히 함으로써 평가결과의 적정성 보장
② 책임소재의 명확화
③ 의뢰인과의 불필요한 분쟁 방지
④ 평가사의 사회적 신뢰 유지

기본적 사항의 항목 중에서 감정평가액 결정과 직접적으로 관련되어 있는 대상물건・감정평가 목적・기준시점・감정평가조건・기준가치 등을 중심으로 살펴보면 다음과 같다.

(3) 대상물건의 확정[70]

대상부동산의 확정이란 대상부동산의 소재와 범위 등 물적 사항과 소유권 및 임차권 등의 권리관계를 확정하는 것을 의미한다.

1) 물적 사항 확정

물적 사항은 의뢰인의 의뢰목적에 기반한 의사와 토지대장, 지적도, 건축물대장과 같은 공부서류를 기준으로 하되, 실지조사를 통한 확인으로 최종 확정하게 된다.

2) 권리 관계 확정

권리관계는 의뢰인의 의뢰목적에 기반한 의사와 등기사항전부증명서, 등록부와 같은 공부서류를 기본으로 하되, 실지조사를 통한 확인으로 최종 확정하게 된다. 실지조사 시에는 특히 등기 또는 등록되지 않은 권리의 존재 여부와 그 내용을 파악하는 것이 매우 중요하다.

(4) 감정평가 목적의 확정

감정평가 목적의 확정이란 의뢰인이 구체적으로 감정평가의 의뢰를 통해 달성하고자 하는 목적을 파악하고 이를 확정하는 것을 말한다. 의뢰인들이 평가를 의뢰하는 목적은 다양하며, 경제사회의 성장과 발전에 따라 그 내용 또한 복잡해지고 있는 것이 현실이다. 또한, 감정평가 목적에 따라 적용 법률과 감정평가의 기준 및 가치에 대한 접근방식과 같은 감정평가방법 등이 달라져 가치의 차이가 발생할 수 있다. 의뢰인의 의뢰목적을 명확히 확인함으로써 그에 맞는 적절한 정보를 제공하고, 보다 정확한 가치를 산출해낼 수 있다는 점에서 볼 때 감정평가 목적의 확정은 매우 중요한 의미를 지닌다.

(5) 기준시점의 확정 ▶기출 12회

1) 의의

기준시점이란 대상물건의 감정평가액을 결정하는 기준이 되는 날짜를 말한다(감정평가에 관한 규칙 제2조). 부동산의 가치는 시간의 흐름에 따라 내부적 요인 및 외부적 요인에 의해 시시각각 변하게 되므로 어떤 시점을 기준으로 하여 가치가 결정된 것인지에 관한 기준시점은 중요한 의미가 있다.

① 『감정평가에 관한 규칙』상 기준시점은 대상물건의 가격조사를 완료한 날짜로 한다.

---

[70] 노용호, 아카데미 부동산 감정평가론, 부연사, 2021

② ①에도 불구하고 기준시점을 미리 정하였을 때에는 그 날짜에 가격조사가 가능한 경우에만 그 날짜를 기준시점으로 할 수 있다.
③ 과거를 기준시점으로 하는 경우를 소급평가라 하며, 미래를 기준시점으로 하는 경우를 기한부 평가라 한다.
④ ②에 따라 기준시점을 정한 경우에는 감정평가서에 그 이유를 기재하여야 한다.

> **『기준시점의 종류』**
>
> 기준시점은 대부분 감정평가일 현재가 되지만 과거(소급평가) 또는 미래의 특정일(기한부평가)이 될 수도 있다. 『감정평가에 관한 규칙』 제9조 제2항에서는 가격조사를 완료한 날짜를 원칙으로 하고 있으나 기준 시점이 미리 정하여진 때에는 가격조사가 가능한 경우에 그 날짜로 할 수 있다고 예외를 인정하고 있다.
>
> **가격조사 완료일**
> 대상물건의 가치를 가장 정확하게 파악할 수 있는 시점으로 특별한 사유가 없는 한 가격조사 완료일이 원칙적인 기준시점이 된다.
>
> **과거의 특정일**
> 현재가 아닌 과거의 특정일을 기준시점으로 정할 수 있는데 보상평가에 있어 이의재결평가나 법적 분쟁과 관련한 소송평가 등이 이에 해당한다.
>
> **미래의 특정일**
> 현재가 아닌 미래의 특정일을 기준시점으로 정할 수 있는데 투자수익성 등을 평가하는 것과 주로 관련된다. 이때는 기한부평가와 조건부평가가 병행하여 의뢰되는 경우가 많다.
>
> **임료의 기준시점**
> 기준시점과 관련된 논의는 임료에도 그대로 적용된다. 다만 임료는 (협의의)가치와는 달리 시계열적 관점에서 분할이 전제된다는 점에서 차이를 보인다. 임료는 일정한 기간을 대상으로 하여 책정되고 그 기간의 시작일이 기준시점이 된다는 점에서 특징적이다.
> 이론적으로 기준시점은 과거 또는 미래시점도 가능하지만 평가실무에서는 미래의 특정일을 기준으로 한 평가는 제한적으로 이루어지고 있다. 과거시점을 기준으로 한 평가의 경우에는 대상물건에 대한 확인과 가치형성요인에 대한 자료의 수집이 가능하지만 미래시점에 대해서는 가치형성요인을 예측하는 것이 너무나 어렵고 불확실하여 평가결과의 정확성과 신뢰성을 보장할 수 없기 때문이다.

2) 기준시점 확정의 중요성

① 부동산의 영속성과 위치의 가변성

부동산의 영속성과 사회적, 경제적, 행정적 위치의 가변성이라는 특성은 가치형성요인을 변동시키고 이에 의해 부동산가격도 항상 변동의 과정에 있게 된다. 따라서 부동산가격은 그 가격결정의 기준이 되는 날에만 타당한 것이 되어 기준시점 확정이 중요하다.

② 가치의 본질
부동산가격은 장래이익의 현재가치이며, 장기적인 배려하에 형성되므로 기준시점을 확정하여야 한다. 즉, 부동산가격은 장래 모든 이익에 대한 특정시점 현재의 가치반영을 의미한다.

③ 책임소재의 명확화
기준시점은 평가사의 책임소재를 명확히 하기 위해 필요하다. 즉 기준시점에 있어서 감정평가액에 잘못이 없었다는 것을 입증하는 것으로 민원과 법적 분쟁에 있어 그 판단기준이 되는 것은 결국 기준시점이지 그 이전과 이후가 아니다.

3) 기준시점과 (감정)평가시점과의 관계

① 의의
기준시점이 대상물건에 대한 가치의 결정 기준일이라면 감정평가시점[71]은 대상물건의 가치를 실제로 판정한 기준일로 감정평가 행위를 실질적으로 마무리하는 시점인 감정평가서 작성일로 해석 할 수 있다.

② 기준시점과 평가시점과의 관계
양자는 일치함이 원칙이나, 기준시점이 미리 정해진 경우는 평가시점에서 가격조사가 가능한 경우에 한해 예외적으로 일치하지 않는다. 감정평가시점은 항상 현재로 표시되지만, 기준시점은 과거나 미래의 어떤 특정일이 될 수도 있기 때문이다.

(6) 감정평가조건의 확정

감정평가 조건은 기준시점의 가치형성요인 등을 실제와 다르게 가정하거나 특수한 경우로 한정하는 조건을 말한다(『감정평가에 관한 규칙』 제6조 제2항). 감정평가 조건은 의뢰인들의 다양한 요구를 충족할 수 있어 감정평가의 의사결정 기능을 원활하게 하는 순기능을 지니고 있다. 그러나 감정평가조건에 따라 감정평가의 결과가 크게 달라질 수 있고, 이에 따라 감정평가의 신뢰성에도 부정적인 영향을 미칠 수 있는 잠재적 위험을 안고 있어 일정한 경우에만 감정평가조건을 인정하고 있다. 또한, 감정평가조건을 붙여 감정평가하는 경우에도 합리성과 적법성 및 실현가능성을 검토하도록 규정하여 감정평가업무 수행에 신중을 기하도록 유도하고 있다.

---

[71] 감정평가 실무에서는 감정평가시점이란 용어가 사용되지 않고 다만, 감정평가서에 필수적으로 조사기간이나 작성일자를 기재하도록 되어 있어 작성일자를 통해 감정평가시점을 확인할 수 있을 뿐이다.

(7) 기준가치의 확정

1) 의의

기준가치는 감정평가의 기준이 되는 가치로서 『감정평가에 관한 규칙』은 기준가치를 시장가치와 시장가치 외의 가치로 구분하고 있으며, 원칙적으로 시장가치를 기준가치로 결정하도록 규정하고 있다.

2) 기준가치의 필요성

기본적 사항의 확정에 있어 가장 중요한 내용은 바로 기준가치이다. 대상물건의 특성, 감정평가 목적이나 기준시점, 감정평가조건 등에 따라 적용 법률이나 시점, 감정평가 기법 및 가치에 대한 접근방식 등이 달라져 가치는 차이가 발생할 수밖에 없다. 이처럼 부동산의 가치는 가치다원론적 관점에서 이해되어야 한다는 점을 인식한다면 기준가치의 확정이 무엇보다 중요함을 알 수 있을 것이다.

> **감정평가론, 서경규 著**
> 일정시점에서 경제적 가치의 유형은 경제주체의 관점에 따라 매우 다양하며 이를 가치다원론이라고 한다. 예를 들어, 동일한 농지라 하더라도 농지로 사용하려는 사람과 택지로 개발하려는 사람 및 근저당권을 설정하고 대출하려는 사람이 갖는 경제적 가치는 서로 다르다. 경제적 가치의 종류가 다르면 감정평가의 기준이 달라지고 그 결과 감정평가액도 달라진다. 따라서 감정평가에 있어서는 먼저 기준가치를 확정하여야 한다.

3) 시장가치 외의 가치의 중요성

사회경제의 발전에 따라 감정평가업무가 다양화되고 전문화되면서 다양한 가치를 파악해야 하는 경우들이 점점 늘어나고 있다. 이는 시장가치만으로는 사회적 수요를 충족할 수 없다는 의미로 시장가치 외의 가치의 중요성이 부각되고 있음을 의미한다. 시장가치 외의 가치는 다양한 사회적 수요를 충족함으로써 경제활성화에 기여하고, 감정평가의 정밀도도 높일 수 있으며 감정평가의 업무영역을 확대할 수 있다는 측면에서 큰 의미가 있다. 그런데 실제 감정평가실무에서는 시장가치 외의 가치가 활발하게 활용되지 못하고 있다.

2. 처리계획의 수립

(1) 의의

"처리계획의 수립"이란 대상물건의 확인에서 감정평가액의 결정 및 표시에 이르기까지 일련의 작업과정에 대한 계획을 수립하는 절차를 말한다.
확정된 기본적 사항에 의하여 감정평가의 능률화·적정화를 위하여 평가결과를 도출할 때까지의 과정을 미리 사전에 체계적으로 수립하는 것이다.

(2) **중요성**

처리계획 수립의 1차적인 목적은 평가활동의 능률화를 위한 것이지만 다른 한편으로는 의뢰인에게 평가업무의 작업경과를 보고하는 데 활용되기도 한다. 처리계획 수립을 통해 무계획에서 오는 비효율과 시간 및 비용의 낭비를 없앨 수 있고, 작업의 성과에 대한 측정이 가능하며, 의뢰인에게 작업진척도를 보고하여 신뢰성을 높일 수 있게 된다.

(3) **주요내용**

처리계획을 수립할 때는 실시해야 할 작업의 성질과 양 그리고 처리능력 등에 따라 다음과 같은 절차를 질서 있게 수행해야 한다.
① 사전조사계획
② 실지조사계획
③ 가격조사계획
④ 감정평가서 작성계획
⑤ 회보계획

3. 대상물건의 확인

(1) **의의**

기본적 사항 확정단계에서 관념적이고 형식적으로 확정된 대상물건의 물리적 현황과 권리관계를 실지조사를 통해 대상물건의 물리적 현황과 제 권리관계의 실제와의 부합 여부를 확인하는 작업이다. 대상물건 확인의 1차적인 목적은 대상물건을 최종적으로 확정하는 데 있으나, 궁극적으로는 최유효이용을 판정하고 대상물건의 가치에 영향을 미치는 제반 사항을 파악하기 위한 것에 있다.

(2) **감정평가에 관한 규칙 제10조**(실지조사의 예외)

「감정평가에 관한 규칙」 제10조는 평가 시 실지조사에 의해 대상물건을 확인하되, 실지조사를 하지 아니하고도 객관적이고 신뢰할 수 있는 자료를 충분히 확보할 수 있는 경우에는 실지조사를 하지 아니할 수 있다고 규정하고 있다. 실지조사를 하지 않는 경우는 1) 천재지변, 전시·사변, 법령에 따른 제한 및 물리적인 접근 곤란 등으로 실지조사가 불가능하거나 매우 곤란한 경우, 2) 유가증권 등 대상물건의 특성상 실지조사가 불가능하거나 불필요한 경우에 해당한다.

(3) 대상물건의 확인 절차

1) 사전조사

실지조사 전에 감정평가 관련 구비서류의 완비 여부 등을 확인하고, 대상물건의 공부 등을 통해 토지 등의 물리적 조건, 권리상태, 위치, 면적 및 공법상의 제한내용과 그 제한정도 등을 조사하는 절차를 말한다.

2) 실지조사

실지조사는 현장을 방문하여 대상물건의 현황 등을 조사하는 과정으로 사전조사에서 확인할 수 없는 현장의 상황을 면밀히 조사하고 대상물건의 가치에 영향을 미치는 제반 사항을 파악해야 한다.

(4) 대상물건의 확인사항

1) 물적사항

물적 사항은 의뢰서 및 의뢰목록과 토지대장·지적도·건축물대장과 같은 공부서류를 바탕으로 현장의 상황과 비교·대조하는 절차를 거쳐 물건의 존재 여부·동일성 여부·물건의 상태 등을 확인하게 된다. 한편, 지형·지세와 같이 공부에 표시되지 않은 사항은 현장의 상황을 면밀히 조사하여 기록하여야 한다. 물적 사항의 확인에 있어서는 토지대장 및 건축물대장이 등기사항전부증명서의 기재사항보다 우선한다는 점에 유의해야 한다.

> ●『물적 불일치 시 처리방법』
>
> 1. 물적 불일치의 개념
> 물적 사항의 확인에 있어 대상물건의 공부상 내용과 현황이 다른 경우가 문제될 수 있다. 이를 물적 불일치라고 하는데 그 불일치 정도가 경미하거나 제반 행정절차를 통해 수정이 가능한 경우에는 이를 보완하거나 평가서에 그 내용을 기재하고 평가할 수 있으나, 동일성이 인정되지 않을 정도로 중대한 경우에는 평가업무를 진행할 수 없는 사유에 해당하므로 반려 처리하여야 한다.
>
> 2. 물적 불일치의 처리방법
> ① 위치 및 경계확인이 곤란하거나 일치하지 않는 경우 의뢰인으로부터 측량도면을 제시받아 처리한다. 다만, 의뢰인과 협의하여 직접 외부용역으로 처리할 수 있다.
> ② 지목이 일치하지 않는 경우 현황의 지목을 기준으로 평가한다. 다만, 불법으로 변경된 경우에는 개별적 사안에 따라 처리를 달리해야 한다.
> ③ 소재지 및 지번이 일치하지 않는 경우, 행정구역의 개편 등 동일성이 인정되는 경우에는 정상평가할 수 있으나, 그렇지 않은 경우 사유를 보다 세밀하게 확인하여야 한다.
> ④ 건물 및 정착물의 위치, 면적, 구조 등이 일치하지 않는 경우 등기변경의 가능성, 거래상의 제약 정도 등을 파악하여 사회통념상 동일성을 인정할 수 있는지 판단하여야 한다. 내용연수의 불일치는 관찰감가법 등을 적용하여 연장 또는 단축할 수 있을 것이나, 구건물이 멸실된 경우에는 평가가 원칙적으로 불가능하다고 볼 수 있다.

> 3. 유의사항
> 대상부동산의 현황과 확인자료가 부합되지 않는 경우로서, 경미하거나 경정가능한 불일치의 경우에는 이를 기재하고 정상적으로 평가할 수 있으나, 동일성이 인정되지 않을 정도로 중대한 경우에는 평가를 반려하여야 한다.

2) 권리상태

부동산의 가치는 소유권 및 기타 권리이익의 가치로서 그 의미가 부여되기 때문에 권리관계에 대한 파악이 매우 중요하다. 이러한 권리관계는 제반 자료를 바탕으로 현장 상황과의 비교·대조를 통하여 확인하여야 하는데 특히, 대상물건의 가치형성에 영향을 미치는 권리의 하자 유무나 제한물권의 설정 여부 및 소유권의 구체적인 행태 등 그 내용을 명확히 파악하여야 한다[72]. 이때, 권리관계의 확인에 있어서는 물적 사항의 확인과는 달리 토지대장이나 건축물대장보다 등기사항전부증명서의 기재사항이 우선시 된다는 점에 유의하여야 한다.

4. 자료의 수집과 정리

(1) 의의

"자료수집 및 정리"란 대상물건의 물적 사항 및 권리관계의 확인, 가치형성요인의 파악, 감정평가방법의 선정 및 적용에 각각 필요한 자료를 수집하고 정리하는 단계로서 각 자료는 감정평가의 객관성과 합리성을 부여하는 중요한 기초자료가 된다.

(2) 자료의 중요성

자료는 감정평가의 합리성·논리성을 부여하는 중요 기초자료가 되므로 풍부하고 질서 있게 수집·정리하고, 후일의 증빙자료 및 다른 평가에 활용하기 위해 보존해야 한다.

(3) 자료의 종류[73]

1) 확인자료

확인자료는 대상물건의 물적 사항 및 권리관계를 확인하기 위하여 필요한 자료로서 토지대장, 건축물대장, 지적도, 등기사항전부증명서 등이 대표적이다. 경우에 따라서는 의뢰인이 제시한 의뢰서나 의뢰목록과 같은 비공식적인 자료들도 활용될 수 있다. 확인자료는 물적인 것과 권리적인 것으로 구분하여 정리하는 것이 업무에 효과적이다.

---

[72] 경우에 따라서는 등기사항전부증명서에 포함되지 않은 권리가 존재할 수 있기 때문에 이러한 부외(簿外)권리의 파악에 주의해야 한다. 평가실무에서 흔히 접하게 되는 예가 바로 건축현장에서의 유치권이다.
[73] (특강) 감정평가에 필요한 자료의 종류와 자료의 필요성 및 정리에 유의할 사항(노용호, 건대특강) / (연습문제) 감정평가 시 필요한 자료 및 그 수집방법을 논해보라(경응수, 감정평가론, 2021).

> **내용**[74]
> - 토지이용계획확인서
>   토지이용계획확인서란 지구, 구역, 권역, 단지, 도시, 군계획시설 등 명칭에 관계없이 개발행위를 제한하거나 토지이용과 관련된 인가·허가 등을 받도록 하는 등 토지의 이용 및 보전에 관한 제한과 관련한 지정 내용 등을 확인하는 공적 서류를 말한다. 토지이용계획확인서에서는 「국토계획법」상 용도지역, 용도지구, 용도구역 등 도시·군관리계획의 수립 및 해당 여부, 「군사시설보호법」상 군사시설보호구역 등의 해당 여부, 「하천법」상 하천구역, 하천예정지의 해당 여부 등의 다양한 사항을 확인할 수 있다.
> - 지적도(임야도)
>   지적도(임야도)란 토지의 소재, 지번(地番), 지목(地目), 면적, 경계 등을 나타내기 위하여 만든 평면 지도를 말한다. 이를 통해 감정평가 시 토지의 위치, 지번, 토지의 형상, 방위, 접면도로의 폭 등을 확인할 수 있다.
> - 등기사항전부증명서
>   등기사항전부증명서는 소유권, 지상권, 지역권, 전세권, 저당권 등의 권리관계에 대하여 기록하는 공적 서류를 말하며, 이를 통하여 권리사항 등을 확인할 수 있다.
> - 토지(임야)대장
>   토지대장(임야대장)은 토지의 소재, 지번, 지목, 면적 등 토지의 사실관계를 확정할 수 있는 사항이 기재된 공적 서류를 말하며, 이를 통하여 토지의 물적사항 등을 확인할 수 있다.
> - 건축물대장
>   건축물대장은 건물의 소재지, 지번, 용도, 구조, 면적, 건폐율과 용적률, 사용승인일자 등 건물의 사실관계를 확정할 수 있는 사항이 기재된 공적 서류를 말한다.

2) 요인자료

요인자료는 가치형성요인의 분석에 필요한 자료로서 일반요인에 관한 일반자료, 지역요인에 관한 지역자료 및 개별요인에 관한 개별자료 등이 있다. 일반자료 및 지역자료는 평소에 가능한 한 광범위하게 수집하고 이를 체계적으로 정리해두어야 하며, 특히 용도지대를 중심으로 구분하여 두는 것이 업무에 효과적으로 활용할 수 있다. 개별자료는 개별분석과 개별요인의 비교작업을 원활히 수행할 수 있도록 대상물건의 종류 및 특성 등에 따라 적절하게 수집하고 정리해 두어야 한다. 한편, 내용적 측면에서 일반자료, 지역자료, 개별자료는 자연적, 사회적, 경제적, 행정적 요인에 관한 자료 등으로 재분류할 수 있을 것이다.

> **내용**[75]
> - 일반요인
>   일반경제사회에서 부동산의 상태 및 가격수준에 영향을 주는 제반 요인으로 사회적 요인, 경제적 요인, 행정적 요인 등으로 구분할 수 있다.

---
74) 감정평가 실무기준 해설서(Ⅰ), 2014, p221
75) 감정평가 실무기준 해설서(Ⅰ), 2014, p225

- 지역요인
  지역요인이란 일정한 지역이 다른 지역과 구별되는 지역특성을 형성하는 개개의 요인으로서, 지역의 가격수준 및 표준적 사용의 결정에 영향을 미치는 지역적 차원의 가치형성요인을 말한다.
- 개별요인
  개별요인이란 토지의 개별적인 특수한 상태, 조건 등 토지가 개별성을 발휘하게 하고, 그 가치를 개별적으로 형성하게 하는 요인을 말한다.

3) 사례자료[76]

사례자료는 감정평가방법의 선정 및 적용에 필요한 자료로서 거래사례, 건설사례, 수익사례, 임대사례 등을 말한다. 사례자료는 기본적으로 위치의 유사성, 물적 유사성, 시점수정의 가능성, 사정보정의 가능성이 있어야 한다. 임대사례의 경우에는 이외에도 계약내용의 유사성과 최근에 신규로 체결된 임대사례여야 한다는 조건이 부가된다.

▶ 내용[77]
- 거래사례
  주로 비교방식을 적용하기 위하여 필요하며 시장에서 거래되고 있는 가격수준을 파악하게 해주는 사례로서, 실거래가격·분양가격 등이 있다. 거래사례를 수집하고 정리하는 경우에는 매매계약서나 등기사항전부증명서상의 신고 내용을 확인하는 방법 등을 통하여 그 거래금액의 적정성 여부를 확인하여야 한다.
- 조성사례
  주로 조성지나 매립지 등의 감정평가 시 원가방식을 적용하기 위하여 유사 토지의 조성사례를 수집하게 되며, 이를 통하여 소지의 취득가격·조성공사비·부대비용·유효택지화율·성숙도 등을 확인할 수 있다.
- 임대사례
  주로 토지를 수익방식에 따라 감정평가하는 경우 필요한 자료로서, 주차장이나 고물상, 건물 등의 사용을 위해 임대차계약이 이루어진 사례 등이 있다. 임대사례를 통하여 임대수익·임대보증금·전환율·기타수익·총비용 등을 확인할 수 있다. 임대사례의 경우에도 임대차계약서 등을 확인하는 방법을 통하여 해당 임대내역의 적정성을 확인하여야 한다.
- 시장자료 등 그 밖의 가격자료
  대상토지가 속한 지역의 일반적인 경제상황을 파악하기 위한 자료들로, 물가상승률·경제성장률·지가변동률·금리·환율 등의 일반 거시경제지표 등이 있으며, 그 밖에 토지가치에 영향을 미칠 수 있는 제반 자료를 수집할 필요가 있다.

---

76) 감정평가 선례가액은 원칙적으로 사례자료는 아니나 감정평가액의 객관성과 형평성을 제고하기 위한 수단으로 평가실무에서 그 밖의 요인 보정과 시산가액의 조정과정에 유용하게 활용되고 있다. 또한, 매매희망가격은 평가과정에서 직접적으로 활용되지는 않으나 평가의 적정성을 검증하는 수단으로 사용되기도 한다.
77) 감정평가 실무기준 해설서(Ⅰ), 2014, p222

(4) 자료의 수집방법(징실열탐)

1) **징구법**

   ① 의의

   징구법이란 의뢰인으로 하여금 평가에 필요한 자료를 평가사에게 제출하도록 하는 방법을 말한다. 부동산정보와 관련해서는 기본적으로 정보의 비대칭성이 존재한다. 따라서 부동산의 역사와 제반 사항에 대해 누구보다 더 잘 알고 있는 의뢰인에게 자료를 요청하여 받게 되는 것이다.

   ② 장단점

   이 방법은 대상물건에 관한 여러 가지 유익한 자료를 획득할 수 있고 이를 바탕으로 평가활동을 능률화할 수 있다는 점에서 유익하다. 그러나 왜곡된 정보의 제공으로 인하여 평가사의 판단을 오도할 수 있다는 단점이 있다.

2) **실사법**

   ① 의의

   실사법이란 평가사가 실지조사를 통하여 대상물건에 관한 여러 가지 자료를 파악하고 수집하는 방법으로 부동산은 고정성으로 인하여 임장활동을 한다는 것을 생각할 때 반드시 필요한 자료수집방법이다.

   ② 장단점

   이 방법은 정확하고 신뢰성이 높다는 장점이 있지만 시간과 비용이 많이 소요된다는 측면에서 볼 때 능률성이 떨어지는 단점이 있다.

3) **열람법**

   ① 의의

   열람법이란 공부상 기재사항이나 지적도의 불분명한 사항 그리고 공부에는 나타나지 않는 행정 규제사항 등에 대해 관련 자료나 문서를 직접 열람하여 조사하는 방법을 말한다. 이는 제시된 자료가 없거나 그 신뢰성에 의문이 제기될 때 활용되는 방법이다.

   ② 장단점

   이 방법은 정확하고 신뢰성이 높다는 장점이 있지만 번거롭다는 측면에서 능률성이 떨어진다. 관련 자료나 문서가 보통 행정기관 내에 비치되어 있는 경우가 많아 평가실무에서는 이를 확인하고 열람하는 것이 그리 수월한 것은 아니기 때문이다.

4) 탐문법

① **의의**

탐문법이란 평가활동에 필요한 자료와 정보를 중개업자나 인근주민 및 건축업자 등의 여러 관계인을 탐문함으로써 얻어 내는 방법을 말한다. 평가활동은 대물활동인 동시에 대인활동이기 때문에 평가실무에서 매우 다양하고 유익하게 사용되고 있는 방법이다.

② **장단점**

이 방법은 대상물건과 관련되어 있는 여러 관계인으로부터 다양한 정보를 얻어 낼 수 있다는 장점이 있다. 그러나 부정확한 정보로 인하여 평가사의 판단에 지장을 줄 우려가 있다는 단점이 있다.

(5) 자료의 정리

자료정리는 확인자료의 경우 물적인 것과 권리적(법적)인 것으로 나누어 정리한다. 그리고 요인자료의 경우 일반자료, 지역자료 및 개별자료별로 체계적으로 정리하고, 사례자료는 감정평가방법에 적절하게 활용될 수 있도록 구분하여 정리한다.

5. 자료검토 및 가치형성요인의 분석

(1) 자료검토

1) 의의

"자료검토 및 가치형성요인의 분석"이란 수집·정리된 자료가 대상물건의 평가에 필요하고 충분한 자료인지 또는 대상물건의 특성 혹은 평가목적이나 조건 등에 부합하는 자료인지를 판단하는 절차를 말한다.

2) 유의사항

① 확인자료를 분석하는 경우에는 자료의 공신력과 증거능력이 중요한 요소가 되므로 자료의 출처 및 그 진실성 여부에 초점을 맞추고 검토해야 한다.

② 요인자료를 분석하는 경우에는 대상물건의 가치형성에 직접적으로 영향을 미치는 요인에 관한 자료인지 여부를 검토해야 하는데 그러한 자료가 부동산시장의 현황과 거래상황, 시장참가자들의 행동을 적절하게 반영하고 있는 객관적이고 실증적인 것인지를 확인해야 한다.

③ 사례자료를 분석하는 경우에는 감정평가방법의 선정 및 적용에 직접 활용되는 것으로서 최근의 사례인지, 사정보정 및 시점수정은 가능한지, 대상물건과 위치적 유사성과 물적 유사성이 인정될 수 있는 것인지 등을 확인해야 한다.

(2) 가치형성요인의 분석

1) 의의

가치형성요인의 분석은 수집·정리·검토된 자료를 바탕으로 대상물건의 가치형성에 영향을 미치는 제반 요인을 분석하는 것을 말한다. 이때 가치형성요인은 공간적 측면에서 일반요인·지역요인·개별요인으로 분류하거나 내용적 측면에서 자연적·사회적·경제적·행정적 요인 등으로 구분하여 살펴볼 수 있다. 이러한 분석의 목적은 결국 대상물건의 최유효이용을 판정하고 구체적 가치의 형성에 어떤 영향을 미치고 있는지를 파악하는 것이다.

2) 유의사항

① 평가사는 가치형성요인의 분석에 있어 가격제원칙을 충분히 이해하고 이를 바탕으로 경제동향과 추이를 면밀히 파악함과 아울러, 부동산시장의 경기순환의 각 국면에 맞는 자료의 선택과 적용에 유의해야 한다. 최근 세계화의 영향으로 인하여 각국의 경제 변동성이 매우 심하다는 것에도 유의해야 한다.

② 감정평가를 통해 얻고자 하는 가치는 현실 부동산시장에서의 가치형성 메커니즘과 일치해야 하기 때문에 수요와 공급을 바탕으로 시장분석의 결과를 반영하여 가치형성요인을 분석해야 한다.

6. 감정평가방법의 선정 및 적용

(1) 감정평가방법의 선정

대상물건이 가치에 대한 제반 가치형성요인의 구체적인 영향관계를 화폐액으로 도출해내기 위해서는 감정평가방법이라는 수단을 활용해야 한다. 이때는 다양한 감정평가방법 중에서 적절한 방법을 선택하는 것이 주요 쟁점이 된다. 이를 위해서는 먼저 대상물건의 종류와 성격, 평가목적 및 조건, 평가방식의 각 특징에 대한 이해가 선행되어야 한다. 이때 특정 감정평가방법을 선정한 이유와 다른 방법의 검토 여부 그리고 다른 감정평가방법을 선정하지 않은 경우에는 그 사유를 감정평가서에 명시하여야 한다.

(2) 감정평가방법의 적용

감정평가방법의 적용은 여러 가지 감정평가방법 중에서 선정된 감정평가방법을 통해 가치를 산정하는 단계이다. 여기서는 가치형성요인의 구체적인 영향관계를 바탕으로 최종 채택된 자료를 대상물건의 성격, 평가목적 또는 조건, 평가방법의 특징을 고려하여 선정된 평가방법의 구체적인 산식에 대입시킴으로써 시산가액을 도출할 수 있다.

7. 감정평가액의 결정 및 표시 ▶기출 28회

(1) 의의

"감정평가액의 결정 및 표시"란 감정평가방법의 적용을 통하여 산정된 시산가액을 합리적으로 조정하여 대상물건이 갖는 구체적인 가치를 최종적으로 결정하고 감정평가서에 그 가액을 표시하는 절차를 말한다.

(2) 감정평가액의 결정(시산가액 조정)

감정평가액의 결정은 감정평가방법의 적용을 통해 산정된 시산가액을 검토하고 조화시켜 최종적인 감정평가액을 결정하는 단계이다. 이는 다양한 평가방법을 통해 구한 시산가액을 음미하고 비판적으로 재검토하고 조화시켜 최종가치를 결정한다는 의미에서 시산가액의 조정이라고도 한다. 시산가액을 조정할 때는 대상물건의 가치형성을 이론적인 측면에서 뿐만 아니라 실증적으로 분석하고 설명하는 것이 중요하다. 이를 위해서는 감정평가절차의 각 단계를 객관적·비판적으로 재검토하고 그 결과를 고려한 시산가액이 갖는 설명력과 설득력의 차이를 적절하게 반영해야 한다.

(3) 감정평가액의 표시[78]

감정평가액의 표시는 시산가액의 조정을 거쳐 최종적인 감정평가액을 표시하는 단계이다. 일반적으로 최종적인 감정평가액은 하나의 수치로 표시된다. 그러나 이론적인 측면에서 볼 때 반드시 하나의 수치로만 표시되는 것은 아니다. 이는 하나의 수치가 대상물건의 가치를 정확하게 반영하고 있다고 볼 수 없기 때문이다. 경우에 따라서는 일정범위로 최종 감정평가액을 표시하는 것도 또한 가능하다.

1) 점추정치

최종가치를 하나의 수치로 표현하는 것을 점추정치라 한다. 점추정치 감정평가액은 가급적 반올림을 하여 적정한 유효숫자까지만 표시하고, 정확성의 한계를 밝히는 것이 바람직하다. 만약 시장사례 자료가 풍부하여 시산가치의 정확도가 높다면 최종평가액의 유효숫자를 더 넓혀 갈 수도 있을 것이다.

---

[78] 우리나라 평가실무에서는 거의 대부분 하나의 가치, 즉 점추정을 최종 감정평가액으로 제시하고 있는 실정이다. 구간추정은 감정평가서가 아닌 컨설팅 보고서와 같은 경우에 한하여 제한적으로 활용되고 있다.

2) 구간추정치와 관계가치

최종가치를 범위로 표시하는 것을 구간추정치라 하며, 기준금액의 상하관계로 표시한 것을 관계가치라고 한다. 예를 들어 '가격은 10억원 이하'라고 하거나, 또는 '가격은 10억원 이상'이라고 표현하는 것을 관계가치라고 말한다. 경우에 따라서는 단 하나의 수치를 산정한다는 것이 별다른 의미를 지니지 못하는 수가 많은데, 넓은 범위의 가치지적은 의미가 없지만 좁은 범위의 가치지적은 점추정치보다 오히려 평가의 신뢰성을 높여줄 수도 있다.

IV 결

부동산에서의 부증성 등의 자연적 특성 및 사회성·공공성은 감정평가의 사회성·공공성을 강조하고, 감정평가사의 주관을 배제한 신뢰성 있고 객관성이 확보된 가치의 산출을 요구한다. 따라서 이에 부응하기 위해 표준적 감정평가의 절차에 입각하여 평가활동을 수행함으로써 감정평가의 적정성을 확보할 수 있을 것이며, 가치형성에 관한 제 원리 및 평가의 적정성에 중대한 영향을 미치는 자료의 선택·검토·활용의 적부 및 각종 요인 분석에 유의해야 한다. 그동안 시산가액의 조정 절차의 중요성을 고려할 때 이에 대한 규정 마련이 요구되어 왔으며, 감정평가기준에서 명시적으로 이를 규정함으로써 감정평가액의 객관성과 신뢰성을 제고할 수 있을 것으로 생각된다.

05절 감정평가서(평가보고서)

감정평가에 관한 규칙 제13조(감정평가서 작성)

① 감정평가법인등은 법 제6조에 따른 감정평가서(「전자문서 및 전자거래기본법」에 따른 전자문서로 된 감정평가서를 포함한다. 이하 같다.)를 의뢰인과 이해관계자가 이해할 수 있도록 명확하고 일관성 있게 작성해야 한다.

② 감정평가서에는 다음 각 호의 사항이 포함돼야 한다.
1. 감정평가법인등의 명칭
2. 의뢰인의 성명 또는 명칭
3. 대상물건(소재지, 종류, 수량, 그 밖에 필요한 사항)
4. 대상물건 목록의 표시근거
5. 감정평가 목적
6. 기준시점, 조사기간 및 감정평가서 작성일
7. 실지조사를 하지 않은 경우에는 그 이유
8. 시장가치 외의 가치를 기준으로 감정평가한 경우에는 제5조 제3항 각 호의 사항. 다만, 같은 조 제2항 제1호의 경우에는 해당 법령을 적는 것으로 갈음할 수 있다.
9. 감정평가조건을 붙인 경우에는 그 이유 및 제6조 제3항의 검토사항. 다만, 같은 조 제2항 제1호의 경우에는 해당 법령을 적는 것으로 갈음할 수 있다.
10. 감정평가액
11. 감정평가액의 산출근거 및 결정 의견
12. 전문가의 자문 등을 거쳐 감정평가한 경우 그 자문 등의 내용
13. 그 밖에 이 규칙이나 다른 법령에 따른 기재사항

③ 제2항 제11호의 내용에는 다음 각 호의 사항을 포함해야 한다. 다만, 부득이한 경우에는 그 이유를 적고 일부를 포함하지 아니할 수 있다.
1. 적용한 감정평가방법 및 시산가액 조정 등 감정평가액 결정 과정(제12조 제1항 단서 또는 제2항 단서에 해당하는 경우 그 이유를 포함한다)
1의2. 거래사례비교법으로 감정평가한 경우 비교 거래사례의 선정 내용, 사정보정한 경우 그 내용 및 가치형성요인을 비교한 경우 그 내용
2. 공시지가기준법으로 토지를 감정평가한 경우 비교표준지의 선정 내용, 비교표준지와 대상토지를 비교한 내용 및 제14조 제2항 제5호에 따라 그 밖의 요인을 보정한 경우 그 내용
3. 재조달원가 산정 및 감가수정 등의 내용
4. 적산법이나 수익환원법으로 감정평가한 경우 기대이율 또는 환원율(할인율)의 산출근거
5. 제7조 제2항부터 제4항까지의 규정에 따라 일괄감정평가, 구분감정평가 또는 부분감정평가를 한 경우 그 이유
6. 감정평가액 결정에 참고한 자료가 있는 경우 그 자료의 명칭, 출처와 내용
7. 대상물건 중 일부를 감정평가에서 제외한 경우 그 이유

④ 감정평가법인등은 법 제6조에 따라 감정평가서를 발급하는 경우 그 표지에 감정평가서라는 제목을 명확하게 적어야 한다.
⑤ 감정평가법인등은 감정평가서를 작성하는 경우 법 제33조 제1항에 따른 한국감정평가사협회가 정하는 감정평가서 표준 서식을 사용할 수 있다.

감정평가에 관한 규칙 제13조의2(전자문서로 된 감정평가서의 발급 등)
① 감정평가법인등이 법 제6조 제1항에 따라 전자문서로 된 감정평가서를 발급하는 경우 같은 조 제2항에 따른 감정평가사의 서명과 날인은 「전자서명법」에 따른 전자서명의 방법으로 해야 한다.
② 감정평가법인등은 전자문서로 된 감정평가서의 위조·변조·훼손 등을 방지하기 위하여 감정평가 정보에 대한 접근 권한자 지정, 방화벽의 설치·운영 등의 조치를 해야 한다.
③ 감정평가법인등은 의뢰인이나 이해관계자가 전자문서로 된 감정평가서의 진본성(眞本性)에 대한 확인을 요청한 경우에는 이를 확인해 줘야 한다.
④ 제2항 및 제3항에 따른 전자문서로 된 감정평가서의 위조·변조·훼손 등의 방지조치와 진본성 확인에 필요한 세부사항은 국토교통부장관이 정하여 고시한다.

Ⅰ. 의의
Ⅱ. 감정평가서의 형식요건
Ⅲ. 감정평가서의 유형 및 작성기준
  1. 유형
    (1) 단엽식 감정평가서
    (2) 정형식 감정평가서
    (3) 서술식 감정평가서
    (4) 검토
  2. 작성기준
    (1) 분리작성기준
    (2) 객관적, 합리적 기준
Ⅳ. 감정평가사의 법률적 성격 및 감정평가사의 책임
Ⅴ. 결

Ⅰ 의의

감정평가서(Appraisal Report)란 감정평가사가 평가결과를 의뢰인에게 알리기 위하여 작성하는 보고서이다. 감정평가서는 유형에 따라 내용이 상이할 수 있으나, 기본적으로 대상부동산 평가가액, 평가방식, 산출과정, 기타 부속서류 등이 포함되어야 한다. 감정평가서는 감정평가사가 의뢰인에게 제공할 수 있는 유형의 서비스이므로 평가내용, 구성 및 형식 등에 주의하여 작성하여야 한다.

Ⅱ 감정평가서의 형식요건

우리나라의 감정평가 체계는 임의평가주의를 배격하고 법정평가주의를 채택하고 있다. 따라서 우리나라에서 사용될 수 있는 감정평가서는 적법한 절차에 의하여 자격을 취득한 감정평가사만이 작성할 수 있다. 이와 같이 우리나라는 감정평가서의 형식요건을 법률로 제한하고, 감정평가서의 필수기재사항을 규칙으로 정하고 있다.

III 감정평가서의 유형 및 작성기준

1. 유형

(1) 단엽식 감정평가서

단엽식 감정평가서는 평가가액만을 표시하고 기타 평가과정이나 부속자료 등을 제시하지 않는다. 현재 단엽식 감정평가서는 거의 사용되지 않고 있다.

(2) 정형식 감정평가서

정형식 감정평가서는 미리 인쇄된 양식에 해당되는 사항을 조사하여 기입하는 유형으로 간결하고 작성하기가 용이하며 이해하기 쉽다는 장점이 있다. 그러나 평가과정을 충분히 기술하지 못하는 단점이 있다.

(3) 서술식 감정평가서

서술식 감정평가서는 평가의 전체 과정을 상세하게 기술한 완전한 형태의 보고서이다. 이 감정평가서는 복잡하고 규모가 큰 상업용 부동산 등의 평가에 주로 이용되기 때문에 감정평가사는 풍부한 경험과 지식을 필요로 한다. 이 감정평가서는 제반가치형성요인의 분석 및 판단을 전문 감정평가사로서의 의견을 충분히 기술할 수 있는 장점이 있는 반면에, 작성에 많은 시간이 소요된다.

(4) 검토

감정평가서의 형식요건과 필수적 기재사항을 법률로 규정하고 있는 우리나라는 감정평가서의 종류에 대한 규정을 가지고 있지 않다. 우리나라에서 작성되는 감정평가서는 정형식과 서술식을 절충한 형태로 작성되는 것이 일반적이다.

2. 작성기준

(1) 분리작성기준

의뢰물건별, 평가목적별, 행정구역별로 분리하여 작성함이 원칙이나, 여러 개의 물건이라도 소유자가 동일하고, 의뢰물건이 동일업무와 관련되는 경우에는 일괄작성이 가능하다.

(2) 객관적, 합리적 기준

감정평가 결과는 의뢰자는 물론 제3자에게도 미치는 영향이 클 뿐만 아니라 이후의 부동산가격형성에도 영향을 미치므로, 객관적이고 합리적인 기준에 의해 작성되어야 한다.

Ⅳ 감정평가사의 법률적 성격 및 감정평가사의 책임79)

① 감정평가서는 감정평가 작업결과에 대한 하나의 보고서로서 재산의 경제적 가치의 판정에 대한 참고자료에 불과한 것이다. 감정평가의 정의를 "부동산의 가격산출 및 그에 대한 의견", "부동산의 가격에 대한 전문가의 판단이자 의견"이라고 한다면 평가가격은 어디까지나 추정이며 의견인 것이다. 때문에 여기에 절대적인 가격이나 정가는 없다.

② 따라서 영·미의 감정평가기준이나 일본의 부동산감정평가에 관한 법률 및 독일의 연방건축기준법 등 외국에서는 감정평가에 대한 손해배상책임규정은 찾아볼 수 없는 반면, 고도의 지식과 직업윤리를 요구하고 있다. 그러나 우리나라의 경우는 감정평가법 제28조에서 손해배상책임을 명시하고 있다.

③ 결국, 감정평가의 법률적 성격은 구속적 의미라기보다는 하나의 참고적 지침의 역할을 하는 것이며 이를 작성하는 전문가인 감정평가사의 직업윤리에 따른 전문적인 지식, 풍부한 경험, 정확한 판단력을 통하여 최선의 노력이 요구되는 것이다. 그러나 중대한 과실과 진실을 숨기고 선의의 제3자에 손해를 발생시킬 때는 당연히 손해배상책임이 있다.

Ⅴ 결

평가보고서는 매매, 담보 등의 경제 활동을 위한 참고적, 자료적 성격이나 그 사회성, 공공성 및 기준 등을 고려하여 평가적 기재사항을 충분히 제시하여 활용도를 높이고 법적 책임소재를 명백히 할 필요가 있다.

---

79) 경응수, 감정평가론(제6판), 나무미디어, 2021

심화논점

01절 직접법과 간접법의 장단점

감정평가에 있어서 직접법과 간접법의 장단점을 설명하고 감정평가 3방식 적용에 의하여 어떻게 활용되는지 설명하시오.

Ⅰ. 서
Ⅱ. 직접법과 간접법
  1. 직접법
    (1) 의의 및 성립근거
    (2) 장점
    (3) 단점
  2. 간접법
    (1) 의의 및 성립근거
    (2) 장점
    (3) 단점

Ⅲ. 감정평가 3방식의 적용
  1. 비교방식
  2. 원가방식
  3. 수익방식
  4. 기타 방식
Ⅳ. 간접법이 직접법보다 우수한 이유
  1. 성립근거상 우수성
  2. 3방식 적용상 우수성
Ⅴ. 결

Ⅰ 서

부동산의 가격은 대상부동산의 효용, 상대적 희소성, 유효수요에 영향을 미치는 가격형성요인의 상호작용으로 형성, 유지, 수정, 파괴되는바, 감정평가는 시장증거력이 있는 자료를 바탕으로 일련의 가격형성과정을 추적, 분석하는 작업이라 할 수 있다. 여기서 자료는 확인자료, 요인자료, 사례자료를 말하며, 자료의 출처에 따라 직접법과 간접법으로 구분된다. 부동산의 자연적 특성인 고정성과 개별성으로 대체가 제한되나, 인문적 특성인 용도의 다양성과 지역성에 의해 대체의 원칙이 성립하여 간접법의 유용성이 인정된다.

Ⅱ 직접법과 간접법

1. 직접법

(1) **의의 및 성립근거**

직접법이란 대상부동산의 가격을 산출하는 데 필요한 자료를 대상부동산으로부터 직접 구하는 방법을 말한다. 직접법은 개별부동산의 가격이 면적, 구조, 형상 등 개별적 요인으로 각각 개별적으로 형성된다는 사고하에 부동산의 자연적 특성의 하나인 개별성에 근거한다.

(2) 장점
① 대상부동산으로부터 직접 생산에 소요된 비중, 산출되는 수익 등의 자료를 이용하므로 가장 확실하다.
② 비교 및 정상화 과정이 필요 없으므로 평가 주체의 주관성 개입 여지가 없다.

(3) 단점
① 부동산가격은 개별, 독립적으로 형성되는 것이 아니라 인근의 대체성 있는 유사 부동산과 상호 영향을 주고받으면서 가격이 형성되는바 직접법만을 사용하는 경우 오류에 빠질 수 있다.
② 건축비용 등에 의한 재조달원가 추계 시 시간의 경과가 길면 오차의 범위가 커짐에 따라 신뢰성의 저하가 올 수 있다.

2. 간접법

(1) 의의 및 성립근거
간접법은 대상부동산과 대체・경쟁관계에 있는 다른 부동산의 가격산출자료를 기준으로 이와 비교하여 구하는 방법을 말한다. 간접법은 부동산의 가격이 이용 측면에서 대체부동산의 영향을 받아 결정된다는 대체의 원칙에 근거한다.

(2) 장점
① 대상부동산의 자료를 구할 수 없을 때나, 타당성 검증에 유용하다.
② 대체의 원리에 따른 시장성 있는 자료의 활용으로 객관성 확보가 가능하다.

(3) 단점
① 대상부동산의 고정성, 개별성에 의해 자료 수집이 어렵다.
② 사례자료에서 대상부동산과의 비교, 정상화 과정에 평가 추계의 주관성 개입이 있을 수 있다.
③ 시장이 불안정할 때에는 자료의 신뢰성이 떨어진다.

Ⅲ 감정평가 3방식의 적용

1. 비교방식

인근지역 또는 유사지역의 대체・경쟁 관계에 있는 사례자료를 수집하여 대상부동산의 가격 및 임대료를 추계한다. 이 방식은 간접법만이 있고 직접법은 적용이 없다.

2. 원가방식

재조달원가 추계 시 대상부동산과 대체·경쟁 관계에 있는 사례부동산으로부터 총량조사법, 구성단위법, 단위비교법, 비용지수법 등에 의해 추계한다. 또한 적산법에 기초가액 추계 시에도 사례부동산으로부터 가능하다.

직접법 적용은 대상부동산의 건축비용으로부터 건축비 지수를 적용하여 추계 가능하며, 기초가액 추계에도 동일하다.

3. 수익방식

직접법은 순수익 추계 시 대상부동산으로부터 직접 추계하는바 직접법을 활용하며 간접법은 대상부동산과 대체·경쟁 관계에 있는 용도적으로 유사한 사례부동산으로부터 순수익, 환원율을 추계할 때 활용한다.

4. 기타 방식

비교방식의 논리, 즉 간접법의 적용으로서 노선가식 평가법, 조소득승수법, 공시지가기준법 등이 있다.

Ⅳ 간접법이 직접법보다 우수한 이유

1. 성립근거상 우수성

① 직접법의 성립근거는 물리적으로 동일한 부동산은 존재하지 않는다는 개별성이나, 간접법의 성립근거는 부동산 거래 시 인근의 유사한 부동산의 사례가 있을 경우 이를 참작한다는 시장논리와 부동산의 이용적인 측면에 의한 대체의 원리에 성립근거를 둔다.

② 직접법은 대체 가능한 유사한 부동산에 의해 부동산의 가격이 상호 영향을 주고받는다는 시장논리에 맞지 않다.

③ 반면, 간접법은 부동산의 자연적 특성인 개별성에 의해 동일한 부동산은 하나도 없더라도 인문적 특성에 의해 대체 가능한 유사부동산은 시장에서의 부동산가격에 영향을 미친다는 시장논리와 대체의 원칙에 적합하다고 볼 수 있으므로 직접법보다 우수하다.

2. 3방식 적용상 우수성

① 직접법은 해당 부동산에서 직접 가격산출자료를 구하기 때문에 자료를 구하기 곤란한 경우가 많으며, 3방식에 있어서는 원가방식과 수익방식에서만 한정적으로 사용이 가능하다.

② 간접법은 기준시점에 있어서 대상부동산과 유사한 부동산의 사례를 비교, 참작하여 대상부동산의 가격을 구하는 방식으로 현실적이고 설득력을 가지며, 3방식에 있어서도 모두 적용이 가능하다.

Ⅴ 결

① 감정평가의 정도가 자료의 신뢰도에 좌우된다고 볼 때, 간접법과 직접법 어느 방법으로든 정확한 가격산출자료의 수집이 중요하다.
② 부동산의 가격은 독립적으로 발생하는 것이 아니라, 이용 측면에서 대체의 원칙에 따라 대체 부동산과의 수요·공급, 경쟁관계를 통해 형성된다는 점을 고려할 때, 직접법으로 대상부동산의 가격을 평가할 수 있다고 하더라도 간접법을 병용함으로써, 보다 정도 높은 가격을 도출할 수 있을 것이다.
③ 다만, 간접법 적용 시 부동산의 자연적 특성 때문에 대체·경쟁관계에 있는 지역 및 부동산을 찾기 어렵고 또한 주관의 개입 여지가 많기 때문에 이러한 한계를 극복하는 것이 관건이다.

02절 대상부동산의 확정과 확인과의 관계[80]

Ⅰ. 개설
Ⅱ. 확정의 의의 및 내용
Ⅲ. 확인의 의의 및 내용
Ⅳ. 양자의 관계
  1. 개념적 측면
  2. 절차적 측면
  3. 확정과 확인의 불일치 시 처리방법
Ⅴ. 확정과 확인의 중요성

Ⅰ 개설

평가절차로서 대상부동산의 확정의 단계를 거친 후 확인의 단계를 밟게 되는데, 부동산은 물적 구분이 불분명하고 권리관계가 복잡한바, 평가의 신뢰와 능률을 확보하고 책임소재를 분명히 하고자 필요하다.

Ⅱ 확정의 의의 및 내용

대상부동산의 물적, 법적관계 및 의뢰목적에 부응하는 사실적 제 관계를 확정하는 것으로, 기본조건에 대한 확정(종류, 수량, 평가범위, 권리관계 등)과 부가적 조건의 확정(현황평가, 조건부평가 등)이 있다.

Ⅲ 확인의 의의 및 내용

확정에서 정하여진 대상물건의 물리적 사항 및 권리관계가 실질적으로 부합하는가에 대한 확인으로서, 물적 사항에 대한 확인(지목, 면적, 구조 등), 권리태양에 대한 확인(등기부권리와 현실이용에 따른 권리)이 있다.

---

80) (연습문제) 경응수, 감정평가론, 나무미디어, 2021

Ⅳ 양자의 관계

1. 개념적 측면
확정이 관념적이고 형식적으로 대상의 경계나 권리 등을 확정하는 것이라면, 확인은 현실적이고 실질적으로 물리적 사항 권리관계의 부합 여부를 확인하는 것이다.

2. 절차적 측면
감정평가의 절차(감정평가에 관한 규칙 제8조)는 기본적 사항의 확정, 처리계획의 수립, 대상물건의 확인, 자료수집 및 정리, 자료검토 및 가치형성요인의 분석, 감정평가방법의 선정 및 적용, 감정평가액의 결정 및 표시의 일련의 절차인바, 확정과 확인은 절차상 선후관계에 있다.

3. 확정과 확인의 불일치 시 처리방법
동일성 판단기준에 의하여 불일치가 근소하거나 경정할 수 있는 경우에는 부기 후 평가하고, 동일성이 인정되지 않는 경우에는 법률상 하자 있는 물건이므로 의뢰인과 상의하여 일정한 조치를 취해야 하며, 원인을 확인한 후 불명확한 경우 평가를 반려해야 한다.

Ⅴ 확정과 확인의 중요성

① 부동산은 다른 부동산과 경계가 외견상 불분명한 것도 있고 또한 대상부동산의 소유권 기타 권리관계가 복잡한 양상을 띠고 있는 경우도 적지 않다. 따라서 대상부동산을 정확하게 확정짓고 인식하는 것이 무엇보다 중요하다.
② 특히 부동산의 가격은 소유권, 기타 권리 이익의 가격이므로 물적 확인뿐만 아니라 이들 각종 권리의 파악이 중요하다.
③ 따라서 확정과 확인은 감정평가의 중요한 절차의 하나가 된다.

03절 「감정평가법」 제3조 제1항 단서의 의미

> **감정평가 및 감정평가사에 관한 법률 제3조(기준)**
> ① 감정평가법인등이 토지를 감정평가하는 경우에는 그 토지와 이용가치가 비슷하다고 인정되는 「부동산 가격공시에 관한 법률」에 따른 표준지공시지가를 기준으로 하여야 한다. 다만, 적정한 실거래가가 있는 경우에는 이를 기준으로 할 수 있다.
> ② 제1항에도 불구하고 감정평가법인등이 「주식회사 등의 외부감사에 관한 법률」에 따른 재무제표 작성 등 기업의 재무제표 작성에 필요한 감정평가와 담보권의 설정·경매 등 대통령령으로 정하는 감정평가를 할 때에는 해당 토지의 임대료, 조성비용 등을 고려하여 감정평가를 할 수 있다.
> ③ 감정평가의 공정성과 합리성을 보장하기 위하여 감정평가법인등(소속 감정평가사를 포함한다. 이하 이 조에서 같다)이 준수하여야 할 원칙과 기준은 국토교통부령으로 정한다.
> ④ 국토교통부장관은 감정평가법인등이 감정평가를 할 때 필요한 세부적인 기준(이하 "실무기준"이라 한다)의 제정 등에 관한 업무를 수행하기 위하여 대통령령으로 정하는 바에 따라 전문성을 갖춘 민간법인 또는 단체(이하 "기준제정기관"이라 한다)를 지정할 수 있다.
> ⑤ 국토교통부장관은 필요하다고 인정되는 경우 제40조에 따른 감정평가관리·징계위원회의 심의를 거쳐 기준제정기관에 실무기준의 내용을 변경하도록 요구할 수 있다. 이 경우 기준제정기관은 정당한 사유가 없으면 이에 따라야 한다.
> ⑥ 국가는 기준제정기관의 설립 및 운영에 필요한 비용의 일부 또는 전부를 지원할 수 있다.

Ⅰ. 공시지가기준법의 적용
Ⅱ. 공시지가기준법 외의 감정평가방법 적용 가능 여부
Ⅲ. 공시지가기준법 외의 감정평가방법 적용 예외

Ⅰ 공시지가기준법의 적용

토지의 감정평가는 원칙적으로 표준지 공시지가를 기준으로 하도록 되어 있다. 그러나 다음과 같은 경우에는 당해 토지의 임대료나 조성비용 등을 고려하여 평가할 수 있도록 하고 있다.
① 『주식회사의 외부감사에 관한 법률』에 의한 재무제표 작성에 필요한 공정가치 평가
② 담보권의 설정이나 경매에 필요한 감정평가
③ 금융기관 등의 의뢰에 의한 토지등의 담보평가를 하는 경우

Ⅱ 공시지가기준법 외의 감정평가방법 적용 가능 여부

① 「감정평가법」 제3조 제2항에 따라서 수익방식과 원가방식을 적용하여 토지를 평가할 수도 있다. 공시지가기준법은 일정한 절차에 따라 평가한 표준지의 적정가격을 기준으로 하는 평가방법으로서 우리나라에서 토지 감정평가의 기본 원칙이 되고 있으나 이 방법을 적용하는 데에는 여러 가지 문제점이 지적되어 왔다.

② 이에 따라 2016년 9월 시행『감정평가법』제3조 제1항에서는 공시지가기준법 적용원칙의 예외로서 '적정한 실거래가'가 있는 경우 거래사례비교법을 적용할 수 있도록 하고 있다. 여기서 '적절한 실거래가'란『부동산거래신고에 관한 법률』에 따라 신고된 실제 거래가격으로서 거래시점이 도시지역은 3년 이내, 그 밖의 지역은 5년 이내인 거래가격 중에서 감정평가법인등이 인근지역의 지가수준 등을 고려하여 감정평가의 기준으로 적용하기에 적정하다고 판단하는 거래가격을 말한다.

Ⅲ 공시지가기준법 외의 감정평가방법 적용 예외

토지에 대하여는 감정평가 목적에 불구하고 거래사례비교법을 적용하여 평가할 수 있으나『토지보상법』등과 같이 개별법률에서 공시지가기준법의 적용을 규정하고 있는 경우는 제외될 것이다.

박문각 감정평가사

부록

감정평가에 관한 규칙

부록 감정평가에 관한 규칙

[시행 2023.9.14.] [국토교통부령 제1253호, 2023.9.14, 일부개정]

》 **제1조(목적)**

이 규칙은 「감정평가 및 감정평가사에 관한 법률」 제3조 제3항에 따라 감정평가법인등이 감정평가를 할 때 준수해야 할 원칙과 기준을 규정함을 목적으로 한다. 〈개정 2016.8.31, 2022.1.21.〉

》 **제2조(정의)**

이 규칙에서 사용하는 용어의 뜻은 다음 각 호와 같다. 〈개정 2014.1.2, 2016.8.31, 2022.1.21.〉

1. "시장가치"란 감정평가의 대상이 되는 토지 등(이하 "대상물건"이라 한다)이 통상적인 시장에서 충분한 기간 동안 거래를 위하여 공개된 후 그 대상물건의 내용에 정통한 당사자 사이에 신중하고 자발적인 거래가 있을 경우 성립될 가능성이 가장 높다고 인정되는 대상물건의 가액(價額)을 말한다.
2. "기준시점"이란 대상물건의 감정평가액을 결정하는 기준이 되는 날짜를 말한다.
3. "기준가치"란 감정평가의 기준이 되는 가치를 말한다.
4. "가치형성요인"이란 대상물건의 경제적 가치에 영향을 미치는 일반요인, 지역요인 및 개별요인 등을 말한다.
5. "원가법"이란 대상물건의 재조달원가에 감가수정(減價修正)을 하여 대상물건의 가액을 산정하는 감정평가방법을 말한다.
6. "적산법(積算法)"이란 대상물건의 기초가액에 기대이율을 곱하여 산정된 기대수익에 대상물건을 계속하여 임대하는 데에 필요한 경비를 더하여 대상물건의 임대료[(賃貸料), 사용료를 포함한다. 이하 같다]를 산정하는 감정평가방법을 말한다.
7. "거래사례비교법"이란 대상물건과 가치형성요인이 같거나 비슷한 물건의 거래사례와 비교하여 대상물건의 현황에 맞게 사정보정(事情補正), 시점수정, 가치형성요인 비교 등의 과정을 거쳐 대상물건의 가액을 산정하는 감정평가방법을 말한다.
8. "임대사례비교법"이란 대상물건과 가치형성요인이 같거나 비슷한 물건의 임대사례와 비교하여 대상물건의 현황에 맞게 사정보정, 시점수정, 가치형성요인 비교 등의 과정을 거쳐 대상물건의 임대료를 산정하는 감정평가방법을 말한다.
9. "공시지가기준법"이란 「감정평가 및 감정평가사에 관한 법률」(이하 "법"이라 한다) 제3조 제1항 본문에 따라 감정평가의 대상이 된 토지(이하 "대상토지"라 한다)와 가치형성요인이 같거나 비슷하여 유사한 이용가치를 지닌다고 인정되는 표준지(이하 "비교표준지"라 한다)의 공시지가를 기준으로 대상토지의 현황에 맞게 시점수정, 지역요인 및 개별요인 비교, 그 밖의 요인의 보정(補正)을 거쳐 대상토지의 가액을 산정하는 감정평가방법을 말한다.
10. "수익환원법(收益還元法)"이란 대상물건이 장래 산출할 것으로 기대되는 순수익이나 미래의 현금흐름을 환원하거나 할인하여 대상물건의 가액을 산정하는 감정평가방법을 말한다.

11. "수익분석법"이란 일반기업 경영에 의하여 산출된 총수익을 분석하여 대상물건이 일정한 기간에 산출할 것으로 기대되는 순수익에 대상물건을 계속하여 임대하는 데에 필요한 경비를 더하여 대상물건의 임대료를 산정하는 감정평가방법을 말한다.
12. "감가수정"이란 대상물건에 대한 재조달원가를 감액하여야 할 요인이 있는 경우에 물리적 감가, 기능적 감가 또는 경제적 감가 등을 고려하여 그에 해당하는 금액을 재조달원가에서 공제하여 기준시점에 있어서의 대상물건의 가액을 적정화하는 작업을 말한다.
12의2. "적정한 실거래가"란 「부동산 거래신고 등에 관한 법률」에 따라 신고된 실제 거래가격(이하 "거래가격"이라 한다)으로서 거래 시점이 도시지역(「국토의 계획 및 이용에 관한 법률」 제36조 제1항 제1호에 따른 도시지역을 말한다)은 3년 이내, 그 밖의 지역은 5년 이내인 거래가격 중에서 감정평가법인등이 인근지역의 지가수준 등을 고려하여 감정평가의 기준으로 적용하기에 적정하다고 판단하는 거래가격을 말한다.
13. "인근지역"이란 감정평가의 대상이 된 부동산(이하 "대상부동산"이라 한다)이 속한 지역으로서 부동산의 이용이 동질적이고 가치형성요인 중 지역요인을 공유하는 지역을 말한다.
14. "유사지역"이란 대상부동산이 속하지 아니하는 지역으로서 인근지역과 유사한 특성을 갖는 지역을 말한다.
15. "동일수급권(同一需給圈)"이란 대상부동산과 대체·경쟁 관계가 성립하고 가치 형성에 서로 영향을 미치는 관계에 있는 다른 부동산이 존재하는 권역(圈域)을 말하며, 인근지역과 유사지역을 포함한다.

제3조(감정평가법인등의 의무)

감정평가법인등은 다음 각 호의 어느 하나에 해당하는 경우에는 감정평가를 해서는 안 된다. 〈개정 2022.1.21.〉
1. 자신의 능력으로 업무수행이 불가능하거나 매우 곤란한 경우
2. 이해관계 등의 이유로 자기가 감정평가하는 것이 타당하지 않다고 인정되는 경우

제4조(적용범위)

감정평가법인등은 다른 법령에 특별한 규정이 있는 경우를 제외하고는 이 규칙으로 정하는 바에 따라 감정평가해야 한다. 〈개정 2022.1.21.〉

제5조(시장가치기준 원칙)

① 대상물건에 대한 감정평가액은 시장가치를 기준으로 결정한다.
② 감정평가법인등은 제1항에도 불구하고 다음 각 호의 어느 하나에 해당하는 경우에는 대상물건의 감정평가액을 시장가치 외의 가치를 기준으로 결정할 수 있다. 〈개정 2022.1.21.〉
  1. 법령에 다른 규정이 있는 경우
  2. 감정평가 의뢰인(이하 "의뢰인"이라 한다)이 요청하는 경우
  3. 감정평가의 목적이나 대상물건의 특성에 비추어 사회통념상 필요하다고 인정되는 경우

③ 감정평가법인등은 제2항에 따라 시장가치 외의 가치를 기준으로 감정평가할 때에는 다음 각 호의 사항을 검토해야 한다. 다만, 제2항 제1호의 경우에는 그렇지 않다. 〈개정 2022.1.21.〉
  1. 해당 시장가치 외의 가치의 성격과 특징
  2. 시장가치 외의 가치를 기준으로 하는 감정평가의 합리성 및 적법성
④ 감정평가법인등은 시장가치 외의 가치를 기준으로 하는 감정평가의 합리성 및 적법성이 결여(缺如)되었다고 판단할 때에는 의뢰를 거부하거나 수임(受任)을 철회할 수 있다. 〈개정 2022.1.21.〉

제6조(현황기준 원칙)

① 감정평가는 기준시점에서의 대상물건의 이용상황(불법적이거나 일시적인 이용은 제외한다) 및 공법상 제한을 받는 상태를 기준으로 한다.
② 감정평가법인등은 제1항에도 불구하고 다음 각 호의 어느 하나에 해당하는 경우에는 기준시점의 가치형성요인 등을 실제와 다르게 가정하거나 특수한 경우로 한정하는 조건(이하 "감정평가조건"이라 한다)을 붙여 감정평가할 수 있다. 〈개정 2022.1.21.〉
  1. 법령에 다른 규정이 있는 경우
  2. 의뢰인이 요청하는 경우
  3. 감정평가의 목적이나 대상물건의 특성에 비추어 사회통념상 필요하다고 인정되는 경우
③ 감정평가법인등은 제2항에 따라 감정평가조건을 붙일 때에는 감정평가조건의 합리성, 적법성 및 실현가능성을 검토해야 한다. 다만, 제2항 제1호의 경우에는 그렇지 않다. 〈개정 2022.1.21.〉
④ 감정평가법인등은 감정평가조건의 합리성, 적법성이 결여되거나 사실상 실현 불가능하다고 판단할 때에는 의뢰를 거부하거나 수임을 철회할 수 있다. 〈개정 2022.1.21.〉

제7조(개별물건기준 원칙 등)

① 감정평가는 대상물건마다 개별로 하여야 한다.
② 둘 이상의 대상물건이 일체로 거래되거나 대상물건 상호 간에 용도상 불가분의 관계가 있는 경우에는 일괄하여 감정평가할 수 있다.
③ 하나의 대상물건이라도 가치를 달리하는 부분은 이를 구분하여 감정평가할 수 있다.
④ 일체로 이용되고 있는 대상물건의 일부분에 대하여 감정평가하여야 할 특수한 목적이나 합리적인 이유가 있는 경우에는 그 부분에 대하여 감정평가할 수 있다.

제8조(감정평가의 절차)

감정평가법인등은 다음 각 호의 순서에 따라 감정평가를 해야 한다. 다만, 합리적이고 능률적인 감정평가를 위하여 필요할 때에는 순서를 조정할 수 있다. 〈개정 2022.1.21.〉
1. 기본적 사항의 확정
2. 처리계획 수립
3. 대상물건 확인
4. 자료수집 및 정리

5. 자료검토 및 가치형성요인의 분석
6. 감정평가방법의 선정 및 적용
7. 감정평가액의 결정 및 표시

» 제9조(기본적 사항의 확정)
① 감정평가법인등은 감정평가를 의뢰받았을 때에는 의뢰인과 협의하여 다음 각 호의 사항을 확정해야 한다. 〈개정 2022.1.21.〉
  1. 의뢰인
  2. 대상물건
  3. 감정평가 목적
  4. 기준시점
  5. 감정평가조건
  6. 기준가치
  7. 관련 전문가에 대한 자문 또는 용역(이하 "자문 등"이라 한다)에 관한 사항
  8. 수수료 및 실비에 관한 사항
② 기준시점은 대상물건의 가격조사를 완료한 날짜로 한다. 다만, 기준시점을 미리 정하였을 때에는 그 날짜에 가격조사가 가능한 경우에만 기준시점으로 할 수 있다.
③ 감정평가법인등은 필요한 경우 관련 전문가에 대한 자문 등을 거쳐 감정평가할 수 있다. 〈개정 2022.1.21.〉

» 제10조(대상물건의 확인)
① 감정평가법인등이 감정평가를 할 때에는 실지조사를 하여 대상물건을 확인해야 한다. 〈개정 2022.1.21.〉
② 감정평가법인등은 제1항에도 불구하고 다음 각 호의 어느 하나에 해당하는 경우로서 실지조사를 하지 않고도 객관적이고 신뢰할 수 있는 자료를 충분히 확보할 수 있는 경우에는 실지조사를 하지 않을 수 있다. 〈개정 2022.1.21.〉
  1. 천재지변, 전시·사변, 법령에 따른 제한 및 물리적인 접근 곤란 등으로 실지조사가 불가능하거나 매우 곤란한 경우
  2. 유가증권 등 대상물건의 특성상 실지조사가 불가능하거나 불필요한 경우

» 제11조(감정평가방식)
감정평가법인등은 다음 각 호의 감정평가방식에 따라 감정평가를 한다. 〈개정 2022.1.21.〉
1. 원가방식 : 원가법 및 적산법 등 비용성의 원리에 기초한 감정평가방식
2. 비교방식 : 거래사례비교법, 임대사례비교법 등 시장성의 원리에 기초한 감정평가방식 및 공시지가기준법
3. 수익방식 : 수익환원법 및 수익분석법 등 수익성의 원리에 기초한 감정평가방식

제12조(감정평가방법의 적용 및 시산가액 조정)

① 감정평가법인등은 제14조부터 제26조까지의 규정에서 대상물건별로 정한 감정평가방법(이하 "주된 방법"이라 한다)을 적용하여 감정평가해야 한다. 다만, 주된 방법을 적용하는 것이 곤란하거나 부적절한 경우에는 다른 감정평가방법을 적용할 수 있다. 〈개정 2022.1.21.〉

② 감정평가법인등은 대상물건의 감정평가액을 결정하기 위하여 제1항에 따라 어느 하나의 감정평가방법을 적용하여 산정(算定)한 가액[이하 "시산가액(試算價額)"이라 한다]을 제11조 각 호의 감정평가방식 중 다른 감정평가방식에 속하는 하나 이상의 감정평가방법(이 경우 공시지가기준법과 그 밖의 비교방식에 속한 감정평가방법은 서로 다른 감정평가방식에 속한 것으로 본다)으로 산출한 시산가액과 비교하여 합리성을 검토해야 한다. 다만, 대상물건의 특성 등으로 인하여 다른 감정평가방법을 적용하는 것이 곤란하거나 불필요한 경우에는 그렇지 않다. 〈개정 2022.1.21.〉

③ 감정평가법인등은 제2항에 따른 검토 결과 제1항에 따라 산출한 시산가액의 합리성이 없다고 판단되는 경우에는 주된 방법 및 다른 감정평가방법으로 산출한 시산가액을 조정하여 감정평가액을 결정할 수 있다. 〈개정 2022.1.21.〉

제13조(감정평가서 작성)

① 감정평가법인등은 법 제6조에 따른 감정평가서(「전자문서 및 전자거래기본법」에 따른 전자문서로 된 감정평가서를 포함한다. 이하 같다)를 의뢰인과 이해관계자가 이해할 수 있도록 명확하고 일관성 있게 작성해야 한다. 〈개정 2016.8.31., 2022.1.21.〉

② 감정평가서에는 다음 각 호의 사항이 포함돼야 한다. 〈개정 2022.1.21.〉

1. 감정평가법인등의 명칭
2. 의뢰인의 성명 또는 명칭
3. 대상물건(소재지, 종류, 수량, 그 밖에 필요한 사항)
4. 대상물건 목록의 표시근거
5. 감정평가 목적
6. 기준시점, 조사기간 및 감정평가서 작성일
7. 실지조사를 하지 않은 경우에는 그 이유
8. 시장가치 외의 가치를 기준으로 감정평가한 경우에는 제5조 제3항 각 호의 사항. 다만, 같은 조 제2항 제1호의 경우에는 해당 법령을 적는 것으로 갈음할 수 있다.
9. 감정평가조건을 붙인 경우에는 그 이유 및 제6조 제3항의 검토사항. 다만, 같은 조 제2항 제1호의 경우에는 해당 법령을 적는 것으로 갈음할 수 있다.
10. 감정평가액
11. 감정평가액의 산출근거 및 결정 의견
12. 전문가의 자문 등을 거쳐 감정평가한 경우 그 자문 등의 내용
13. 그 밖에 이 규칙이나 다른 법령에 따른 기재사항

③ 제2항 제11호의 내용에는 다음 각 호의 사항을 포함해야 한다. 다만, 부득이한 경우에는 그 이유를 적고 일부를 포함하지 아니할 수 있다. 〈개정 2023.9.14.〉
  1. 적용한 감정평가방법 및 시산가액 조정 등 감정평가액 결정 과정(제12조 제1항 단서 또는 제2항 단서에 해당하는 경우 그 이유를 포함한다)
  1의2. 거래사례비교법으로 감정평가한 경우 비교 거래사례의 선정 내용, 사정보정한 경우 그 내용 및 가치형성요인을 비교한 경우 그 내용
  2. 공시지가기준법으로 토지를 감정평가한 경우 비교표준지의 선정 내용, 비교표준지와 대상 토지를 비교한 내용 및 제14조 제2항 제5호에 따라 그 밖의 요인을 보정한 경우 그 내용
  3. 재조달원가 산정 및 감가수정 등의 내용
  4. 적산법이나 수익환원법으로 감정평가한 경우 기대이율 또는 환원율(할인율)의 산출근거
  5. 제7조 제2항부터 제4항까지의 규정에 따라 일괄감정평가, 구분감정평가 또는 부분감정평가를 한 경우 그 이유
  6. 감정평가액 결정에 참고한 자료가 있는 경우 그 자료의 명칭, 출처와 내용
  7. 대상물건 중 일부를 감정평가에서 제외한 경우 그 이유
④ 감정평가법인등은 법 제6조에 따라 감정평가서를 발급하는 경우 그 표지에 감정평가서라는 제목을 명확하게 적어야 한다. 〈개정 2022.1.21.〉
⑤ 감정평가법인등은 감정평가서를 작성하는 경우 법 제33조 제1항에 따른 한국감정평가사협회가 정하는 감정평가서 표준 서식을 사용할 수 있다. 〈개정 2022.1.21.〉

» 제13조의2(전자문서로 된 감정평가서의 발급 등)
① 감정평가법인등이 법 제6조 제1항에 따라 전자문서로 된 감정평가서를 발급하는 경우 같은 조 제2항에 따른 감정평가사의 서명과 날인은 「전자서명법」에 따른 전자서명의 방법으로 해야 한다.
② 감정평가법인등은 전자문서로 된 감정평가서의 위조·변조·훼손 등을 방지하기 위하여 감정평가 정보에 대한 접근 권한자 지정, 방화벽의 설치·운영 등의 조치를 해야 한다.
③ 감정평가법인등은 의뢰인이나 이해관계자가 전자문서로 된 감정평가서의 진본성(眞本性)에 대한 확인을 요청한 경우에는 이를 확인해 줘야 한다.
④ 제2항 및 제3항에 따른 전자문서로 된 감정평가서의 위조·변조·훼손 등의 방지조치와 진본성 확인에 필요한 세부사항은 국토교통부장관이 정하여 고시한다.
[본조신설 2022.1.21.]

» 제14조(토지의 감정평가)
① 감정평가법인등은 법 제3조 제1항 본문에 따라 토지를 감정평가할 때에는 공시지가기준법을 적용해야 한다. 〈개정 2022.1.21.〉
② 감정평가법인등은 공시지가기준법에 따라 토지를 감정평가할 때에 다음 각 호의 순서에 따라야 한다. 〈개정 2023.9.14.〉

1. 비교표준지 선정 : 인근지역에 있는 표준지 중에서 대상토지와 용도지역·이용상황·주변환경 등이 같거나 비슷한 표준지를 선정할 것. 다만, 인근지역에 적절한 표준지가 없는 경우에는 인근지역과 유사한 지역적 특성을 갖는 동일수급권 안의 유사지역에 있는 표준지를 선정할 수 있다.
2. 시점수정 : 「부동산 거래신고 등에 관한 법률」제19조에 따라 국토교통부장관이 조사·발표하는 비교표준지가 있는 시·군·구의 같은 용도지역 지가변동률을 적용할 것. 다만, 다음 각 목의 경우에는 그러하지 아니하다.
   가. 같은 용도지역의 지가변동률을 적용하는 것이 불가능하거나 적절하지 아니하다고 판단되는 경우에는 공법상 제한이 같거나 비슷한 용도지역의 지가변동률, 이용상황별 지가변동률 또는 해당 시·군·구의 평균지가변동률을 적용할 것
   나. 지가변동률을 적용하는 것이 불가능하거나 적절하지 아니한 경우에는 「한국은행법」제86조에 따라 한국은행이 조사·발표하는 생산자물가지수에 따라 산정된 생산자물가상승률을 적용할 것
3. 지역요인 비교
4. 개별요인 비교
5. 그 밖의 요인 보정 : 대상토지의 인근지역 또는 동일수급권내 유사지역의 가치형성요인이 유사한 정상적인 거래사례 또는 평가사례 등을 고려할 것

③ 감정평가법인등은 법 제3조 제1항 단서에 따라 적정한 실거래가를 기준으로 토지를 감정평가할 때에는 거래사례비교법을 적용해야 한다. 〈신설 2016.8.31, 2022.1.21.〉

④ 감정평가법인등은 법 제3조 제2항에 따라 토지를 감정평가할 때에는 제1항부터 제3항까지의 규정을 적용하되, 해당 토지의 임대료, 조성비용 등을 고려하여 감정평가할 수 있다. 〈신설 2016.8.31, 2022.1.21.〉

» 제15조(건물의 감정평가)
① 감정평가법인등은 건물을 감정평가할 때에 원가법을 적용해야 한다. 〈개정 2022.1.21.〉
② 삭제 〈2016.8.31.〉

» 제16조(토지와 건물의 일괄감정평가)
감정평가법인등은 「집합건물의 소유 및 관리에 관한 법률」에 따른 구분소유권의 대상이 되는 건물부분과 그 대지사용권을 일괄하여 감정평가하는 경우 등 제7조 제2항에 따라 토지와 건물을 일괄하여 감정평가할 때에는 거래사례비교법을 적용해야 한다. 이 경우 감정평가액은 합리적인 기준에 따라 토지가액과 건물가액으로 구분하여 표시할 수 있다. 〈개정 2022.1.21.〉

» 제17조(산림의 감정평가)
① 감정평가법인등은 산림을 감정평가할 때에 산지와 입목(立木)을 구분하여 감정평가해야 한다. 이 경우 입목은 거래사례비교법을 적용하되, 소경목림(小徑木林 : 지름이 작은 나무·숲)인 경우에는 원가법을 적용할 수 있다. 〈개정 2022.1.21.〉

② 감정평가법인등은 제7조 제2항에 따라 산지와 입목을 일괄하여 감정평가할 때에 거래사례비교법을 적용해야 한다. 〈개정 2022.1.21.〉

제18조(과수원의 감정평가)
감정평가법인등은 과수원을 감정평가할 때에 거래사례비교법을 적용해야 한다. 〈개정 2022.1.21.〉

제19조(공장재단 및 광업재단의 감정평가)
① 감정평가법인등은 공장재단을 감정평가할 때에 공장재단을 구성하는 개별 물건의 감정평가액을 합산하여 감정평가해야 한다. 다만, 계속적인 수익이 예상되는 경우 등 제7조 제2항에 따라 일괄하여 감정평가하는 경우에는 수익환원법을 적용할 수 있다. 〈개정 2022.1.21.〉
② 감정평가법인등은 광업재단을 감정평가할 때에 수익환원법을 적용해야 한다. 〈개정 2022.1.21.〉

제20조(자동차 등의 감정평가)
① 감정평가법인등은 자동차를 감정평가할 때에 거래사례비교법을 적용해야 한다. 〈개정 2022.1.21.〉
② 감정평가법인등은 건설기계를 감정평가할 때에 원가법을 적용해야 한다. 〈개정 2022.1.21.〉
③ 감정평가법인등은 선박을 감정평가할 때에 선체·기관·의장(艤裝)별로 구분하여 감정평가하되, 각각 원가법을 적용해야 한다. 〈개정 2022.1.21.〉
④ 감정평가법인등은 항공기를 감정평가할 때에 원가법을 적용해야 한다. 〈개정 2022.1.21.〉
⑤ 감정평가법인등은 제1항부터 제4항까지에도 불구하고 본래 용도의 효용가치가 없는 물건은 해체처분가액으로 감정평가할 수 있다. 〈개정 2022.1.21.〉

제21조(동산의 감정평가)
① 감정평가법인등은 동산을 감정평가할 때에는 거래사례비교법을 적용해야 한다. 다만, 본래 용도의 효용가치가 없는 물건은 해체처분가액으로 감정평가할 수 있다. 〈개정 2022.1.21, 2023.9.14.〉
② 제1항 본문에도 불구하고 기계·기구류를 감정평가할 때에는 원가법을 적용해야 한다. 〈신설 2023.9.14.〉

제22조(임대료의 감정평가)
감정평가법인등은 임대료를 감정평가할 때에 임대사례비교법을 적용해야 한다. 〈개정 2014.1.2, 2022.1.21.〉

제23조(무형자산의 감정평가)
① 감정평가법인등은 광업권을 감정평가할 때에 제19조 제2항에 따른 광업재단의 감정평가액에서 해당 광산의 현존시설 가액을 빼고 감정평가해야 한다. 이 경우 광산의 현존시설 가액은 적정 생산규모와 가행조건(稼行條件) 등을 고려하여 산정하되 과잉유휴시설을 포함하여 산정하지 않는다. 〈개정 2022.1.21.〉
② 감정평가법인등은 어업권을 감정평가할 때에 어장 전체를 수익환원법에 따라 감정평가한 가액에서 해당 어장의 현존시설 가액을 빼고 감정평가해야 한다. 이 경우 어장의 현존시설

가액은 적정 생산규모와 어업권 존속기간 등을 고려하여 산정하되 과잉유휴시설을 포함하여 산정하지 않는다. 〈개정 2022.1.21.〉

③ 감정평가법인등은 영업권, 특허권, 실용신안권, 디자인권, 상표권, 저작권, 전용측선이용권(專用側線利用權), 그 밖의 무형자산을 감정평가할 때에 수익환원법을 적용해야 한다. 〈개정 2022.1.21.〉

제24조(유가증권 등의 감정평가)

① 감정평가법인등은 주식을 감정평가할 때에 다음 각 호의 구분에 따라야 한다. 〈개정 2014.1.2, 2022.1.21.〉

1. 상장주식[「자본시장과 금융투자업에 관한 법률」 제373조의2에 따라 허가를 받은 거래소(이하 "거래소"라 한다)에서 거래가 이루어지는 등 시세가 형성된 주식으로 한정한다] : 거래사례비교법을 적용할 것

2. 비상장주식(상장주식으로서 거래소에서 거래가 이루어지지 아니하는 등 형성된 시세가 없는 주식을 포함한다) : 해당 회사의 자산·부채 및 자본 항목을 평가하여 수정재무상태표를 작성한 후 기업체의 유·무형의 자산가치(이하 "기업가치"라 한다)에서 부채의 가치를 빼고 산정한 자기자본의 가치를 발행주식 수로 나눌 것

② 감정평가법인등은 채권을 감정평가할 때에 다음 각 호의 구분에 따라야 한다. 〈개정 2014.1.2, 2022.1.21.〉

1. 상장채권(거래소에서 거래가 이루어지는 등 시세가 형성된 채권을 말한다) : 거래사례비교법을 적용할 것

2. 비상장채권(거래소에서 거래가 이루어지지 아니하는 등 형성된 시세가 없는 채권을 말한다) : 수익환원법을 적용할 것

③ 감정평가법인등은 기업가치를 감정평가할 때에 수익환원법을 적용해야 한다. 〈개정 2022.1.21.〉

제25조(소음 등으로 인한 대상물건의 가치하락분에 대한 감정평가)

감정평가법인등은 소음·진동·일조침해 또는 환경오염 등(이하 "소음 등"이라 한다)으로 대상물건에 직접적 또는 간접적인 피해가 발생하여 대상물건의 가치가 하락한 경우 그 가치하락분을 감정평가할 때에 소음 등이 발생하기 전의 대상물건의 가액 및 원상회복비용 등을 고려해야 한다. 〈개정 2022.1.21.〉

제26조(그 밖의 물건의 감정평가)

감정평가법인등은 제14조부터 제25조까지에서 규정되지 아니한 대상물건을 감정평가할 때에 이와 비슷한 물건이나 권리 등의 경우에 준하여 감정평가해야 한다. 〈개정 2022.1.21.〉

제27조(조언·정보 등의 제공)

감정평가법인등이 법 제10조 제7호에 따른 토지 등의 이용 및 개발 등에 대한 조언이나 정보 등의 제공에 관한 업무를 수행할 때에 이와 관련한 모든 분석은 합리적이어야 하며 객관적인 자료에 근거해야 한다. 〈개정 2016.8.31, 2022.1.21.〉

제28조(그 밖의 감정평가 기준)

이 규칙에서 규정하는 사항 외에 감정평가법인등이 감정평가를 할 때 지켜야 할 세부적인 기준은 국토교통부장관이 정하여 고시한다. 〈개정 2013.3.23, 2022.1.21.〉

제29조(규제의 재검토)

국토교통부장관은 제13조에 따른 감정평가서의 작성에 대하여 2024년 1월 1일을 기준으로 3년마다(매 3년이 되는 해의 기준일과 같은 날 전까지를 말한다) 그 타당성을 검토하여 개선 등의 조치를 해야 한다.

[본조신설 2023.9.14.]

부 칙 〈국토교통부령 제1253호, 2023.9.14.〉

제1조(시행일)

이 규칙은 공포한 날부터 시행한다.

제2조(감정평가서의 작성에 관한 적용례)

제13조 제3항 제1호의2의 개정규정은 이 규칙 시행 이후 감정평가를 의뢰받은 경우부터 적용한다.

박문각 감정평가사

이충길·이동현 S+감정평가이론 총론
2차 | 기본서

제4판 인쇄 2025. 4. 25. | **제4판 발행** 2025. 4. 30. | **편저자** 이충길·이동현
발행인 박 용 | **발행처** (주)박문각출판 | **등록** 2015년 4월 29일 제2019-0000137호
주소 06654 서울시 서초구 효령로 283 서경 B/D 4층 | **팩스** (02)584-2927
전화 교재 문의 (02)6466-7202

이 책의 무단 전재 또는 복제 행위를 금합니다.

정가 30,000원
ISBN 979-11-7262-763-8

저자와의
협의하에
인지생략